U0959824

权威·前沿·原创

皮书系列为

“十二五”“十三五”国家重点图书出版规划项目

BLUE BOOK

智库成果出版与传播平台

广州蓝皮书
BLUE BOOK OF GUANGZHOU
广州市社会科学院／研创

广州社会发展报告（2021）

ANNUAL REPORT ON SOCIAL DEVELOPMENT OF GUANGZHOU(2021)

主　　编 / 张跃国　尹　涛
执行主编 / 黄　玉　陈　杰

社会科学文献出版社
SOCIAL SCIENCES ACADEMIC PRESS (CHINA)

图书在版编目(CIP)数据

广州社会发展报告.2021 / 张跃国,尹涛主编.--
北京:社会科学文献出版社,2021.8
(广州蓝皮书)
ISBN 978-7-5201-8994-1

Ⅰ.①广… Ⅱ.①张… ②尹… Ⅲ.①社会发展-研
究报告-广州-2021 Ⅳ.①D676.51

中国版本图书馆CIP数据核字(2021)第183590号

广州蓝皮书
广州社会发展报告(2021)

主　　编 / 张跃国　尹　涛
执行主编 / 黄　玉　陈　杰

出 版 人 / 王利民
责任编辑 / 丁　凡
责任印制 / 王京美

出　　版 / 社会科学文献出版社·城市和绿色发展分社(010)59367143
地址:北京市北三环中路甲29号院华龙大厦　邮编:100029
网址:www.ssap.com.cn
发　　行 / 市场营销中心(010)59367081　59367083
印　　装 / 天津千鹤文化传播有限公司

规　　格 / 开 本:787mm×1092mm　1/16
印 张:23.75　字 数:391千字
版　　次 / 2021年8月第1版　2021年8月第1次印刷
书　　号 / ISBN 978-7-5201-8994-1
定　　价 / 138.00元

本书如有印装质量问题,请与读者服务中心(010-59367028)联系

《广州社会发展报告（2021）》
编　委　会

主要编撰者简介

张跃国 广州市社会科学院党组书记、院长，文学学士，法律硕士，广州大学客座教授。研究方向为城市发展战略、创新发展、传统文化。多次主持或参与中共市委全会和党代会报告起草、广州市发展规划研究编制、广州经济形势分析与预测研究、广州城市发展战略研究、广州对标世界银行评估标准全面优化营商环境研究、广州南沙新区发展战略研究和规划编制以及市委、市政府多项重大政策文件制定起草。

尹 涛 广州市社会科学院党组成员、副院长，管理学博士，经济学研究员。2004 年 1 月至 2005 年 3 月，为美国印第安纳大学环境事务与公共政策学院访问学者。兼任广州市人文社会科学世界文化名城与文化产业重点研究基地主任、广州市宣传思想战线产业经济创新团队负责人、广州市人民政府决策咨询专家、广州市人大经济咨询专家，研究领域为城市经济、产业经济和企业战略管理研究。曾获“第四届广州市宣传思想战线优秀人才第一层次培养对象”“2011 ~ 2012 年广州市优秀中青年哲学社会科学工作者”等荣誉称号。先后担任广东省第十二届人大代表、第十三届人大代表和财经委委员。近年来完成省市哲学社会科学规划立项课题、重点委托课题和重点课题十余项；科研成果获省部级二等奖 2 项、三等奖 2 项，广州市级二等奖 5 项、入围奖 1 项，地厅级一等奖 1 项、二等奖 2 项；主持和参与横向课题 50 余项。

黄 玉 广州市社会科学院社会研究所所长，社会学副研究员，广州市重大行政决策论证专家，广州市突发事件应急管理专家，兼任广州市社会学人类学学会副会长。研究领域为经济社会学、组织社会学、社会政策。曾在《开放时代》《中国残疾人》《中国工人》等杂志发表多篇论文。专著和研究报告曾获广州市哲学社会科学优秀成果奖一等奖、二等奖、三等奖等。

陈　杰　广州市社会科学院社会研究所副所长，社会学副研究员。研究领域为社会政策、社会治理、社会人类学、华侨华人。曾在《开放时代》、《广西民族大学学报》（哲学社会科学版）、《华侨华人历史研究》发表多篇论文。参与主编及撰写《广州蓝皮书：广州社会保障发展报告》《广州蓝皮书：广州社会发展报告》等多部著作，其中2019年、2020年两次获得全国“优秀皮书一等奖”。主持及主要参与过国家、广东省、广州市社会科学规划课题及相关领域科研课题多项。兼任广州市社会学人类学学会副秘书长。

摘　要

《广州社会发展报告（2021）》是由广州市社会科学院主持编写的“广州蓝皮书”系列之一。《广州社会发展报告（2021）》聚焦社会民生、社会治理两大领域，同时关注广州数字化公共服务的实践。数字化公共服务是近年来广州市委、市政府高度重视的重点工作之一，是广州高质量社会发展的重要支撑。全书主要通过问卷调查、统计分析、数据建模、田野调查等社会科学实证研究方法，分析广州社会发展的现状及面临的问题、挑战与风险，并提出相应的对策建议。全书共包括五个部分的内容。

第一部分为总报告。总报告回顾了广州在“十三五”期间的社会发展成就：经济稳步增长，城乡居民收入增长显著，民生福祉不断增进；就业结构不断优化，教育优质均衡发展，健康广州建设卓有成效，社会保障水平不断提升，社会治理创新改进。2021年及“十四五”期间，广州要立足新发展阶段，贯彻新发展理念，以满足人民日益增长的美好生活需要为根本目的，全面建设社会主义现代化的创新之城、实力之城、枢纽之城、机遇之城、智慧之城、品质之城。

第二部分为社会民生篇。本篇就新冠肺炎疫情对广州就业的影响、广州公益慈善事业发展情况、3岁以下婴幼儿照护服务社会化支持、长期护理保险的政策变迁、残障者就业支持等领域，对广州民生方面的现状和问题进行了多方面的探讨，进而提出了推动就业人口层次化发展、营造慈善氛围及构建慈善生态、加快制定3岁以下婴幼儿照护服务的技术标准体系、建立长护险可持续和可负担的独立筹资机制、完善残障者支持性就业政策等具有针对性的对策建议。

第三部分为社会治理篇。本篇内容聚焦广州在市域社会治理中的实践探索和创新，从市域社会治理转型、社会组织发展状况、应急管理体制机制创新、群防共治等方面进行了分析探讨，介绍了“广州街坊”群防共治等案例，分析广州在市域社会治理和应急管理实践中的优势和短板，进而提出加快推进广州市域社会治理现代化和优化应急管理等对策措施。

第四部分为社会调查篇。本篇基于2020年广州居民社会心态调查、2020年在穗港澳青年参与粤港澳大湾区建设认同度调查、2020年广州平台经济从业人员就业与劳动关系现状调查、2020年广州市万户居民调查等数据，研究分析广州居民社会心态特征、在穗港澳青年对粤港澳大湾区建设认同情况、广州平台经济从业者就业形态与劳动保护状况、市民对推进城市更新改造的看法和市民对利用数字信息化技术提升生活品质的观念等议题，针对不同议题中广州存在的问题与挑战，提出具有系统性、科学性、针对性的对策建议。

第五部分为专题篇：数字化公共服务。本篇聚焦广州数字政府发展状况进行研究，从政府、企业、居民三个角度出发，通过网络问卷和访谈调查发现，广州数字政府建设总体水平较高，企业对数字政务系统稳定性、安全性、信息质量的认可度较高，居民的服务使用满意度较高。但同时面临着如下问题：政府方面，体制机制不完善、数据共享不畅、配套措施不足等；企业方面，企业用户提出提高软服务实力、拓宽服务内容、提高平台易用性、增强平台互动性、强化安全性等五点期待；居民方面，居民满意度存在区域和群体差异，服务效率和服务平台功能设置是制约用户体验的主要因素，服务平台的简易性、安全性和反馈效率还有待进一步提高。针对这些问题，本篇提出了进一步优化广州数字化公共服务的对策建议。

关键词： 社会发展　社会民生　社会治理　社会调查　数字化公共服务

目录

Ⅰ 总报告

Ⅱ 社会民生篇

Ⅲ 社会治理篇

Ⅳ 社会调查篇

Ⅴ 专题篇 数字化公共服务

皮书数据库阅读**使用指南**

总 报 告

General Report

B.1

推动高质量社会发展，打造美丽宜居幸福新广州

——2020～2021年广州社会发展分析

广州市社会科学院课题组*

摘　要：2020年是承上启下的关键一年，是实现"十三五"规划纲要目标的收官之年，广州积极应对新冠肺炎疫情、国内外复杂形势、经济增速换挡三重考验，统筹推进疫情防控和经济社会发展，取得不平凡的成就。"十三五"期间，广州经济稳步增长，城乡居民收入显著提高，民生福祉不断增进，就业结构持续优化，教育事业优质均衡发展，健康广州建设卓有

* 课题组成员（执笔人）：黄玉，博士，广州市社会科学院社会研究所所长，副研究员，研究方向为社会治理、社会政策；陈杰，博士，广州市社会科学院社会研究所副所长，副研究员，研究方向为社会治理、社会政策等；朱泯静，博士，广州市社会科学院社会研究所副所长，副研究员，研究方向为社会政策、企业创新、复杂网络等；付舒，博士，广州市社会科学院社会研究所副研究员，研究方向为社会治理、社会政策；王首燕，硕士，广州市社会科学院城市治理研究所副研究员，研究方向为社会治理、公共服务；简荣，硕士，广州市社会科学院社会研究所助理研究员，研究方向为社会治理、公共服务。

成效，社会保障水平不断提升，社会治理创新改进。2021年及“十四五”期间，广州要立足新发展阶段，贯彻新发展理念，构建新发展格局，以满足人民日益增长的美好生活需要为根本目的，推动新时代高质量社会发展，全力推进老城市新活力，实现“四个出新出彩”，全面建设社会主义现代化的创新之城、实力之城、枢纽之城、机遇之城、智慧之城、品质之城，打造美丽宜居幸福新广州。

关键词：　社会发展　公共服务　社会治理　社会主义现代化

2020年是“十三五”规划收官之年，也是“十四五”规划谋划开局之年，广州积极应对新冠肺炎疫情、国内外复杂形势、经济增速换挡三重考验，全力统筹推进疫情防控和经济社会发展，扎实做好“六稳”“六保”工作，国民经济稳定恢复，供需关系逐步改善，市场活力动力增强，就业民生较好保障，社会大局保持稳定。① 2020年，广州市委、市政府始终坚持以人民为中心的发展思想，在抗击疫情中加强保障就业和改善民生，社会和谐稳定，民生福祉持续提升，连续4届入选全国文明城市，连续三年被评为“中国最具幸福感城市”。广州城市居民人均可支配收入在“十三五”时期，从50941元提高到68304元，居全省第一。2020年一般公共预算支出2953亿元，较上年增长3.1%，民生支出占比约七成。其中，教育支出558.75亿元，增长6.7%；卫生健康支出300.84亿元，增长22.2%；社会保障和就业支出347.79亿元，增长17.5%。② 展望“十四五”，广州要坚持以习近平新时代中国特色社会主义思想为指导，立足新发展阶段，贯彻新发展理念，服务构建新发展格局，以推动高质量发展为主题，以改革创新为根本动力，以满足人民日

① 《2020年广州市国民经济和社会发展统计公报》，http://tjj.gz.gov.cn/gkmlpt/content/7/7177/post_7177236.html#231。

② 《2020年广州市国民经济和社会发展统计公报解读》，广州日报大洋网，https://news.dayoo.com/guangzhou/202103/29/139995_53851931.htm?from=timeline。

益增长的美好生活需要为根本目的，全力推进老城市新活力，实现“四个出新出彩”①，全面建设社会主义现代化国家的创新之城、实力之城、枢纽之城、机遇之城、智慧之城、品质之城。

一 “十三五”期间广州社会发展的基本状况与主要成就

（一）就业规模持续扩大，就业结构不断优化，就业形势保持景气稳定

就业为民生之本，是社会民生领域的重中之重，据统计，2020 年广州城镇新增就业 29.50 万人，全年帮助城镇登记失业人员实现再就业 15.46 万人，就业困难人员实现再就业 6.85 万人，保持了就业形势的稳定。② 综合来看，广州“十三五”期间在就业规模、就业结构、失业状况、就业形态等领域呈现以下趋势特点。

1. 就业规模持续扩大，为产业高端化发展夯实人力资源基础

2016～2019 年广州就业规模持续扩大，呈现明显的上升趋势，从 2016 年的 980.04 万人上升至 2019 年的 1125.89 万人，平均增速为 4.97%（见图 1）。人力资本是影响经济增长的关键因素之一，“十三五”时期就业规模的不断扩大，对推动广州经济高质量发展、产业结构优化具有举足轻重的作用，对广州经济发展具有积极的促进作用。

2. 就业结构持续优化，第三产业吸纳就业能力不断加强

就业结构是产业结构的表征之一。2016～2019 年广州就业结构呈现明显的第一、第二产业比重不断下降，第三产业比重上升的趋势，与产业结构发展趋势保持一致。从第三产业就业占比来看，从 2016 年的 62.4% 上升至 2019 年的 70.8%。从第二产业就业占比来看，从 2016 年的 31.3% 下降至 2019 年的

① 2018 年 10 月，习近平总书记视察广东并发表重要讲话，要求广州实现老城市新活力，在综合城市功能、城市文化综合实力、现代服务业、现代化国际化营商环境方面出新出彩。

② 《2020 年广州市国民经济和社会发展统计公报》，广州市人民政府门户网站，http://www.gz.gov.cn/zfjg/gzstjj/tjgb/content/post_7177237.html。

23.7%（见图2）。这意味着，“十三五”期间广州第三产业吸纳就业能力持续强化，就业结构优化升级。

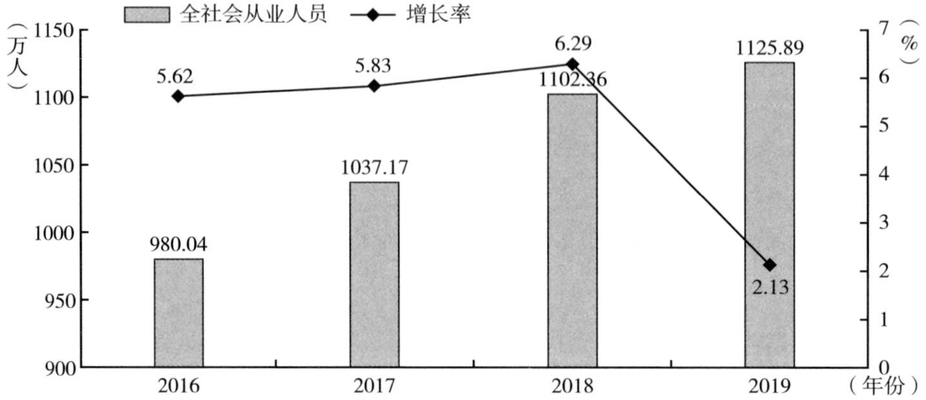

图1　2016～2019年广州市全社会从业人员规模及增长率

说明：本报告撰写时，《广州统计年鉴2021》尚未公布，故多处数据最新引用至《广州统计年鉴2020》，即部分呈现为2019年末的数据，另有部分数据资料来源于广州市统计局2021年3月公布的《2020年广州市国民经济和社会发展统计公报》以及2021年5月公布的《广州市第七次全国人口普查公报》。

资料来源：《广州统计年鉴》（2017～2020年）。

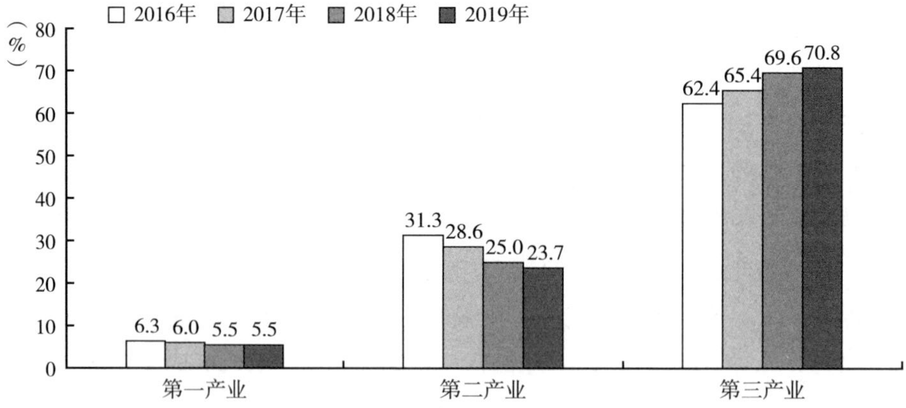

图2　2016～2019年广州市三次产业就业人员比重

资料来源：《广州统计年鉴》（2017～2020年）。

3. 私营、个体经济就业比重大，新兴就业类型不断涌现

广州是我国改革开放的前沿阵地和重要窗口。从改革开放开始，广州的私营、个体经济蓬勃发展，广州成为私营企业、个体经济发展最为活跃的城市之一。2016～2019年，从不同类型单位就业状况来看，私营、个体和其他从业人员占比维持在60%以上，从2016年的61.1%上升至2019年的64.5%（见图3）。非私营单位从业人员比重持续下降。这说明，私营、个体经济是广州就业主阵地，在稳定劳动力就业方面发挥重要作用。尤其是2020年初肆虐全球的新冠肺炎疫情暴发，对广州经济发展带来负面影响，企业生存艰难，直接影响居民就业，影响民生之本。从稳就业、保就业角度看，广州积极努力地帮扶私营、个体经济发展，更为有效地做好稳就业、保就业工作。此外，随着产业朝着数字化、信息化、智能化方向发展，快递小哥、电商主播、自由职业者等各种新兴就业类型不断涌现。

4. 就业行业结构服务化，金融商务科技信息等行业就业攀升明显

从就业行业分布来看，广州就业行业结构呈现服务化发展趋势。首先，农、林、牧、渔业就业人员数量呈现明显走低趋势。其占比从2016年的7.44%一路下降至2019年的5.53%。其次，工业就业人员数量呈现震荡下行的态势，其占比从2016年的32.04%降至2019年的17.34%。建筑业就业人员数量波动上行，其占比从2016年的3.14%上升至2019年的6.45%。最后，服务业就业人口持续

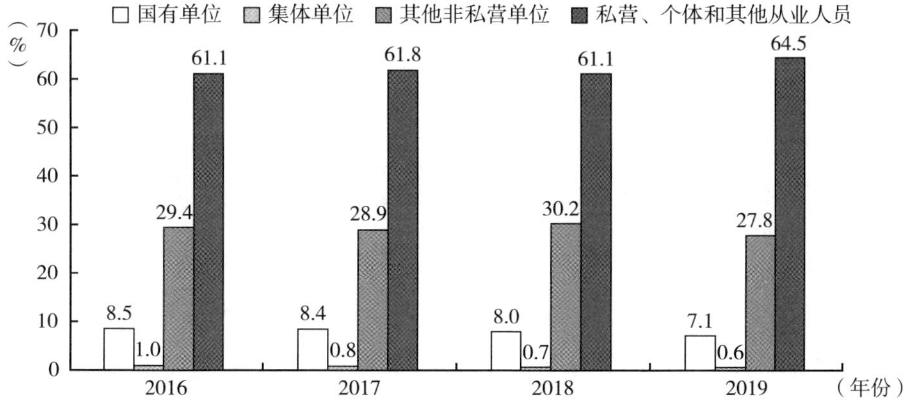

图3　2016～2019年广州市不同类型单位就业人员比重

资料来源：《广州统计年鉴》（2017～2020年）。

增多。其中，批发和零售业就业人员数量占比最大，维持在18%左右。值得注意的是，租赁和商务服务业，金融业，科学研究和技术服务业，信息传输、软件和信息技术服务业等高端服务业就业人员占比攀升明显。以金融业就业人员占比为例，从2016年的1.41%上升至2019年的7.41%。又如，信息传输、软件和信息技术服务业就业人员占比，从2016年的2.46%增至2019年的5.08%（见表1）。

表1　2016～2019年按行业分广州就业人员分布

单位：%

年份	2016	2017	2018	2019
农、林、牧、渔业	7.44	7.20	6.77	5.53
工业	32.04	29.69	28.78	17.34
建筑业	3.14	3.62	3.56	6.45
批发和零售业	19.54	19.69	20.52	17.73
交通运输、仓储和邮政业	5.81	5.86	5.88	4.96
住宿和餐饮业	6.12	6.13	6.15	5.03
信息传输、软件和信息技术服务业	2.46	2.80	3.33	5.08
金融业	1.41	1.39	1.36	7.41
房地产业	3.06	4.05	3.73	4.33
租赁和商务服务业	3.37	3.63	4.01	8.46
科学研究和技术服务业	2.21	2.26	2.41	4.75
水利、环境和公共设施管理业	0.76	0.77	0.81	0.74
居民服务、修理和其他服务业	4.50	4.69	4.45	2.80
教育	3.53	3.60	3.69	3.56
卫生和社会工作	1.60	1.56	1.50	2.07
文化、体育和娱乐业	0.83	0.86	0.86	1.18
公共管理、社会保障和社会组织	2.18	2.20	2.19	2.58

资料来源：《广州统计年鉴》（2017～2020年）。

5. 城镇登记失业率长期低位运行，劳动力市场较为景气

城镇登记失业率是衡量劳动力市场景气的重要指标之一，也是反映经济活力的指标之一。尤其是2020年初，保障居民更高质量更充分就业更是成为民生工作之首，是广州市政府的重要目标任务。从城镇登记失业率来看，广州城镇登记失业率2016～2020年一直保持在1.90%～2.6%，低于2020年全国城镇

登记失业率4.2%（见图4）①，这意味着广州城镇登记失业率长期保持在低位运行，“十三五”时期广州的劳动力市场较为景气。

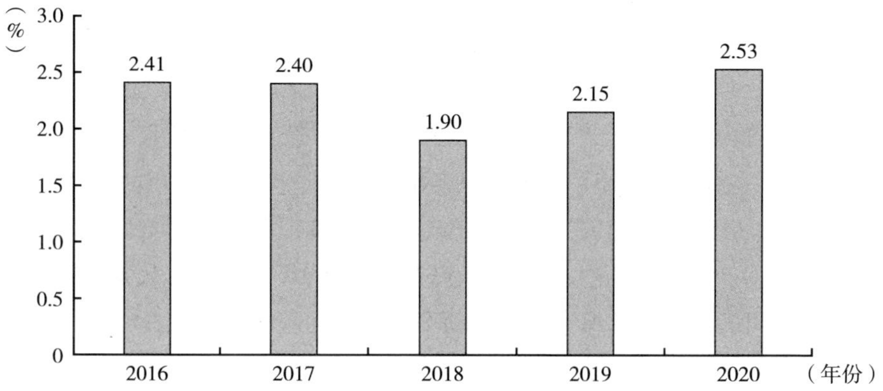

图4　2016～2020年广州市城镇登记失业率

资料来源：《广州统计年鉴》（2017～2020年）、《2020年广州市国民经济和社会发展统计公报》。

2020年是不平凡的一年，广州将稳就业作为全年首要的民生大事，通过援企稳岗、稳重点群体就业、激活创业带动就业等一套“组合拳”，坚持就业优先战略，全力以赴“稳就业”“保居民就业”，就业形势保持稳定，城镇登记失业率控制在低位的2.53%。广州突出抓好高校毕业生、就业困难人员、异地务工人员等重点群体就业，大力开展线上线下招聘活动，从机关事业单位等共挖掘1.9万多个公共服务岗位招用应届高校毕业生，广州生源高校毕业生就业率为94.55%，帮扶6.85万名就业困难人员再就业，占全省就业困难人员再就业人数的60.6%，零就业家庭动态清零。② 广州各项就业工作目标任务均提前超额完成，为全省全国就业稳定大局做出贡献。

（二）教育优质均衡发展、教育公平建设成效明显

“十三五”期间，广州坚持教育优先发展战略，基本形成高位均衡发展态

① 《2020年末全国城镇调查失业率为5.2%，城镇登记失业率为4.2%》，http：//finance.sina.com.cn/china/bwdt/2021-02-28/doc-ikftpnnz0152935.shtml。

② 《广州市人力资源和社会保障局2020年工作总结和2021年工作计划》，http：//rsj.gz.gov.cn/gkmlpt/content/7/7215/post_7215653.html#516。

势的基础教育，逐渐构建起与城市发展需求相匹配的中职教育专业体系。

1. 坚持教育优先发展战略，教育保障能力持续加强

“十三五”期间，广州财政性教育经费支出累计达 2249.88 亿元，教育经费支出逐年递增，且在各项公共支出中一直居首位，突出了教育优先的发展理念。2016 年，广州的教育经费支出为 321.98 亿元，占地区生产总值的比重为 1.63%，人均教育经费支出为 2292.75 元。此后，教育经费支出和教育经费支出占地区生产总值的比例两项指标均逐年增长。2020 年，广州的教育经费支出为 558.75 亿元，“十三五”期间年增长 14.77%，占地区生产总值的比重上升为 2.23%。2020 年广州人均教育经费支出为 2991.71 元。[①] 由于财政投入不断提高，广州的公共教育保障能力得到了持续加强（见图 5、图 6）。

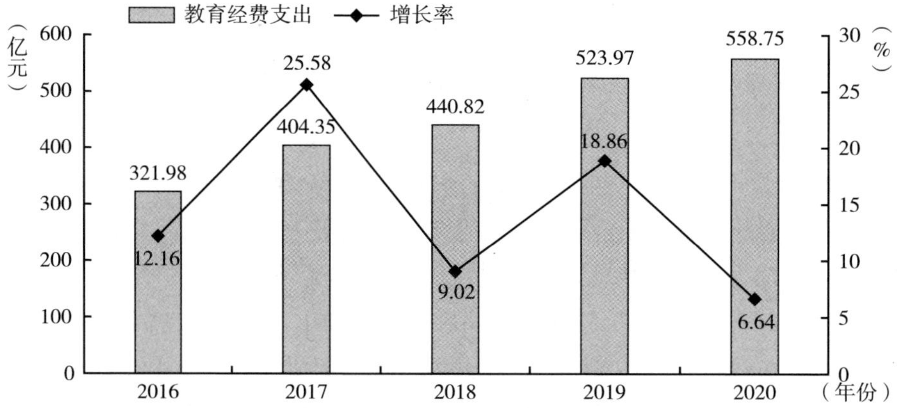

图 5　“十三五”期间广州教育经费财政支出状况

资料来源：《广州统计年鉴》（2017～2020 年）、《2020 年广州市国民经济和社会发展统计公报》。

2. 基本建成“公益、普惠、优质、均衡”的学前教育公共服务体系

“十三五”期间，广州出台了《广州市发展学前教育第三期行动计划（2017～2020 年）》《广州市促进学前教育普惠健康发展行动方案》等一系列政策措施，突出强化学前教育顶层设计，科学规划幼儿园布局，积极推动各区制定应对计划

① 按 2020 年广州第七次人口普查结果计算：2020 年 11 月 1 日零时广州常住人口为 1867.66 万人。

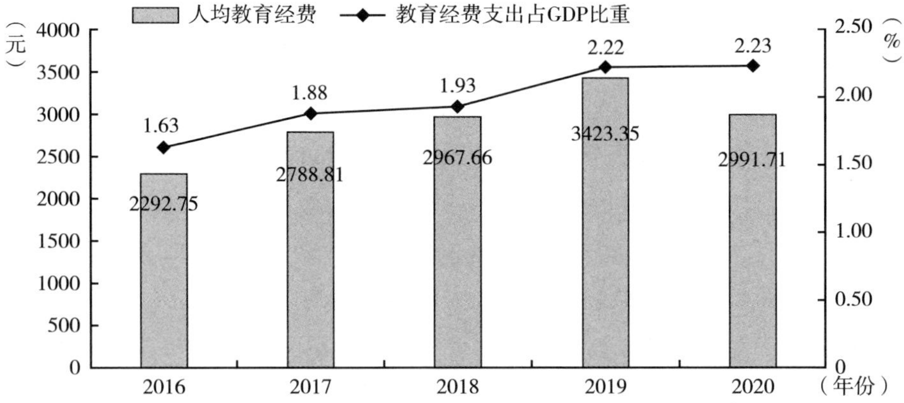

图6　“十三五”期间广州人均教育经费支出、教育经费支出占 GDP 比重

资料来源：《广州统计年鉴》（2017～2020 年）、《广州市第七次全国人口普查公报》（2021 年5 月）。

生育政策改变带来入园高峰的具体措施，做到“一区一策”，满足适龄幼儿就近入园需求。坚持发展公益普惠性学前教育导向，2020 年，广州公办幼儿园在园幼儿占比 51.11%，全市普惠性幼儿园、幼儿园标准化学校分别为 1535 所、1724 所，占比分别为 78.08%、87.69%，在园幼儿占比分别为 87.04% 和 91.87%。注重建立健全学前教育内涵发展的体制机制，如建立普惠性幼儿园管理标准，保障学前教育师资配备和待遇，加快保教队伍专业化发展、加强幼儿园课程建设与质量管理和业务指导、建立健全多项幼儿园办园和教育质量保障制度。

3. 中小学教育高位均衡发展，教育资源公平配置不断优化

“十三五”期间，广州采用“中心城区抽疏，外围城市植优，农村地区补齐”的策略进行优质学校格局优化，出台《中小学校基础教育设施三年提升计划（2016～2018）》等一系列政策，加快中小学校基础教育设施设备改造提升，全面提升义务教育学校办学条件，推进学区化、集团化办学，精准实施教育帮扶，扩大公办优质教育资源的辐射面，实现优质教育资源在全市层面的合理配置和扩增，缩小校际差距、城乡差距和区域差距，打破区域间、校际发展不均衡不充分的局面，形成区域、城乡和校际优质教育资源共建共享新格局。截至 2020 年 12 月，广州基础教育阶段共成立教育集团 86 个，覆盖了 11 个区 457 所学校（含校区、教育集群），小学、初中的公办标准化学校占比分别为

95.83%、93.18%，在校生数占比分别为68.31%、67.81%，省、市级示范性高中达到73所，广州中小学教育基本实现高位均衡发展。

除加强教育基础设施建设外，广州还注重不断增大基础教育的覆盖面，2016年以来，相继施行改革初中招生制度、租购同权来穗人员随迁子女积分入学等政策，切实保障在穗适龄青少年接受公共教育服务的权益。2020年，小学、初中、高中非广州户籍在校生分别为44.11万、13.52万、3.57万，占相应学段学生数比例分别为39.21%、35.23%、22.41%。2020年，符合条件的随迁子女就读义务教育公办学校和政府补贴的民办学校起始年级人数占符合申请条件的随迁子女总数的81%，全年资助学生25.1万人次，资助金额3.75亿元。控辍保学台账完成率100%，残疾儿童义务教育入学率达98.86%，投入改善农村义务教育学生营养经费约3500万元，受益学生15.63万人。

4. 努力构建现代职业教育体系，匹配城市发展需求培养高质量技能人才

“十三五”期间，广州坚持职业教育专业对接产业、服务产业的原则，不断深化专业布局结构调整，大力推进专业群和示范专业建设，着力推动专业内涵提升，为广州产业转型和社会经济发展提供高质量技术技能人才。目前，广州中职学校的专业设置数量对应第一产业、第二产业和第三产业的比例分别为6%、22%和72%，与广州三大产业的比重基本一致，① 尤其是2019年新开设的人工智能商业应用与服务、虚拟现实应用、新媒体营销、服务机器人装调与维护等专业，匹配了广州IAB三大战略性新兴产业发展的技术技能人才需求。高等教育方面，广州大学本科招生专业由95个调整为63个，实现理工科本科招生专业数及人数占比均超过50%，理工科研究生招生人数占比超过50%，② 满足城市产业发展所需。另外，广州制定《广州市教育局政府投资工程建设项目近期实施计划（2021～2023年）》，加大中职学校建设力度，改善提升办学条件。坚持深化产教融合，积极推进校企合作共建，深化工学结合的育人模式改革，形成了订单班、现代学徒制等校企协同育人的创新模式，鼓励和支持

① 《广州中等教育质量报告（2020）》，广州市教育局。

② 查吉德、李媛：《2018年广州教育高质量发展形势分析与2019年展望》，载《广州教育发展报告（2019～2020）》，社会科学文献出版社，2020，第15页。

中职学校稳步扩大招生规模，加大与高职院校对接力度，承办高职专业学院，积极推动“粤菜师傅”“广东技工”“南粤家政”三大工程。

（三）医疗中心地位凸显，健康广州全面推进

“十三五”以来，广州卫生健康事业以建设卫生强市、健康广州为目标，按照“抓党建、促医改、强基层、建高地、保健康”的工作思路，狠抓落实、加压奋进，医疗中心地位更加凸显。2020 年，广州出台《关于实施健康广州行动的意见》《健康广州 2030 规划》《健康广州行动（2020～2030 年）》等政策，从顶层设计出发，全面推进健康广州建设。

2020 年全市医疗卫生机构达 5550 个、床位 10.16 万张，分别较 2015 年增长 49%、24%。人均期望寿命由 2015 年的 81.72 岁提高到 2020 年的 82.9 岁，户籍孕产妇死亡率、婴儿死亡率保持低位水平，居民主要健康指标达到发达国家水平。[①] 深入开展爱国卫生运动，倡导健康生活习惯和生活方式，创建 23 个国家卫生镇、15 个省卫生镇、966 个省卫生村以及 10 类 1687 个健康支持性环境。“厕所革命”、“垃圾分类”和控烟工作强势推进。扎实做好健康教育与健康促进，居民健康素养稳步提升，舆情应对敏感高效，卫健委网站和政务新媒体（微信号、微博号）位列省卫健系统第 3 名、市直部门第 2 名。

1. 医疗体制改革不断深化，党建引领现代医院管理

一是全面建立现代医院管理制度，强化党对公立医院的领导，落实党委领导下的院长负责制，把党支部建设成为坚强战斗堡垒，全力提升医院党建工作水平；指导医院加快制定出台切实可行的医院章程，以章程为统领，建立健全内部管理机构、管理制度、议事规则、办事程序等，提高医院运行效率。二是深化医院收入分配制度改革，取消医务人员绩效工资与医院收入直接挂钩政策，建立以岗位职责和绩效为基础，以服务质量、服务数量和服务对象满意度为核心的考核和激励机制，做到绩效工资总量核定与社会经济发展水平、绩效考核结果等级、重点工作、重点建设发展人才队伍结合，让医院与商业化“脱轨”。三是医疗改革多点突破。建立省市联席会议制度，统筹广州地区所

① 《聚焦常态化疫情防控聚力健康广州建设奋力开创卫生健康事业高质量发展新征程》，http：//wjw.gz.gov.cn/xxgk/jhzj/content/post_ 7096681.html。

有类型公立医院，实现“同城同策”“同级同价”。以创新精神引领实践，开展“基于大数据按病种分值付费改革”及长期护理保险制度试点，在全国率先实施医保部门引导的药品集团采购（GPO）新模式。四是基层医疗服务落地见效。“公益一类财政供给、公益二类绩效管理”机制改革全面落地见效，基本公共卫生服务人均补助标准提高到 80.46 元，较 2015 年增长 60.92%。①

2. 医疗服务保障体系不断完善，医疗资源布局优化成形

一是优化医疗资源总体布局。“十三五”以来，国家、广东省分别出台了《全国医疗卫生服务体系规划纲要（2015～2020 年）》《广东省医疗卫生服务体系规划（2016～2020 年）》等规划，广州通过制定实施《广州区域卫生规划（2016～2020 年）》《广州市医疗卫生设施布局规划（2011～2020 年）（修订版）》等，加快优质医疗资源下沉外移，促进“一主、一副、五分、网络化”医疗卫生设施总体布局优化成形。二是公共卫生服务体系全面加强。广州通过修订落实突发事件卫生应急预案，系统推进市级应急能力建设，在市医院、紧急医学救援指挥中心、卫生应急指挥大厅搭建应急联动平台。同时，实施加强疫苗接种管理行动方案，加快预防接种单位标准化建设，实现国家免疫规划疫苗适龄儿童接种率保持在高位水平。

2016～2020 年广州不断加大医疗卫生财政投入力度，医疗卫生财政支出从 2016 年的 173.88 亿元增加到 2020 年的 300.84 亿元，医疗卫生支出占地方公共财政支出比重从 6.11% 上升到 10.19%（见图 7），为提高广州医疗卫生水平提供了财政保障。从广州医疗卫生服务资源看，2016～2020 年，广州医疗卫生机构从 3806 家增加到 5550 家（见图 8），实有床位数从 8.80 万张增加到 10.16 万张（见图 9），卫生人员数从 16.65 万人增至 17.78 万人。

3. 医疗机构建设成果明显，医疗服务能力稳步提高

广州通过推进落实《支持社会力量提供多层次多样化医疗服务促进社会办医加快发展的实施方案》，鼓励优质医疗资源在穗办医，2019 年民营医疗机

① 《聚焦常态化疫情防控聚力健康广州建设奋力开创卫生健康事业高质量发展新征程》，http://wjw.gz.gov.cn/xxgk/jhzj/content/post_7096681.html。

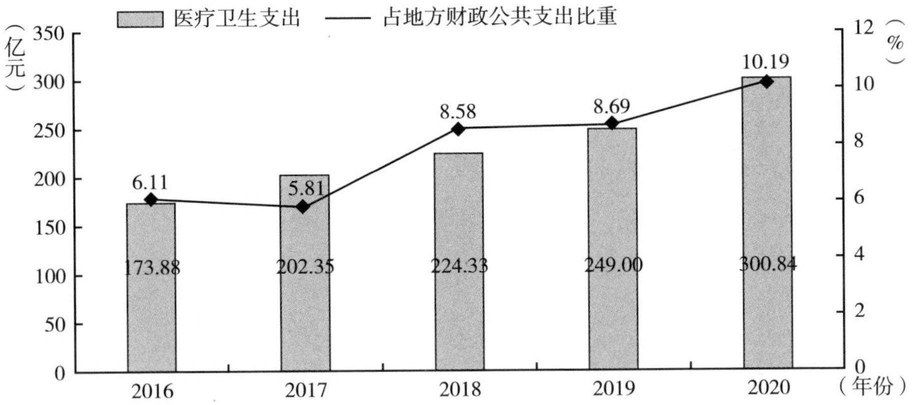

图 7　2016～2020 年广州医疗卫生财政支出情况

资料来源：《广州统计年鉴》(2017～2020 年)、《2020 年广州市国民经济和社会发展统计公报》。

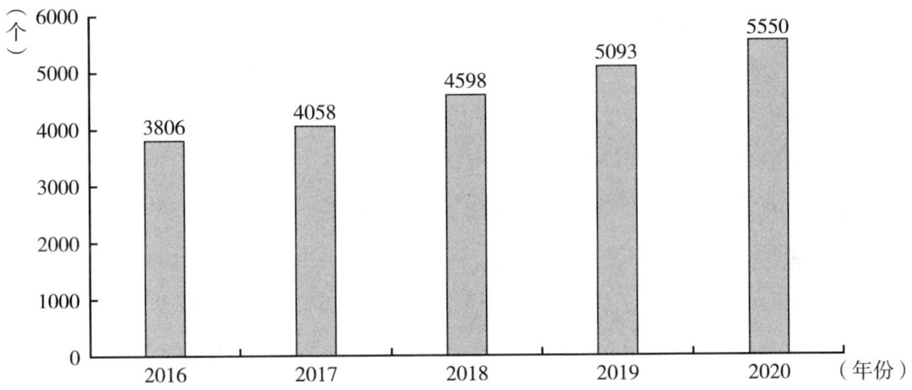

图 8　2016～2020 年全市医疗卫生机构数

资料来源：《2020 年广州市卫生资源和医疗服务简报》。

构床位占比提高到 18%。截至 2020 年底，广州地区有三级甲等医院 38 家、国家与省共建的国家医学中心 8 个、全国百强医院 9 家、省重点建设的高水平医院 13 家，已建成国家临床重点专科 97 个、省级临床重点专科 231 个、省高水平重点专科 77 个。基层医疗卫生服务能力提质向强，逐步推进基层医疗卫生机构规划设置和标准化建设。目前基本实现"一街一中心、一镇一院、一村一站"，建成城市 15 分钟、农村 30 分钟医疗服务圈。卫生信息化升级迭代，

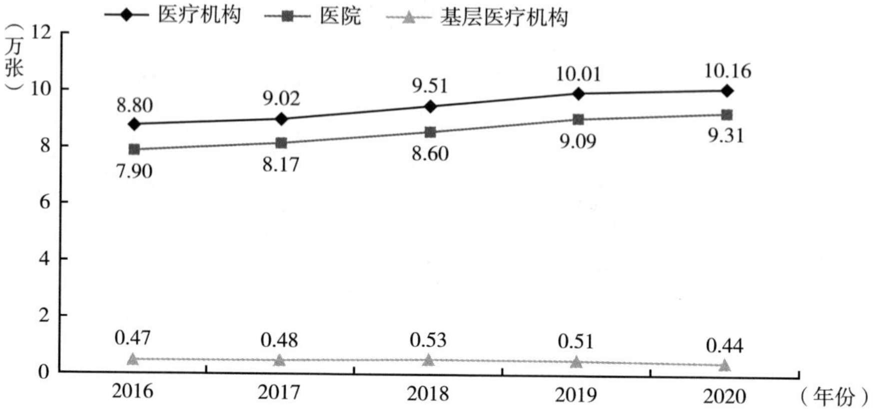

图9　2016～2020年全市医疗卫生机构床位数

资料来源：《2020年广州市卫生资源和医疗服务简报》。

2019年启用电子健康码，在97家医院、159家基层医疗卫生机构应用，基本实现就医“一码”通行。185家医疗卫生机构接入市检验检查结果互认平台，平均互认率达到94%。①

广州医院综合实力不断加强。2016～2020年，广州医院总数从243家增加至289家。从医院的类别构成和等级构成看，等级医院构成中“未定级医院”有所减少，转化为标准更加规范和专业化的等级医院，三级医院由54家增加至66家，二级医院由59家增加至95家（见表2）。广州医疗卫生服务能力稳步提升，医疗机构总诊疗人次数从2016年的14758万人次增加至2019年的16333万人次，2020年受新冠肺炎疫情影响，下降至12600万人次（见表3）。在医养结合建设工作方面，广州市研究制定了医养结合机构服务标准，建设工作获得明显成效。目前，广州共有养老机构217家，养老服务床位6.8万张，从2016年起每千名老人床位数持续达到40张，护理型床位占比60%，民办养老机构及床位占比73%，医养结合率达到97.5%。②

---

① 《聚焦常态化疫情防控聚力健康广州建设奋力开创卫生健康事业高质量发展新征程》，http：//wjw.gz.gov.cn/xxgk/jhzj/content/post_ 7096681.html。

② 《广州：医养结合率达97.5%将加强养老机构综合监管》，http：//www.gd.xinhuanet.com/newscenter/2020－06/17/c_ 1126126493.htm。

表 2　2016 ~ 2020 年广州医院类别和等级构成

单位：家

<table>
<tr><th>年份</th><th>2016</th><th>2017</th><th>2018</th><th>2019</th><th>2020</th></tr>
<tr><td>医院</td><td>243</td><td>243</td><td>255</td><td>269</td><td>289</td></tr>
<tr><td>三级医院</td><td>54</td><td>58</td><td>59</td><td>63</td><td>66</td></tr>
<tr><td>二级医院</td><td>59</td><td>82</td><td>86</td><td>92</td><td>95</td></tr>
<tr><td>一级医院</td><td>35</td><td>53</td><td>71</td><td rowspan="2">114</td><td rowspan="2">128</td></tr>
<tr><td>未定级医院</td><td>95</td><td>50</td><td>39</td></tr>
</table>

资料来源：广州市人民政府门户网站，http：//www. gz. gov. cn/gzgov/bjtj/zdly_ list. shtml。

表 3　2016 ~ 2020 年广州医疗机构服务情况

年份	2016	2017	2018	2019	2020
总诊疗人次数(万人次)	14758	15256	15249	16333	12600
出院人数(万人)	275	300	321	344	280. 51
病床使用率(%)	85. 78	88. 21	85. 70	84. 75	70. 60
综合医院平均住院日(日)	8. 90	8. 80	8. 50	8. 40	9. 32

资料来源：广州市人民政府门户网站，http：//www. gz. gov. cn/gzgov/bjtj/zdly_ list. shtml。

4. 卫健行业监管全面强化，医疗药事管理有章有法

一是考核评价导向作用凸显。创新实施医改、基本公卫、计划生育、重大疾病防控等综合考核，提高考核质效，充分强化考核结果引导作用，提升医疗服务水平。二是医疗质量管理抓深落实。成立 27 个医疗质量控制中心并通过国家认证，组织医疗质量安全核心制度考试和院感知识全员常态化考核。定期发布医疗服务与质量安全等系列分析报告。三是药事管理推进明显。推进国家基本药物制度综合试点。落实国家组织药品集中采购和使用工作任务，完善药品供应保障新模式。建立短缺药品保供稳价工作联动机制，完善短缺药品储备保障。制定安全合理用药监测体系。四是法治卫健卓有成效。制定《母乳喂养促进条例》《人口计生服务管理规定》《献血管理规定》《老年人优待办法》等 4 部政府规章。深入开展《民法典》《基本医疗卫生与健康促进法》等普法培训以及“以案释法”教育。行政复议和行政诉讼案件维持率、胜诉率不断提升。卫生监督执法治乱清源，严肃查处扰乱疫情防控、超范围执业、虚假医

疗宣传等违法行为，查办案件数连续3年全省第一。推进“智慧卫监”、“双随机一公开”和“以案促管”等工作。①

5. 打造综合抗疫广州新典范，构建全周期全域全链条应急防控格局

据统计，广州核酸检测能力全省最强、全国领先，发热门诊（诊室）规范化建设全省最多最快，并在全国最早推出“穗康”小程序。民调显示，市民对政府防疫满意度高达95%，“广州速度”“广州力量”“广州经验”“广州担当”备受好评。

一是应急响应“零延迟”。根据统计数据，市民最满意广州市政府防疫反应速度，满意率达98%。二是组织动员“零缺位”，及时启动重大公共卫生应急联防联控机制和突发公共卫生事件应急响应机制，卫健部门作为关键要素和核心力量，牵头或配合全部小组工作。三是排查监督“零疏漏”，实时分析研判国内外疫情动态，开发应用“穗康码”，发挥发热门诊和零售药店“前哨”作用，制定全员核酸检测预案。四是常态推进“零脱节”，对标“八个准备”、聚焦“六个重点”、落实“三个强化”，全域全链条做好秋冬季、冬春季疫情防控准备工作。实施核酸检测能力提升工程，单日单人单管检测能力超70万份。完成107个发热门诊、197个发热诊室规范化建设。五是医疗救治“零差错”，实行“组织整合、资源整合、疗法整合、身心整合、文化整合”的整合式治疗模式。成立市医疗救治领导小组和专家组，统筹广州地区医疗资源，构建基层排查、区级隔观、市级收治“三级救治链”，实施“两类两型四线”分类集中、梯次分流收治。六是医务人员院内“零感染”，成立市医疗机构感控工作专班，建立分管市领导、卫健委领导、医疗机构负责人三级责任制，未发生一起医务人员院内感染事件。②

（四）社会保障制度运转良好，稳就业作用持续发挥

1. 社会保障制度结构优化，覆盖面总体上有序扩大

“十三五”期间，广州社会保障制度结构不断进行优化调整，制度覆盖人数也随之发生变化。其中，基本养老保险参保人数从2016年末的1249.15万

① 《广州：医养结合率达97.5%将加强养老机构综合监管》，http：//www.gd.xinhuanet.com/newscenter/2020－06/17/c_ 1126126493.htm。

② 《聚焦常态化疫情防控聚力健康广州建设奋力开创卫生健康事业高质量发展新征程》，http：//wjw.gz.gov.cn/xxgk/jhzj/content/post_ 7096681.html。

人降至2020年末的961.40万人，降幅23.04%。分项来看，城镇职工养老保险参保人数下降最为明显，从2016年末的1102.30万人下降至2020年末的820.41万人，降幅达25.57%。城乡居民养老保险参保人数则略有增长，从2016年末的125.29万人上升至2020年末的140.99万人，增长率为12.53%。城乡居民养老保险参保人数的增加与农转居人员的养老保险完全并轨至城乡居民养老保险制度中有关，至此广州基本养老保险制度仅包括城镇职工养老保险和城乡居民养老保险两类。但总体来讲，“十三五”期间广州基本养老保险参保人数减少比较明显。

与基本养老保险参保人数下降的发展趋势相反，基本医疗保险、失业保险、工伤保险和生育保险的参保人数在“十三五”期间则有了明显的增加。2016年末到2020年末，基本医疗保险参保人数从1096.38万人增至1348.14万人，增幅为22.96%；参加失业保险的人数则从502.14万人增加至691.82万人，增幅为37.77%；参加工伤保险的人数从495.48万人增加至682.93万人，增幅37.83%（见表4）。

表4　2016年末至2020年末广州市参加各类保险人数及其增减比例

单位：万人，%

指　　标	2016年末		2017年末		2018年末		2019年末		2020年末	
	人数	增幅	人数	增幅	人数	增幅	人数	增幅	人数	增幅
基本养老保险	1249.15	7.7	921.30	-26.2	928.37	0.8	909.08	-2.1	961.40	5.8
其中：城镇职工养老保险	1102.30	9.3	774.73	-29.7	783.52	1.1	768.99	-1.9	820.41	6.7
城乡居民养老保险	125.29	-3.1	125.57	0.2	124.22	-1.1	140.09	12.8	140.99	0.6
农转居人员养老保险	21.56	-1.5	21.00	-2.6	20.63	-1.8	—	—	—	—
基本医疗保险	1096.38	4.2	1161.68	6.0	1247.70	7.4	1302.20	4.4	1348.14	3.5
其中：城镇职工基本医疗保险	636.82	4.8	684.28	7.5	751.95	9.9	803.13	6.8	844.20	5.1
城乡（镇）居民基本医疗保险	459.56	3.3	477.40	3.9	495.75	3.8	499.08	0.7	503.94	1.0
失业保险	502.14	5.9	540.80	7.7	608.71	12.6	644.20	5.8	691.82	7.4
工伤保险	495.48	14.9	579.31	16.9	639.87	10.5	732.27	14.4	682.93	-6.7
生育保险	476.61	9.1	518.92	8.9	585.30	12.8	628.10	7.3	—	—

资料来源：《广州市国民经济和社会发展统计公报》（2016～2020年）。

“十三五”期间，广州实施医疗救助人次明显增长，从2016年的52.9万人次增长至2020年的119.09万人次，增长率为125.12%。此外，“十三五”期间，广州享受低保救济的困难群众数量有所下降，从2016年的4.9万人降至2020年的4.7万人。其中城镇低保救济困难群众减少0.3万人，农村低保救济困难群众增加0.1万人。另外，2020年末，广州享受特困救助供养的特困群众8101人，其中，城镇4374人、农村3727人。

2. 社会保障基金收入、结余与支付水平均有明显提高

“十三五”期间，广州社会保险基金收入和基金累计结余基本上呈现逐年扩大的趋势。2016年末五种社会保险基金收入共计929.37亿元，2020年增加至1224.04亿元，年平均增长率为7.13%。从五种社会保险基金累计结余的情况看，2016年末广州五险基金累计结余为1739.86亿元，2020年增加至2595.35亿元，年平均增长率为10.51%（见图10）。

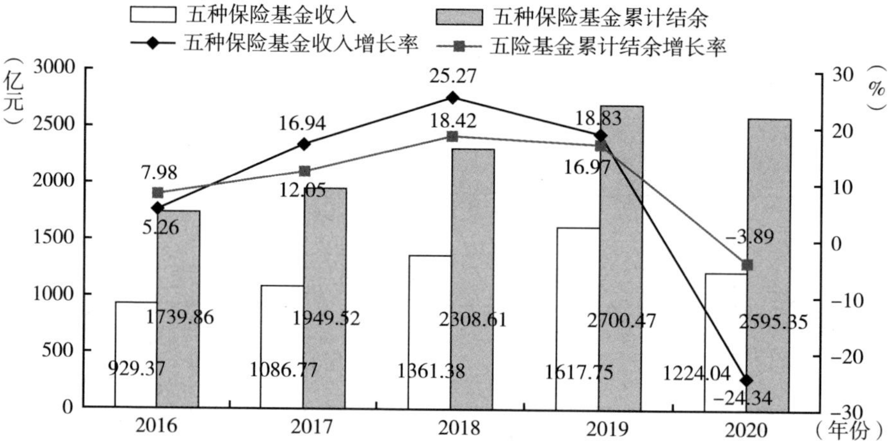

图10　2016～2020年广州社会保险基金收入及累计结余情况

资料来源：《广州市国民经济和社会发展统计公报》（2016～2020年）。

2016～2020年，社会保障与就业财政支出从206.44亿元增加至347.79亿元；社会保障与就业支出占一般公共预算支出比重较为稳定，从11.79%略微回落至11.78%（见图11）。与此同时，人均社会保障与就业支出①从2371.54元增加至3530.46元。

① 人均社会保障与就业支出是由当年社会保障与就业财政支出除以当年户籍人口数量求得。

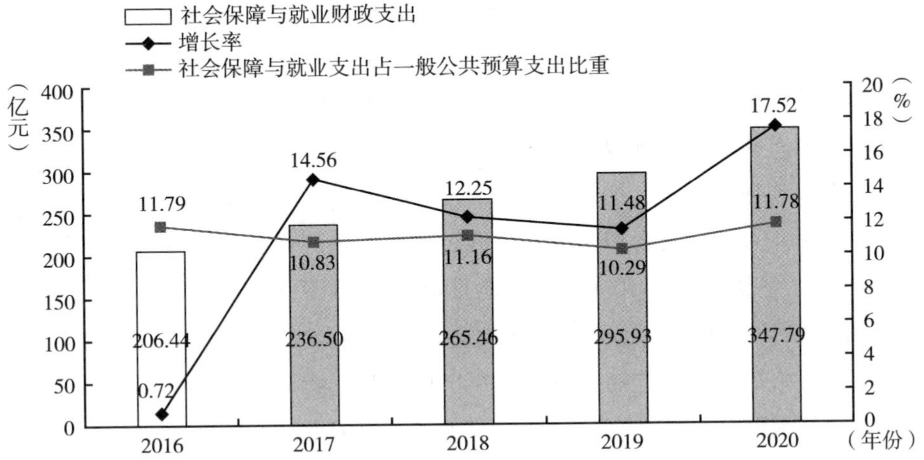

图 11　2016～2020 年广州社会保障与就业财政支出以及财政支出占比情况

资料来源：《广州统计年鉴》（2017～2020 年）、《2020 年广州市国民经济和社会发展统计公报》。

从各项制度的待遇支付水平看，广州城乡居民基本养老保险的基础养老金部分从 2016 年 1 月 1 日起，每年根据城乡居民收入增长、物价变动和职工基本养老保险等其他社会保障标准变化情况，测算确定基础养老金的具体调整额。其中，2016 年调整为每人 191 元/月，2017 年调整为 202 元/月，2018 年调整为 211 元/月，2019 年调整为 221 元/月，2020 年提高到 237 元/月。① 2018 年 7 月 1 日起，广州企业职工最低工资标准调整为 2100 元/月，非全日制职工小时最低工资标准调整为 20.3 元/小时。② 2018 年广州出台《城乡居民大病医疗保险办法》，提高了城乡居民大病保险支付比例、大病保险最高支付限额并向困难群体倾斜。2020 年，广州城乡最低生活保障标准比 2015 年提高 66.15%，达 1080 元/月。低收入困难家庭认定标准按最低生活保障标准的 1.5 倍提高到每人每月 1620 元。全市城镇特困供养标准以及从化区、增城区农村特困供养标准提高至每人每月 1728 元。③

① 广州市人力资源和社会保障局，http://rsj.gz.gov.cn/gkmlpt/content/7/7003/post_7003721.html#507。

② 广州市人力资源和社会保障局，http://rsj.gz.gov.cn/gkmlpt/content/4/4172/post_4172645.html#506。

③ 广州市民政局，http://mzj.gz.gov.cn/gkmlpt/content/5/5727/post_5727541.html#345。

3. 社会保障在支持新冠肺炎疫情防控和稳定就业中发挥重要作用

2020年新冠肺炎疫情发生后，中共中央、广东省委迅速开展疫情防控和经济社会发展"双统筹"的决策部署。在此背景下，广州全面落实社保费减免、援企稳岗补贴返还等政策，持续推进"六稳""六保"工作缓解企业生产经营困难。其突出做法包括：一是全力提高符合社保费减免政策的相关企业政策落实效率。人社局联合税务部门，通过大数据系统自动比对等措施使企业社保单位缴费免申请、免填单，极大地提高了单位缴费减免效率。在2020年2~12月，累计为62.76万家单位阶段性减免养老、失业、工伤社保费457亿元。二是实施援企稳岗补贴全自动、免申请政策。为提高援企稳岗补贴返还效率，人社局采取联合核查、数据比对、主动发放的方式，为全市36.34万家企业返还失业保险稳岗资金30亿元。[①] 三是扩大失业保险保障范围，按时足额发放失业保险金待遇。新冠肺炎疫情发生后，广州出台《关于扩大失业保险保障范围的通知》（穗人社规字〔2020〕5号），对广州市领取失业保险金的情况进一步细化，将失业补助金标准算法进一步明确，并阶段性降低企业失业保险缴费率，降低企业社保成本。

4. "大城市大养老"服务模式逐渐清晰并有序推进

近年来，广州养老服务始终以老年人需求为导向，在不断深化养老服务供给侧改革中不断擦亮社区居家养老服务"3+X"品牌。其中以"大配餐"社区居家养老服务项目最具代表性，目前广州已设置长者饭堂1036个，城乡社区覆盖率达100%，"市中心城区10~15分钟、外围城区20~25分钟"的配餐格局基本形成。2020年12月31日，广州出台《广州市老年人助餐配餐服务管理办法》（穗民规字〔2020〕15号），按照"布点社区化、筹资多元化、运营社会化、服务个性化、监管制度化"的思路，优化完善自建厨房、单位食堂专区（窗）、集体用餐配餐、餐饮企业参与助餐配餐、邻里互助服务等多种服务模式，使助餐服务逐渐朝向规模化、专业化、普适化、持续化推进。此外，以新技术引领的"智慧养老""医养结合养老""无墙养老院"等模式也在探索中逐步丰富。

随着老龄化程度的不断加深，广州进一步规范老年人照顾需求评估工作，

① 广州市人力资源和社会保障局，http://rsj.gz.gov.cn/zwdt/gzdt/content/post_7069164.html。

出台《广州市老年人照顾需求评估管理办法（试行）》（穗民规字〔2020〕14号），对评估对象、评估主体、评估流程、评估结果应用和评估费用等内容进行统一规范，将老年人能力综合评估等级作为老年人养老服务需求类型、照顾护理等级以及财政补贴的确定依据。从2016年起，广州每千名老人床位数已达到40张，为了更好地满足老年人就近养老的服务需求，广州正进一步加快推进社区嵌入式养老机构建设，通过增加中心城区嵌入式、多功能、综合性的养老服务机构供给，丰富社区居家养老服务的形式与内容。

（五）全面推进市域社会治理现代化，共建共治共享成效明显

“十三五”期间，广州积极探索超大城市社会治理改革创新的方法和路径，推进营造共建共治共享社会治理格局走在全国前列，构建“党委领导、政府负责、民主协商、社会协同、公众参与、法治保障、科技支撑”的社会治理体系，社会治理取得了较好成效，社会治理水平总体上与经济社会发展水平相适应，为新时代广州市域社会治理现代化奠定了坚实基础。

整体来看，广州社会大局和谐稳定，2020年广州成为首批全国市域社会治理现代化试点城市之一。在全面推进市域社会治理进程中，广州创新推进“四标四实”常态化和网格化管理持续深化，打造“令行禁止、有呼必应”党建引领基层治理广州模式与“广州街坊”群防共治品牌队伍，建成覆盖基层治理各领域的组织网络，构建矛盾纠纷多元预防调处化解机制，实践“民主协商一事一议”，村居议事厅实现全覆盖。同时有序推动社会组织参与社区治理，深化“社工+”战略，完善来穗人员融合服务。突出成效主要有以下几个方面。

1. 以党建引领基层社会治理创新，社会治理效能持续提升

一是制度先行，牢牢把握党建在基层社区治理创新中的位置，注重强化党对城乡基层群众自治组织的领导，打通社会治理“最后一公里”。构建“令行禁止、有呼必应”党建引领下具有广州特色的城乡社区治理工作格局；出台“有事好商量”民生实事协商办法，围绕旧楼加装电梯等重点民生问题和城市治理老大难问题开展专项协商和解决。

二是赋能和创新基层社会治理。广州在辖区内1615个城市社区、1144个行政村全部建成统一规范的居民议事厅进行基层协商，基层居民议事厅覆盖率达到100%。据统计，累计131.4万人次参与城乡社区协商活动，审议56.9亿

元集体资产、促成旧楼加装电梯3485部、化解7529个基层矛盾，决议事项执行率达94.5%。[①] 创新探索超大城市基层群众动员模式，发展150多万人的“广州街坊”群防共治队伍，在基层党委、政府领导下参与基层平安建设。成立94个社区建设管理委员会，探索建立旧城更新“共同缔造工作坊”模式。开展社区网上驿站试点（“随约服务”），打造城市15分钟、农村30分钟居民优质生活服务圈。

2. 完善外来人口基本公共服务，探索超大城市社会融合新路子

“十三五”期间，外来人口数量稳步增加，广州成为常住人口近2000万、流动人口近1000万的超大城市。广州加快社会融合步伐，出台《广州市来穗人员融合行动计划（2016~2020年）》，从完善外来人口积分入户、住房保障、教育培训、党的建设、志愿服务等方面着手，在全国超大城市中率先全面开展流动人口社会融合工作。具体实施状况如表5所示[②]。

表5　社会融合公共服务项目及其实施内容

公共服务项目	政策	实践成效	相关时间
积分入户	积分成为广州户籍居民	约10万外来人口落户	2010年连续实施，2020年积分制入户广州的有20928人
住房保障	市本级公租房按照不少于10%的比例向外来人口供应	公租房约2.3万套，占市本级供应量（约6万套）的38%	2016年起
教育培训	融合镇（街）、社区试点，“融合服务周”“来穗人员融合大学堂”*	融合大学堂培训总量达50多万人次	每年4月份最后一周确定为“融合服务周”
党的建设	为来穗党员建立党组织	建立来穗人员党委7个、党总支5个、党支部254个，服务管理来穗党员4471名	
志愿服务	鼓励来穗人员积极参与基层社会治理	50多万人参与志愿服务	

*培训内容包括：积分制服务政策宣讲、出租屋消防安全讲座、居住证办理和社保政策讲座、教育基地参观走访学习、风俗文化亲子课堂、粤语培训、暑期小金雁安全教育学堂以及来穗亲子家庭教育体验等。

① 《广州“十三五”回顾：社会融合多元发展，市域社会治理现代化蓝图可期》，https://www.nfcmag.com/sv/1721.html。

② 广州市来穗人员服务管理局，2020年12月。

同时，通过党建引领，打造来穗人员多元参与载体，拓展参与途径和方式，发挥外来人口积极性，为来穗人员社会融合创造便利条件，形成引领外来人口实现社会融合的先导示范。目前，已建立来穗人员党委7个、党总支5个、党支部254个，服务管理来穗党员4471名；全市来穗人员志愿服务队员达50多万人。

3. 创新实施社区网格化治理，全面提升基层治理水平

广州全面创新开展社区网格化治理。2014年10月起广州将全市城市社区划分为20031个基础网格，配备基础网格员22367人，其中专职网格员由2015年的600多名增加到2020年的3500多名，摸清网格中的人、地、事、物、组织等社会治理基础要素，网格化模块运行109项网格事项。① 2020年网格事件累计约970万件，办结950多万件，办结率近98%。② 社区网格员通过网格化信息平台实现实时更新和动态监管，主动发现基层社区的问题并及时解决，同时精细化社区治理各关键环节，综合政府各条线的职责。合理布局"全能型"网格员，以"上面千条线，网格多根针"的形式，形成细致、简单、方便、快捷的社区治理格局，适应群众需求，创新公共服务，强力助推了"令行禁止、有呼必应"的治理模式。2020年，全市2万多基础网格作为社区防控的触角，组织3万余名基础网格员和出租屋管理员全员全程全力投入社区网格化疫情防控，为抗击新冠肺炎疫情发挥了至关重要的作用。

4. 有序推动社会组织参与社区治理，实施"社工+"战略，创"慈善之城"品牌

至2020年底，广州登记在册社会组织8095个，社区社会组织22422个，每个城市社区平均拥有10个社区社会组织、每个农村社区平均拥有5个社区社会组织。"十三五"期间，持证社工达2.1万人，分布在民政、公安、司法等系统的社会工作专业人才数量达1.3万余人。全市共设有203个社工站，14个社工专项服务项目年服务居民群众约400万人次，其中实现了全市镇（街）社工站全覆盖。③ 广州深化"社工+"，完善"社会工作+公益慈善+志愿服

① 《广州"十三五"回顾：探索市域社会治理现代化》，http：//lsj. gz. gov. cn/gkmlpt/content/7/7075/post_ 7075052. html#825。

② 《广州"十三五"回顾：助推千年商都出新出彩，探索市域社会治理现代化》，网易订阅，https：//www. 163. com/dy/article/G23PS21N055004XG. html。

③ 《2020年广州社工发展报告、行业十件大事出炉》，新华网，http：//www. gd. xinhuanet. com/newscenter/2021 -01/13/c_ 1126978776. htm。

务”融合发展机制，推广“公益时间银行”“五社联动”等模式，开展外来人口参与社区治理创新试点。① 广州自2017年开始全面启动打造“慈善之城”，围绕“人人慈善为人人”的理念，打造“羊城慈善为民”系列行动，按照“党委领导、政府主导、组织运作、社会参与、人人共享”的运作机制，搭建慈善活动平台，创新“慈善+”模式，不断完善政策体系，多方共建组织体系，慈善主体持续壮大，慈善平台日臻丰富，慈善品牌文化优势凸显，打造具有引领性的城市慈善发展样本。② 2018年底，广州慈善指数全国第二，并发布全国首份区域慈善指数报告。

5. 法治广州、平安广州建设卓有成效，保障社会治理现代化

“十三五”期间，广州法治政府建设水平持续稳居全国前列，6次荣获中国法治政府奖或提名奖，是唯一一个连续6年在地方法治政府评价中稳居前五名的城市。同期，广州平安建设、扫黑除恶专项斗争考评名列广东省第1，构建起“六位一体”社会治安防控体系，案件类警情、刑事立案数连续5年下降，未发生重特大事故，生产安全事故起数、死亡人数连年实现“双下降”，市民获得感、幸福感、安全感全面提升。法治广州、平安广州的稳步推进，保障了社会治理现代化。

6. 社会治理智能化，助推社会数字治理现代转型

一是推进社会治理智能化，按照“一图统揽，一网共治”总体构想，将大数据、云计算、区块链、人工智能、物联网等新一代信息技术应用于社会治理领域，发挥新技术手段的治理优势，提升社会治理的效率和精准度，以“穗智管”城市运行管理中枢建设应用为牵引，对一些“城市病”进行智能化、精细化、可视化治理。③ 二是依托信息技术打造社会共治的载体，构建政府、社会组织和大众广泛参与的共建共治共享机制，助推社会数字治理现代转型。比如在“广州街坊”小程序上，市民通过注册可参与骑巡活

① 《2020年广州社工交出多份亮眼“成绩单”》，《公益参考消息》，http://www.gongyicankao.com/news/2021/shgz_0111/10032.html。

② 《创“慈善之城”两年广州形成慈善共建新格局》，公益中国，http://gongyi.china.com.cn/2019-06/18/content_40790502.htm。

③ 《广州建设“智慧之城”：数字政府、数字经济、数字社会三位一体》，https://www.sohu.com/a/467592408_120152148。

动、交通志愿服务等服务，超过100万群众通过“广州街坊”小程序加入群防共治队伍。

二　广州社会发展面临的挑战

（一）就业呈现供需结构性矛盾，人口老龄化等因素负向影响就业态势

综观过去五年广州就业形势发展，仍呈现出就业结构性矛盾。同时，人口老龄化、新技术变革及新业态发展等因素都将对广州就业形势提出新的挑战。

1. 就业市场仍存在供需结构性问题

2016～2020年广州就业市场供给偏紧态势延续，但保持在合理区间内。从广州市人力资源市场登记数据来看，2016～2018年登记招聘量呈现下降态势，但在2019年有了明显增长，2016年、2017年、2018年、2019年分别为203.1万人次、179.7万人次、181.7万人次、341.4万人次。登记求职量大致也呈现下行态势，但在2019年有所增加，2016年、2017年、2018年、2019年分别为163.4万人次、125.0万人次、121.0万人次、202.5万人次。登记招聘量一直明显大于登记求职量，广州就业市场供给偏紧态势延续（见图12）。

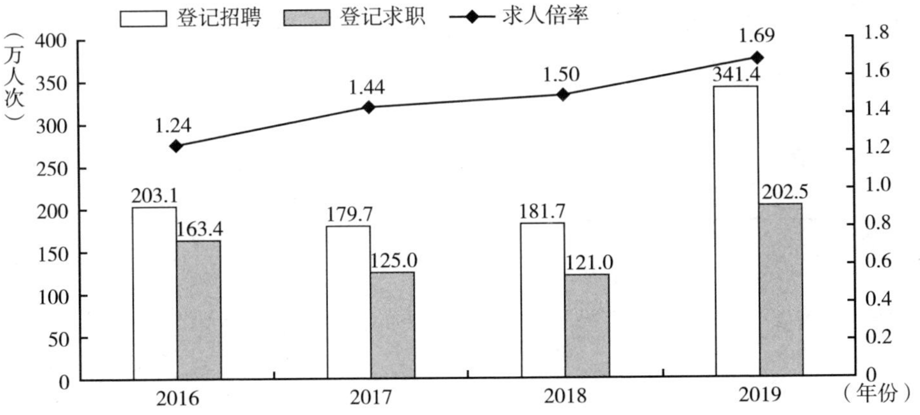

图12　2016～2019年广州市人力资源市场供需变化及求人倍率

资料来源：《广州统计年鉴》（2017～2020年）。

求人倍率是劳动力市场需求人数与求职人数之比，体现劳动力市场每个岗位需求所对应的求职人数，是考察就业市场供求情况的一项重要参考指标。2016～2019 年广州求人倍率也呈现上升的态势，从 2016 年的 1.24 上升至 2019 年的 1.69。这意味着，广州就业市场供给偏紧态势持续。在就业市场中供给需求的结构性问题凸显，一方面，劳动力的供给不能满足总体需求；另一方面，社会群体就业难的问题依然存在，最为突出的是大学生就业难问题。

2. 人口老龄化趋势将对广州人力资源供给规模与结构产生深远影响

广州人口结构呈现老龄化趋势，但老龄化进程慢于全国和全省。从 2000 年到 2020 年全国人口普查和 1% 抽样调查结果来看，全国、广东省、广州市均表现为“两头低、中间高”的特征，即 0～14 岁年龄人口和 65 岁及以上人口占比相对较低，15～64 岁人口占比较高。以 65 岁及以上人口占比来看，广州市老年人口比重从 2000 年的 6.10% 波动上升至 2020 年的 7.82%，大体上低于广东省（从 2000 年的 6.05% 震荡升至 2020 年的 8.58%）、全国比重（从 2000 年的 6.96% 持续上涨至 2020 年的 13.50%）（见表 6）。一个地区 65 岁及以上老年人口占总人口比例超过 7%，则意味着这一地区处于老龄化社会，因此，广州已进入老龄化社会。从 2000 年到 2020 年老少比来看，广州呈现快速攀升的趋势，从 2000 年的 37.13% 持续扩大至 2020 年的 56.38%，虽然受益于外来劳动力人口的输入，广州劳动力人口比重仍占据优势，但广州人口整体老龄化趋势明显。人口老龄化的后果是劳动年龄人口比重下降，劳动参与率降低，从而影响劳动力的有效供给。

表 6　2000～2020 年全国、广东省、广州市各年龄段人口比重比较

单位：%

普查年份	0～14 岁			15～64 岁			65 岁及以上		
	广州市	广东省	全国	广州市	广东省	全国	广州市	广东省	全国
2000	16.43	24.17	22.89	77.47	69.78	70.15	6.10	6.05	6.96
2005	14.78	21.32	20.27	77.66	71.27	72.04	7.56	7.41	7.69
2010	11.47	16.89	16.60	81.91	76.36	74.53	6.62	6.75	8.87
2015	12.98	17.37	16.52	79.12	74.15	73.01	7.90	8.48	10.47
2020	13.87	18.85	17.95	78.31	72.57	68.55	7.82	8.58	13.50

资料来源：2000 年、2005 年、2010 年、2015 年、2020 年全国人口普查及 1% 抽样调查数据。

（二）教育资源供需矛盾依然存在，产教融合和协同育人机制有待健全

1. 基础教育资源供给不平衡不充分，供需矛盾依然存在

目前，广州基础教育资源供给不平衡不充分，基础教育学位供需矛盾依然存在，区域之间、城乡之间、学校之间、群体之间教育水平的差距比较明显。各级各类教育之间发展不均衡、沟通和协调机制有待进一步完善。[①] 以学前教育为例，相关调查结果显示，广州家长认为幼儿园收费“贵”和“比较贵”的比例合计达71%；而认为幼儿园学位数量“不足够”的家长占63%，认为“足够”的人只占27%。[②] 根据2020年的公办幼儿园派位结果，越秀区的中签率为5.5∶1，即5.5个孩子竞争1个公办幼儿园学位；荔湾区的中签率为4.62∶1；天河区的中签率为3.14∶1，[③] 各区之间有明显差异。上述数据表明，学前教育的入学难、入学贵等问题仍是广州居民的痛点。再以示范性中学的分布为例，2020年，越秀区、荔湾区、海珠区、天河区的区属示范性高中数量分别为7所、5所、5所、9所，黄埔区、南沙区、从化区分别有3所、2所、2所。然而根据广州“七普”的数据，0～14岁人口占比，黄埔区为15.44%、南沙区为15.27%，从化区为19.72%，而老四区越秀区、海珠区、荔湾区、天河区分别仅为13.64%、11.32%、13.37%、11.57%，这表明广州将面临青少年人口分布与优质学位分布失衡的现象，跨区升学的需求将会扩大。

2. 教育保障水平有待进一步提高，资源投入面临阶段性压力

广州中心城区规划用地供给、学前和义务教育经费投入面临阶段性压力，师资队伍水平需加快提高，高素质专业化教师队伍建设任重道远。[④] 以北京和广州的几个办学条件指标为例，2019年，广州中、小学生师比分别为11.91

---

① 查吉德、李媛：《2018年广州教育高质量发展形势分析与2019年展望》，《广州教育发展报告（2019～2020）》，社会科学文献出版社，2020。

② 广州社情民意研究中心：《家长市民看儿童成长的那些事》，http：//www.c－por.org/index.php？c＝news&a＝ztdetail&id＝4343&pid＝27。

③ 《广州入园摇号竞争好激烈！越秀5.5娃抢1个学位！天河中签率31.43%》，https：//www.sohu.com/a/398015983_100013948。

④ 《广州市教育局关于印发2020年广州教育工作总结和2021年工作要点的通知》，（穗教发〔2021〕9号），广州市教育局。

和18.40，北京中、小学生师比分别是8.20和13.80；广州中、小学生均占地面积分别是38.48平方米和13.24平方米，北京分别是55.67平方米和15.33平方米；广州的中、小学生均图书量分别是58.64册和23.66册，北京分别是67.50册和29.41册；广州的中、小学每百名学生拥有计算机数分别为37.67台和14.37台，北京分别是78.75台和27.91台。可见，广州学校的办学条件与北京的学校相比有一定差距。另外，从经费投入来看，2019年广州教育经费支出占当年地区生产总值的2.22%，而北京、上海和深圳分别是3.21%、2.57%、2.66%，可见，广州的教育保障虽然不断加强，但仍有提升空间。

3. 中高职教育协调发展有待完善，产教融合机制有待健全

广州积极推行高职扩招政策，为中职学生打造多种"升学通道"，满足学生升学需求。但就目前来说，中高职技能人才贯通培养的机制有待进一步完善，如高职的招生规模与中职毕业生的升学需求有一定距离、中高职专业设置契合度低，课程设置脱节、专业训练缺乏系统性。另外，中职学校目前的专业设置有待进一步优化完善，专业布局结构与产业结构之间的对接度有待提高，文科专业布点过多，制造业布点不足，战略性新兴产业布点滞后，产教融合机制有待进一步健全。

4. 家庭、学校、社会三方协同育人机制有待健全

《中共中央关于制定国民经济和社会发展第十四个五年规划和二〇三五年远景目标的建议》明确提出，"健全学校家庭社会协同育人机制"。这是对"十四五"时期建设高质量教育体系、形成广泛共识和协调行动提出的新的更高要求，是我国教育事业"五育并举"和"三全育人"相结合的实现方式。家庭学校社会三方协同育人体系的具体构建已经成为新的社会关注热点，如家长抱怨作业辅导问题频频见于媒体报道，这实质上是家校协同育人过程中关系的扭曲和责任的错位。目前，广州的家庭学校社会三方协同育人机制尚未完全建立，一是家长、学校、社会三方对"协同育人"的认识尚未统一，职责分工未明晰，教育理念有待转变；二是还没出台三方协同育人的地方政策制度；三是缺乏三方协同育人的平台。

（三）优质医疗服务供给不足，疾控体系短板仍需强化

"十三五"期间，广州卫生健康发展不平衡不充分的一些突出问题和深层

次矛盾尚未完全解决，仍存在医疗资源总量不足、结构不合理、优质医疗资源分布不均衡、供给主体相对单一、基层服务能力薄弱、医养结合机制不完善等短板。破解“看病难、看病贵”问题的实际效果与群众期盼仍有不小差距，“三医”联动改革的协同性还不够，“医疗数据共享”仍有待进一步加强，重大疾病风险和健康影响因素威胁长期存在，提高全生命周期健康服务水平的制度保障还需进一步强化。

1. 基层卫生服务供给不足，服务人才队伍亟须增强

广州基层卫生服务经过多年的探索和逐步发展，已基本建成覆盖全市城区居民的社区卫生服务体系。但广州社区服务功能尚未完善，与居民的要求仍有较大差距，主要表现为基层医疗卫生机构工作负荷大，服务供给能力不足。首先表现在人员缺编问题凸显。截至 2019 年，全市基层医疗卫生机构人员核定编制总数为 11418 人，常住人口仅达到 7.46 人/万，尚未达到“乡镇卫生院人员编制原则上按每万服务人口 13 名配备，社区卫生服务中心人员编制按每万服务人口 8 名配备”的省标准，也低于 11.6 人/万的全国平均值，目前仍缺编 5875 人，全市基层医疗卫生机构入编率仅为 81%。① 其次是基层留不住人，主要因为基层工作量大，待遇差，上升空间受限。在工作负荷方面，2020 年，全市社区卫生服务中心医师日均担负诊疗 15.04 人次，而同期医院医师日均担负诊疗 8.35 人次。与此同时，由于基层医疗资源不足，药品配备不齐全等原因，居民看病仍多选择前往大型三甲医院就诊。2020 年，全市基层医疗机构总诊疗人次为 0.39 亿人次，较上年同期下降 27.22%，占比从 2019 年的 32.93% 下降到 2020 年的 31.07%。②

2. 医养结合机制有待优化，对接共享优势互补有待完善

医养结合养老模式，是对现有医疗服务资源和养老服务资源的整合。因原有医疗资源和养老资源分属不同部门，资源仍需进一步整合：医养结合由卫生健康部门负责，养老服务由民政部门负责，医疗卫生服务由卫生健康部门负责，医疗保障政策由医疗保障部门负责，存在权责分散交叉现象，缺少完整的政

① 《筑牢疾病防控体系，提升基层公共卫生服务水平——市政协教科卫体委员会在广州市十三届十七次常委会议上的报告》，https://www.163.com/dy/article/FNDM6SH20534AAOK.html。

② 《2020 年广州市卫生资源和医疗服务简报》，广州市卫生健康委员会网站，http://wjw.gz.gov.cn/xxgk/zdlyxx/ggws/content/post_7216871.html。

策支持体系，缺乏融合发展。医疗卫生、养老服务、医疗保障等部门分别执行各自的政策管理服务标准，医养结合没有具体统一的政策支持体系，在服务对象、服务标准、服务内容、服务形式等方面没有可操作的明确规定，缺少科学合理的政策支持体系和管理服务标准。此外社区医院人力资源有限、缺乏专业队伍，没有营利性且交通成本高等因素致使医疗服务成本偏高，社会力量缺乏参与居家养老医疗服务的动力。急救急诊、预约就诊、双向转诊、定期巡诊、业务指导等系统化合作机制尚未完全建立，不利于医养结合的深度融合发展。特别是社区医疗服务和社区养老服务、居家医疗服务和居家养老服务，目前多是各自独立地开展医疗和养老服务，尚没有实现组织机构、管理服务和服务内容的融合发展。

3. 疾控体系短板仍需加强，防控机制有待健全

新冠肺炎疫情仍在全球大流行，防输入、防扩散、防反弹压力持续存在。虽然广州取得了新冠肺炎等新发重点传染病疫情防控工作阶段性重大成果，但在新冠肺炎疫情防控工作中也暴露了重大传染病防控和卫生应急管理体系建设方面的不足，疾控体系在基础支撑、监测预警、应急管理和人才建设等方面还存在一些短板弱项。具体来看，广州社区卫生服务中心基础建设较为落后，设备不足、业务能力不强的问题仍较普遍。区级疾控机构和基层医疗卫生机构普遍存在人员编制不足、人员配备不足、人员待遇偏低、队伍结构不合理、人才流失等问题。各区的疫情防控队伍主要由区疫控中心、卫生监督所及社区卫生服务中心、镇卫生院组成，但从整体来看，人员配置的现状不容乐观。在实际工作中，监测、防控、处置、监督等职责集中在社区网格员身上，平均每名网格员需要负责大量常住人口的疫情管理工作。① 这直接导致防控人员工作压力大，人才流失严重，使防治工作难以做实做细。并且，街道（镇）基层疾病预防控制网络体系和行政管理组织机构尚未完善，传染病防治工作的“平战转换”机制不够健全，信息报送机制仍未通畅。“表格抗疫”的情况仍存在，如社区重点人员排查仍采取报表层层上报模式，数据报送的时效性和准确性与常态化疫情防控要求的精准有一定差距。②

---

① 《广州白云区实施网格化防控疫情：1.7 万网格“五长”在行动》，http：//www.by.gov.cn/ywdt/mtxx/content/post_5663240.html。

② 《广州：落实居家隔离与集中隔离（不含境外人员）总计超 39 万人》，https：//www.163.com/dy/article/FND0CKUQ0550AXYG.html。

（四）社会保障可持续发展压力大，治理现代化水平有待提升

1. 社会保障基金财务可持续性存在风险

“十三五”期间，广州社会保障基金的收入始终大于支出，基金规模不断壮大。但同时也可观察到，近年来城镇职工养老保险制度的扩面难度持续增大，缴费人数连年递减。如果不能持续推进制度扩面工作，将更多的青年劳动力吸纳到制度中来，那么随着人口老龄化的加剧以及人口抚养比的上升，养老保险制度的财务可持续性将面临风险。广州作为劳动力流入城市，其灵活就业群体数量较大，根据《2018 广州灵活就业人群指数报告》，我国灵活就业城市占比中，广州地区占比 26.5%，位列全国第三。在调研中发现，这类人群对社会保障需求较为迫切。原有制度设计必须通过不断优化来适应人口大规模流动的新常态。特别是受新冠肺炎疫情影响，社保减税降费力度大，社保基金收入也呈现明显降幅，在支出保持刚性不变的前提下，社保基金整体收支平衡同样面临严峻挑战。

2. 多层次养老保险体系发展不平衡不充分

目前多层次养老保险体系发展不平衡不充分主要体现在，第一层次的基本养老保险畸重发展，第二层次的补充养老保险（企业年金和职业年金）以及第三层次的个人储蓄性养老保险发育不足。首先，在第一层次的基本养老保险中，虽然通过制度并轨仅保留城镇职工养老保险和城乡居民养老保险两种制度安排，但两类制度由于建制规则、筹资机制等方面存在差异，所以待遇水平差距较为明显。其次，职业年金覆盖范围以“参公”和“编制”为条件使得机关事业单位工作人员与企业职工之间养老金待遇差距进一步拉大。再次，我国商业养老保险发展较为滞后，消费者对于商业保险的认同度不高，且有效购买力不足。最后，长期护理保险开展范围有限，特别是对于资金来源、服务提供、鉴定标准等内容亟待完善细化。

3. 社会保障管理体制的治理现代化水平有待提升

新冠肺炎疫情发生以来，医保政策、社保费用减免政策、失业保险等政策协同高效地发挥政策合力。但实践中暴露出的一些管理体制问题也亟须关注。比如跨省份的新冠肺炎患者在接受医疗救治过程中，急需简化异地就医报销手续等临时政策。养老金、低保金及各项社保待遇的发放以及业务经办不能因疫情隔离而受到阻滞，必须提高对社保经办机制建设的重视程度，建立统一的社保公共服务经办

平台，将社会保障经办服务利用互联网、大数据、云计算等信息技术标准化、信息化。这一要求无论是在常态时期还是非常态时期都是一项必须提上日程的紧迫工作。

（五）社会治理体制机制有待完善，精细化水平有待提升

广州作为超大城市具有集中公共资源的优势，在未来很长时间内仍然会吸引国内外大量多元群体集聚广州。因此，超大城市需要应对的社会矛盾、社会治安压力，以及人口聚集带来的公共服务与社会治理问题仍将长期存在，对广州的社会治理提出进一步的挑战。

1. 社会治理体制机制还不够完善

各层级部门和机构在社会治理上的权限和界限不够清晰，职责分工不够明确；由于社会治理职能交叉分散在众多部门中，各部门资源整合与合作协调难度较大，不易形成合力；社区治理体制中的社区居委会与社会组织、业主委员会等关系需要进一步理顺。社会风险预测与评价机制、社会心理咨询与心理疏导机制、矛盾纠纷调解机制也需要进一步完善。

2. 社会组织培育发展和能力建设有待进一步加强

从已有社会组织的分类来看，社会矛盾调处、自我管理等自治类的社会组织缺乏。从社会组织的功能来看，社会组织对社会治理的参与度不高，参与社会治理创新的能力不足。占总量50%以上的社区社会组织绝大部分规模小、组织形式较为松散、缺乏活动场地和管理人才，能承接社会治理的项目有限。广州的全国知名社会组织品牌与上海、北京、深圳等地相比较少，与广州超大城市的社会治理需求还有差距。

3. 社会治理精细化程度有待提升

社会转型期，利益多元化和价值取向多样化，使得传统粗放型的社会治理模式备受挑战。而社会变迁中的结构分化作为主要形式之一，主要通过社会分工和专业化组织对生产效率的促进作用以及社会角色多元化对个体个性化塑造的影响这两个机制对现代化进程产生影响。其必然结果就是对规范、专业、高效和优质化的社会管理及公共服务提出了更高更精细化的要求。① 比如在城市

① 蒋源：《从粗放式管理到精细化治理：社会治理转型的机制性转换》，《云南社会科学》2015年第9期。

更新、城中村治理、垃圾减量分类等社会治理领域，广州的政府、企业、社区尚未形成有效的多元协同治理机制，仍需要进一步扶植和培育城市治理中多元治理主体的社会参与和自治能力。居民、企业、社会组织等主体仍未能充分参与社会治理，依靠行政力量和行政资源单方面推进的惯性治理方式仍居主导地位。

4. 城市社区应急预防建设面临人力、定位和技术三重挑战

城市社区在新冠肺炎疫情防控中发挥了重要作用，但同时面临人力、定位和技术的三重挑战。首先，疫情发生时，城市社区工作人员承担大量繁重的应急防控工作任务，人员短缺和人员保障机制不健全的挑战凸显；其次，城市社区居民委员会承担的类似医疗行政检查的疫情防控工作并无明确的制度规定，也缺乏相应的行政职权，同时也不具备专业的防控知识与训练；最后，城市社区应急智慧化理念和建设相对滞后，硬件配备不足信息数据共享机制尚不完善等原因造成城市社区应急智慧化建设短板。

三　2021年广州社会发展展望与对策

（一）以更充分更高质量就业为目标，推动劳动力供给侧结构性改革

1. 以更充分更高质量就业为目标，化解劳动力市场供需结构性矛盾

以“更充分更高质量就业”作为就业领域的重要目标，抓住新技术变革进步和机遇，加快发展数字经济等新动能产业，催生新服务、新模式、新业态，拓展就业新空间，提升传统行业就业岗位质量。此外，加大民营企业帮扶力度，在贷款扶持、税收减免等方面探索壮大、做强民营企业的制度环境，扩大就业和稳定就业，实现更充分更高质量就业。

2. 推动劳动力供给侧结构性改革，缓解就业压力

一是目前老龄化趋势愈加明显，青壮年劳动力数量开始减少，应调整广州户籍管理制度，加快培养和引入人才，积极开发劳动力资源，促进充分就业。二是根据广州现代化经济体系建设的人力资源需求，加强教育培训和科技创新，改进教育教学内容和方式，加快建立终身职业培训体系，加大对互联网营销师、区块链工程技术人员、在线学习服务师等新技术工种培训，提高劳动力质量和劳动生产率，培育质量型人口红利，为5G、人工智能、区块链等新技

术产业发展夯实人才基础。三是加快人事人才制度改革，在人才培养、使用、评价、激励等方面减少制度约束。

3. 完善全方位就业服务体系，提升公共就业服务质量

一是加强就业监测预警和形势研判，强化“互联网+就业服务”，深入实施“双到双零”等公共就业服务。二是加快落实推进全方位公共就业服务的规划，搭建多方参与的高效协同机制，完善就业信息发布、就业服务平台制度。三是创新公共就业服务方式方法，做好外来人口人才服务。四是加快推进来穗人口融合行动计划，尤其是将外来人口纳入广州公共服务体系，使其享受与户籍人口同等待遇，更高质量做好外来人口融入工作。同时，从战略高度制定符合广州经济发展所需的人口战略，增强对复合型人才吸引力度，共建富强美好和谐新广州。

（二）加强教育公共服务均衡化供给，完善产教融合和协同育人机制

1. 提升教育资源的供给水平，提升区域内基础教育的均衡化程度

健全“市统筹、区为主、镇（街）参与”的学前教育管理体制，满足居民就近入园的需求。多渠道、多方式扩增普惠性学前教育和公办幼儿园的资源供给，加快出台普惠性民办幼儿园发展扶持政策，满足常住适龄儿童对普惠性幼儿园的需求。进一步优化幼儿园规划布局，适当向学龄前儿童密集地区、学前教育资源薄弱地区倾斜。不断提升学前教育的质量，完善幼儿园建设标准和教学体系，加大学前教育师资队伍建设。

持续推进义务教育城乡一体化，全面改善学校办学条件，推进校园改扩建和新校区建设，积极创建全国义务教育优质均衡区。完善集团化办学体制机制，培育一批优质特色教育集团。深化课程和课堂教学改革，提升学科教育质量。推动各区以义务教育公办学校为主安排来穗人员随迁子女入读。鼓励高中阶段学校多样化发展，支持市区属示范性高中跨区办学，满足未来青少年人口变化需求。

2. 促进中高职组团发展，深化产教融合

继续推动中高职组团发展，加快推进中高职一体化办学，进一步加大中高职衔接力度，增加高职院校对中职毕业生的招生数量，试点市属中高职院校集

团化办学等模式，调整中职学校专业设置布局，进一步提升与高职院校的专业结构、广州产业布局的契合度。推进产教协同育人，加强职教集团和产教联盟建设，进一步推行现代学徒制和企业新型学徒制，促进产教融合校企“双元”精准育人，鼓励企业参与开展职业技术教育。促进职业院校高质量发展，打造一批省级以上高水平职业院校和专业群，提升职业教育办学水平和人才培养质量，更好地服务产业发展。

3. 完善家庭学校社会协同育人机制

一是完善校内教育体系。抓好课堂教育主线，提升课堂教育质量，既要按照国家课程标准要求提升学科教育质量，又要做好校本课程研发，体现广州特色，还要将社会实践要求纳入各级各类学校的培养方案中。二是加强家庭教育。出台符合广州实际的家庭教育指导纲要，强调家校互动，指导家长开展青少年教育，尤其是家务劳动、家庭锻炼、亲子阅读等。三是推进全社会形成青少年教育合力。梳理各类社会教育资源，如爱国主义教育基地等，建立社会实践资源图谱，加强校外社会实践基地建设和岗位开发。实施社会组织教育基地项目，建立社会组织教育基地分类标准，定期开展基地达标评估，打造一批示范基地、品牌社会教育项目和课程。

（三）以改革力促医疗服务提质增效，全面推进健康广州系统化建设

1. 提升基层公共卫生应急常态化管理能力，构建全域全周期疫情防控体系

全面抓紧深入落实《完善重大疫情防控体制机制健全公共卫生应急管理体系的实施意见》、实施方案和三年任务清单，着重提升基层公共卫生应急常态化管理能力。一是强化风险评估“研判力”。密切关注国内外疫情动态，充分运用信息化等多种手段开展研判，提供科学精准的决策支撑。二是强化监测体系“预警力”，严格落实发热门诊核酸筛查制度，坚持联防联控，加强与各级各部门的沟通协作，巩固灵敏高效的多点触发预警机制。三是强化措施落实“监督力”，完善重点工作督办和市区两级常态化巡查督导工作机制，加强精神卫生机构、月子中心、密接场所等重点场所的疫情防控督导工作。四是强化紧急处置“应变力”，加快卫生应急队伍能力建设，开展针对性演练，做到及时发现、快速处置、精准管控、有效救治。进一步提升大规模核酸检测能力，

加强实验室管理和采样培训，发挥“三同时”联合流调和“四个一”多部门协同处置机制作用。

2. 聚焦新时期公共卫生体系重点，持续深化卫生健康改革工作

一是围绕重大疫情防控救治、医疗高地建设、基层医疗卫生服务、中医药创新发展、“一老一小”服务等领域，制定若干重点任务、重点工程和重大项目规划，提高“十四五”规划前瞻性、针对性、战略性。深化医疗机构综合改革，优化医疗卫生机构和医务人员绩效考核机制，全面建立现代医院管理制度，深化薪酬制度和编制管理改革。推进粤港澳大湾区药品监管创新发展，完善重大疫情医疗救治费用保障机制。推行以门诊统筹按人头付费、住院按病种分值付费为主的多元复合式医保支付方式。二是推进综合监管制度建设，建立分层分类分级综合监管绩效评价指标体系。推进公共卫生分级分类监督执法，建立健全医疗卫生行业信用机制、信息公开机制、风险预警评估机制。落实网格化管理，建立线上线下一体化监管方式，统筹运用监管结果。

3. 加快“互联网+医疗健康”建设，全面增强卫生健康综合实力

一是推进高水平医院和区域医疗服务能力建设，实施医疗高地建设工作方案，重点推进临床研究型医院建设。充分发挥广州市南沙区作为广州医疗卫生服务副中心的影响力，重点发展国际高端医疗服务机构，协同建设粤港澳大湾区医疗高地。优化医疗集团网格化布局，加强校企深度合作，着力建设专科联盟、远程诊疗等医联体。二是加快信息资源整合，全面推广“互联网+医疗健康”建设。提升居民电子健康档案质量，实现全民健康信息平台互联互通。以跨部门、跨区域共享数据融合应用和业务协同为中心，完善“广州健康通”功能，推动电子健康码接入所有公立医院并与“穗康码”融合通用，推广市检验检查结果互认平台，推进5G建设及医疗场景应用。

4. 配足资源加强人才队伍建设，全力补足基层社区医疗短板

一是充实基层卫生人员队伍，适当调整增加疾病预防控制机构、基层卫生服务机构人员编制；建立更加合理科学的目标考核机制，切实为基层减负；鼓励公立医院在职或退休中级以上职称医师到基层医疗机构服务；合理核定绩效工资总量，完善内部分配方案。二是提高基层综合服务能力，加强人才引进和培养，提升基层医疗卫生机构和队伍服务水平。促进基层医疗卫生服务网格化、精细化管理，充分发挥专业公共卫生机构的引领示范作用，强化基层服务

质量监管。三是加强基层医疗资源配备，将基本药物目录内符合条件的治疗性药品按程序优先纳入医保目录。结合辖区具体情况，加强对基层医疗资源的基础配备，使房建面积和业务用房面积满足社区卫生服务发展的需求。

5. 顶层设计融合发展机制，创新深化医养结合体制建设

一是不断完善医养融合发展机制。建立完整的医养结合政策体系，健全完善机构医养结合管理体系和服务标准，及时调整医保政策，推进医保异地结算，解决医养结合中存在的部分服务项目老年人不能享受医保待遇的问题。健全医疗卫生机构与社区居家养老服务机构合作机制，促进护理站和社区养老服务设施同步设置、配套建设，打造一批具备助餐配餐、医养结合、家政服务等服务能力的社区居家养老服务综合体，引导社区居家养老服务机构和医疗护理机构建立紧密合作机制，进一步优化社区医疗和养老资源配置。二是进一步深化社区居家医养结合服务。出台支持社会力量参与社区居家养老服务政策，鼓励社区与基层医疗机构联合试水社区医养结合模式，整合社区医疗和养老服务资源，成立社区医养服务联合体。联合社区养老服务组织开展老年人康复护理、健康随访、健康教育、保健咨询和心理卫生服务，实现社区医疗和养老服务的融合发展。

（四）推进社保制度系统集成发展，实现社保治理协同高效

1. 加强科学化精细化管理，提高社保基金安全性可持续性

一是强化社会保险稽核及社会保险扩面征缴工作，提高社保基金管理效率。以未纳入社会保险的工薪劳动者为重点，尽力实现应保尽保，应缴尽缴，提高社会保险的参保质量。通过社保基金（委托）入市，拓宽社保基金保值增值渠道；二是完善养老保险多支柱体系，加大发展企业年金与商业养老保险的力度，缓解第一支柱养老基金的压力。在促进养老保险制度人群间、地区间、区域间、代际公平性的同时，发挥其促进社会公平的作用；三是健全科学有效的社保基金风险预警制度，建立更精细化的社保基金信息披露机制，定期开展社保基金偿付能力风险评估；四是提升社保基金预算编制和管理水平，规范预算编制流程和编制方法，通过执法、司法、守法等环节完善监管体系，并主动接受社会各界的监督。

2. 总结长期护理保险试点经验，逐步实现制度可持续发展

第一，优化评估办理流程，持续完善长期护理保险的核心信息系统及数据化经办系统，实现参保人的医保待遇和长期护理保险待遇顺利衔接；第二，健全统一规范的长期护理保险待遇标准及管理办法，支持社会力量参与长期护理保险的经办及服务，并配套完善相应的绩效考核及风险防范制度；第三，规范失能等级和护理分级评价，并与保险待遇给付挂钩，重点解决重度失能人员基本护理保障需求；第四，建立及优化多元筹资机制，在不增加单位和个人缴费负担的前提下，明确各方承担的责任，扩大参保群体数量，实现长期护理保险制度的可持续发展。

3. 全面推进社保经办数字化转型，提升社保治理能力与服务效能

完善社保业务线上办事流程，进一步压缩业务办理时限，精简业务办理环节，全面提升社保经办服务效能，推进网上经办全覆盖；根据非常态时期社保业务办理经验，建立“容缺受理”工作机制，积极推行预约服务、上门服务，为群众和各类组织提供社保业务的绿色通道；市级业务主管部门需进一步加强对基层经办平台的常规性业务指导和常态化巡查监管，统一规范经办标准和操作流程，确保各基层经办网点对社保下沉事项的主动办理、及时办结；扩大电子社保卡的使用人数和功能范围，加大宣传力度普及电子社保卡，社保（市民）卡中心、第三方平台、银行等多方机构应积极探索扩大电子社保卡使用范围和支付场景，提升服务便利性。

（五）加强创新社会治理，探索广州特色市域社会治理现代化道路

广州在开启全面建设社会主义现代化国家新征程中，需要坚持创新社会治理理念，先行先试，坚持整体性治理理念与现代化科技治理手段相结合，统筹发展和安全，把全周期管理理念贯穿社会治理各环节，下足“绣花”功夫，提升科学化精细化智能化治理水平，建设韧性城市。探索符合新时代特征、体现广州特色的超大城市治理的新路子，强化本质安全，坚持依法治理，打造最安全稳定、最公平公正、法治环境最好的全国市域社会治理现代化示范城市。

1. 大力深化基层治理创新，夯实社会治理基础

加强基层赋权和城乡社区自治，加快社区基层治理体制改革，推动社会治

理重心下移、资源下沉。继续推进“令行禁止、有呼必应”党建引领下的城乡社区治理模式，坚持以人民为中心的理念，健全党建引领城乡社区治理机制，完善基层社会治理架构和工作体系。对镇政府和街道办事处实行分类指导，理顺街道办事处与社区各项职能分工，克服社区行政化和边缘化倾向，实现基层行政管理与群众自治有机衔接和良性互动。探索向基层赋权，推动各类资源导入基层治理实践，使资源向基层倾斜，使基层政府能够充分发挥区域治理的统筹协调功能，有效打通基层治理的“最后一公里”。

2. 稳步推进社会治理社会化，提升社会参与能力与水平

积极探索超大城市市域治理社会化路径，建立政府、市民、企业、社区多元主体共同参与的协同治理机制。努力培育社会组织成长为广州优化营商环境和社会治理的重要组织载体，为社会治理提供多元力量。积极引导社会组织参与社会公共服务工作，对接养老、育儿等市场，引入资金招募的方式，解决社会组织资金紧张的难题，最大限度地激发社工机构的活力。优化社会组织培育模式，以社会及群众需求为导向，重点培育行业协会商会类、公益性、服务性社会组织，推进社会治理主体多元化。同时，对社会组织孵化机构和平台进行整合、优化和功能再造，积极与各类资源和平台对接，提升社会组织整合资源的能力，为社会组织体系建设引入新力量。健全完善社会组织参与社会治理体系，支持行业协会、社会服务类社会组织在优化营商环境方面发挥更大作用，积极引导社会组织有序参与市域社会治理，发挥社会组织在社会安全领域的风险防范、矛盾预防化解的能动作用。重视城市社会结构的变迁，关注因互联网技术与群众需求而兴起的新兴职业群体以及新社会阶层，创新开放合理包容的机制让这些群体正面有序参与到社会治理当中。坚持不断提升社会参与能力与水平的理念，打造更好更多民主协商、社会协同、公众参与的平台，把城市日益多元的群体凝聚成共建共治共享的社会治理共同体。

3. 加快社会治理数字化转型，提高城市治理精细化水平

除了人、财、物之外，数据日益成为关键的资源要素。科技支撑是完善社会治理的重要内容。一要通过数字化一网通的社会治理平台，擦亮“穗好办”政务服务品牌，提升一网通办、全市通办、跨城通办服务水平。全面建成“穗智管”城市运行管理中枢，实现城市管理、社会治理“一网统管、全城统管”。二要全面汇聚整合“大城管”数据资源，建立数据汇聚、校验、治理、

更新等全周期管理规范，构建综合性城市治理数据库，推进城市治理数据全域安全应用。三要通过数字技术赋权，用微信等工具推动社会群体再组织化，用公开透明数字政务实现社会监督。四要通过数字轨迹实现社会风险管控，将风险关口前移，对应急突发事件实现全周期管理监控。

加强社会治理的精细化，实现社会治理的全方位覆盖、多元协同共治、高效能运作。从超大城市社会治理面临的迫切问题出发，从城中村治理、垃圾减量分类、公共安全等与居民生活需求密切相关的公共事务着手，加强提升治理技术和治理回应性，克服社会治理短板。

4. 重塑城市社区应急链，增强“全周期管理”能力

以提升社区工作人员综合保障水平为重点，提高城市社区工作人员待遇和应急工作补贴，完善城市社区工作人员常态化培训机制，健全城市社区应急“预防链”；以厘清城市社区权责为切入点，明确细化城市社区在重大公共卫生安全应急处置中的职能，强化社区服务职能提升应急处置能力，创新完善城市社区团结社区居民及社会组织的能力形成互助网络，健全城市社区应急“处置链”；以全面建设智慧社区为重点，推进应急装备的智慧化，建立社区公共健康大数据平台，协同推进城市社区公共卫生基础设施和信息化建设，实现数据共享，健全城市社区应急“信息链”。

参考文献

李培林、陈光金、王春光主编《2021年中国社会形势分析与预测》，社会科学文献出版社，2020。

《中共广州市委关于制定广州市国民经济和社会发展第十四个五年规划和二〇三五年远景目标的建议》，2020年12月21日。

《2021年广州市政府工作报告》，2021年2月20日。

《2020年广州中职教育质量报告》，广州市教育局，2021年2月22日。

《广州市教育统计手册（2019学年度）》，广州市教育局，2020年7月15日。

市委教育工作领导小组办公室：《广州力促基础教育均衡优质发展》，广州教育简报专刊，2021年2月23日。

《广州市教育局关于印发2020年广州教育工作总结和2021年工作要点的通知》（穗教发〔2021〕9号），广州市教育局，2021年2月25日。

广州市卫生健康委员会：《聚焦常态化疫情防控聚力健康广州建设奋力开创卫生健康事业高质量发展新征程》，http：//wjw. gz. gov. cn/xxgk/jhzj/content/post_ 7096681. html。

广州市统计局：《2020 年广州市国民经济和社会发展统计公报》，2021 年 3 月 12 日。

广州市统计局：《广州市第七次全国人口普查公报》，2021 年 5 月 18 日。

（审稿人：陈杰）

社会民生篇

Social Livelihood

B.2
2020年广州稳就业的做法、重点与对策研究

宁文新　袁 杰　怀学兵　李 强　朱泯静*

摘　要：2020年，广州积极应对新冠肺炎疫情影响和经济下行压力，加大“六稳”“六保”工作力度，紧盯困难群体、新增就业、失业再就业等重点领域精准施策，全市就业形势逐步企稳，但也面临总量性、结构性等矛盾。结合当前广州经济社会发展实际，本文提出三点建议：一是挖掘就业新内涵，推动就业人口层次化发展。二是对接企业新需求，提升市场主体帮扶精准度。三是防范市场新风险，应对劳动关系复杂化状态。

* 宁文新，广州市纪委派驻组长；袁杰，广州市委政策研究室（改革办）经济研究处三级调研员，研究方向为市域经济调查；怀学兵，广州市委政策研究室四级调研员，研究方向为社会治理和民生保障政策；李强，博士，中共广州市委党校公共管理教研部副教授，研究方向为城市基层治理、社会组织建设；朱泯静，博士，广州市社会科学院社会研究所副所长，副研究员，研究方向为社会政策、企业创新、复杂网络等。

关键词： 就业 就业质量 稳就业

就业乃民生之本、财富之源和社会稳定之基。当前我国就业面临较大压力，就业的结构性矛盾突出，就业形势严峻。尤其是新冠肺炎疫情的突袭而至，给我国的经济社会发展带来诸多不确定因素，进一步加剧了就业工作的困难。为深入了解新冠肺炎疫情给广州居民就业带来的影响，课题组深入广州市商务局、广州市文化广电旅游局等市直单位和越秀、海珠等9个行政区划以及广州酒家集团股份公司、南方人才市场、广州市红海人力集团等企业，召开15场次座谈会，进行了全面深入调研，重点了解数字经济、夜间经济、金融业、高端服务业、互联网、电子产品、化妆品、电商物流、汽车及零部件、皮具生产及批发、制衣、牛仔服装制造及批发、定制家具、养老、家政服务业等行业，走访专业批发市场，掌握就业困难群体就业情况。

一 广州稳就业的主要做法

2020年，受新冠肺炎疫情冲击，广州经济下行压力陡然增大，就业形势严峻。上半年全市城镇新增就业人数11.97万人，同比下降23.66%，文旅休闲、住宿餐饮、教育培训等线下服务行业降幅更大。面对严峻挑战，全市上下落实中央决策部署和省委、省政府工作要求，加大“六稳”“六保”工作力度，紧盯困难群体、新增就业、失业再就业等重点领域，精准施策，推动各行业复工达产提速扩面，拉动就业形势持续向好。3月份以来新增就业人数逐月增加，1～6月城镇登记失业率为2.42%，控制在3.5%的目标以内，实有市场主体246.63万户，同比增长13.1%。根据最新统计，2020年全年广州城镇新增就业29.50万人。① 主要做法和成效如下。

（一）政策“组合拳”发挥托底效力

广州制定出台“统筹32条”、“稳增长48条”以及暖企政策1.0版和

① 广州市统计局：《2020年广州市国民经济和社会发展统计公报》，http：//www.gz.gov.cn/zwgk/sjfb/tjgb/content/post_7177238.html。

2.0版，围绕稳就业、保居民就业制定专项工作方案，实施“促进就业9条”，政策措施的靶向性、普惠性和有效性不断增强，援企稳岗拓就业成效显著，如海珠区人才安居计划提升营商环境软实力做法得到新华社等主流媒体肯定，不少企业特别是民营中小微企业、个体工商户纷纷表示“尽量不裁员、少裁员”。截至2020年6月底，通过实施养老、失业、工伤保险减免政策，累计为企业减负245.34亿元；发放失业保险费稳岗补贴22.46亿元，惠及36.28万家次企业；支出就业补助资金6.44亿元，惠及就业人员31.27万人次；发放创业担保贷款206笔共1.07亿元，位居全省前列。

（二）运用科技与创新手段激活就业市场

运用互联网、大数据等信息技术，结合数字政府建设，开展全市就业形势监测分析预警，加强跨区域跨行业用工调配，协调解决300家重点企业2.88万个用工需求。畅通供需对接，开展春风行动暨就业援助月、民营企业招聘周等活动，开放人力资源市场线下招聘，组织红海人力集团、欢雀人力资源等机构开展“广聚英才、同心战疫”线上招聘公益活动，举办网络招聘会930场次，提供就业岗位198.06万个，初步达成就业意向69.71万人次。研究共享员工、居家办公等灵活就业方式的配套保障办法，支持制造业、物流等符合条件的企业与员工商讨带薪灵活上岗、共克时艰。

（三）重点人群就业得到有效保障

建立就业困难人员实名服务台账，开展规模化职业技能培训，结合常态化疫情防控购买社会服务、增加公益性岗位，完善创业担保贷款机制，全年共计划安排38.98亿元用于支持就业创业。支持在穗高校大学生就业创业，拓宽高校大学生就业渠道，国有企业、事业单位招聘高校毕业生超9000人，市属高校研究生扩招40%以上，以社会化渠道提供42.73万个毕业生就业岗位，截至2020年6月底，市属高校应届毕业生签约率为56.3%，高于全省的55.85%。下大力气稳定传统劳动密集型产业就业，海珠区制衣、花都区皮具、白云区化妆品、番禺区汽车零部件和增城区牛仔服装、家具等企业，均未出现大规模倒闭失业情况。

（四）“三大工程”促就业作用增强

推进“粤菜师傅”羊城行动，统筹开展“请进来”学制培养、“送上门”短期培训、“普及性”远程教育、“组织化”劳务协作等活动，支持广州酒家等“老字号”牵头建设省级粤菜师傅培训基地和工作室，到2022年可培养粤菜厨艺专业生不少于5000人，培训1万人次以上。“广东技工”羊城行动重点加强省级产教融合联盟和示范技工院校、技工教育实训基地建设，高水平建设世界技能大赛中国（广州）研究中心，更好地发挥人才储备库作用。“南粤家政”羊城行动重点开展家政服务业提质扩容“领跑者”行动，推动51家庭管家等行业领军企业率先打造羊城家政示范门店和参与羊城家政基层服务站建设，建立母婴、居家、养老和医护等专业培训体系，每年培训可达4万人次以上。

二　广州就业工作面临的矛盾和困境

随着广州经济发展方式深刻转变、产业结构深刻调整，叠加全球经济下行和贸易保护主义抬头导致外需下降等同志影响，就业工作不仅面临总量性矛盾，而且面临结构性矛盾，稳就业的难度很大、形势很严峻。

（一）互联网经济蓬勃发展，专业市场等生存困难

一方面，基于移动互联网、大数据、云计算、物联网等新技术的平台经济、共享经济、微经济等新经济、新产业、新业态迅猛发展，直播带货、“外卖+直播”、“云导购”、“云卖房”、“云健身”等数字经济红红火火，带来了更多就业机会。据网易负责人介绍，基于对未来市场的乐观预期，网易将大规模招聘研发、运营、营销人才，2020年已经完成1000人的校招，2021~2022年计划招聘3000~5000人。抖音广州公司目前用工近3000人，今年以来持续补员。另一方面，专业市场、旅游、酒店、餐饮等有铺位的行业受疫情冲击较大，生存普遍困难。以专业市场为例，全市共有644家专业市场，近20万商户，从业人员约250万，交易额下降近80%，普遍经营惨淡。据介绍，海印电器总汇的空铺率达30%~40%，工人走得差不多了，商场营业额同比下滑

40%、利润下滑50%；金都（国际）服装城开门率40%左右，空铺约300家；万菱广场空铺率30%，租户继续租赁意愿不强。随着全球新冠肺炎疫情和经贸形势不确定性风险增加，部分外贸型企业市场需求快速萎缩、运营成本增加、利润全面下滑，市场主体经营困难增大，预计第三季度情况更加严峻，中港皮具市场负责人预计，未来几个月该市场将有30%~50%的商户退租甚至关门停业。

（二）“新技工”供不应求，“普通工”扎堆难聘

以机器人、AI技术为代表的第四轮新技术革命全面渗透经济社会各领域，劳动者的技能水平和岗位需求不匹配的矛盾越发突出，“有人没工做，有工没人做”现象将长期存在。一方面，高新技术人才和“新技工”人才双短缺。比如广州融创乐园负责人表示，技能和管理岗位人员流失率高、技能人才缺失；上海延鑫汽车座椅配件负责人表示，缝纫工等“新技工”招聘困难，且员工队伍极其不稳定，容易被挖“墙脚”。另一方面，中小微企业吸纳就业能力下降，不充分就业明显。调研显示，企业抗风险能力与规模成正比，规模越小，企业岗位需求下降幅度越大。员工规模100人以下的企业，岗位需求下降超30%；100~1000人的企业，岗位需求下降20%~30%；超1000人的企业，岗位需求下降约10%。受疫情影响，营业收入减少、用工成本和产品库存高等问题，导致个别企业以裁员等方式渡难关，就业困难人员、高校毕业生等重点人群就业难度加大，失业人员再就业难度更加凸显。

（三）政府提供工作岗位多，困难群体就业意愿低

帮助就业困难人员就业是帮扶工作重点。一方面，各区以更大力度实施就业优先政策，开展“岗位挖掘”行动，加大了岗位收集力度，岗位配给较充足、远超求职人数，如海珠区2020年5月招聘岗位数达到1.25万个，同比增加67.18%；番禺区精准施政，用工求人倍率达1.43，即平均1.43个岗位对应1名求职者。另一方面，异地务工人员、退役军人、大龄失业人员（女40岁以上、男50岁以上）、“农转居”居民等低收入群体就业稳定度低，就业意愿低。部分就业困难人员本身年龄大、技能低、学历低，导致其岗位适应性不足，有就业畏难情绪。部分就业困难人员不愿就业，如荔湾区某街有劳动能力的困难户，担忧就业增加收入而失去低保低收待遇，长期不愿接受公益性岗位安排。

（四）高校毕业生存量尚需消化，增量又叠加而来

受新冠肺炎疫情冲击，叠加就业岗位总量减少、线下招聘会取消、海归人才回流、实习渠道受阻等多重因素，广州地区高校毕业生就业面临前所未有的困难。从需求侧来看，就业需求持续增加。2020 年广州地区高校应届毕业生达 33.55 万人，占全省（60.3 万）的 55%，同比增长 3.1 万人，目前签约率仅为 30%，同比下降 13 个百分点。其中，疫情相关的医学医药类高校就业率较低，如南方医科大学就业率为 11.4%、广州中医药大学为 6.9%、广州药科大学为 4.7%；受疫情影响较大的相关专业就业困难，如华南农业大学反映，该校旅游管理、表演等专业的岗位用人需求骤减，几乎无人问津。从供给侧来看，新就业岗位大幅减少。据南方人才市场研判，目前影响毕业生求职就业的最直接、最大困难是招聘岗位减少。比如在 2020 年 3 月 1 日至 5 月 29 日，疫情防控期间已持续 90 天举办线上招聘会，共有 757 家单位参会，提供招聘岗位 2.77 万个，同比分别下降 55.58%、51.53%。据人才市场反馈，一些往年校招大户外资企业大幅缩减招聘计划，甚至停止校招。从现状来看，就业岗位被严重挤压。比如海外留学生回国就业创业冲击国内高校毕业生就业市场，据有关机构预计，2020 年将有 60 万海外留学生回国创业，广东是赴海外留学大省，也是留学生归国就业的重要首选地，初步匡算将有不少于 6 万海外留学生来粤来穗就业创业，势必会对本就严峻的高校毕业生就业市场带来严重冲击。

（五）劳资纠纷高发，劳动领域风险隐患逐渐加大

一方面，劳动争议、劳动仲裁案件数量大幅增长，如番禺区受理劳资纠纷 2240 件，同比增长 218%，受理各类劳动人事争议仲裁案件 3184 宗，涉及劳动者 3851 人，涉案金额约 1300 万元，同比分别增长 41.0%、23.2%、29.1%。另一方面，劳资纠纷的群体性、行业性特征凸显。从调研来看，群体性劳资纠纷案件主要集中在住宿餐饮、商贸零售等劳动密集型行业，产生纠纷的原因主要是欠薪、休息休假、解除劳动关系等，预计在疫情常态化背景下，劳动关系领域的稳定压力将持续加大，低收入群体失业后再就业难度加大，存在诱发次生社会问题的隐患。

三　广州稳就业的基石、重点与抓手

就业是经济发展的“晴雨表”。结合广州经济社会发展实际，在经济理论框架下分析讨论稳就业的基石、重点与抓手，具有较强的实践性、逻辑性和科学性。

（一）发展数字化实体经济是广州稳就业的重要基石

常态化疫情防控使得以“互联网+”、线上服务等为特征的数字经济新业态新模式成为实体经济发展的新动能。数字经济增强了经济发展的韧性，第三产业数字经济和第二产业数字经济是稳就业的重要力量。一方面，第三产业数字经济是稳就业的“生力军”。新冠肺炎疫情后线上经济迎来新机，生鲜电商、在线教育、在线医疗、云娱乐等快速发展，尤其是爆发式成长的“互联网+”新业态，如短视频、直播电商等激发了线上消费活力，对稳定经济社会生活做出了重要贡献，成为保民生的最重要依托之一。从广州情况来看，第三产业数字经济发展具有独特优势，为稳定就业带来了新力量。首先，广州于2020年3月30日率先出台发展数字经济的纲领性文件《加快打造数字经济创新引领型城市的若干措施》，发挥数字经济在新冠肺炎疫情后对稳就业的关键性作用。其次，广州第三产业吸纳了七成以上的就业人口，逐步向租赁和商务服务业，信息传输、软件和信息技术服务业，科学研究和技术服务业等新兴生产性服务业聚集，为数字经济的发展夯实了人才基础，数字经济发展也提供了有效就业。最后，广州拥有完备的各类产品供应链，为发展在线新经济，如电子商务、跨境电子商务等奠定了基础，在线新经济的迅猛发展也提供了新的就业岗位。另一方面，第二产业数字化转型助力实现稳就业目标。第二产业是规模化吸纳农民工等外来劳动者的主阵地，数字化转型是第二产业提质增效的重要手段之一。广州第二产业发展质量一定程度上决定第三产业数字经济发展的高度、走势，显著影响稳就业成效。首先，广州率先出台数字经济发展措施，为第二产业数字化转型提供政策支撑，第二产业的良好发展为第三产业数字经济发展打好供应链基础，推动稳就业目标实现。其次，广州第二产业企业数量增多，从业人员减少，转型升级成效明显，实现高质量就业。

（二）支持民营中小微企业发展是广州稳就业的重要举措

一方面，稳民间投资是稳就业的主攻方向。民营经济是推动广州经济发展的重要力量，是广州稳增长的中流砥柱，贡献了80%以上的城镇劳动就业，90%以上的新增就业和企业数量。广州拥有良好的民营经济基础，为稳就业做出重要贡献。首先，新冠肺炎疫情前民间投资热情高涨，民间经济发展态势良好，虽受到疫情的影响，但仍为稳就业目标的实现贡献了力量。其次，广州民营经济投资转向高技术含量的新兴企业，强化科技创新，虽受疫情冲击，但韧性较强，对稳就业具有一定作用。另一方面，稳中小微企业是稳就业的重点所在。企业是经济的细胞和财富基础，也是就业的主要承载体，保住企业才能保住经济发展的根基。中小微企业和个体户是提供就业最大的主体，是吸纳就业的主渠道，贡献了80%以上的城镇劳动就业。广州中小微企业丰富，保障就业和民生，必须稳住中小微企业为主的市场主体。稳就业工作的重点在于帮扶中小微企业发展，分门别类地找准中型、小型、微型企业的发展难点，精准施策。

（三）开展劳动者技能培训是广州稳就业的重要抓手

一方面，技能培训是解决就业结构性矛盾的主要措施。广州就业结构性失衡现象较为明显，传统产业部分失业劳动者求职难与新兴工种招不到人的现象并存。技能培训是解决就业结构性矛盾的重要抓手。加大如互联网营销师、区块链工程技术人员、在线学习服务师等工种培训，解决部分失业问题的同时促产业升级发展。另一方面，灵活就业模式是新就业形态，创造了大量就业岗位。2020年以来，以“共享员工”“跨界员工”模式为代表的灵活就业实现了“抗疫复工”两不误，是经济韧性的体现。灵活就业的模式对企业、个人都带来了收益。对企业而言，降低了人工成本、管理成本、风险成本。对个人而言，灵活就业让个人实现了多劳多得与自由灵活安排工作时间。

四 广州稳就业的对策建议

全力做好稳就业工作，既要立足于应对新冠肺炎疫情带来的阶段性冲击，又要着眼于推动广州经济社会高质量发展的战略目标，从供给和需求两端相向发力，挖掘就业新内涵，对接企业新需求，防范市场新风险，释放就业新活力，推动就业质量稳步提升。具体而言，建议从以下三个方面推进保就业、稳就业工作。

（一）挖掘就业新内涵，推动就业人口层次化发展

第一，利用新技术赋能，推动传统商贸业就业人口升级扩容。加快传统商贸业与数字经济的深度融合，着力在产品宣传推广和技术支持环节培育和吸纳更多就业人口。一是完善电商技能培训体系，在电商产业成熟集聚地区，针对前端直播、后台运营、场景设计、设备维护等环节，制定系统化业务培训方案，搭建常态化交流平台，打造直播电商人才的聚集地和发散地。二是链接国内外知名社交直播平台，与今日头条、抖音、YY 等平台建立正式化合作关系，加大力度引导行业市场主体进驻线上平台，提升与拓宽传统型企业的网络知名度和产品线上销路。三是鼓励头部企业跨界创造新经济，如支持恒大、宝能发展新能源汽车，支持富力兴办新型医院，支持碧桂园集团在穗开展智慧建筑项目，短期内形成更广阔“蓝海”市场，带动一批新岗位产生。

第二，顺应专业化分工，培育优势产业聚集区高端就业人口。针对优势产业聚集区域和行业，如白云区化妆品行业、物流行业，加快培育和输送中高端紧缺型人才。一是梳理重点行业发展过程中的紧缺岗位需求信息，形成新型就业人口供给目录，并将其作为制定和实施产业发展政策、劳动就业政策的参考依据。二是挖掘传统行业内部的高端要素，如弘扬餐饮行业的特色饮食文化、推广家政行业技术操作规范，通过制定标准、统一规范、打造品牌等方式，拓展从业人员的技术附加值和成长空间，增强行业吸引力和市场认可度。

第三，把握差异化需求，营造灵活就业良性发展的宽容环境。关注高校毕业生、农民工以及受疫情影响而失业的人群等，以保市场主体为切入，努力降低短期非自愿性失业的影响。一是加强困难企业用工指导，鼓励困难企业与在职员工平等协商，采取调整薪酬、轮岗轮休、灵活安排工作时间等方式稳定岗位，在有基础有条件的企业试点推进综合工时制。比如针对餐饮业的迫切需求，借鉴深圳人社部门 2020 年 3 月的做法，探索采用承诺制，在确保劳资纠纷可控的前提下，在全市层面重新开放餐饮企业综合工时制。二是发挥大型企

业辐射带动作用，鼓励大中型企业将涉及生产制造、流通运输、宣传推广等环节部分合适的业务，采取外包形式向小微企业推广，间接提供更多临时性的就业岗位，维持更多中小微企业的日常运行。三是对接基层需求，在条件适当、需求紧迫的地区设置临时摆卖点，给予基层镇街更多管理权限，上级政府保留监督权，以更好地满足群众日常生活需求。

（二）对接企业新需求，提升市场主体帮扶精准度

第一，保障人力资源供给，针对性地降低企业实际运行成本。一是提高人员招聘的效率。充分发挥基层公共就业服务机构的职能作用，利用村居劳动和社会保障工作站与辖区企业联系紧密的优势，采取线上线下相结合的招聘方式，进一步提升线下招聘的比重，以适应中低端产业就业人员需求。二是补贴高端人才待遇。加大高层次人才引进和留用力度，进一步推广和加大个税返还政策，减轻企业薪资支出压力，保持高端就业人才的稳定性。三是完善校企合作的机制。进一步发挥公共就业部门牵线搭桥的作用，鼓励企业提供更多见习岗位以节约运行成本、增加人才储备。建立健全“培训－就业－再培训－再就业”的终身学习体系。

第二，建立完善配套设施，提升地区产业和企业整体竞争力。针对近郊基础设施薄弱的重点产业园区，加快基础设施建设进度，提高就业人员的生活便利性。一是选定若干基础设施薄弱的产业园区作为重点项目支持对象。二是加大人才公寓建设力度，稳定企业职工的就业心态。在近郊重点产业园区，更多通过人才公寓建设保障和改善企业职工的居住环境，防止城中村拆迁等原因导致的居住成本加大、人才流失的连锁反应。三是降低企业物业租用成本。将规范产业园区物业租赁市场作为优化营商环境的重要内容，进一步发挥政府引导作用。

第三，发动社会力量资源，形成服务企业的多元化主体格局。一是构建政府主导、社会参与的多元化公共就业服务供给体系。探索通过就业补助资金购买社会服务的方式，丰富公共就业服务体系，吸引社会优质资源参与政府公共就业服务运营，支持社会组织等承接基层基本公共就业服务。广泛动员志愿服务组织、慈善组织、专业社会工作服务机构参与提供公共就业服务。二是进一步支持人力资源服务机构、社工专业服务机构等社会力量开展就业服务，以其

成熟的运作、专业化的服务、个性化的辅导模式，为重点群体提供职业指导、用工匹配等专业化的个案辅导服务，精准开展就业创业帮扶。三是推动人员流动机制改革，打破劳动力合理流动的制度性壁垒，保证劳动力充分流动。发挥广州天河区、黄埔区、南沙区等有人才政策先行条件的优势，提升人力资源的市场化配置效率，引进港澳青年人员创业就业。同时大胆创新和扩大政府、高校、国企间的人力资源转换交流，促进人才匹配。

（三）防范市场新风险，应对劳动关系复杂化状态

第一，跟踪地区就业形势，切实预防应对劳资关系紧张状况。运用业务系统数据开展多维度监测分析，提早关注异常情况，形成定期报告制度和及时应对处置预案。一是持续开展重点行业、重点企业、重点群体就业动态监测，制定工作预案，着力防范应对规模性失业风险。关注新业态新模式，及时出台一系列法规、指引等，引导企业、行业协会对共享员工等新模式规范用工，动态监督，保障劳动者合法权益。二是加强劳动保障监察执法，推行“一点举报投诉，全网联动处理”的欠薪处理模式，深化劳动争议仲裁调解，提高多元化解劳资纠纷调处效率。三是创新建立完善“互联网 + 调解仲裁”新型模式，快速处理好大量简易化的劳资纠纷。四是设立绿色通道，建立三方联调机制，积极稳妥地处理好重点企业劳资纠纷。

第二，集中力量加强重点人群就业帮扶。对于本地就业困难群体、高校应届毕业生群体等特殊群体，制定和实施专门的支持措施。一是针对就业困难群体建议推行实名制就业帮扶措施，按照一人一册、一户一册的方式精准帮扶，跟踪支持、底线保障。二是通过购买社工组织服务，为贫困家庭和贫困劳动力提供精细化的定点帮扶、有组织的技能培训、多层次的关爱服务。三是进一步开发适合本地就业困难人员的公益性岗位，同时提供社保补贴、岗位补贴以及社保个人缴费补贴，同时强化公益性岗位监督。

（审稿人：简荣）

B.3

广州区域慈善指数报告

周如南　陈 杰　孙 瑜*

摘　要： 评估新时期的公益慈善事业发展成果、充分总结项目成效，为公益慈善参与构建“共建共治共享”的新社会治理格局提炼发展经验，需要使用专业的测评工具，制定精细化、针对性的公益慈善发展测评指标。广州公益慈善事业整体呈现良好发展态势，并制定了本土第一套慈善事业发展评价体系——区域慈善指数体系。本文使用该体系，对2019年广州公益慈善事业整体发展状况进行测评，以全面把握广州公益慈善事业存在的问题及发展趋势，并进一步提出针对性的发展建议。

关键词： 区域慈善指数体系　公益慈善事业　公益慈善发展

随着创建全国“慈善之城”行动计划的持续推进以及《慈善法》的推行，作为改革开放的前沿城市，广州的公益慈善事业整体发展趋好。“十三五”期间，广州将创建“慈善之城”纳入城市发展战略，逐步实现广州《深化“羊城慈善为民”行动创建全国“慈善之城”2017～2020年行动方案》中所涉目标，推动慈善事业高质量发展。① 2018年，广州位居“中国城市公益慈善指

---

* 周如南，博士，中山大学传播与设计学院副教授，研究方向为公益传播、健康传播、公共传播；陈杰，博士，广州市社会科学院社会研究所副所长，副研究员，研究方向为社会治理、社会政策；孙瑜，广州市社会科学院社会研究所研究助理，中山大学社会学与人类学学院本科生。

① 《“十三五”广州慈善成绩单：五年前定下的目标都已达成》，《信息时报》，http://www.xxsb.com/content/2021－01/15/content_134444.html。

数”排行榜第二名，“羊城慈善为民行动”获得第十届中华慈善奖[①]，得到各界的充分肯定。2020 年，广州印发《广州市推动慈善事业高质量发展行动方案》，确立了“党委领导，政府主导，组织运作，社会参与，科技支撑，人人共享”的慈善发展路径，建设“人人慈善为人人”的广州慈善发展模式[②]。同年，广州市慈善会捐赠收入 5.93 亿元，捐赠支出 4.42 亿元，累计接收疫情防控捐赠款物 1.33 亿元，帮扶困难群体和支援一线工作者、医务人员等约 170 万人次[③]，广州公益慈善在助力打赢疫情防控阻击战、决胜全面建成小康社会和决战脱贫攻坚中，取得显著进步和成效。[④]

为加强对慈善组织的监督，2018 年，广州依据相关法律法规与政府文件的指示，充分汲取了现有评价体系精髓，并结合本土 11 个区的慈善事业发展现状，先行先试制定了本土第一套慈善事业发展评价体系，即区域慈善指数体系。[⑤] 该套评价体系综合考量客观性、可操作性与全面性，以有效反映广州及各区域慈善事业发展过程及成效。2020 年广州继续对 2019 年度广州公益慈善事业整体发展状况进行测评，以全面把握本土公益慈善事业存在的问题及发展趋势，并进一步提出针对性的发展建议。

区域慈善指数体系是反映地区慈善事业发展状况的指标。该体系遵循“尊重规范、以评促建、引领行业、可操作和社会创新”五大原则，由 6 个一级指标、16 个二级指标、55 个三级指标构成，从慈善活动力、慈善组织力、慈善贡献力、慈善影响力、慈善透明力、慈善发展力 6 个维度评价各区域的慈善事业发展情况，并对各指标赋权计分，进行综合评估（见表 1）。[⑥]

① 广州市慈善服务中心、广州市慈善会：《打造城市慈善发展样本，引领慈善事业高质量发展——广州公益慈善事业发展 2018 年度综述》，《广州公益慈善事业发展报告（2019）》（广州公益慈善蓝皮书），社会科学文献出版社，2019。

② 广州市人民政府：《关于印发推动慈善事业高质量发展行动方案》（穗府函〔2020〕156 号），2020 年 8 月 3 日。

③《广州市慈善会 2020 年工作总结及 2021 年工作计划》，广州市慈善会官网，http://www.gzcf.org/WebSite/ShowNews/485/801。

④ 广州市慈善服务中心、广州市慈善会：《重视发挥第三次分配作用，加快推进慈善事业现代化——广州公益慈善事业发展 2019 年度综述》，《广州公益慈善事业发展报告（2020）》（广州公益慈善蓝皮书），社会科学文献出版社，2020。

⑤《广州发布全国首个区域慈善指数体系》，央广网，http://www.cnr.cn/gd/gdkx/20180411/t20180411_524195073.shtml。

⑥《广州发布全国首个区域慈善指数体系》，央广网，http://www.cnr.cn/gd/gdkx/20180411/t20180411_524195073.shtml。

表 1 区域慈善指数体系内容及权重分布

一级指标	二级指标	权重
慈善活动力（19%）	慈善捐赠	9%
	志愿服务	6%
	福利彩票	4%
慈善组织力（18%）	组织规模	10%
	组织现状	8%
慈善贡献力（18%）	就业贡献	9%
	财政贡献	9%
慈善影响力（15%）	服务影响	6%
	传播影响	4%
	区域荣誉	5%
慈善透明力（15%）	公开内容	9%
	公开渠道	2%
	监督检查	4%
慈善发展力（15%）	政策落实	6%
	活动交流	5%
	慈善标志	4%

一 广州慈善发展现状分析

（一）组织情况

截至 2019 年 12 月底，广州各区公益慈善组织总共 818 个，较 2018 年增长 84 个，各区的平均数量为 74 个。3A 级及以上等级的公益慈善组织数量为 115 个，比 2018 年增加了 8.49%。20 个公益慈善组织获得公益性捐赠税前扣除资格，慈善类社会组织党组织覆盖率平均为 46.83%，党建引领需要进一步加强。

（二）人员概况

2019 年广州社会组织从业人员占经济活动人口比重为 27.87%，从学历结构来看，慈善类社会组织从业人员本科及以上学历平均占比为 48.35%，比

2018 年增加了 6.05 个百分点；从专业资质看，慈善持证从业人员数量为 2443 人，比 2018 年增长 311 人，且慈善类社会组织人均年收入为 6.72 万元，比 2018 年增长 15.27%。

（三）资产情况

2019 年广州各区公益慈善组织总资产 89208.31 万元，净资产合计为 77959.83 万元，公益慈善组织总收入额为 79614.27 万元，比上年减少了 2.81%。此外，各区公益慈善组织业务活动总成本为 67176.05 万元，比上年高出 1.86%。2019 年度总支出为 73451.23 万元，比上年减少 15.25%。

（四）服务情况

2019 年广州各区服务对象总计为 475.13 万人，各区服务对象平均为 43.19 万人，服务覆盖率平均为 91.82%，比上年减少 7.35 个百分点。

（五）慈善捐款情况

2019 年各区公益慈善组织接收捐赠总额为 42163.24 万元，比上年高 1.39%；年度捐赠总额占全区 GDP 总额比例为 0.029%，政府部门接收捐赠总额为 4144.49 万元，比上年减少 38.95%；个人捐赠总额为 8249.77 万元，比上年高 295.00%，企业捐赠总额为 29560.24 万元，比上年减少 9.96%，互联网捐赠总额为 523.89 万元，比上年高 60.49%。

（六）志愿服务情况

2019 年广州各区注册志愿者占常住人口比例为 8.05%，志愿者总服务时间为 2231.37 万小时，比上年多出 57.95%；各区人均服务时间为 17.02 小时，比上年多出 10.09%。

（七）福利彩票情况

2019 年广州共销售各类福利彩票 358852.60 万元，比上年减少 15.59%；筹集福利彩票公益金（含弃奖）109553.66 万元，其中上缴中央、省公益金 70058.67 万元，市本级留成（含弃奖）19131.57 万元，比上年减少 14.54%；

各区留成合计 20363.42 万元。支出彩票公益金总额 30497.13 万元，比 2018 年多出 43.6%。

二 广州2019年区域慈善指数分析

（一）综合发展指数

慈善综合发展指数利用区域慈善指数体系各项指标线性加权合成。慈善综合指数越高的区域，经济发展也具有一定的优势。从 2019 年广州慈善综合发展指数中可以看出，番禺区居区域排名首位，从化区和海珠区分别居第二、第三位。第一名和最后一名相差 6.57 分，各区之间的慈善综合发展水平的差距较 2018 年有所缩小（见图 1）。

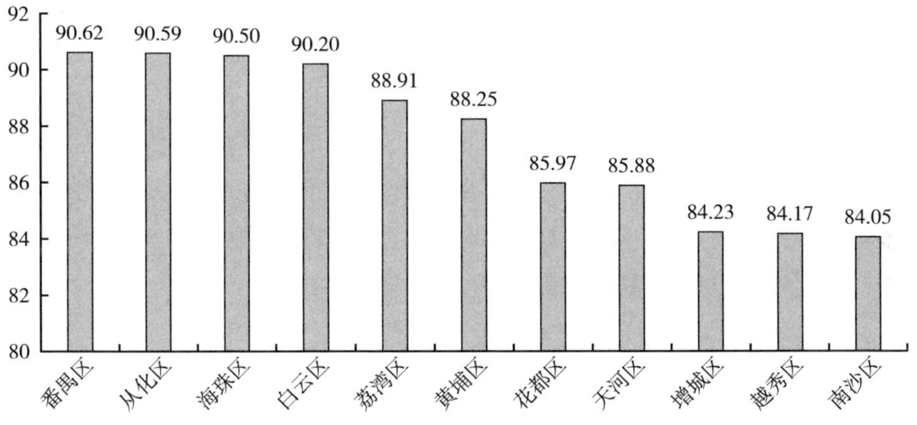

图 1 慈善综合发展指数

（二）慈善活动力

“慈善活动力”用于评价地区慈善事业的活力，由“慈善捐赠”“志愿服务”“福利彩票”三个二级指标构成，为社会各界尤其是市民最基本与最主要的慈善行为，全面考察社会各界参与慈善事业的程度。

慈善活动力指数排在前三的依次是，白云区、番禺区和海珠区。其中，慈善捐赠方面番禺区继续名列广州市第一，说明经济建设的发展推动了民众思想意识水平的提升，该区域的个人捐赠总额和企业捐赠总额位居前列。志愿服务方面，越秀区位居第一，作为广州的政治核心区域，其注册志愿者占常住人口比例较高，志愿服务氛围浓厚。海珠区在福利彩票销售总额方面表现强劲，其福利彩票人均贡献额为各区前列（见图2）。

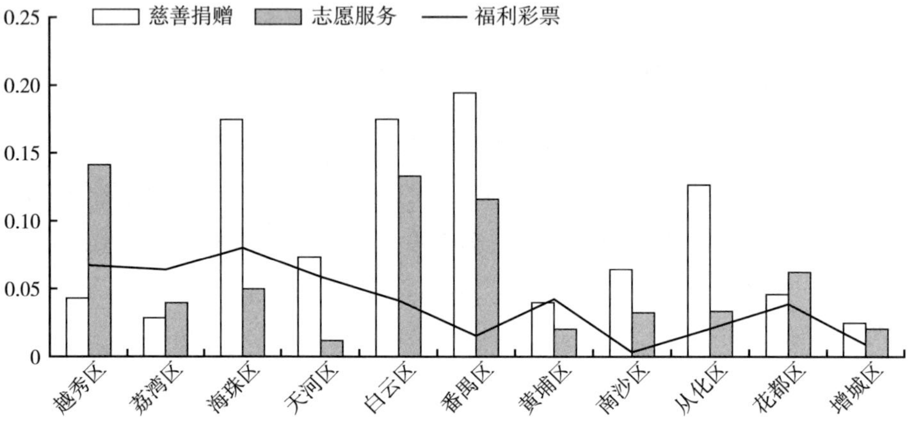

图2　慈善活动力综合指数

1. 慈善捐赠

慈善捐赠指数排在前三的分别是番禺区、白云区和海珠区（见图3）。慈善捐赠指数均值为0.09，极差为0.169，差距比较明显。各地慈善氛围、捐赠活动动员力度等因素对慈善捐赠的影响较为明显。

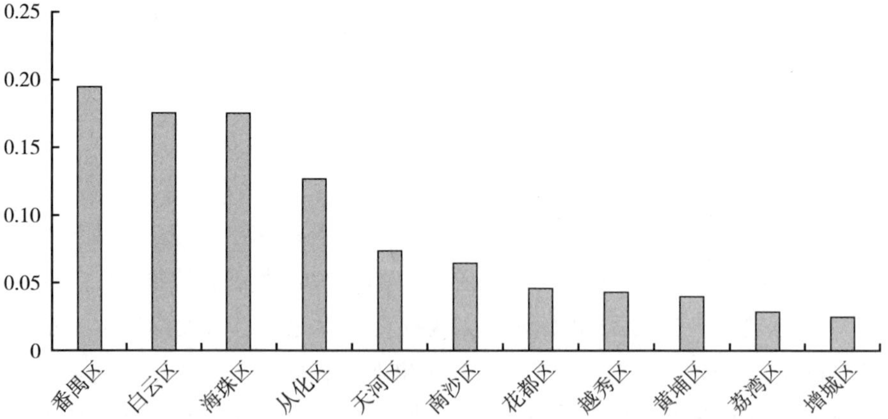

图3　慈善捐赠指数

广州各区公益慈善组织接收捐赠总额为42163.24万元，番禺区公益慈善组织接收捐赠总额较多，排在其后的是南沙区和从化区。番禺区2019年度公益慈善组织接收捐赠总额为10722万元，其年度捐赠总额占全区GDP比例为0.05%，番禺区社会捐赠氛围浓厚，个人捐赠和企业捐赠数额较多（见图4）。

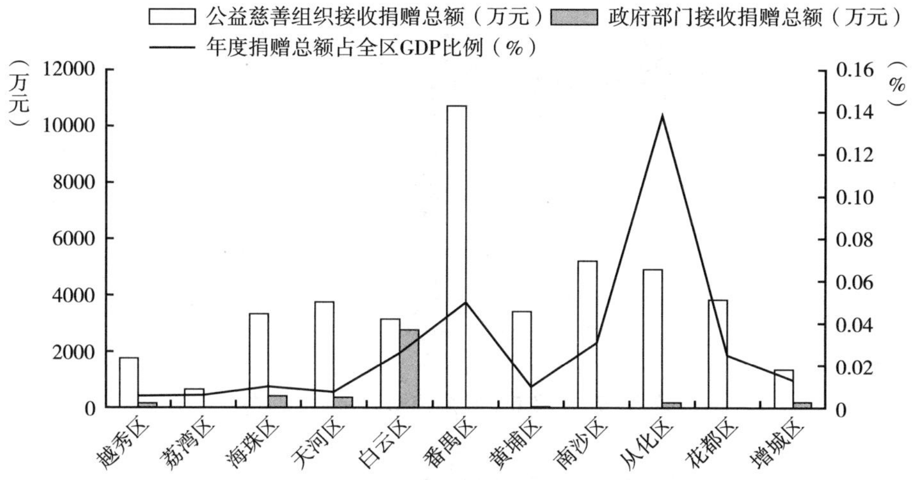

图4　接收捐赠总额

广州范围内，共有8个区的政府部门接收了捐赠，数量与2018年持平，总额为4144.49万元。

我国的慈善超市，是指以经常性社会捐助站（点）为依托，以解决社会困难群众临时生活困难为目的，以有针对性地募集和发放为主要形式的经常性社会捐助或社会救助机构。① 广州现有慈善超市和社会捐助工作站点171个，海珠区有37个位居第一，白云区和荔湾区以24个并列位居第二，越秀区以22个位居第三（见图5）。

2019年，广州个人捐赠总额为8249.77万元，其中企业捐赠总额为29560.24万元。番禺区的企业捐赠总额较为突出，以6394.56万元遥遥领先于其他区。广州的互联网捐赠总额为523.89万元，海珠区以243.67万元居首位，白云区以122.50万元居第二位（见图6）。

---

① 崔璨、刘新圣：《慈善超市的理论基础、现实依据及出路选择》，《理论与现代化》2017年第2期。

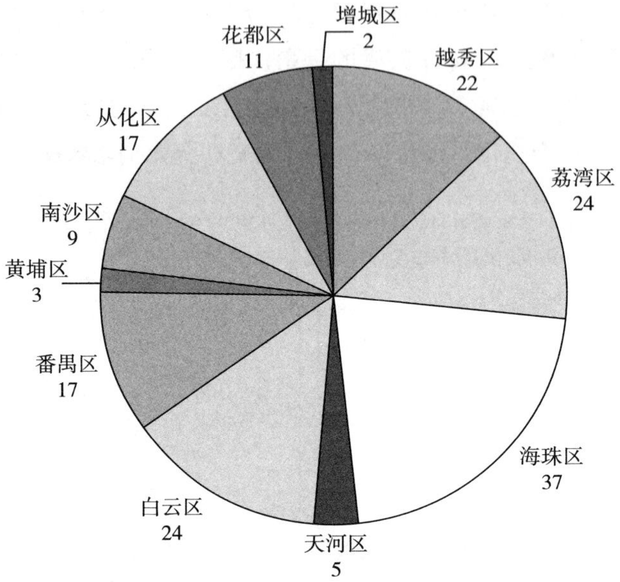

图5　慈善超市、社会捐助工作站点总数

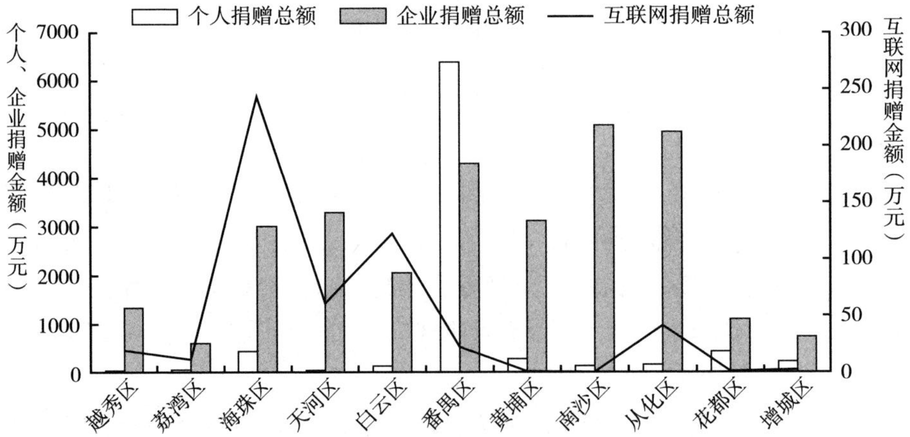

图6　个人、企业、互联网捐赠总额

2. 志愿服务

广州是改革开放的排头兵，其志愿服务的推进和发展一直走在全国前列。2015年，广州市财政局颁布了《政府向社会力量购买服务指导目录》（穗财行〔2015〕187号），确立了政府部门向社会组织购买服务的合法性，这一举措对广州志愿服务组织的发展起到了至关重要的作用。党的十九大报告提出志愿服务要更为制度化、精细化，志愿服务组织要更为规范化、社会化的要求，这对广州优化志愿服务、推动志愿服务参与社会建设提出了新的要求。

区域慈善指数体系在志愿服务方面的统计指标包括注册志愿者占常住人口比例、志愿服务总时数和志愿服务人均时数。综合这三项指标来看，志愿服务指数排在前三的分别是越秀区、白云区及番禺区（见图7）。

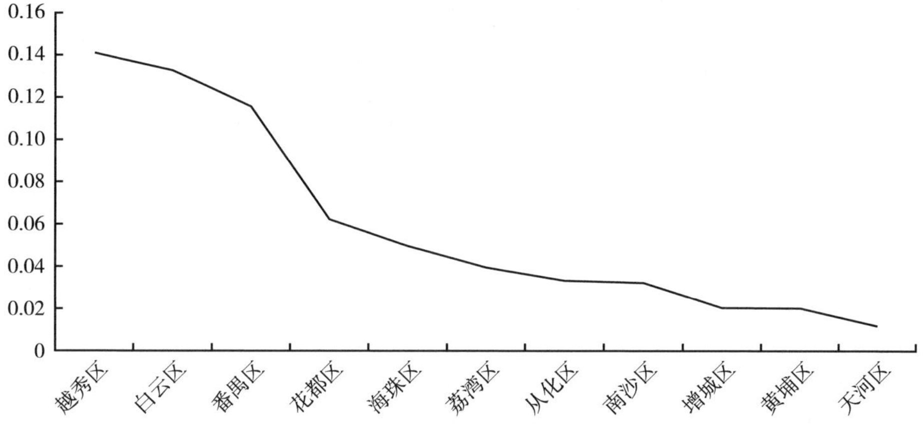

图7　志愿服务指数

2019年广州注册志愿者占常住人口比例为8.05%，其中越秀区注册志愿者占常住人口比例最高，为23.63%，紧随其后的是白云区和南沙区，分别为12.67%与10.80%。注册志愿者占常住人口比例体现出当地居民的奉献精神与参与感，比例高的区域具有浓厚的志愿服务氛围（见图8）。

2019年广州各区志愿者总服务时间累计为2231.37万小时，番禺区志愿者总服务时间为586.94万小时，居广州市第一。番禺区的志愿者人均服务时间为44小时，排在首位，从化区、花都区分别居第二位和第三位（见图9）。

3. 福利彩票

彩票公益金是指按照国家规定发行彩票取得销售收入扣除返奖奖金、发行经费后的净收入，是政府非税收入形式之一，重点用于为老年人、孤儿、残障人及特殊困难群体提供服务的社会福利设施建设和直接服务类项目。①

① 百度百科：https：//baike.baidu.com/item/彩票公益金/2377846？fr=aladdin。

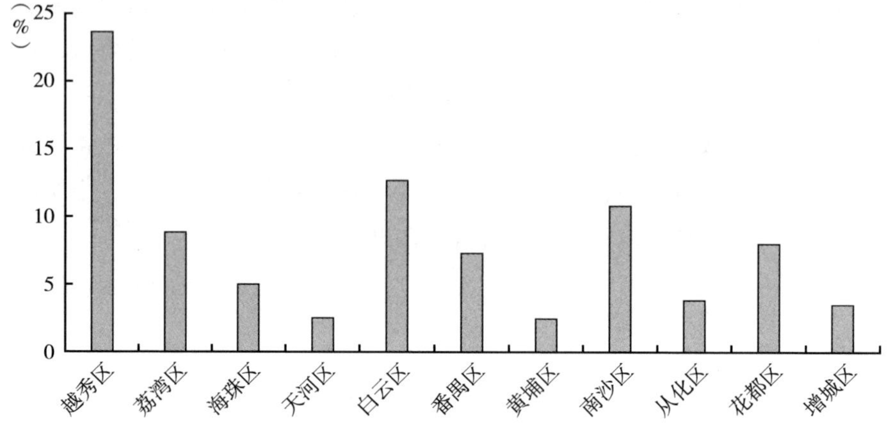

图8　注册志愿者占常住人口比例

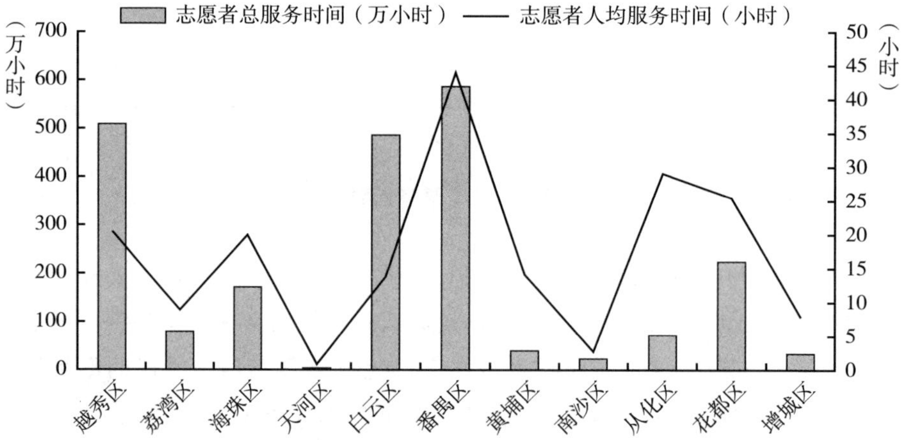

图9　志愿者服务时间

福利彩票指数方面，海珠区居广州市首位，越秀区和荔湾区分别居第二位和第三位（见图10）。

广州各区福彩公益金筹集总额为20363.42万元，海珠区筹集的福彩公益金最多，番禺区、越秀区分列第二名和第三名。在福彩公益金支出方面，广州各区福彩公益金支出总额为18118.65万元，海珠区以3175.64万元排在第一，越秀区紧随其后。天河区、从化区和增城区的福彩公益金筹集金额和支出金额相当。福彩公益金人均贡献额最高的荔湾区，其人均福彩公益金的贡献额达到23.27元（见图11）。

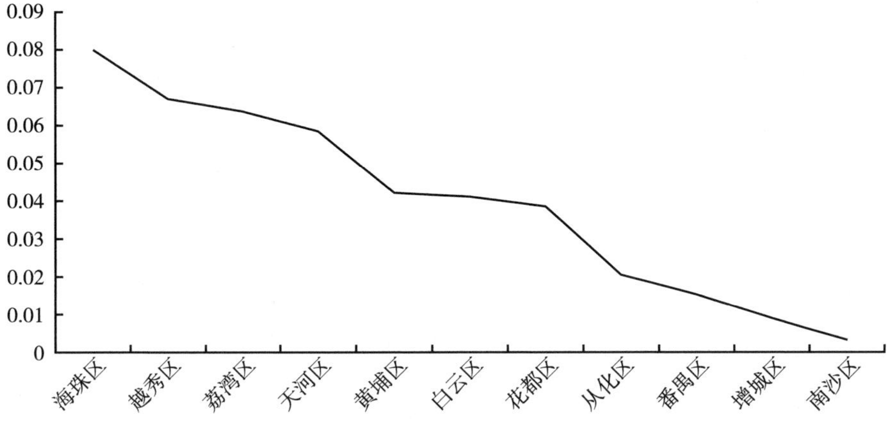

图 10　福利彩票指数

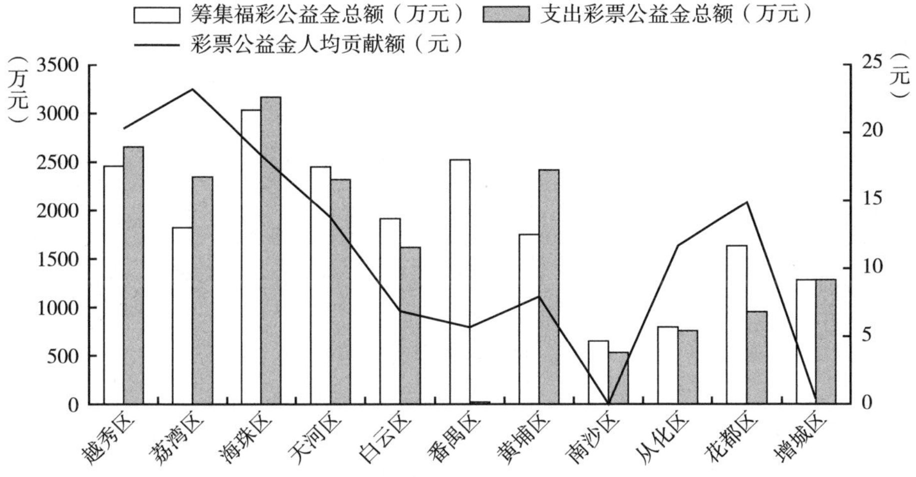

图 11　福彩公益金筹集金额

（三）慈善组织力

“慈善组织力”主要评价地区公益慈善组织的发展规模，由“组织规模”“组织现状”两个二级指标构成，组织规模指标反映了公益慈善组织的体量，组织现状指标反映了公益慈善组织的能力现状，可综合考察公益慈善组织的成长值。

组织规模指标的三级指标包括公益慈善组织总数、每万人拥有公益慈善组织数量、社会服务机构（民办非企业单位）数量、公益慈善社区社会组织数量和具有公开募捐资格的慈善组织数量等，可以较为全面系统地展现一个地区的慈善组织规模化程度。组织现状指标主要包括各区 3A 级及以上的公益慈善组织数量、公益慈善组织党组织覆盖率和获得公益性捐赠税前扣除资格的公益慈善组织数量等三级指标，分别从组织发展水平、党建工作完成度和政策实用度等维度评估地区慈善组织发展水平。黄埔区、番禺区和从化区在慈善组织力方面排在前三。从化区公益慈善组织规模为广州市第一。黄埔区的组织现状指数得分最高（见图 12）。

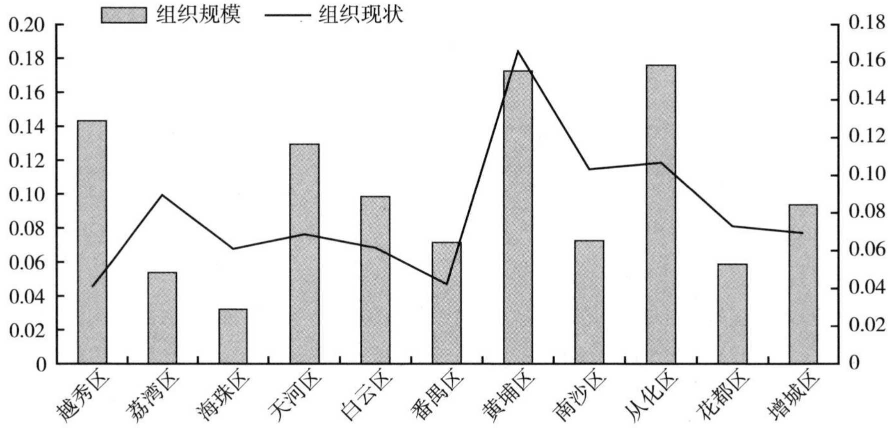

图 12　慈善组织力综合指数

1. 组织规模

组织规模，即组织的大小。人员的数量在某种意义上对组织结构的影响是决定性的，组织规模影响着组织的结构。①

组织规模指数排在广州市前三的分别是番禺区、从化区和黄埔区（见图 13）。

公益慈善组织总数中，黄埔区数量最多，为 190 个，排在第二、第三位的分别是南沙区和从化区（见图 14）。每万人拥有公益慈善组织数量方面，排名前三的区依次是黄埔区、南沙区和从化区。

① 百度百科：https：//baike. baidu. com/item/组织规模/1500066？fr = aladdin。

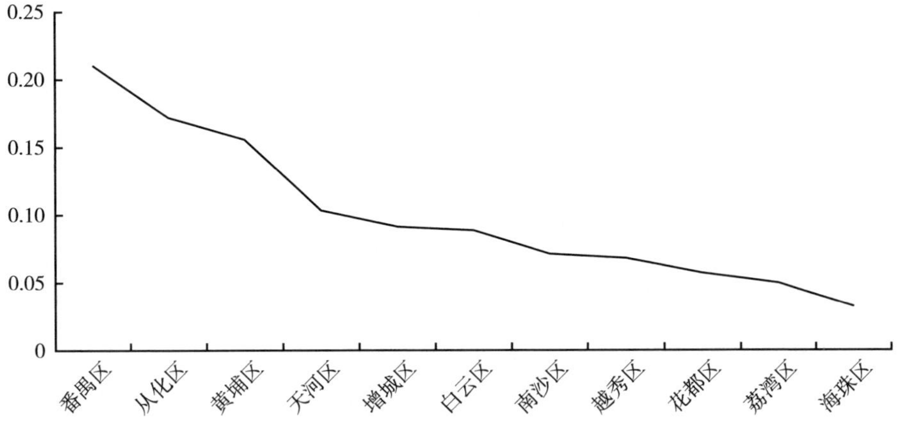

图13　组织规模指数

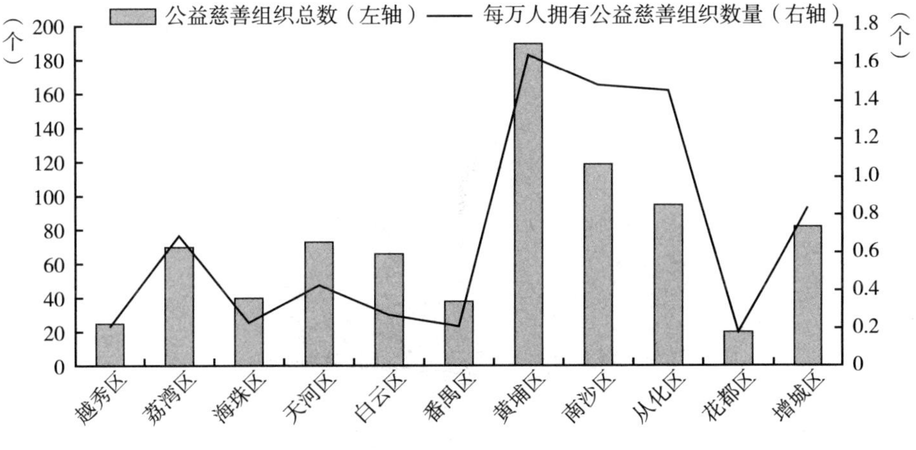

图14　公益慈善组织

广州各区社会服务机构总数为4149个，公益慈善社区社会组织总数为2809个，较2018年均有所增长。天河区的社会服务机构的数量为612个，番禺区的公益慈善类社区社会组织数量为1786个，均处于广州市第一（见图15）。

广州各区共有9个慈善组织具有公开募捐资格，目前，从化区有3个具有公募资格的慈善组织，天河区、白云区、番禺区、黄埔区、花都区、增城区各有1个具有公募资格的慈善组织（见图16）。

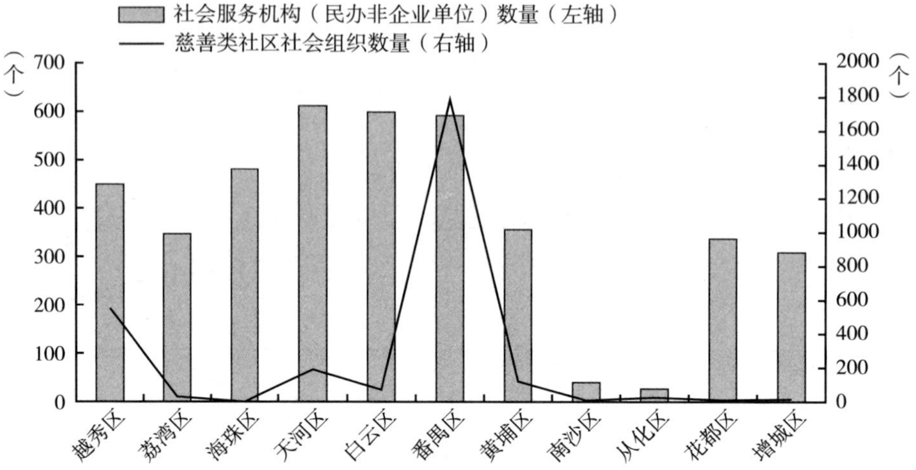

图 15　各类社会组织数量

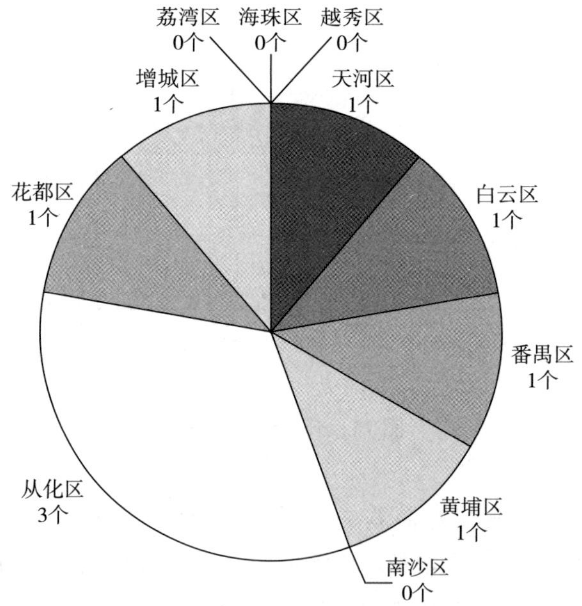

图 16　具有公开募捐资格的慈善组织数量

2. 组织现状

组织现状综合指数排在前三位的分别是黄埔区、从化区以及南沙区（见图 17）。

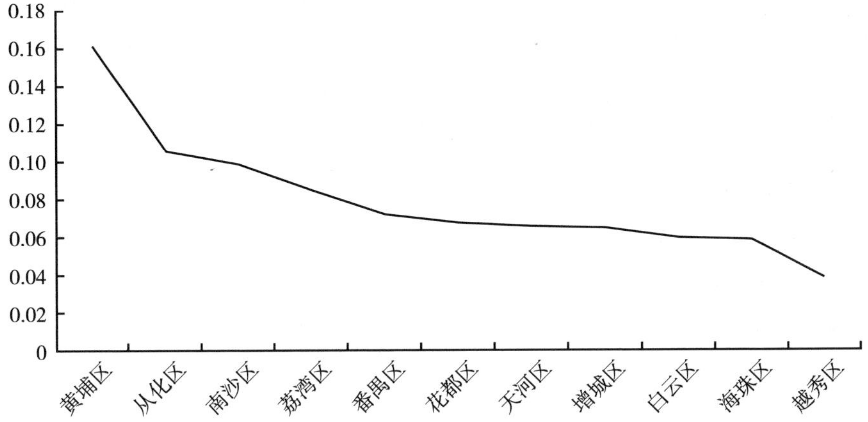

图 17　组织现状指数

目前广州各区 3A 级及以上的公益慈善组织共有 115 个，黄埔区慈善组织发展形势良好，共有 30 个公益慈善组织获得 3A 级及以上称号，排在第二位的南沙区和第三位的白云区分别有 21 个、13 个。广州各区获得公益性捐赠税前扣除资格的公益慈善组织共有 20 个，从化区以 5 个位居广州市第一，黄埔区以 4 个位居第二（见图 18）。

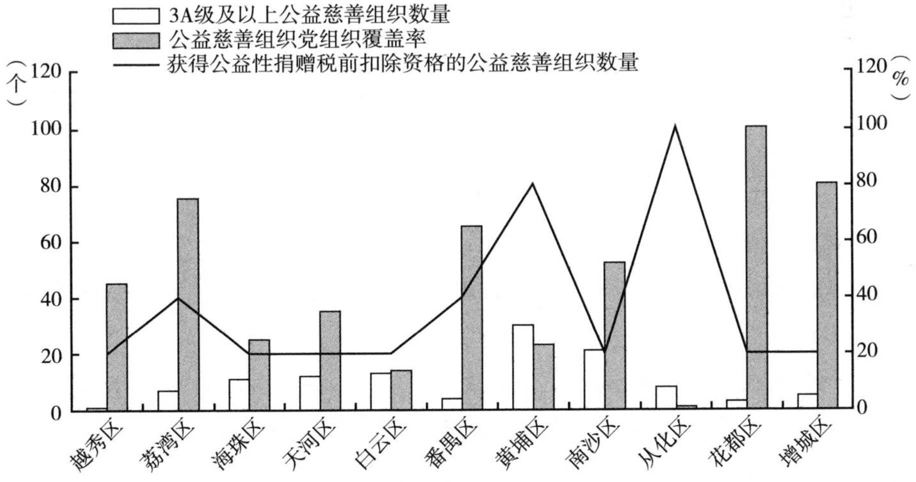

图 18　公益慈善组织现状

广州各区公益慈善组织党组织覆盖率中，花都区达到100%，增城区达到80%。从化区公益慈善组织党组织覆盖率较低，基层党建工作亟须提高。

（四）慈善贡献力

“慈善贡献力”可以用来评价慈善事业对地区社会经济的贡献程度，由“就业贡献”“财政贡献”两个二级指标构成，从人力与财力方面衡量慈善事业产生的经济效益。

从综合就业贡献指数和财政贡献指数来看，番禺区、南沙区和天河区分别排在广州市前三位（见图19）。就业贡献指数得分方面，番禺区最高。财政贡献指数方面，番禺区位居财政贡献指数第一，与区内数量庞大的公益慈善组织相得益彰，白云区和从化区分列第二、第三位。

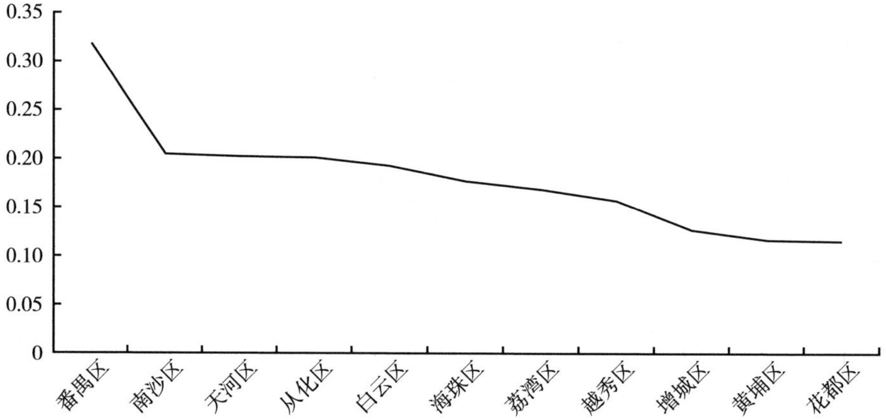

图19　慈善贡献力综合指数

1. 就业贡献

就业贡献指数方面，番禺区遥遥领先，紧随其后依次是南沙区和荔湾区（见图20）。

广州各区公益慈善组织持证从业人员总数为2443人，主要为律师、心理咨询师、社会工作师等具有专业技术资质的人员。其中海珠区有480人，为广州市第一名，排在第二的是南沙区，有419人（见图21）。

公益慈善组织人均年收入最高的为花都区，为8.11万元，紧随其后的增城区为8.08万元，排在第三位的白云区则为7.62万元。各区公益慈善组织本

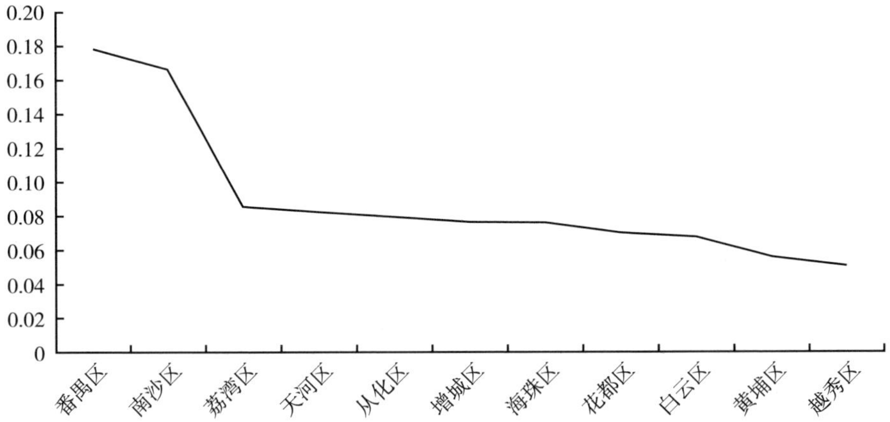

图 20　就业贡献指数

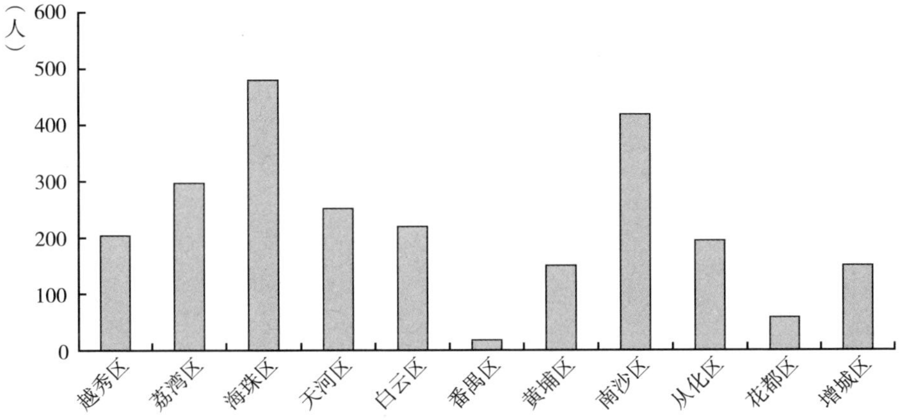

图 21　慈善持证从业人员数量

科及以上学历的从业人员比例最高的是天河区，达 82.0%。排在第二的花都区为 73.3%（见图 22）。

2. 财政贡献

从财政贡献指数来看，排在前三位的分别是番禺区、白云区和从化区（见图 23）。

2019 年，公益慈善组织增加值占 GDP 比例中，广州市平均值为 17.86%，占比最高的越秀区达 70%，番禺区以 63.33% 位列第二，从化区以 56.86% 名列第三（见图 24）。

净资产是民间非营利组织持有的资产净值，可以表明该组织的资本规模和

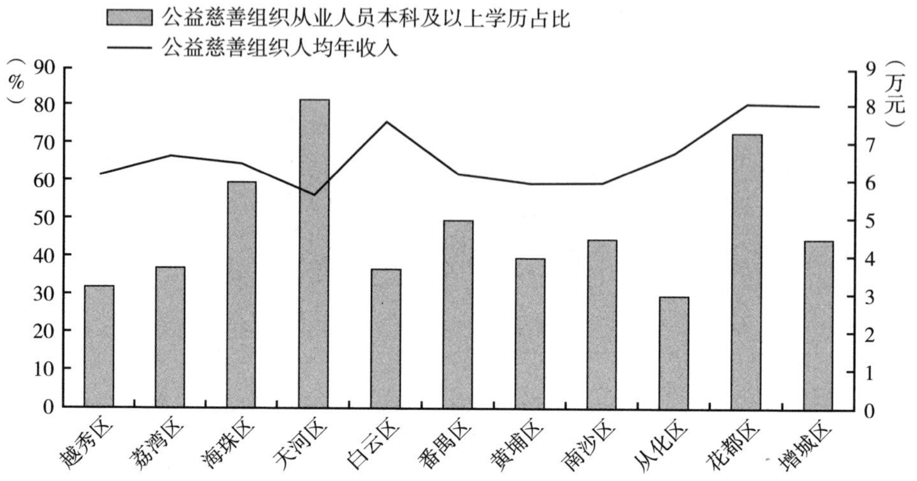

图22　公益慈善组织从业人员本科及以上学历占比和人均年收入

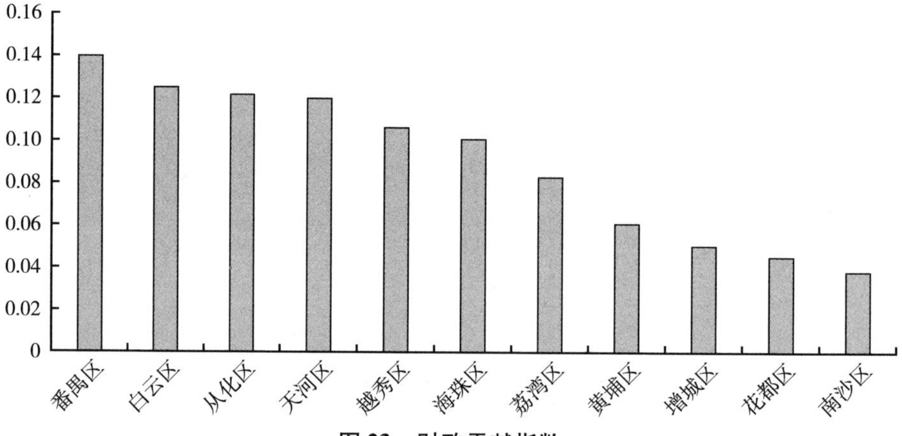

图23　财政贡献指数

经济实力。把公益慈善组织总资产及其净资产纳入慈善指数的评价体系中，以此作为衡量指标评估区域慈善事业的社会贡献力。目前，广州大多数区域的公益慈善组织的总资产与净资产差距不大。番禺区公益慈善组织的资产总量和净资产总量均居首位（见图25）。

2019年，广州各区公益慈善组织总收入额为79614.27万元，平均值为7237万元。海珠区排名第一，白云区和荔湾区分列公益慈善组织总收入额的第二位和第三位（见图26）。广州各区公益慈善组织业务活动成本共计76176.05万元，平均值为6106万元，排名前三的分别为海珠区、白云区和荔湾区。

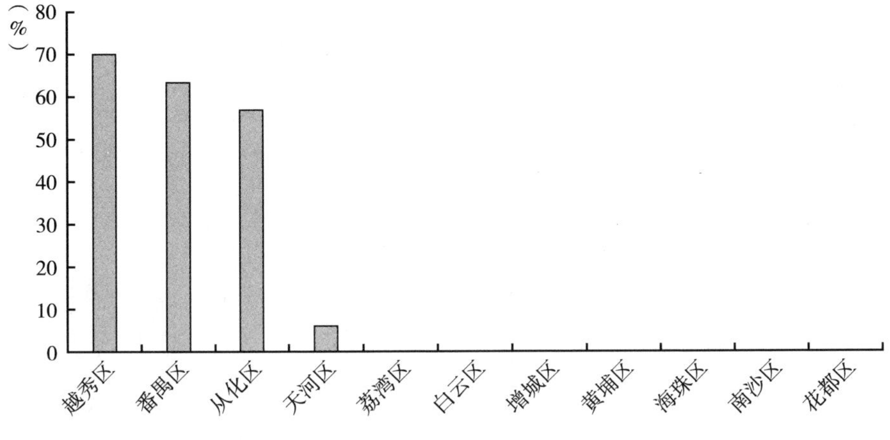

图 24　公益慈善组织增加值占 GDP 比例

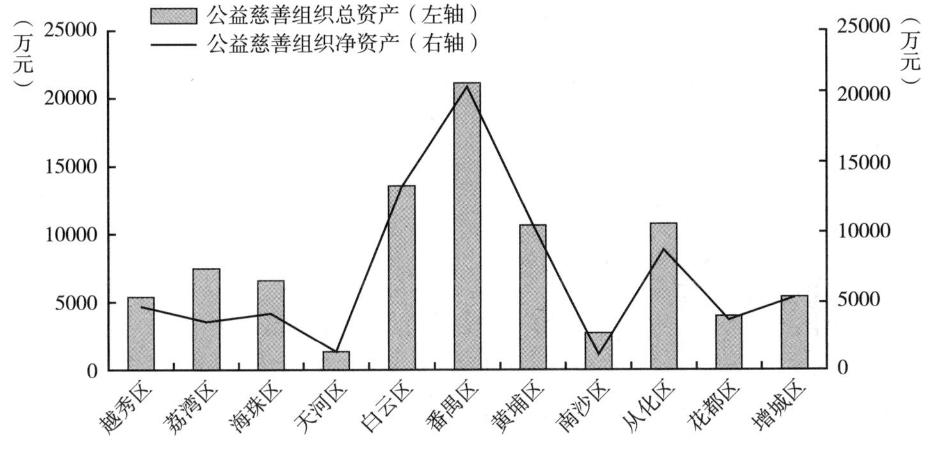

图 25　公益慈善组织资产

公益慈善组织支出共计 73451.23 万元，平均值为 6677 万元，其中海珠区位列榜首，白云区位居第二，荔湾区排在第三（见图 27）。

（五）慈善影响力

“慈善影响力”用于评价地区慈善事业所发挥的影响作用，由“服务影响”“传播影响”“区域荣誉”三个二级指标构成，对慈善事业辐射的人群、范围与领域进行考察，反映公众主观感知认知程度以及慈善事业被认可的程度。

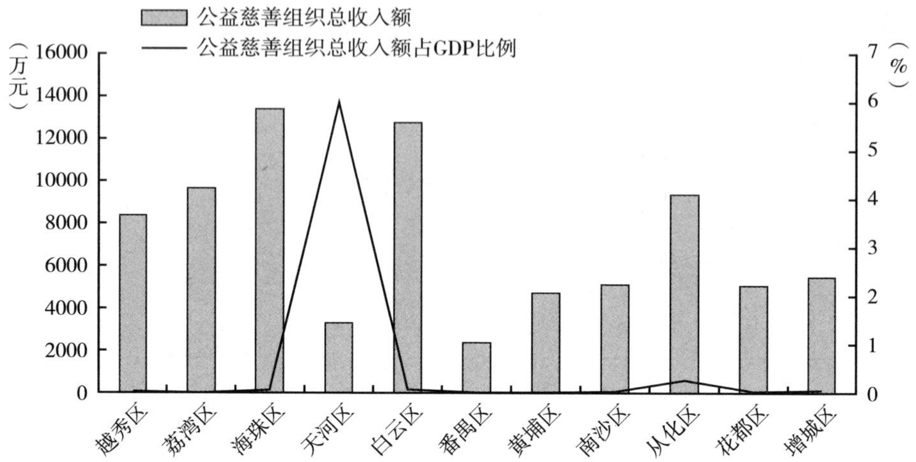

图26　公益慈善组织总收入

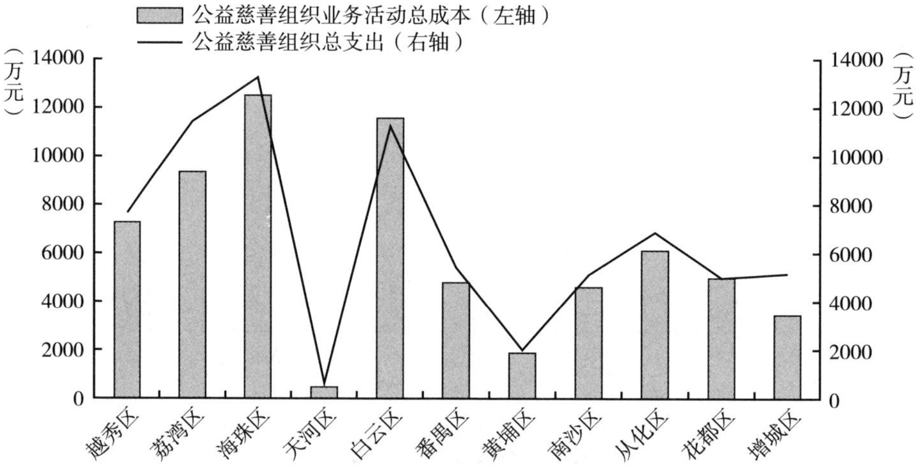

图27　公益慈善组织业务活动总成本及总支出

在慈善影响力中，传播的作用越来越突出。从综合服务影响指数、传播影响指数和区域荣誉指数的情况来看，慈善影响力排在前三的依次是海珠区、番禺区和黄埔区。2019 年，海珠区在公益慈善的传播上投入较多，成果也十分显著。荔湾区服务影响力单项第一，而番禺区的传播影响力排名第一，番禺区的媒体互动和传播力度相比其他区域都有较大的优势。而区域荣誉指数排名第一的是黄埔区，其获得市级及以上奖励数量远超其他区域（见图 28）。

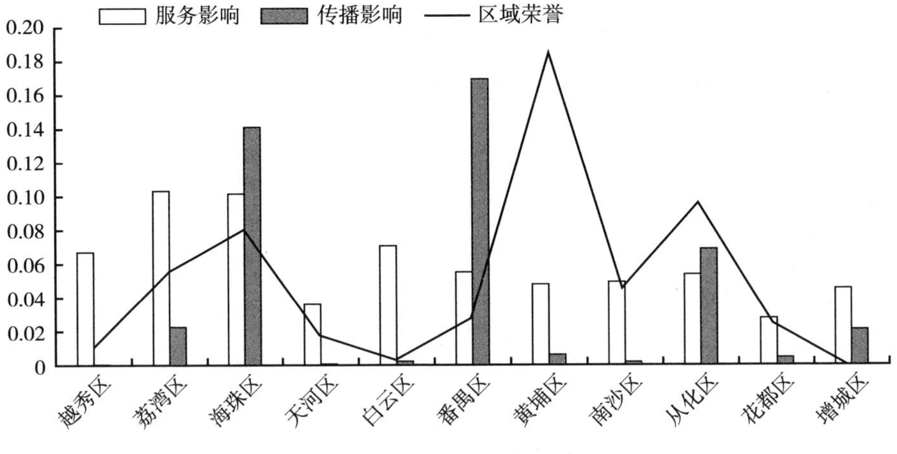

图 28　慈善影响力综合指数

1. 服务影响

服务影响指数排在前两位的分别是荔湾区和海珠区，这两个区域在 2019 年努力提高公益慈善的覆盖率，将更多居民纳入政府和慈善组织的服务范围，位列第三的则是白云区（见图 29）。

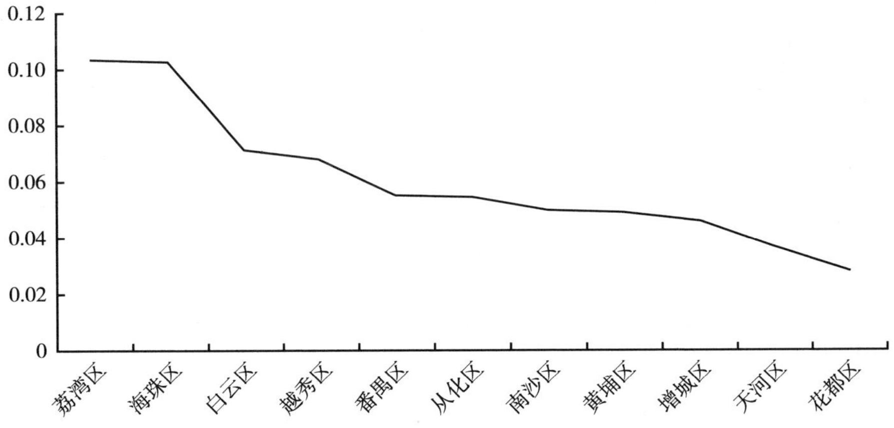

图 29　服务影响指数

广州各区慈善服务受益人数共计 475. 1 万人。其中，荔湾区的服务受益人数最多，为 101. 2 万人，海珠区以 100 万人位居第二，白云区以 55 万人位列第三。服务覆盖率方面有 8 个区达到 100%（见图 30）。

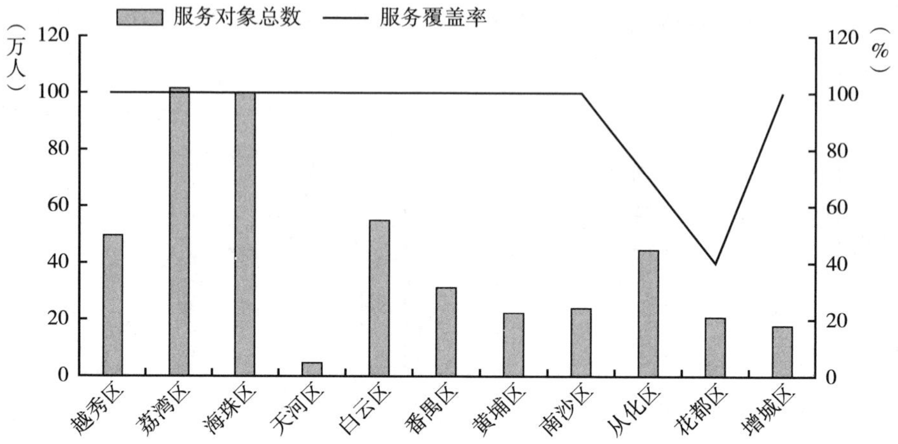

图 30　慈善服务受益人数及服务覆盖率

2. 传播影响

随着公益更趋向于年轻化，和互联网线上传播进行结合是公益传播最重要的转折点。利用新媒体平台进行公益传播，可以极大地增加公益项目和公众之间的互动性和参与度，加速品牌公益项目的发展。此外，互联网的公众监督功能也大大提高了公益项目实施的透明度，增强了公益行业的社会公信力。

2019 年度广州传播影响指数各区情况差异较大，极值比较突出，排在前三位的依次是番禺区、海珠区和从化区，但落后的几个区域在传播影响方面还有很大的发展空间（见图 31）。随着新媒体传播媒介的迅速崛起，公益慈善事

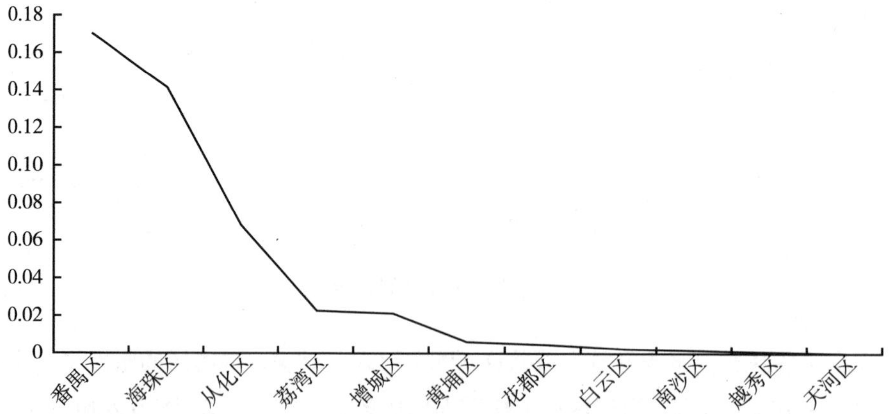

图 31　传播影响指数

业发展也迎来了传播方式的革新。新媒体传播渠道的应用成了慈善模式创新发展的重要战略资源。

对新闻媒体表现、微博表现和微信表现进行数据标准化合并后，可以发现番禺区在新闻媒体表现指数上处于第一名，其后是从化区。就微博表现和微信表现来看，海珠区皆位列第一。而天河区、白云区、南沙区、越秀区等地区对媒体传播的影响还要加强，利用媒体渠道推动慈善事业传播的能力还有待提升（见图32）。

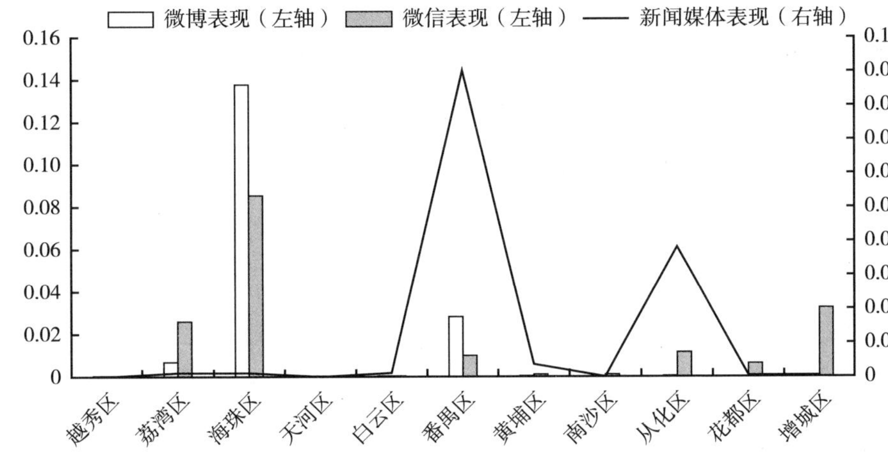

图32　媒体表现指数

区域荣誉指数排在前三的依次是黄埔区、从化区和海珠区，黄埔区相较2018年有了很大的提升，而从化区和海珠区仍旧保持着2018年的良好成绩排名（见图33）。

2019年广州各区获奖数量最多的为黄埔区，共获得202项奖励，排在第二位的从化区共获得101项荣誉奖励，海珠区以77项荣誉奖励排在第三名。具体来看，在市级及以上奖励、其他类型奖励的数量上，黄埔区都位列第一（见图34）。

广州注重结合本地特色打造品牌慈善活动，在慈善品牌建设方面，形成了多种不同的模式，发挥品牌的引领、示范和带动作用。在品牌慈善组织及品牌慈善项目数量方面，海珠区以35项位居广州市第一，从化区以13项取得第二名的成绩，天河区以12项的成绩居于第三位，其他各区品牌慈善组织及品牌慈善项目的建设也正在逐步进行中。

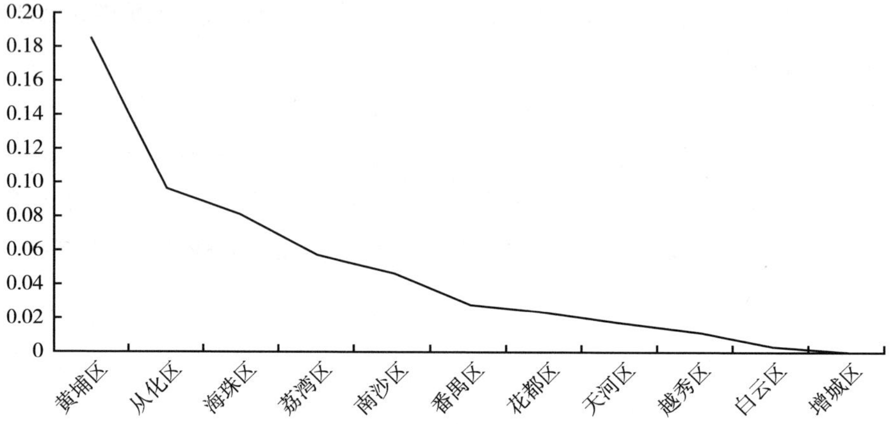

图 33　区域荣誉指数

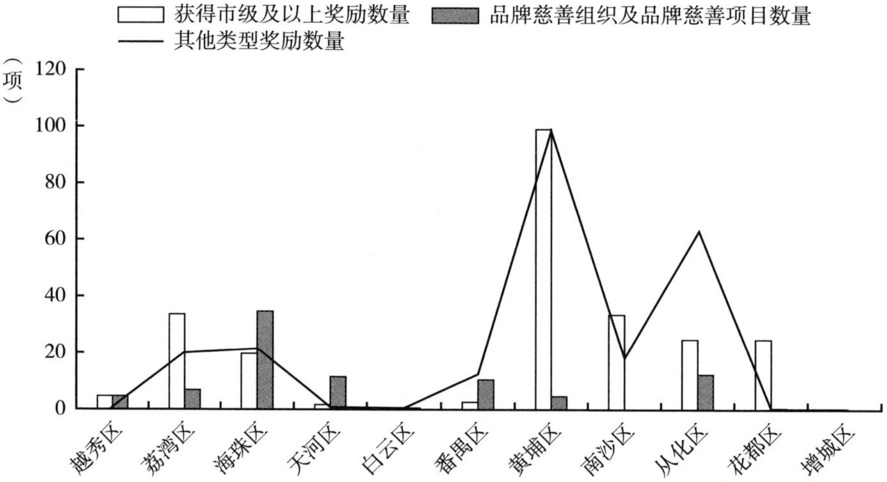

图 34　各项荣誉奖励

（六）慈善透明力

“慈善透明力”用于评价地区慈善事业的公开透明程度，由“公开内容”“公开渠道”“监督检查”三个二级指标构成，主要考察公益慈善组织依法进行信息公开的状况，也反映公众对慈善事业知情权与监督权的落实情况。

广州正在不断健全“政府监管、社会监督、行业自律、内部治理”慈善事业综合监督体系。① 综合公开内容指数、公开渠道指数和监督检查来看，2019 年，从化区、天河区和黄埔区的慈善透明力指数排在前三。白云区监督检查以 66 次位列第一，政府不断引导慈善组织更加公开透明。从化区在公开内容、公开渠道和监督检查三个方面都取得很高的成绩，没有明显短板。公开渠道方面，黄埔区表现较为突出，积极开展信息公开平台建设，信息公开平台达到 150 个，为公众提供了监督慈善组织的机会（见图 35）。

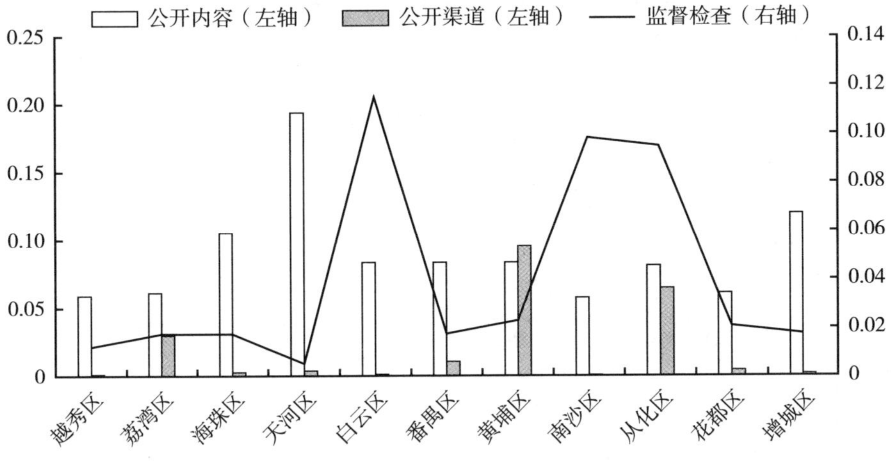

图 35　慈善透明力综合指数

1. 公开内容

公开内容指数排在前三位的依次是天河区、增城区和海珠区，白云区、番禺区和黄埔区并列第四，天河区对慈善事业相关研究的产出增加，发表的报告及研究数量远超其他区域（见图 36）。

2019 年发布过慈善事业发展报告或开展过专项研究的区域有 7 个，其中天河区以 6 份位居广州市第一，增城区以 3 份的成绩位居第二，其后是海珠区。越秀区、荔湾区、南沙区和花都区在发表相关报告或开展专项研究方面排名靠后，还有较大的发展空间。在信息公开和上报率方面，各区均表现良好。

① 《广州创建“慈善之城”》，人民网，《https：//www. sohu. com/a/128757125_ 114731。

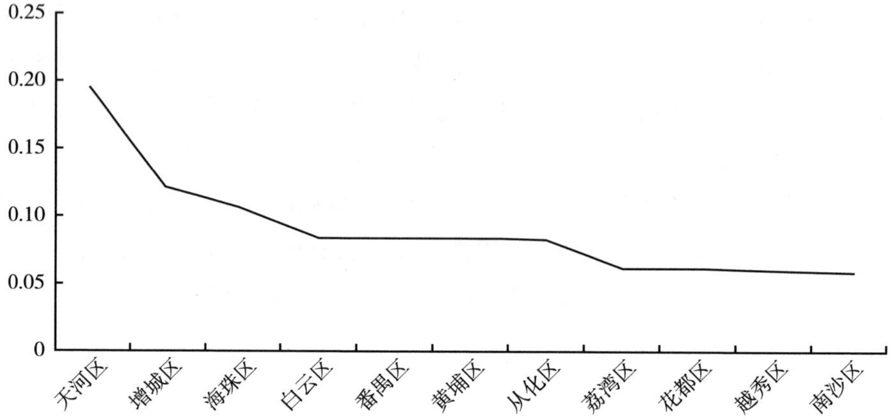

图 36　公开内容指数

公益慈善组织信息公开率，各区均达 100%。公益慈善组织年报上报率有 7 个区实现了 100%（见图 37）。

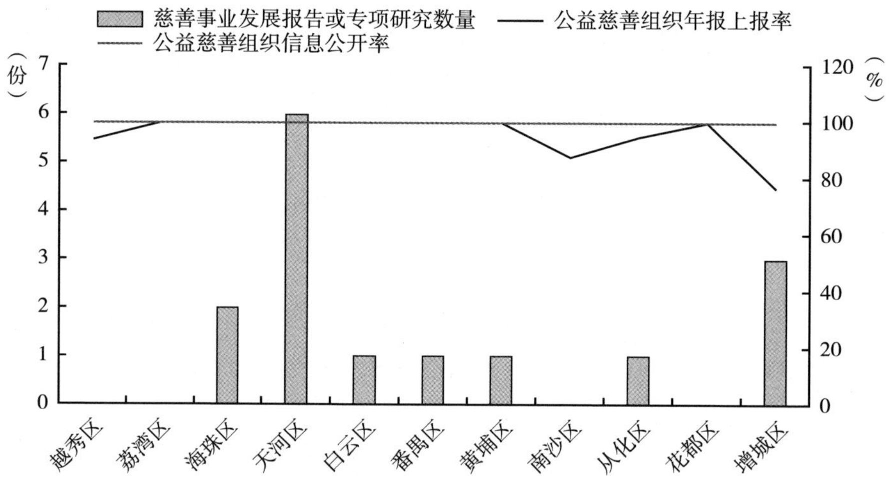

图 37　公开内容综合数据

2. 公开渠道

公开渠道指数居首位的是黄埔区，其次是从化区，荔湾区位居第三（见图 38）。

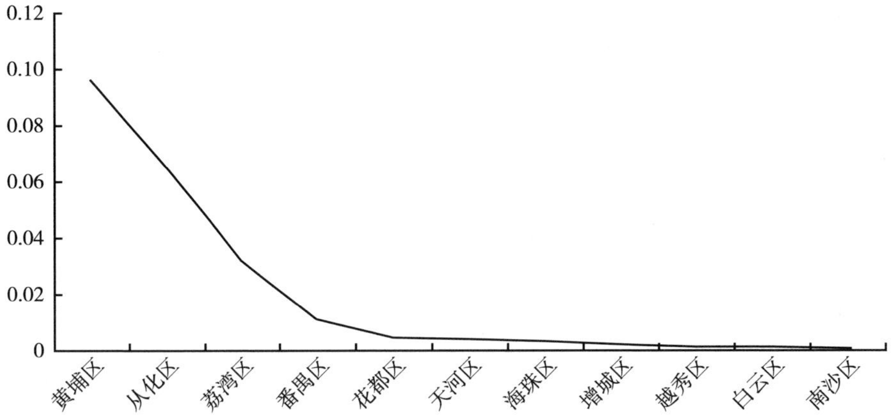

图 38　公开渠道指数

广州各区公益慈善组织信息公开平台共 345 个，黄埔区数量最多，拥有 150 个，而从化区以 102 个的成绩保持了第二名，荔湾区以 50 个的成绩位居第三（见图 39）。

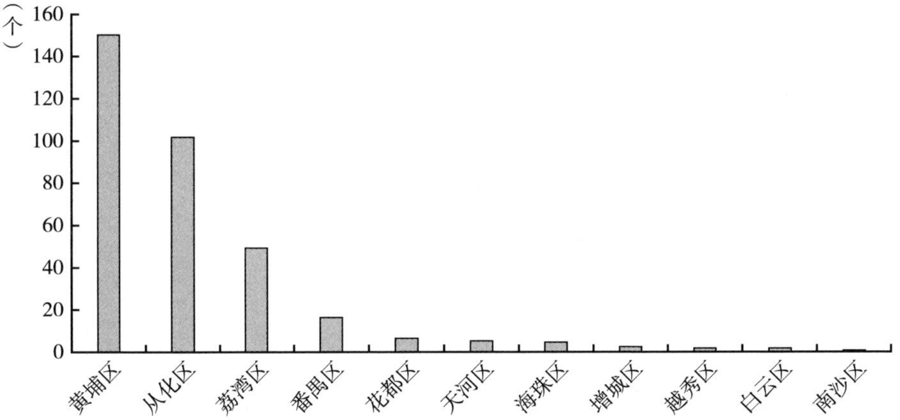

图 39　公益慈善组织信息公开平台建设数量

3. 监督检查

监督检查指数排在前三的依次是白云区、南沙区和从化区，白云区一直高度关注公益慈善组织的规范运营，在监督检查力度上居于首位，延续了 2018 年的成绩（见图 40）。

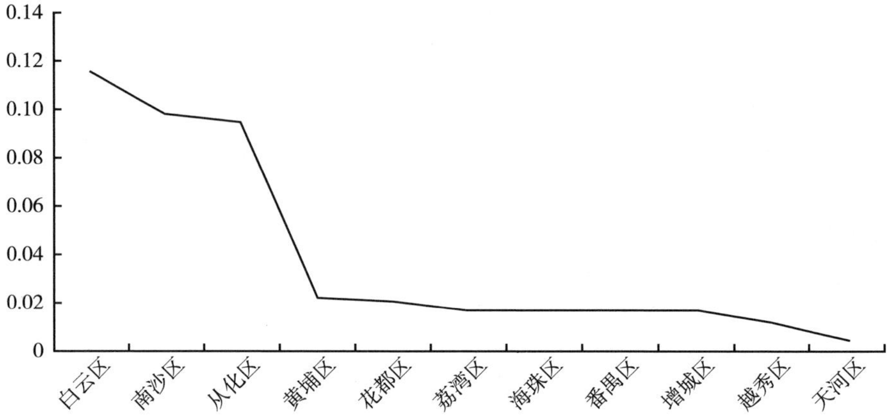

图40　监督检查指数

广州各区公益慈善组织监督检查共251次。白云区监督检查次数最多，为66次，排在第二位的南沙区、第三位的从化区分别开展了56次、54次检查，天河区在此方面排名较靠后，但总体而言各区公益慈善组织监督检查次数都有了明显的增长，有效保障了慈善活动的健康有序开展（见图41）。

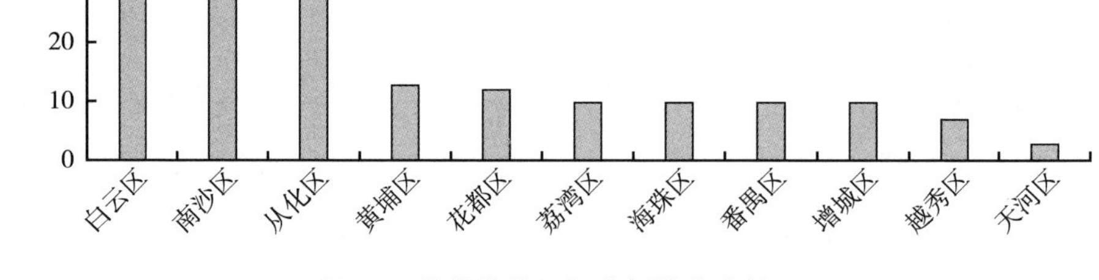

图41　公益慈善组织监督检查次数

（七）慈善发展力

“慈善发展力”用于评价地区慈善事业发展过程中的创新力度，由“政策落实”“活动交流”“慈善标志”三个二级指标构成，主要结合广州本土的慈善特色项目，考察慈善事业创新发展持续情况。

综合政策落实指数、活动交流指数以及慈善标志指数，慈善发展力的流动交流指数排在前三位的分别是从化区、海珠区和荔湾区，海珠区保持了2018年第二的排名。从化区在政策落实和活动交流两项指标上都获得第一，政府在慈善事业发展的过程中起了积极的引导作用，政府财政购买社会服务的投入金额较大。在活动交流方面，从化区表现也特别突出，不仅积极参与慈善交流活动，同时也举办区级慈善交流合作活动76次。在慈善标志的建设上，荔湾区、海珠区表现较为突出（见图42）。

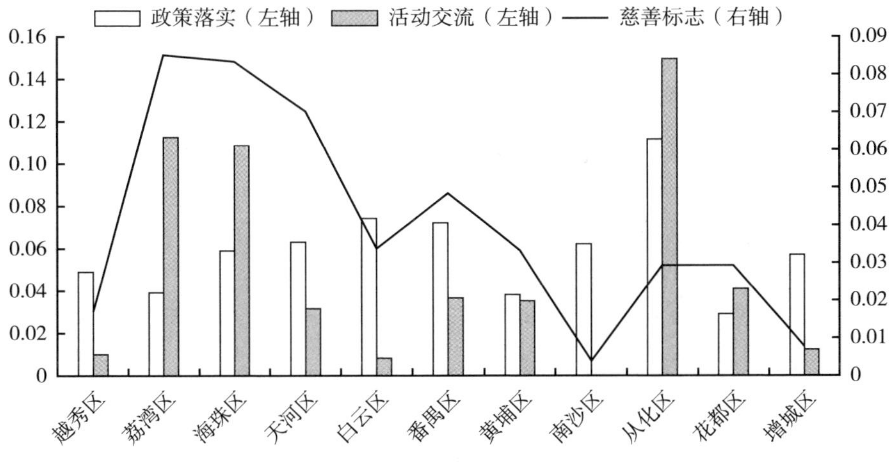

图42　慈善发展力综合指数

1. 政策落实

广州非常重视慈善政策发展机制的搭建，初步建立了系统化、前瞻性的慈善政策体系。依据2019年政策落实指数，排在前三的依次是从化区、白云区和番禺区（见图43）。

2019年广州各区上级慈善政策法规本地化率中，有10个区均达到了100%。2019年，广州各区共出台慈善相关政策文件34份，海珠区和从化区均出台9份并列第一，白云区出台8份位居第二，天河区出台了4份居第三位，越秀区、南沙区、花都区、增城区等没有相关政策文件出台（见图44）。

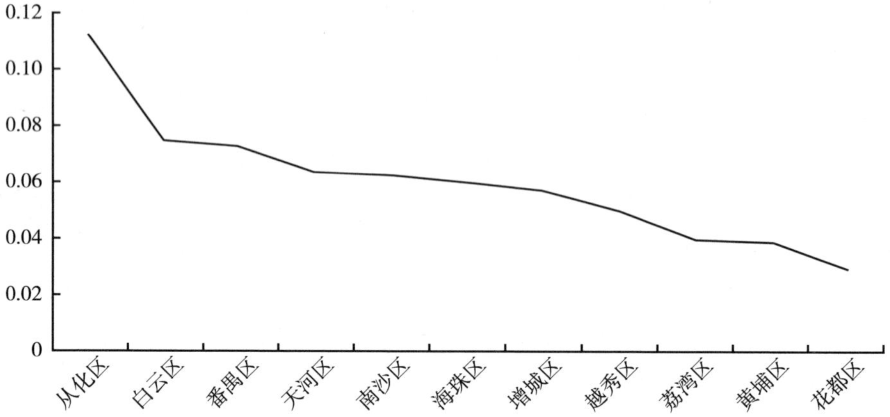

图 43　政策落实指数

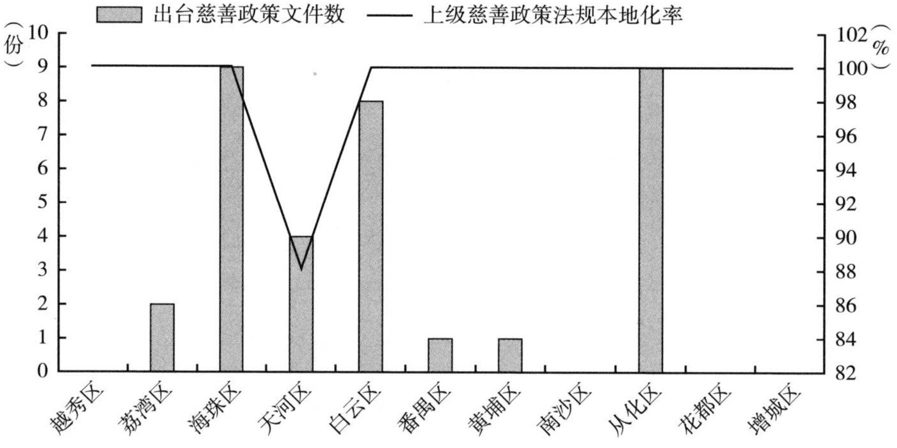

图 44　慈善政策出台和法律法规本土化率

广州各区财政购买公益慈善组织服务总额为 42358.86 万元，从化区以 8515 万元位居广州市第一；排在其后的依次是天河区和增城区，分别为 6329 万元和 5900 万元。而广州各区公益创投总额为 878.785 万元，番禺区以 384.18 万元依旧排名第一，第二位和第三位分别是从化区和黄埔区（见图 45）。

2. 活动交流

活动交流指数中，从化区位列榜首，荔湾区和海珠区位居第二和第三，南沙区在活动交流上存在空白，需要加强该方面的建设（见图 46）。

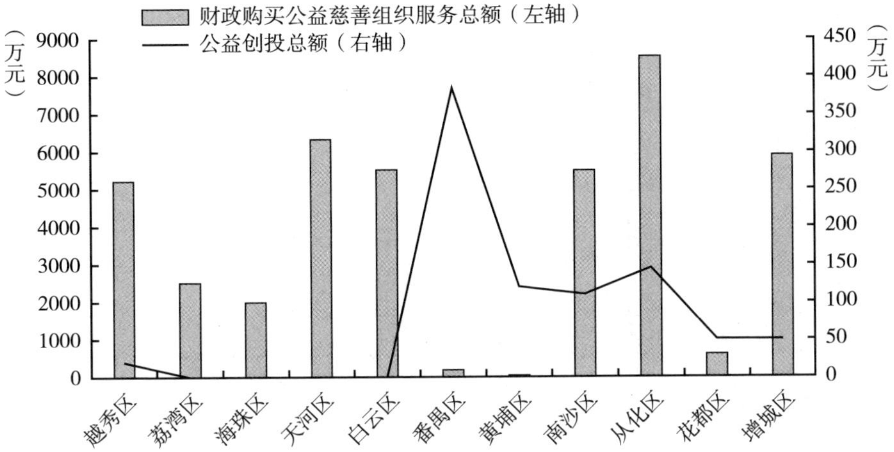

图 45　政府财政支持

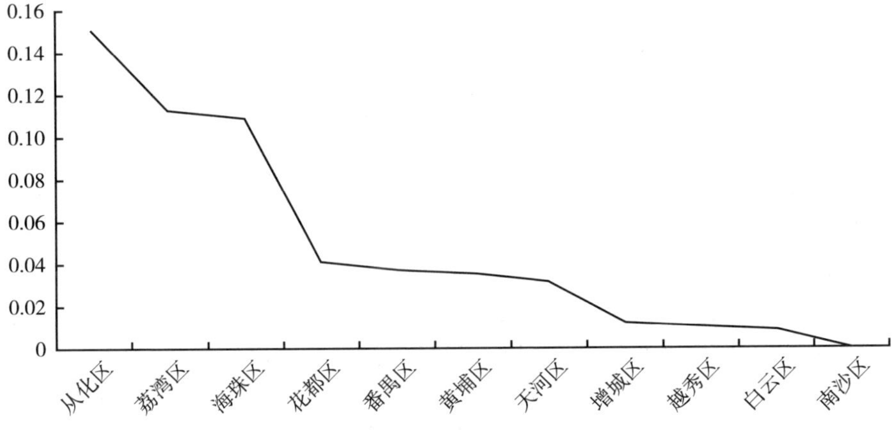

图 46　活动交流指数

2019 年，广州各区举办慈善运动捐款活动共 322 次，相比 2018 年有了明显的增长，其中番禺区进步显著，举办次数为 84 次，位居广州市第一。从化区以 75 次排在第二名，荔湾区以 72 次位居第三（见图 47）。

2019 年，广州各区参与市级及以上慈善交流合作活动共 237 次，番禺区以 62 次排名第一，从化区以 54 次排名第二，海珠区以 41 次排名第三，南沙区等区域在市级及以上慈善交流合作活动中还需要提高参与（见图 48）。

2019 年，广州各区举办区级慈善交流合作活动共 293 次，番禺区以 81 次

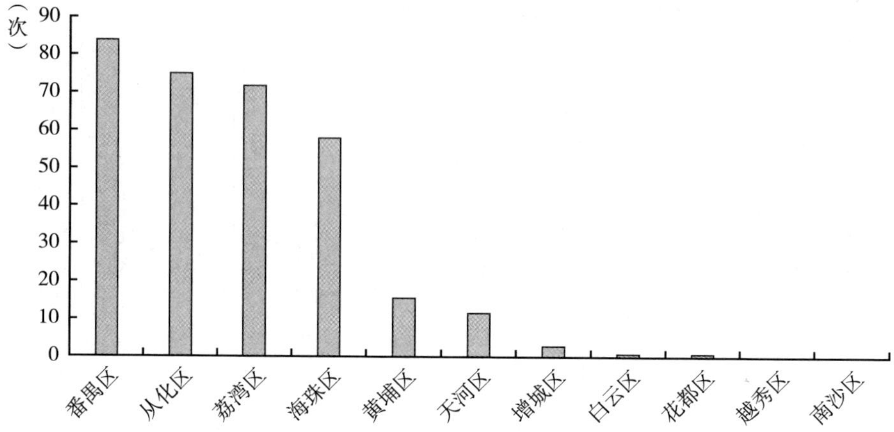

图 47　举办慈善捐款活动次数

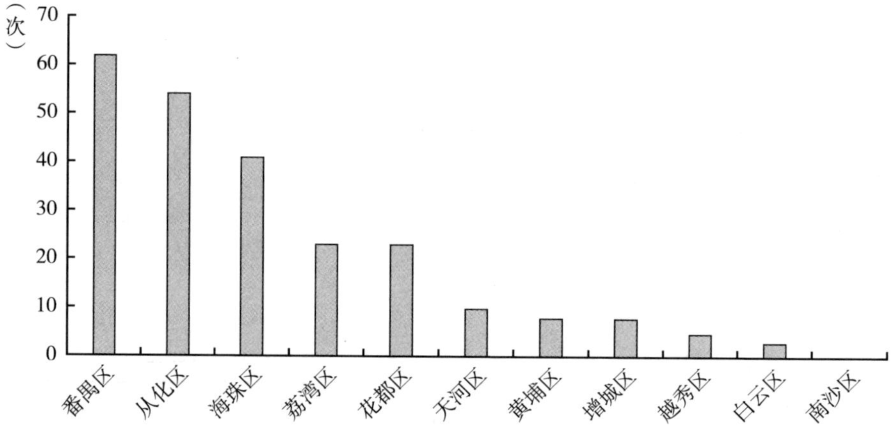

图 48　参与市级及以上慈善交流合作活动次数

的成绩位居广州市第一，从化区、荔湾区都保持了良好的成绩，位居第二、第三，并分别举办了 76 次、47 次（见图 49）。

3. 慈善标志

慈善标志建设包括慈善社区、慈善街道、慈善广场、慈善公园、慈善学校等。①2019 年广州各区积极参与慈善标志的建设，慈善标志指数中，荔湾

① 《深化“羊城慈善为民”行动——广州创建“慈善之城”》，南方网南方日报，http://epaper.southcn.com/nfdaily/html/2017-03/14/content_7624465.htm。

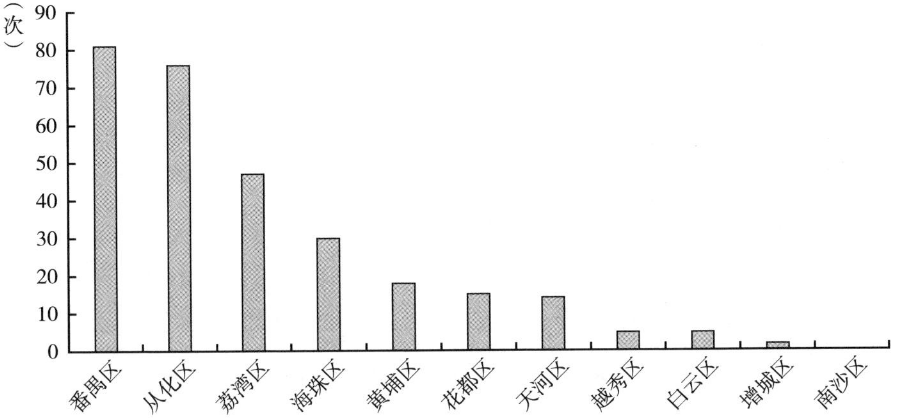

图 49　举办区级慈善交流合作活动次数

区排名第一，海珠区排名第二，两者相差不大，而天河区排名第三（见图 50）。

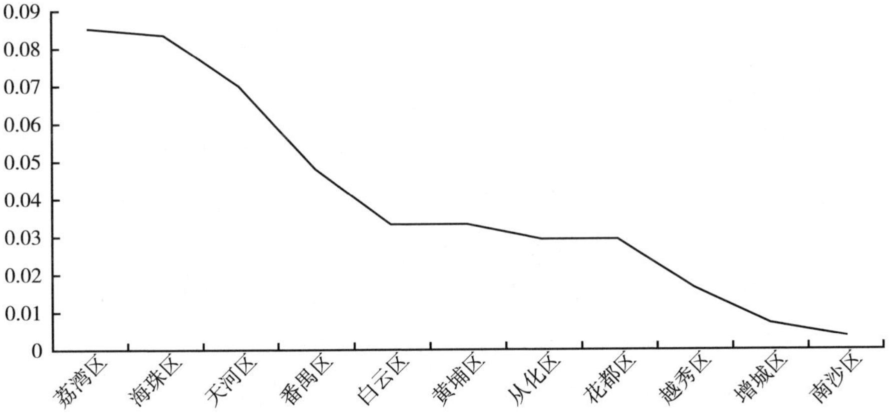

图 50　慈善标志指数

广州各区共建设 238 个慈善标志，这些慈善标志作为具象化的符号为慈善事业的发展和宣传提供了助力。其中，荔湾区以 46 个慈善标志位列广州市第一，海珠区位列第二，拥有 45 个，排名第三的天河区拥有 38 个慈善标志（见图 51）。

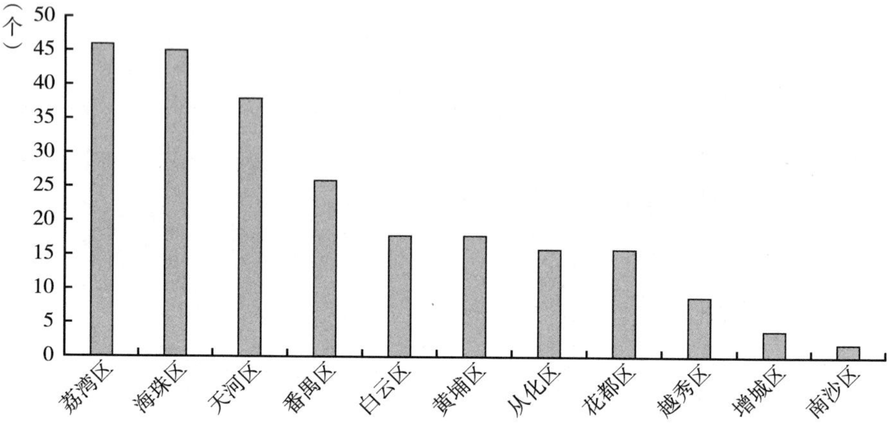

图 51　慈善标志数量

三　广州各区慈善指数分析

（一）番禺区——慈善为民协同治理的番禺模式

番禺区在 2019 年度慈善综合发展指数中名列第一。近年来，番禺区凭借对社会多元主体资源的有效整合，带动了社会各界力量积极参与该区慈善捐赠。慈善活动力中，番禺区公益慈善组织接收捐赠与个人捐赠总额均居第一；在志愿服务方面，该区志愿者人均服务时间为 44 小时，为广州市之最。慈善贡献力中，该区公益慈善组织总资产、净资产均居第一。慈善透明力中，该区公益慈善组织年报上报率和公益慈善组织信息公开率均达到 100%。慈善发展力中，该区公益创投总额达到 384.18 万元，排名广州市第一。

但番禺区慈善事业发展中仍存在一些短板。区内慈善持证从业人员数量不足，区内慈善事业所覆盖的服务对象总数也有待进一步增加。建议该区建立健全慈善持证从业人员的薪资和考核制度，激发其投入区域慈善服务工作的积极性；提高慈善组织的人力资源素质，同时吸引更多的专业人员加入慈善的队伍中。该区财政购买的公益慈善组织服务总额也处于较低水平，建议未来加大这一方面的财政支出力度。

（二）从化区——慈善创新助力乡村振兴

从化区在2019年度慈善综合发展指数中名列第二。从化区通过发掘本土社会力量，创新慈善活动载体，助力区域乡村振兴。慈善活动力中，该区年度捐赠总额占全区GDP总额比例位居广州市第一。慈善组织力中，从化区具有公开募捐资格的慈善组织数量和获得公益性捐赠税前扣除资格的公益慈善组织数量均居广州市第一。在慈善影响力上，该区新闻媒体表现指数在广州市排第二，仅次于番禺区。在慈善发展力上，从化区积极落实慈善政策，财政购买公益慈善组织服务总额位居广州市第一。

但在慈善活动力层面，该区在志愿服务和福利彩票业务上的表现略有不足。此外，从化区内公益慈善组织的党组织覆盖率仍有较大的提升空间。建议未来在提高常住人口的注册志愿者比例和提高志愿者总服务时间方面采取更多激励措施，同时注重落实党建工作在公益慈善组织治理中的重要地位，加强贯彻和弘扬“党建＋慈善”的理念。

（三）海珠区——打造有影响力的慈善传播

海珠区在广州2019年慈善指数排名中位居第三。该区在慈善影响力上的表现十分亮眼，呈现服务宣传力度大和影响力强的特点。在传播影响上，海珠区充分利用新媒体平台作为其慈善影响力传播的主要媒介，打造了较强的区域慈善影响力和慈善文化传播力；此外，海珠区获得35项品牌慈善组织及品牌慈善项目，位居广州市第一。在慈善活动力中，该区所具有的慈善超市和社会捐助工作站总数、互联网捐赠总额均为广州市之最，筹集福彩公益总金额与支出福彩公益总金额两项指标同样取得广州市第一。在慈善贡献力中，海珠区慈善持证从业人员数量高，公益慈善组织总收入额、公益慈善组织业务活动总成本均名列第一。在慈善发展力中，该区出台慈善相关政策文件总数为广州市之最。

不过，海珠区的公益慈善组织规模建设稍有不足，公益慈善组织和公益慈善社区社会组织总数偏低，同时每万人拥有公益慈善组织个数较少，反映出在该区慈善组织发展还未能充分适应公众的需求。建议该区注重加大对公益慈善事业的发展力度。此外，海珠区公益慈善组织的监督检查次数和组织信息公开平台建设有欠缺，建议该区加强对慈善组织的规范化运作，提高常态化的监督意识，完善相应的信息公开制度。

（四）黄埔区——以慈善文化建设引导社会力量参与

黄埔区作为广州的一个重点开发区，近年来在政府及社会各界人士的支持下，在区域慈善事业发展上取得了丰硕的成果。慈善组织力方面，其所拥有的公益慈善组织总数达190个，每万人拥有公益慈善组织数量为1.65个，均为广州市之最；该区3A级以上等级的公益慈善组织数量为30个，位列广州市第一。在慈善影响力方面，该区获得市级及以上奖励数量与其他类型奖励数量均排名广州市第一。在慈善透明力中，该区公益慈善组织年报上报率及信息公开率均达到100%，公益慈善组织信息公开平台建设数量达150个，位居广州市第一。

在向好发展的同时，黄埔区也存在一些亟待提升的发展低地。该区2019年出台的慈善相关政策文件数量偏低，财政对公益慈善组织服务的购买力度不大，不利于该区慈善政策的落实。此外，黄埔区公益慈善组织人均年收入较低，公益慈善组织的总收入额和总收入占GDP比例不高，表明该区慈善活动对于就业和财政的贡献不足。建议该区加快推进相关慈善政策文件出台，同时加大对公益慈善组织的扶持力度，加大财政投入力度。

（五）白云区——慈善捐赠助力发展

白云区总体发展表现出以慈善活动为主的特点。在慈善捐赠中，该区以2771.87万元的政府部门接收捐赠总额名列广州市第一。在慈善透明力方面，白云区公益慈善组织监督检查次数位居广州市第一；此外，该区的公益慈善组织年报上报率和公益慈善组织信息公开率均达到了100%，说明该区对慈善组织的管理较为规范，监督检查机制相对完善。在慈善发展力方面，该区出台慈善相关政策文件总数位居前列，表明该区公益慈善组织发展的社会政策环境较为友好。

但是，白云区参与市级及以上慈善交流合作和举办慈善区级慈善交流合作活动的次数较少，建议加强地域间慈善服务经验的互动交流。此外，该区的公益创投总额处于市内较低水平，未来还需要进一步加强相关公益政策的落实。

（六）荔湾区——慈善服务对象广泛

荔湾区举办慈善捐款活动次数在广州排名第三，慈善标志数量最多，荔湾区慈善发展的突出之处在于服务对象广泛，总数已经达到101万人，为各区之最，服务覆盖率达到了100%，这充分体现了慈善服务人民的理念。除此之外，荔湾区社会组织从业人员占经济活动人口比重较大，公益组织数量在广州排在前列。

需要注意的是，荔湾区慈善类社会组织的支出大于收入，且接受捐赠总额最低，容易导致组织入不敷出。建议荔湾区拓宽接受捐赠渠道，确保慈善事业的可持续发展。

（七）天河区——多元社会资源参与

天河区多元力量的参与促进了该区慈善事业的发展。首先，天河区的慈善类社区社会组织数量多，在这些组织中的从业人员本科及以上学历占比最高，保证了慈善类社会组织的高质量运行。其次，天河区政府十分重视慈善事业的发展，给予该区慈善组织较多的捐赠和帮助。最后，该区的企业捐赠总额和互联网捐赠总额都排在前列，体现了社会对慈善事业的积极参与。

然而，该区也存在不足之处。该区注册志愿者总人数不多，志愿者总服务时间少，这可能与该区的慈善类社会组织人均年收入有关，该区的慈善类社会组织人均年收入最低，仅为5.67万元。另外，该区的新闻媒体表现、微信表现和微博表现指数都偏低，有的甚至为0，因此建议该区重视媒体宣传，扩大慈善影响力。

（八）南沙区——企业积极参与慈善事业

南沙区的企业捐赠总额在广州最多，企业积极参与慈善事业，成为推动慈善事业发展的重要力量。此外，南沙区慈善类社会组织总数较多，3A级及以上等级的慈善类社会组织数量较多，慈善持证从业人员数量多，慈善类社会组织监督检查次数多。

但是，南沙区政府部门接收捐赠总额为0，接受互联网捐赠总额为0，建议该区拓宽资金来源，充分利用互联网平台筹措资金。与此同时，南沙区志愿者人均服务时间短，社会服务机构较少，具有公开募捐资格的慈善组织数量为0，慈善标志数量过少，信息公开率很低，建议鼓励更多的市民参与到慈善事业之中，加强相关慈善信息公开平台的发展建设，提高该区的慈善透明度。

（九）越秀区——慈善类社会组织蓬勃发展

越秀区注册志愿者占常住人口比例最高，为23.63%，该区居民十分积极地参与到慈善事业发展之中。此外，该区慈善类社区社会组织数量位居广州第二，慈善类社会组织增加值占GDP比例较高，这些现象都表明越秀区慈善类社会组织正在蓬勃发展。

不过，该区慈善类社会组织接收捐赠总额较少，个人捐赠总额较少，3A级及以上等级的慈善类社会组织数量较少，慈善类社会组织从业人员本科及以上学历占比较低。建议越秀区慈善组织在未来的发展中注重质量的提高，吸引更多优秀人才参与。

（十）花都区——党建引领慈善

花都区慈善类组织的党组织覆盖率为100%，位于广州市第一，突出特点是党建引领慈善。该区慈善类社会组织从业人员本科及以上学历占比较高，优秀人才众多。

但是，该区慈善服务覆盖率最低，建议扩展服务范围，让更多的居民受益于慈善事业。此外，该区慈善类社会组织的微博表现指数为0，需加强在微博上的宣传。

（十一）增城区——政府大力推动慈善事业发展

增城区的慈善事业在政府的大力推动下蓬勃发展。增城区接收政府部门捐赠总额较多，政府重视慈善事业的发展。与此同时，该区慈善类社会组织人均年收入较高，为广州市第二。该区的服务覆盖率达到100%，慈善事业发展报告或专项研究数量较多。

问题在于该区的其他指数表现平平，慈善超市、社会捐助工作站总数最少，获得市级及以上奖励数量为0，品牌慈善组织及品牌慈善项目数量为0，慈善类社会组织年报上报率最低。建议增城区今后一方面大力打造品牌慈善项目，积极上报；另一方面，要增加慈善超市和社会捐助工作站的数量，确保居民可以得到更好的帮助。

四 广州慈善事业发展中存在的问题

广州公益慈善经过多年的发展，整体保持良好态势，但广州公益慈善事业发展过程中也存在一定问题，这些关键问题在一定程度上制约了其可持续发展，因此需要政府及业界重点关注。

（一）慈善组织发展结构不均衡

广州的慈善组织发展结构仍然不够均衡，呈现出发展不一的整体态势。在构成方面，区级层面登记和认定的慈善组织数量少，具有公开募捐资格的慈善组织数量不足；不同类型慈善组织之间的资产实力差距较大，头部的慈善组织知名度高、整合社会资源能力强，而许多慈善组织尤其是中小型组织知名度低、公信力弱，无法很好地实现组织自身的价值，不能有效发挥力量。

（二）慈善输出力量较为薄弱

广州慈善事业基础良好，氛围活跃，孕育了一批具有高知名度、高美誉度的品牌慈善组织和项目。但整体而言，广州慈善事业的发展格局有待进一步提高，具体表现在：这些组织和项目的关注过度聚焦在广州本土，服务范围多限于广州，对外的慈善输出力量较为薄弱，目标体系和实践格局仍以地方性经验为主，所涉议题范围仍有待进一步拓宽，缺少全国性知名的慈善组织和项目。广州慈善事业亟待“走出去”，影响力仍有待进一步提高。

（三）活动管理能力仍需强化

目前而言，广州慈善事业对新技术的采纳实践更多的在于对互联网的利用，通过互联网开展线上募捐、信息公开等活动，并取得一定效果。但与此同时，也涌现出诸多例如诈捐等新的问题。这表明广州慈善事业在借助互联网技术发展的同时，对其带来的风险没有有效的预防和控制措施。此外，广州慈善业对于大数据、区块链、人工智能等领域，尚未很好地结合，技术多元性有待提高。

（四）慈善生态有待进一步完善

慈善之城的构建依靠社会各方主体的勠力合作，跨界协同对于解决复杂的社会问题尤为重要。目前，广州在构筑良性慈善生态方面有待进一步发力，具体问题为慈善组织联合不足；跨界联合能力不足。

五　广州慈善事业发展方向建议

（一）广州公益慈善事业进一步发展建议

1. 坚持党建为本，提供政治保障

党建工作自始至终都是发展慈善事业的核心。在慈善社会组织中建立党组织，发挥党员的先锋模范作用，团结群众，维护各方的合法权益，为慈善组织提供人才支持，创造良好的内外部环境，为组织有序运行、健康发展提供可靠保证。①

2. 完善法律体系，提供法律保障

目前，广州在规范性慈善立法方面仍有进一步完善的空间。现有的法律法规对于互联网环境下涌现的诸多新问题仍然缺乏回应，另外，仍需从法律法规层面加强鼓励、引导和调动广州市民参与慈善事业。此外，相关规范性政策文件的落实情况需重点关注，确保政策法规能够真正有利于民。

3. 强化组织建设，加强人才培养

培育公益慈善人才是提升服务质量的关键，是推动广州公益慈善事业向深层次、专业化、精细化发展的重要因素。公益慈善组织必须努力推动工作队伍的职业化、专业化发展。加大慈善从业人员的教育、专业培训力度，并从政策层面为优秀人才发展提供大力支持，为推动广州公益慈善事业发展奠定坚实的人才基础。

4. 借助新兴技术，提高管理能力

互联网、人工智能、大数据乃至区块链等技术的快速迭代深刻改变着社会

---

① 李军：《健全社会组织党建工作机制，促进社会组织健康有序发展》，《中国社会组织》2017年第5期。

面貌，慈善事业的问题意识、解决路径、策略方法都要与时俱进。广州慈善事业发展应该拥抱如大数据、区块链等新兴概念和新兴技术，获得新的活力，赢得更多可能和更多机会。同时，需要注意技术带来的控制问题，坚定地走正确发展的道路。

5. 营造慈善氛围，构筑慈善生态

为构筑良性慈善生态，广州需要进一步整合社会资源，加大跨界合作的力度，加强慈善发展载体的挖掘，如深化慈善与金融信托的融合程度、加大社会企业的扶持力度，打造更大规模的社区基金等，通过创新性、前瞻性的载体推动慈善事业发展实现质的提升，引导社会各界、人人参与创建“慈善之城”。

（二）区域慈善指数评价与改进建议

1. 明确各区域慈善组织的运行运作模式

全面铺开慈善组织发展情况评价，有赖于信息公开渠道的明确与完善，因此有必要明确信息公开的方式，便于评价体系的有序运作。

2. 广泛宣传区域慈善发展体系的指引作用

由于各区域慈善方面并未使用过相对细致且具引领性的评价体系，故建议在上述信息公开渠道及方式确认后，及时通知和指导，以便从工作入手，提早准备。

3. 基于正式的评价结果，逐步调整及优化评价体系

本评价体系从6个维度评价广州各区的慈善事业发展情况，需视今后评价结果的弹性和本土化的需要，对评价体系继续进行调整与优化。

（审稿人：简荣）

B.4
广州3岁以下婴幼儿照护服务社会化支持研究

广州市妇女联合会婴幼儿托育服务调研课题组*

摘　要：　近年来，广州出台了多项政策，努力构建3岁以下婴幼儿照护服务体系，不断满足居民对婴幼儿照护服务的需求。为进一步把握广州婴幼儿照护服务行业发展现状，寻找促进婴幼儿照护服务发展的路径，本报告在梳理国家和广州相关政策的基础上开展问卷调查。结果显示，广州托育机构的社会化支持不足，表现为政府支持力度不大，硬件设施无法满足客户需求，行业缺乏相应的服务标准，专业技能人才缺口较大等。为此，本报告提出了保障行业政策的落地效果、加快制定服务的技术标准体系、加强婴幼儿照护服务技能人才队伍建设等十条对策建议。

关键词：　婴幼儿照护　社会化支持　托育机构

3 岁以下婴幼儿照护服务发展滞后，已经成为现代青年生育意愿低下的重要原因之一。近年来，党和国家逐渐重视 3 岁以下婴幼儿照护服务建设，2019 年发布的《国务院办公厅关于促进 3 岁以下婴幼儿照护服务发展的指导意见》提出，建立完善促进婴幼儿照护服务发展的政策法规体系、标准规范体系和服

---

* 课题组组长：陈闽茜，广州市妇女儿童社会服务中心副主任，研究方向为婴幼儿照护及儿童早教。课题组成员：王天权，暨南大学品牌战略与传播研究中心教授，研究方向为营销传播策划、受众心理和跨文化传播策略；成欣欣，广州市婴幼儿托育照护服务协会会长，研究方向为婴幼儿照护及儿童早教；简荣，广州市社会科学院社会研究所助理研究员，研究方向为公共服务、社会治理。

务供给体系，充分调动社会力量的积极性，多种形式开展婴幼儿照护服务，逐步满足人民群众的需求。广州也出台了一系列政策，努力构建3岁以下婴幼儿照护服务体系，致力于推动行业规范与发展，不断满足居民对3岁以下婴幼儿照护服务的需求。但目前仍存在婴幼儿照护服务行业发展滞后、托育服务机构数量和质量难以保证、缺乏行业规范与标准、财政投入不足等问题。为寻找促进婴幼儿照护服务发展的路径，本报告以广州地区婴幼儿照护服务机构为研究对象，通过访谈、问卷调查等方式搜集相关数据，分析广州婴幼儿照护服务供给现状和存在的问题，对广州3岁以下婴幼儿照护服务社会化支持提出对策建议。

一　国家和广州的婴幼儿照护服务政策梳理

（一）国家层面政策

早在20世纪80年代我国就颁布了《三岁前小儿教养大纲（草案）》，对3岁以下婴幼儿的教养工作进行了规范。《中共中央关于经济体制改革的决定》出台后，婴幼儿照护服务走向市场化，照护婴幼儿的责任回归家庭。

2013年，党的十八届三中全会决定启动实施“单独二孩”政策，3岁以下婴幼儿照护服务问题受到高度重视。我国开始注重婴幼儿照护服务的社会公益性和普惠性，积极探索构建3岁以下早期教育服务体系，不断推进婴幼儿照护服务供给侧改革，加快发展多种形式的婴幼儿照护服务，支持社会力量兴办照护服务机构，加强儿童安全保障。2019年5月，《国务院办公厅关于促进3岁以下婴幼儿照护服务发展的指导意见》出台，这是国家层面出台的首个专门针对3岁以下婴幼儿照护服务科学化、服务机构规范化的指导性政策文件，为各地发展婴幼儿照护服务建设提供了政策指引。同年10月，国家又相继出台《托育机构设置标准（试行）》和《托育机构管理规范（试行）》与《支持社会力量发展普惠托育服务专项行动实施方案（试行）》。《托育机构设置标准（试行）》和《托育机构管理规范（试行）》明确了0～3岁婴幼儿照护服务机构的硬件标准、机构职责、管理制度建设等，旨在加强照护机构专业化、规范化建设。《支持社会力量发展普惠托育服务专项行动实施方案（试行）》从国家层面，对托育服务专项行动提出了基本原则及中央预算内投资支持方式和内容。但是，该文件只对卫生健康部门、教育部门、住房城乡建设部门等相关工作部门职责进行了分工，并未形成各部门的具体工作细则以及完备的法律法规监督体系。

（二）广州层面政策

为解决以往照护机构没有统一管理标准监管等问题，从 2019 年起，广州就明确了由市民政局和市场监管局分别对新开设的非营利和营利的婴幼儿照护机构法人进行注册登记，由卫健委备案登记。这意味着广州的婴幼儿照护机构通过登记程序可取得合法的法人地位。

2020 年，广州把“促进婴幼儿照护服务健康发展”作为 2020 年广州市十件民生实事之一，出台了《广州市推进 3 岁以下婴幼儿照护服务工作实施方案》，积极推进广州市婴幼儿照护服务体系建设。该实施方案对广州婴幼儿照护服务做出了六个方面的规划，一是提出了 2020～2023 年广州的婴幼儿照护服务建设目标。二是建立市、区两级的婴幼儿照护服务指导中心，加强对婴幼儿健康、家庭养育照护的指导和服务。三是加强婴幼儿照护服务统筹规划，优化城乡婴幼儿公共服务设施的设置，开展多种形式的婴幼儿照护服务，优化婴幼儿照护服务供给结构。四是明确婴幼儿照护服务机构的规范管理要求，包括人员持证服务、安全责任制度、综合监督管理制度等方面。五是促进婴幼儿照护服务人才队伍建设，强化从业人员职业技能培训，满足行业发展的人才需求。六是加快推进婴幼儿照护服务试点工作，推动全市婴幼儿照护服务机构建设与发展。

二　广州3岁以下婴幼儿照护服务社会化支持调查

（一）研究框架

本调查主要基于“社会化支持”理论。“3 岁以下婴幼儿照护服务社会化支持”概念有着广义和狭义两方面，广义是指所有参与 3 岁以下婴幼儿照护服务的社会力量提供的支持，包括政府政策法规支持、社会服务机构支持等多个方面；狭义是指提供 3 岁以下婴幼儿照护服务的社会机构支持。传统上，我国居民一般将婴幼儿照护作为家庭内部的事情。但“3 岁以下婴幼儿照护服务社会化支持”概念的提出，表明婴幼儿照护工作正由传统的家庭全面包揽转变为家庭和社会共同承担，是社会分工专业化的体现。本报告采用狭义概念，对广州地区的 3 岁以下婴幼儿照护服务机构展开调查，以掌握广州婴幼儿照护服务社会化支持现状。

“社会化支持”理论认为，社会化支持能力在一定程度上体现为机构竞争力。因此，本报告通过梳理核心竞争力、机构竞争力等相关文献，构建了“3 岁以下婴幼儿照护服务机构竞争力模型”（见图 1），从固定资产投资、金融资本、人力资源、管理能力、技术应用、知识创新等 6 个方面展开调查，全面描绘广州 3 岁以下婴幼儿照护服务机构的发展现状。

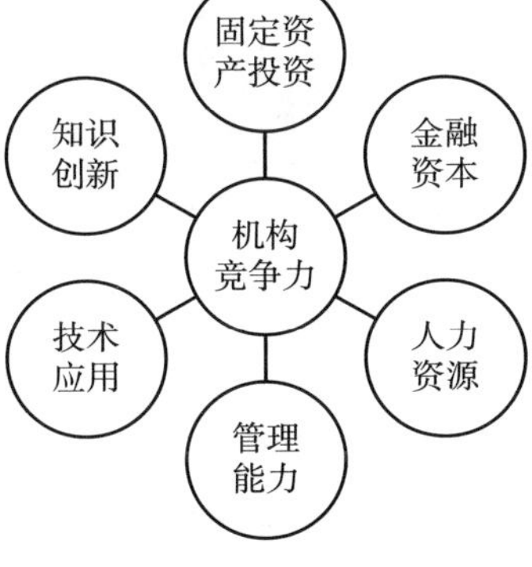

图 1　3 岁以下婴幼儿照护服务机构竞争力模型

（二）问卷调查实施情况

本报告采用问卷调查方式，以“3 岁以下婴幼儿照护服务机构竞争力模型”为框架，编制《广州市 3 岁以下婴幼儿照护服务社会化支持调研问卷》，利用问卷星网络平台进行调查。调查时间为 2020 年 4 ~9 月，分别向广州 300 家婴幼儿服务机构派发问卷，由机构负责人或熟知机构运营情况的管理人员进行填答。最终回收问卷 293 份，有效回收率为 97.7%。课题组依据问卷填写的完整度和答案的合理性对回收问卷进行审核，筛选出有效问卷 282 份，有效率为 96.2%。

（三）调查结果

1. 婴幼儿照护服务机构普遍成立时间较短，以私营、民营企业以及个体商户经营为主

本次调查，只有13.0%的受访机构成立超过10年，23%成立于2011～2015年，64.0%成立于2016～2020年，反映婴幼儿照护服务为新兴产业。得益于国家政策支持，近年来婴幼儿照护服务机构呈井喷式发展（见图2）。

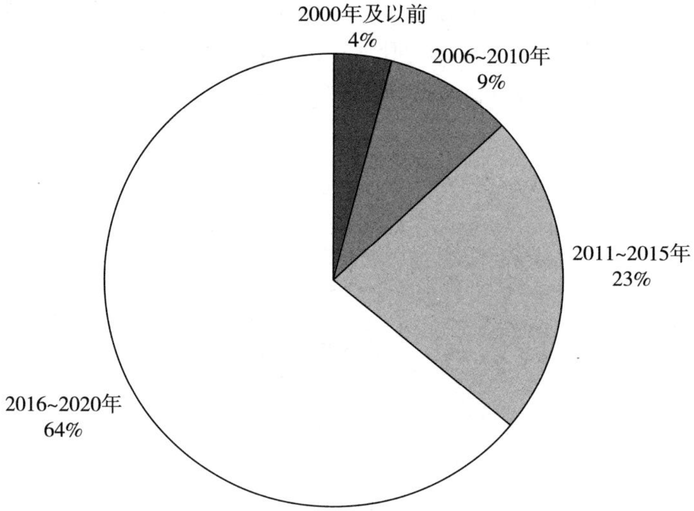

图2　婴幼儿照护服务机构成立年份

从登记类型分布来看，当前广州的婴幼儿照护服务机构以私营、民营企业和个体商户为主。本次调查中，36.2%的婴幼儿托育机构为私营，其次为个体（27.7%）和民营（25.5%）。国有和中外合资的比例较少，分别仅为8.5%和2.1%（见图3）。

从经营类型分布来看，婴幼儿照护服务机构的业务模式以托育与早教一体化为主，中心化和品牌化发展趋势明显。本次调查中，38.3%的受访机构为0～3岁托育/早教中心，21.3%的为品牌连锁托育/早教机构，17.0%的为托幼一体化幼儿园，14.9%的为家庭式托育/早教机构，企业自创托育/早教园所及其他占比合计不足10%（见图4）。

2. 婴幼儿照护服务机构的经营场所多为租赁性质，资金来源以民间资金为主

本次调查反映，婴幼儿照护服务机构的经营场所多为租赁性质，占比为

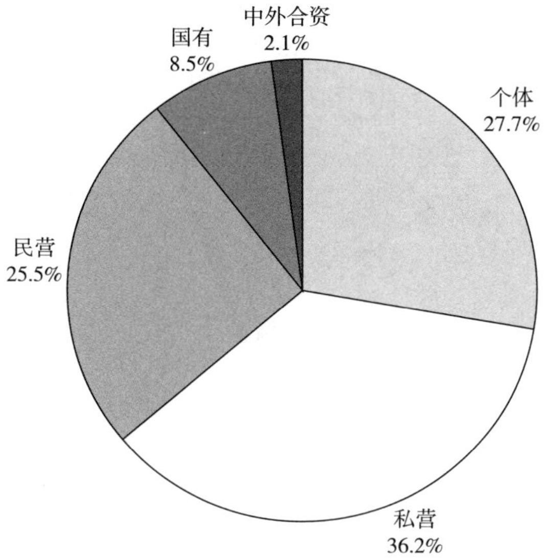

图3　广州婴幼儿照护服务机构登记类型分布

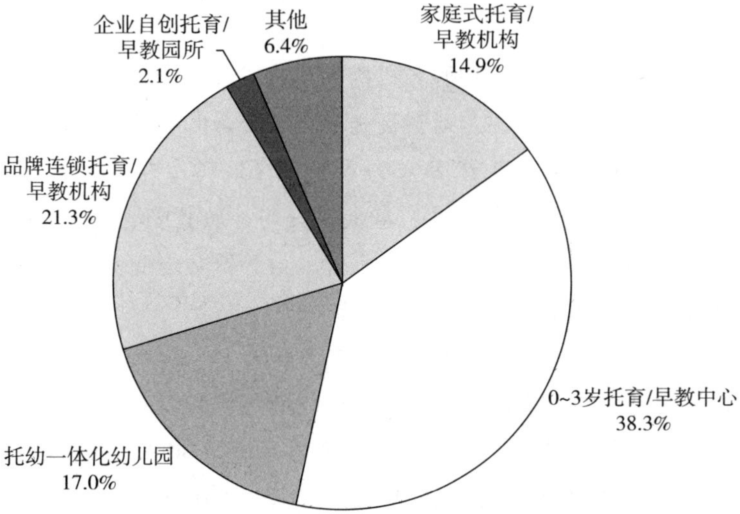

图4　婴幼儿照护服务机构经营类型

81.0%，其次为集团、单位自有场地，占比为8.5%，另外自有住宅占4.3%，其余类型占比都不足3.0%（见图5）。土地成本是婴幼儿照护服务机构经营成本的主要构成部分。

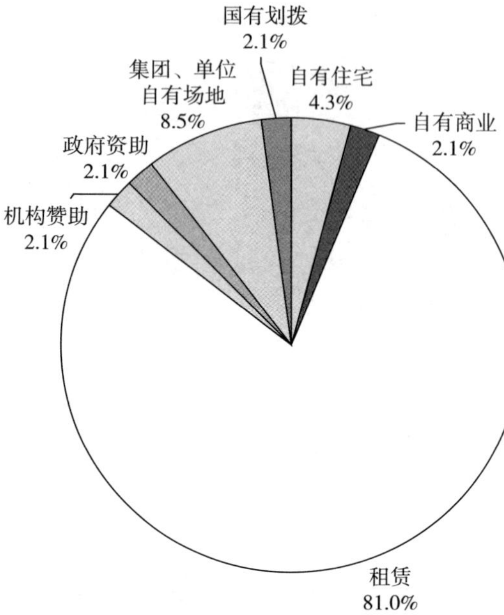

图5　婴幼儿照护服务机构场所性质

调查结果显示，婴幼儿照护服务机构的运营资金来源以自筹资金、自有资金和商业贷款等民间资金为主。运营资金为自有资金的婴幼儿照护服务机构占受访机构总体的36.2%，自筹资金的占比为61.7%，商业贷款的占比为21.3%，机构单位赞助、政府资助、基金投资与外资投资的占比均为2.1%。反映民间资本大量进入托育机构，自有资金、自筹资金与商业贷款是婴幼儿照护服务机构运营的主要资金来源（见图6）。

3. 婴幼儿照护服务机构间的规模和收费差异较大

调查结果反映，受访婴幼儿照护服务机构的规模和收费差异较大。规模方面，本次受访婴幼儿照护服务机构的经营用地面积为80～3200平方米，平均服务面积为700.27平方米，提供的服务名额为5～200位，平均服务名额为54位。收费方面，受访机构的收费水平与单位标准各不相同，收费区间为2000～5000元/（人·月），最高为6800元/（人·月），平均收费为2989.28元/（人·月）。受访机构的规模和收费差异大，从侧面反映了婴幼儿照护服务市场鱼龙混杂的现状。一些规模和投资较少的小型婴幼儿照护服务机构，由于教育、卫生、消防等方面的原因，难以获得监管部门的登记许可，在师资配置、课程设

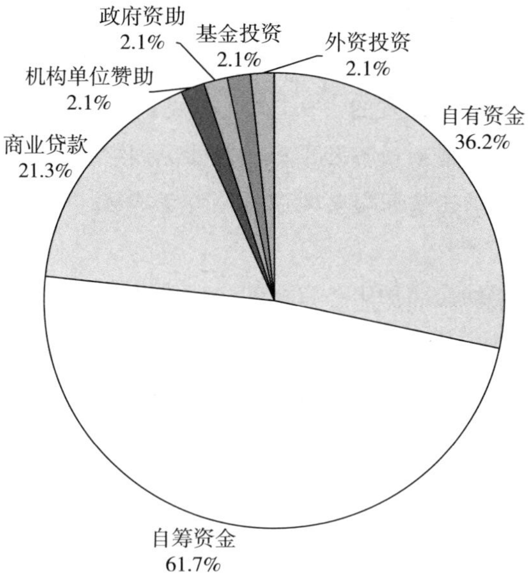

图6　3岁以下婴幼儿照护服务机构投入资金类别

计、硬件设施配备上也无法满足家长要求，影响了家庭对婴幼儿照护服务的选择。

4. 婴幼儿照护服务从业人员中以中青年女性为主，师资专业化程度较高

本次调查反映，受访托育机构中，婴幼儿照护服务从业人员以青年女性为主，性别失衡情况明显，但从业人员的专业化程度较高。性别方面，婴幼儿照护服务从业人员性别比例失衡问题明显，平均每所受访机构配备17.4名服务人员，但平均每所机构的男性员工仅有0.98名，约52.0%的婴幼儿照护服务机构没有配备男性服务人员；年龄结构方面，受访机构的从业人员以中青年群体为主，24~30岁与31~40岁员工占比分别达到61.7%与34.0%；师生比方面，在受访机构中，师生比例以1∶3和1∶5居多，机构内师生分配较为合理；专业化程度方面，受访机构中，照护服务人员拥有早教、育婴师、母婴护理、学前教育、心理学等相关专业学历的比例均在80%以上，最高的为100%。

5. 婴幼儿照护服务机构开展业务的规范化程度不高

本次调查结果反映，受访机构的业务运营规范化程度不高。在问及“是否有采用3岁以下婴幼儿照护服务标准”时，共有45.5%的受访机构表示没

有具体服务标准，仅依靠自身管理经验或自行开发，依靠政府部门指导的占25.2%，靠行业协会引导的占0.6%，连锁集团加盟培训的占9.0%，借鉴国外或港澳台地区经验进行开发的占9.7%。可见，相关行业标准缺失，是造成婴幼儿照护服务行业服务质量参差不齐的主要原因之一。

6. 受访机构反映的主要问题是政府支持力度不够、专业人才不足和行业环境有待优化

本次调查也对婴幼儿照护服务机构的经营难题和政策期待进行了调查。经营难题方面，受访机构认为经营中存在的突出难题主要是政府支持力度不够（78.7%）、招聘不到专业技能人才（55.3%）、行业营商环境需改善（51.1%）、合规备案较难（51.1%）等（见图7），也有较多受访机构反映政府监管不到位（34.0%）和行业发展信息不透明（36.2%）。这表明，广州的婴幼儿服务行业规范化程度亟待提高，相关行业政策支持力度和监管力度有待加大，行业人才队伍建设仍需继续加强。

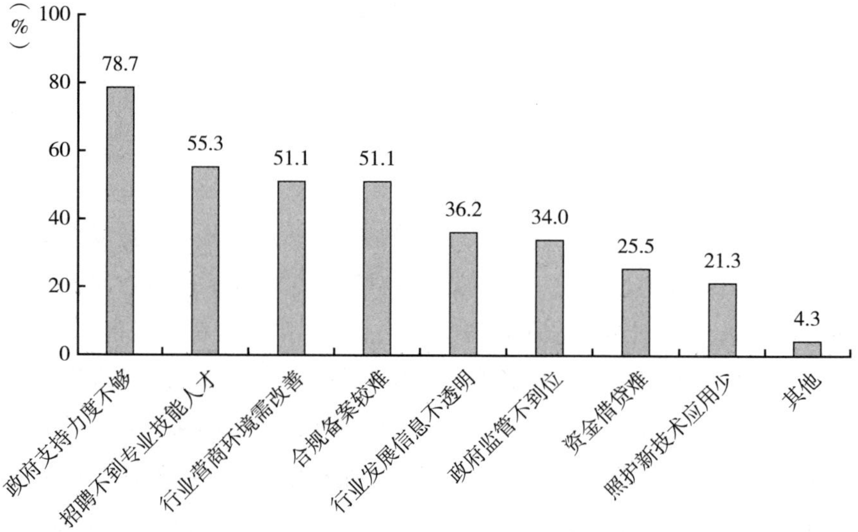

图7　婴幼儿照护服务机构面临的经营难题

相应地，在对政策期待方面，有过半数的受访机构认为要加强行业协会的发展，引导促进行业健康有序发展（80.9%），人社部门或行业协会要提供专业培训（76.6%），加强行业协会、托育机构和政府部门三方的沟通

（70.2%），尽快出台广州地区的行业标准（51.1%），加强婴幼儿照护服务行业的交流（51.1%）等（见图8）。

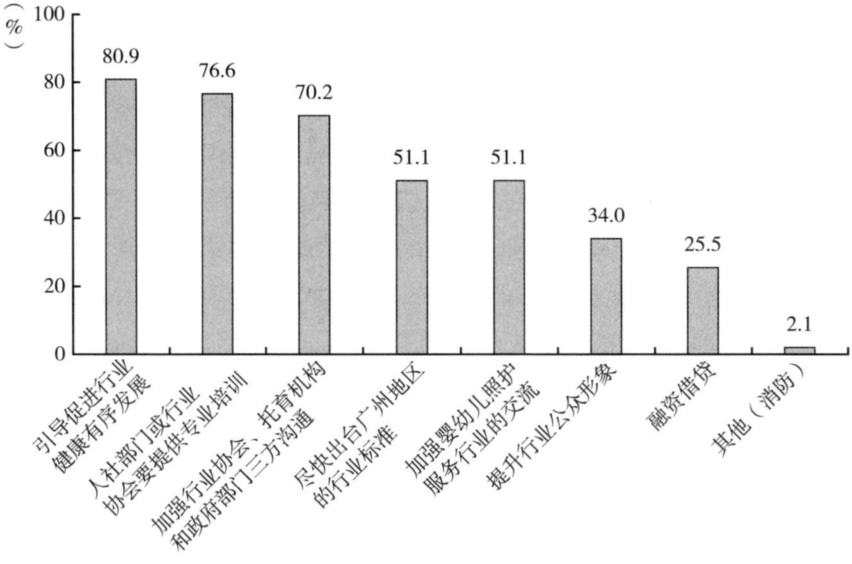

图8　托育机构的政策期待

三　广州3岁以下婴幼儿照护服务社会化支持存在的问题

（一）社会对婴幼儿照护服务机构的支持力度不大

尽管近年来政府不断出台政策促进婴幼儿照护服务行业成长，但政策效果有限，社会响应情况也一般，可能的原因有两个方面：一是地方政府没有真正解决托育机构的生存困难，尤其对中小微婴幼儿照护机构的发展支持不足；二是3岁以下婴幼儿照护服务行业的社会认同度不高。

本次调查结果显示，在已注册的机构中，机构的注册类型以私营（102家、36.2%）、个体经营（78家、27.7%）、民营（72家、25.5%）为主，合计占比近90%，其余为国营和中外合资机构，国有婴幼儿早教机构（24家）较少，仅占8.5%。另外，调查结果还反映，当前机构的经营场地由政府资助

（6家、2.1%）或是直接由政府划拨的（6家、2.1%）仅占总体的不到5%，超过八成机构的经营场地是通过租赁（222家、81.0%）的形式获取，这表明场地租金将占据婴幼儿照护服务机构运营成本的较大部分。最后，政府对于婴幼儿照护服务企业服务投入的资助力度也有待加强，在受访的282家机构中，有61.7%的婴幼儿照护服务机构表示通过自筹来获得资金，21.3%的婴幼儿照护服务机构投入资金来自商业贷款，36.2%的婴幼儿照护服务机构投入资金来自自有资金，政府资助的仅占2.1%。

此外，本次调查询问了影响受访机构备案的原因，排在前三的原因分别是"没有消防安全检查合格证明"（35.4%）、"未取得'托育机构卫生评价报告'"（31.3%）、"缺少托育机构场地证明"（22.9%）。而因为未取得"食品经营许可证"、"营业执照或其他法人登记书"和"托育机构工作人员专业资格证明及健康证明"无法备案的受访机构也占相当比例。在走访调研中还发现，目前许多机构属于个体经营，租用居民楼或是商用写字楼的场地，在消防等方面无法满足政策划定的标准；在小区内部开设的家庭式婴幼儿照护服务中心，无法满足户外活动场地的标准，尽管在资金充足的情况下，有关物业也鲜少接受婴幼儿照护服务机构提出的合作请求。也就是说，政府对于婴幼儿照护服务行业规范化的要求，目前来看并没有给出配套的解决方案和细化的指导意见，对于中小微婴幼儿照护服务机构来说，没有政府帮助协调各方社会关系，无疑是陷入困境。

目前，国家层面出台了相关指导性文件和实施方案，地方政府应当进一步细化指导，解决婴幼儿照护服务机构在规范化过程中的实际困难，积极调配各方资源，加大婴幼儿照护服务行业的社会化支持力度。

（二）受访机构的硬件配置无法满足服务需求

调查数据显示，受访机构的硬件配置无法完全匹配婴幼儿照护服务需求。受访机构大多靠租赁土地来运营，可能导致产生资源浪费和加大机构运营经费负担，国家对土地方面的减免政策的实际落地效果不佳。再从机构面积看，101平方米以下的有12家机构（占比4.3%），101~500平方米的有150家机构（占比53.2%），501~1000平方米的有84家机构（占比29.8%），1000平方米以上的有36家机构（占比12.8%）。园区在500

平方米以下的受访机构占比接近六成，即使规模最大的受访机构也仅有60张床位。由于场地硬件的限制，婴幼儿活动范围有限，机构能够接收的婴幼儿数量也非常有限，未能形成规模经济。

另外，现代科技设备的配备能提高照护服务的科学性、有效性，提升照护服务各个环节的服务品质。但调查结果反映受访机构的硬件配置无法完全跟上婴幼儿照护服务行业的发展步伐。当被问及“是否采用婴幼儿穿戴设备、监控摄像头、智能玩具、定制App等科技设备协同”时，只有不到三成（66家、23.4%）的受访机构表示全面采用，约六成（174家、61.7%）表示部分采用，36家（12.8%）则尚未采用，其中2.1%的受访机构还明确表示将不会考虑采用上述技术开展服务。

（三）缺乏行业服务标准

本次调查中，当受访机构被问及“是否采用3岁以下婴幼儿照护服务标准（指南、系统）”时，选择“没有具体服务标准，仅依据自身经验管理或自行开发”的机构占比最高（45.5%），其次是“由政府部门指导”（25.2%）和“自主开发”（19.2%），接着是“通过行业协会的引导”（10.6%），“借鉴国外或港澳台地区经验进行开发”的机构仅占9.7%，其余则选择了“连锁集团加盟培训”（9.0%）。调研访谈过程中，大多数托育机构反映会根据自己的养育理念和业务特色制定相应的教学大纲和服务标准，但同时表示这些标准仅根据管理和服务经验加以归纳总结，科学性无法得到保证。

用科学的课程对婴幼儿进行个性化的引导应当成为衡量婴幼儿照护服务机构竞争力的标准之一。但本次调查数据显示，能提供标准化的婴幼儿教育课程的受访机构占比不到四成。目前，3岁以下婴幼儿托育行业的课程服务尚未发展到精细化流程的阶段，托幼一体化的管理体制尚不完善，婴幼儿照护与幼儿园教育脱节。缺乏婴幼儿的早教课程标准，既无法满足行业发展需求，也无法满足家长对婴幼儿早教需求。

（四）婴幼儿照护服务专业技能人才紧缺

本次调查结果显示，受访婴幼儿照护服务机构的照护服务人员人数大多在30人以下，其中人数在15人以下的有162家。从年龄构成看，照护服务人员年龄主要分布在24～40岁，其中又以24～30岁者居多（见图9），反映了托育机构从业人员以中青年为主。婴幼儿照护服务产业目前尚处于初步发展阶段，需要具有专业知识与技能的青年从业人员，以满足技术应用的需要以及符合新型托育理念的需要。但也要考虑到，保育过程中也需要有一定育儿经验的中年从业人员提供培训和指导。因此，还需进一步加强婴幼儿照护服务行业人才队伍培养，加强优化从业人员的年龄结构层次，建设一支老、中、青相结合的人才队伍。

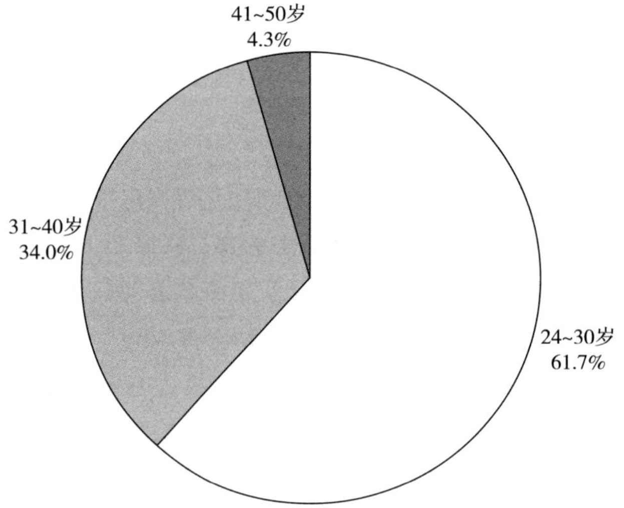

图9　各年龄段的专业照护服务人员比例

目前，广东仅有广东职业艺术学院以及广东女子学院两所大专院校开设婴幼儿照护服务相关专业，毕业生数量有限，无法满足广州照护行业的发展需求。另外，从调研中得知，目前机构内的培训也多以师徒制的培养方式为主，以经验传授为主要内容，行业培养机制还没有完全建立。

（五）行业管理水平有待提高

广州婴幼儿照护服务行业的管理水平有待提高。本次调查结果显示，受访的机构中，采取面对面管理方式的占比最大，为46.8%。建立了明确的管理规章制度的仅占比40.4%。仅有2.1%的受访机构在管理过程中运用到IT技术（见图10）。这些数据在一定程度上反映了广州婴幼儿照护服务机构的管理比较粗放，管理水平有待提高。

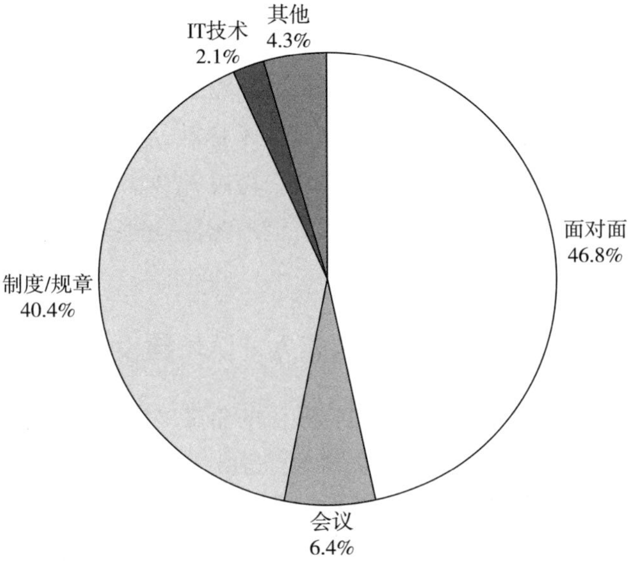

图10　受访机构日常管理方式

四　加强婴幼儿照护服务社会化支持的对策建议

（一）保障行业政策的落地效果

广州在响应中央政策的过程中出台多项地方政策文件，政策支持已经形成体系，但是在落地的过程中存在阻碍节点，细化到实际问题的解决策略较少。比如已经成规模的、经营情况较好的婴幼儿照护服务机构由于消防设施改装困难仍然无法完成备案，以及家庭式的托育机构无法与相关物业形成良好的合作等问题。尽管政策在推动婴幼儿照护服务的社会化支持进程，但是由于社会对于行业的认知尚浅，认同度不高，很难自发形成合作意识。建议出台针对普惠性婴幼儿照护服务的优惠政策，细化从业人员的社会保障细则。建立科学的综合评估机制，对于普惠性机构实施综合补奖的制度。制定面向社会的宣传策略，提升托育行业从业人员的社会认同度以及其对自身的职业认同度，从意识层面提高托育师的社会地位。

（二）加快制定服务的技术标准体系

综合广州教委、各区早教指导中心以及高校的经验、研究和方案，尽快形成内容全面、详细的服务内容、流程以及技术标准，并出版官方的服务手册，对婴幼儿照护服务的操作进行标准化规范。探讨3岁以下婴幼儿照护服务社会化支持机构内早教课程、运作管理模式、设施配备等问题，促进行业互相学习分享经验，总结不足。

（三）加强婴幼儿照护服务技能人才队伍建设

从稳定普惠性婴幼儿照护服务机构队伍的角度出发，将从业者依法纳入社会保障体系，设立行业专业人员工资指导标准，并为其提供定期的职业技能培训进修机会，不断更新专业知识与技能，提升其职业生涯规划能力。在相关师范学校、专科院校、职业院校增设或优化针对3岁以下婴幼儿照护的专业，规范人才培养，形成规范化、综合性的教育体系，培养出更多、素质更全面的人才。引导行业协会与院校形成紧密的合作关系，建立专业人员的成长机制，吸引社会力量进入婴幼儿照护服务行业。

（四）努力提升婴幼儿照护服务机构的服务质量和管理水平

进一步建立婴幼儿照护服务机构的准入标准、完善行业监管与审查规范，对不合规范、不具资质的3岁以下婴幼儿照护服务机构进行筛选，责令其在规定时间内完善资质。

引导服务机构建立以“养”为核心、以“教”为重要辅助的标准化服务流程。用科学管理模式取代经验式管理模式，并且在建设服务流程的过程中增加对科技产品的考量，通过与高校的交流与合作获取前沿的托育技术和婴幼儿早期教育课程设置的前沿理论支持，探索核心业务，打造差异化的服务品牌。

要求婴幼儿照护服务机构首先用科学的管理体系取代经验式的管理办法，根据自身的定位制定各个岗位的考核标准，综合考评岗位所需要的劳动投入，建立具有岗位差异化的评价标准和准入门槛，调动内部积极性。其次，机构需强化入职培训管理，保证员工充分理解并掌握企业的核心业务，能够做到有效输出。同时，机构应主动提升对公共关系的管理，积极寻求社会支持的同时主动承担社会责任，已经形成规模的高定位机构可以逐渐向普惠性机构转型。

（五）加快制定3岁以下婴幼儿照护的普惠政策

将婴幼儿早期教育工作纳入公共财政公益性投入范畴，抓好3岁以下婴幼儿照护服务机构的阵地建设。形成以家庭、社区、早教基地为阵地的早教服务体系，构建幼儿园、家庭、社会三结合的社区早教格局，建立完整的“孕前培训、孕期保健、缺陷干预、产后访视、早期教育”指导服务链，逐步推动人口计生事业科学发展。

（六）加强科学育儿指导服务

借助本地家庭教育学会、婚姻家庭研究会、护理学会、女医师协会以及相关研究机构的力量，发动专业社会组织，开展科学育儿指导服务内容、方法、模式、效果等研究，发布科学育儿规范，指导婴幼儿主要照护者学习了解婴幼儿身心发展特点，掌握最新科学育儿的理念和方法。重点围绕科学喂养、日常养育照料、生活卫生习惯养成、丰富儿童感知经验、关注儿童成长需求、提供正确言语示范、提高安全看护意识、加强亲子沟通陪伴、增强户外活动锻炼、创设适宜家庭环境，发挥广州市3岁以下婴幼儿照护服务机构作用，倡导运用生活化场景及材料，为婴幼儿提供敏感、适宜的回应性照料等科学、规范的育儿内容，为科学育儿提供理论支持和实践指导。

（七）构建科学育儿指导服务体系

发起“守望相助　科学育儿”三年公益宣传计划，普及家庭科学育儿理念及知识；依托各级各类家长学校、妇女儿童活动中心、家庭教育指导服务站点、妇女之家、儿童之家、亲子活动中心、早教基地及有托班的幼儿园等，组织开展科学育儿讲座；由妇联等部门牵头，开展一对一咨询和指导，满足家庭个性化需求。积极与卫生健康、教育等部门合作，充分发挥部门的专业资源优势和市妇联的组织动员优势，解决在育儿中遇到的营养、健康、情绪、心理、安全、照护、早期学习等问题；利用短视频、网络直播、微博、微信等网络新媒体平台等，加强线上指导服务支持；同时，借助粤港澳大湾区的优势资源，导入港澳台地区和国外先进育儿经验、知识及理念，构建全国领先的科学育儿指导服务，帮助家长学习科学育儿知识方法。

（八）多形式、多渠道面向婴幼儿家庭开展指导服务

充分利用广州市丰富的志愿者资源和场地资源，建立和完善儿童早期发展服务中心，组织开展亲子游戏、亲子阅读、家长课堂、入户家访、宣传咨询等活动，为辖区内婴幼儿家庭及3岁以下婴幼儿照护服务社会化支持机构提供服务。发挥专职教育工作者、专家、志愿者、妇联执委、社区（村）儿童主任作用，建设家庭科学育儿指导服务队伍。打造以各区儿童活动中心为基地的科学育儿指导服务阵地，开展有计划、系统性的专题培训，提升科学育儿指导队伍的服务能力和家长的科学育儿水平。

（九）加强对托育机构的监督检查

依托广州市妇联信访窗口、妇女维权热线、广州市妇女儿童社会服务中心网络平台等，参与监督并推动解决3岁以下婴幼儿照护服务中存在的问题。发挥妇联组织的社会监督作用，了解妇女及家庭反映的相关问题和诉求，及时反馈相关部门，帮助做好维权工作，维护婴幼儿家庭合法权益，推进3岁以下婴幼儿照护服务规范、健康发展。

（审稿人：简荣）

B.5

多源流理论视角下广州市长期护理保险的政策变迁

陈永杰　侯妙臻　马晓蓝*

摘　要：本文运用多源流理论分析广州市长期护理保险（以下简称“长护险”）政策变迁的进程，有助于理解推动长护险发展的相关要素。长护险自2016年起至今发展历程可被划分为萌芽启动、全面发展和政策调整三个阶段，总体政策变迁路径的主要变化体现在行政主管部门、参保对象、筹资模式、评估类别与失能评估标准、待遇覆盖面、服务类型及服务项目方面。在多源流理论的视角下，第一阶段政策发展的问题源流是人口老龄化、长护服务缺乏，政策源流是学界倡导和部分城市先行先试，政治源流是中央政策文件提出长护险概念，政策之窗是2016年人社部提出试点；第二、第三阶段政策变迁的问题源流为第一阶段试点存在的关于参保对象、筹资、服务质量和监管等各类问题，政策源流是学界倡导在地安老理念与其他试点城市的经验，政治源流是2020年医保局出台扩大试点的指导意见、人大代表相关提案以及人民群众的认可，政策之窗是政策有效期限即将到达。通过对三阶段发展进行多源流分析，本文提出未来广州长护险的改革思路与发展方向。

* 陈永杰，博士，中山大学政治与公共事务管理学院副教授，研究方向为社会保障、长期护理、养老融资、教育救助；侯妙臻，中山大学政治与公共事务管理学院硕士研究生，研究方向为社会保障、长期护理；马晓蓝，中山大学政治与公共事务管理学院硕士研究生，研究方向为社会保障、长期护理。

关键词： 多源流理论 长期护理保险 政策变迁

一 研究背景与理论框架

2016年6月，人力资源和社会保障部发布《关于开展长期护理保险制度试点的指导意见》，提出在部分地区开展长期护理保险制度试点，广州被列入试点城市名单。在此文件指引下，广州市于2017年8月建立起长期护理保险制度，2020年9月，国家医保局联合财政部发布《关于扩大长期护理保险制度试点的指导意见》，在基本原则、覆盖人群、资金筹集、待遇支付和经办管理等方面进一步确立长护险制度框架，并决定扩大试点范围，新增14个试点城市，为广州修订新政策提供方向。从2016年至今，广州长期护理保险试点政策自出台后经历了两次修订。回顾分析"十三五"时期广州长期护理保险的制度变迁，对于未来"十四五"时期的政策发展具有重要意义。

多源流理论是研究政策变迁的著名理论，是由著名学者金登提出的。金登认为政策的发展受到了问题源流、政策源流、政治源流三大源流和政策之窗的重要影响，并为分析政策过程中各参与者的作用提供了全景分析图。①

多源流理论中的"问题源流"是指政府有待解决的各种问题，包括某些数据指标的变化，包括一次危机、一种流行的符号引起的焦点事件，还有政府预算限制引起的问题等；而"政策源流"指向已有的政策建议、观点和方案，这些意见来源于特定政策领域中的研究人员、规划评估部门和预算部门的政府人员，以及专家学者等，它们一般具有一定的技术可行性、价值可接受性，是有效的备选方案，能够成为政策之窗开启的重要推力；"政治源流"由国民情绪、公众舆论、利益集团实力对比和政治精英言论等因素组成。在我国的语境下，政治精英一般指向政府官员、人大代表或政协委员等具有较强政治影响力的角色。②

---

① 陈建国：《金登"多源流分析框架"述评》，《理论探讨》2008年第1期。

② 陈建国：《金登"多源流分析框架"述评》，《理论探讨》2008年第1期。姜艳华、李兆友：《多源流理论在我国公共政策研究中的应用述论》，《江苏社会科学》2019年第1期。

通常来看，三种源流相互独立运行，互不相交，只有在某个关键时刻，通过政策企业家的推动促进三种源流汇聚，才能形成决策，这个汇聚的过程就被称为“政策之窗”。“政策之窗”开启意味着问题有机会被提上政策议程，有效的备选方案便极有可能成为公共政策而出台（见图 1）。[①]

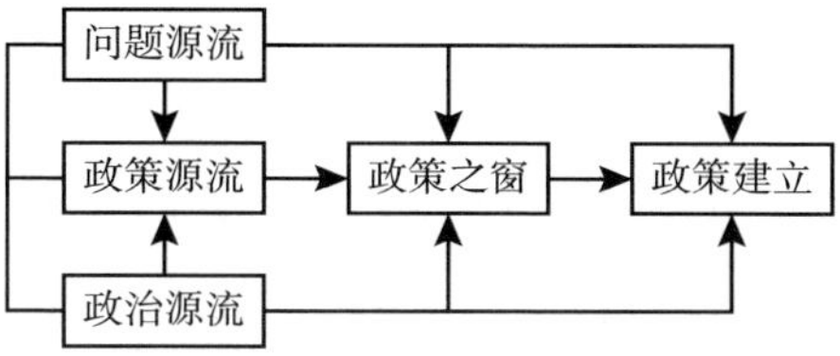

图 1　多源流的作用机制

根据现有研究成果，在国内的社会保险研究领域中，多源流理论曾用于城乡居民医疗保险改革[②]、农村养老保险改革[③]和机关、事业单位养老保险改革[④]等相关政策的变迁研究，为分析类似的政策提供了参考思路。与此相比，专门用于分析长期护理保险政策的研究却比较少。曾有学者利用多源流理论来探究日本和新加坡的长护险改革[⑤]，但用于分析国内长护险政策的研究则比较缺乏。

因此，本文一方面希望通过多源流理论深入剖析广州市长护险的政策变迁过程，理解不同要素在推动长护险发展中的作用；另一方面，也想以此来填补多源流理论在解释长护险政策方面的研究空白，为丰富和发展多源流理论提供有益参考。

---

① 高小军、朱敏：《多源流理论视域下欧盟终身学习政策变迁研究》，《比较教育研究》2020 年第 10 期。

② 杨蒙蒙：《多源流理论视角下城乡居民基本医疗保险政策分析》，《劳动保障世界》2019 年第 9 期。

③ 夏艳玲：《多源流理论视角下农村养老保险制度变迁分析》，《农业经济》2014 年第 4 期；张奇、张文政：《农村养老保险制度变迁分析——基于“多源流理论”的视角》，《社会福利》（理论版）2016 年第 12 期。

④ 王春建、王博：《机关事业单位工作人员养老保险制度改革政策分析——基于金登多源流理论》，《劳动保障世界》2019 年第 18 期。卢艳、胡宏伟：《基于多源流分析框架的机关事业单位养老保险制度改革》，《现代管理科学》2019 年第 8 期。

⑤ Sabrina Ching Yuen Luk. Ageing, Long-term Care Insurance and Healthcare Finance in Asia. Routledge. 2020.

二　广州长期护理保险发展的三阶段

根据政策文件颁布（见文后附表）、参保人数和定点机构数量变化①，长期护理保险自 2016 年起至今发展历程可被划分为萌芽启动、全面发展和政策调整三个阶段。

（一）第一阶段：萌芽启动（2017 ~2018年）

2017 年 4 月，广州市政府提出《关于开展长期护理保险制度试点工作的意见》，就试点阶段广州长护险的参保范围及保障范围、筹资方式及标准、待遇支付、管理与服务提出意见。同年 7 月，广州市人力资源和社会保障局（以下简称人社局）等部门出台《广州市长期护理保险试行办法》（以下简称“6 号文”），对长护险参保筹资、经办服务及管理等做出规定，标志着长护险正式在广州开展试点。2018 年 1 月，广州市人社局等部门发布《广州市长期护理保险协议定点服务机构管理办法》（以下简称“1 号文”），对与医疗保险经办机构签订协议的、提供长期护理服务的医疗机构、社区居家养老服务机构和家庭服务机构做出准入和监管考核规定。

根据“6 号文”规定，长护险在第一阶段的参保人是职工社会医疗保险参保人员，筹资来源于职工社会医疗保险统筹的基金划拨，首先从医保基金结余划拨 1% 作为启动基金，然后试行阶段按照 130 元 /（人 · 年）的筹资标准进行筹资预算。待遇享受者是“因年老、疾病、伤残等原因，生活完全不能自理已达或预期将达六个月以上，病情基本稳定的参保人员”，他们在经过长护评估之后符合条件方能享受待遇。

长护评估主要运用的是 Barthel 指数日常生活活动能力评定量表，需要参保人员根据自身实际主动提供相关病历资料和智能障碍综合征诊断，评定不高于 40 分或不高于 60 分且有智能障碍综合征诊断的参保人员，可享受基本生活

① 就享受待遇的参保人数而言，2019 ~2020 年参保人数增速明显高于 2017 ~2018 年；就享受不同服务形式的参保人数而言，2017 ~2018 年，享受居家护理待遇的参保人数少于享受机构护理的参保人数，2019 ~2020 年则相反；就定点服务机构数量而言，2017 ~2018 年，机构数量缓慢增长，2019 ~2020 年居家护理型机构呈现指数级增长。

照料待遇。在此基础上，长期保留管道、瘫痪（至少一侧下肢肌力为0～3级）或中重度运动障碍、植物状态或患有呈恶病质状态等慢性疾病，需定期处理或长期医疗护理的，可享受医疗护理待遇。

长护险的服务内容包括基本生活照料和医疗护理，其中基本生活照料分为七大项31小项，医疗护理共有19项。享受服务形式有两类，一类是入住长护定点机构接受机构护理，另一类是居家接受长护定点机构提供的上门护理服务。长护险基金按照一定比例支付服务费用，服务费用分为基本生活照料和医疗护理两种。对于接受机构护理的待遇享受人，基本生活照料费用以不高于120元／（人·天）［含床位费，床位费不高于35元／（人·天）］的标准按75%的基金支付比例支付，即基金最高支付限额为90元／（人·天）；对于接受居家护理的待遇享受人，以不高于115元／（人·天）的标准按90%的基金支付比例支付，即最高支付限额为103.5元／（人·天）。医疗护理费用按项目及相应支付比例支付，最高支付限额为1000元／（人·月）（见表1）。

表1　广州市长期护理保险第一阶段待遇标准

重度失能/职工		费用标准	基金支付比例	基金最高支付限额
基本生活照料	机构护理	120元/(人·天) [床位35元/(人·天)]	75%	90元/(人·天)
	居家护理	115元/(人·天)	90%	103.5元/(人·天)
医疗护理		按医疗护理服务项目价格确定		1000元/(人·月)

根据“1号文”规定，长护定点服务机构的范围包括养老机构、医疗机构、社区居家养老服务机构、家庭服务机构。上述机构通过申请，经审核评估通过后，接受政策及业务培训，才能与医疗保险经办机构签订服务协议，按照规定为符合条件的参保人员提供长期护理服务，并接受医疗保险经办机构的日常监督和年度考核。

（二）第二阶段：全面发展（2019～2020年）

随着从事居家护理服务的人数不断增加，机构数量的不断提升，为加强长期护理保险居家护理管理，2019年3月，广州市医保中心印发《关于加强长期护理保险居家护理业务管理的通知》，提出建立和完善定点机构管理制度、强化照护管理员责任机制、规范护理员管理与培训，并制定《居家照护服务巡查记录表》、《每日照护任务清单》和《居家照护质量标准检查表》。

2019 年 7 月，广州市医保局等印发《广州市长期护理保险试行办法》（以下简称“8 号文”），“6 号文”同时失效；同年 8 月，广州市医保局等印发《广州市长期护理保险协议定点服务机构管理办法》（以下简称“9 号文”），“1 号文”同时失效。

在长护险政策方面，第二阶段的“8 号文”相比第一阶段的“6 号文”，在覆盖对象、筹资方式、待遇享受人、评估评定标准、服务内容与形式、基金支付限额标准与比例等方面均没有发生实质性的改变，只在一些内容的表述、服务项目列表等方面有所微调。一是在政策文本表述上将长护评估程序从 8 步简化为 6 步，删去“办理登记”和“集体评审”，而实际的操作还是包含集体评审。二是明确长护险基金支付费用“按月结算”。三是在政策文本中删去基金测算收支需求的标准，即不提及“每年按照 130 元/人的筹资标准”。四是在基本生活照料服务项目中新增失智护理这一大项，变为八大项 37 小项，医疗护理项目删去“气管切开护理”这一项，并新增 12 个项目至 30 项。

第二阶段的“9 号文”与第一阶段的“1 号文”相比，进一步明确可申请的机构范围，强调对机构进行协议管理，其他诸如申请流程等方面没有改变。一是医疗机构从要求有医保定点扩大至取得医疗机构执业许可证的护理机构。二是合并养老机构和社区居家养老服务机构，统称为养老服务机构。三是对居家护理的要求更加严格，明确服务人员的进入门槛。要求“每名长期护理服务人员同期护理的参保人员数量不超过 5 人”，服务人员应“具有护士从业资格，或已取得养老护理员证书，或参与政府认定的养老护理或长期护理培训且合格”。四是从居家护理服务机构的人员配置着手，要求“医护人员不少于 3 人，专职护理员不少于 2 人，建立以全职护理为主、兼职护理为辅的运营模式”。

2020 年 4 月，广州市医保局等印发《关于开展长期护理保险试点工作的补充通知》（以下简称“20 号文”），提出在院评估与家床评估两种新的评估流程，经评估符合资格的出院病人可享受延续护理服务。在院评估和家床评估针对 60 岁及以上的参保人，前者覆盖在医保定点机构住院的参保人，后者覆盖在社区医疗机构享受家庭病床的参保人。评估人员分别由主诊医师和护师以及巡诊医生担任，提供服务的机构是由参保人自愿选定的长护定点服务机构，待遇享受的时长为 1 ~ 3 个月。

（三）第三阶段：政策调整（2021年至今）

2021 年 1 月，广州市医保局等印发《广州市长期护理保险试行办法》（以下简称“10 号文”）和《广州市长期护理保险协议定点服务机构及评估管理办法》（以下简称“11 号文”），标志着广州市长护险政策进入全新的阶段。如果说从第一阶段到第二阶段是小修小补，那么进入第三阶段后则实现了全面的深化改革。与第二阶段相比，第三阶段的试行办法从参保缴费、待遇支付、服务管理和基金管理方面对广州长护险做出全新的规定，同时在协议定点机构管理办法的基础上新增评估管理模块。

根据“10 号文”规定，一是参保对象覆盖范围增加。广州长护险的参保人在覆盖职工医保参保人的基础上，新纳入年满 18 周岁的城乡居民医保参保人。

二是筹资模式更多元，强调责任共担。明确长护险通过单位和个人缴费、财政补助等途径筹资，其中职工医保参保人分别从医保基金统筹账户和个人账户按月划转，居民医保参保人从居民医保基金中的个人缴费和财政补助部分按年划转，并针对职工医保参保人的年龄、居民医保参保人中的学生与居民，分别确定了缴费的基数与缴费水平。因此，长护险的基金来源于职工医保、居民医保划转、原长护险试行办法的基金结余和利息以及其他合法收入。

三是待遇资格的种类增多。“10 号文”将待遇享受人员分为长期失能人员、延续护理人员和设备使用人员，其中长期失能人员根据评估划分为长护 1 ~3级，延续护理人员特指年满 60 周岁在医保定点机构住院后经评估有医疗护理需求的人员，设备使用人员仅限于未入住护理服务机构，即享受居家护理服务，且经评估符合规定的长期失能或延续护理人员。

四是长护险评估标准更加规范。将长护险分为失能评估、延续护理评估和设备使用评估。相关的评估内容在“11 号文”中有详细规定，长护险失能评估评定标准包括《日常生活活动评估》《精神状态评估》《感知觉与沟通评估》《社会参与评估》四大组成部分，每一个表分为 0 ~3 级，再根据每个表的结果综合评定为长护 0 ~3 级。关于费用收取分为失能评估费用和延续护理评估费用，失能评估费用为 200 元／（人 · 次），评估结果若为长护 2 ~3 级或 1 级失能，则由基金按 100% 或 50% 支付，评估结果若为其他情形，则由申请人个人自付评估费。延续护理评估费用是 100 元／（人 · 次），若符合享受待遇条件则基金支付100%，反之基金及申请人均不支付评估费用。

五是服务内容愈加翔实，增加了设备使用服务。长护险服务包括生活照料服务、医疗护理服务和设备使用服务三类，生活照料服务项目分为2类12大项48小项，分别是基本生活照料服务项目和专项护理服务项目，其中基本生活照料服务项目又划分为基础照料和按需照料项目；医疗护理服务项目共34项，相比第二阶段增加了4项；设备使用服务项目分为8项，包括移动辅助器具——轮椅、个人护理和防护辅助产品——床具床垫、个人医疗辅助器具——瘫痪康复仪器。服务形式分为机构护理和居家护理，居家护理中的生活照料服务根据失能等级不同划分为A、B、C三类，每类服务规定了每月不同频次和时长的上门时间。

六是待遇标准因应待遇资格变化而更具层次性。根据失能等级和参保类别分别规定了生活照料、医疗护理和设备使用的费用标准与基金支付比例（见表2）。

对于职工医保参保人，享受机构护理的长护3级、2级和1级的生活照料费用标准分别是120元/（人·天）、30元/（人·天）和300元/（人·月），基金支付比例为75%；享受居家护理的生活照料费用标准分别是105元/（人·天）、900元/（人·月）和300元/（人·月），基金支付比例为90%；长护3级和2级医疗护理费用标准分别是1000元/（人·月）和500元/（人·月）基金支付限额，长护3级、2级和1级设备使用费用标准分别是300元/（人·月）、200元/（人·月）、100元/（人·月），且分别按90%、85%、80%的比例支付。

对于城市居民医保参保人，享受机构护理的长护3级、2级和1级的生活照料费用标准分别是60元/（人·天）、15元/（人·天）和200元/（人·月），基金支付比例为70%；享受居家护理的分别是50元/（人·天）、450元/(人·月）和200元/（人·月），基金支付比例为85%；长护3级和2级的医疗护理基金支付限额分别为500元/（人·月）和250元/（人·月），长护3级、2级和1级的设备使用费用标准分别为200元/（人·月）、150元/（人·月）和100元/（人·月），基金支付比例分别为90%、85%和80%。

七是结合以往经验进一步理顺服务管理。长护险定点机构分为长护险定点护理服务机构和长护险定点设备服务机构，这些机构分别为参保人提供生活照料、医疗护理和设备使用服务。长护险失能评估机构负责长护险评估工作，由市医保中心通过招标采购确认。在经办服务方面，商业保险公司协助市医保中

表 2　广州市长期护理保险第三阶段待遇标准

待遇类型		失能等级	职工医保参保人			城乡居民医保参保人		
			费用标准	基金支付比例	基金最高支付限额	费用标准	基金支付比例	基金最高支付限额
生活照料	机构护理	长护 3 级	120 元/(人·天)(床位 35 元)	75%	90 元/(人·天)	60 元/(人·天)	70%	42 元/(人·天)
		长护 2 级	30 元/(人·天)		22.5 元/(人·天)	15 元/(人·天)		10.5 元/(人·天)
		长护 1 级	300 元/(人·月)		225 元/(人·月)	200 元/(人·月)		140 元/(人·月)
	居家护理	长护 3 级	105 元/(人·天)	90%	94.5 元/(人·天)	50 元/(人·天)	85%	42.5%
		长护 2 级	900 元/(人·月)(不超过 12 个月)		810 元/(人·月)	450 元/(人·月)(不超过 12 个月)		382.5 元/(人·月)
		长护 1 级	300 元/(人·月)(不超过 12 个月)		270 元/(人·月)	200 元/(人·月)(不超过 12 个月)		170 元/(人·月)
医疗护理		长护 3 级	本市基本医疗服务价格	机构护理:75% 居家护理:90%	1000 元/(人·月)(耗材 300 元)	本市基本医疗服务价格	机构护理:70% 居家护理:85%	500 元/(人·月)(耗材 200 元)
		长护 2 级	本市基本医疗服务价格		500 元/(人·月)	本市基本医疗服务价格		250 元/(人·月)
设备使用		长护 3 级	300 元/(人·月)	90%	270 元/(人·月)	200 元/(人·月)	90%	180 元/(人·月)
		长护 2 级	200 元/(人·月)	85%	170 元/(人·月)	150 元/(人·月)	85%	127.5 元/(人·月)
		长护 1 级	100 元/(人·月)	80%	80 元/(人·月)	100 元/(人·月)	80%	80 元/(人·月)

心开展经办相关事务工作。

根据“11号文”，一是对定点机构的管理要求更为高效明确。新增定点机构的办理程序进一步简化，核查的工作日缩短，对于定点服务机构的管理要求和年度考核内容放进协议或另行制定。同时明确规定长护险定点机构不得有违规行为。二是明确失能评估人员的资质要求。失能评估人员分为失能评估员和失能评估专家，失能评估员要求具有相关专业背景及2年以上相关工作经历，失能评估专家在此基础上要求具有相关领域的中级及以上职称。

（四）总体政策变迁路径

从2017年至今，广州市长期护理保险变迁经历了三个阶段：政策启动、全面发展和改革深化，每一阶段在政策文件、行政管理部门和长护险政策内容方面有其阶段性特征，其发展变迁历程见表3。

表3 广州市长期护理保险政策变迁

发展阶段	第一阶段:政策启动	第二阶段:全面发展	第三阶段:改革深化
时间	2016～2018年	2019～2020年	2021年至今
政策文件	“6号文”“1号文”	“8号文”“9号文”“20号文”	“10号文”“11号文”
主管部门	人力资源和社会保障局	医疗保障局	医疗保障局
经办部门	医疗保险服务管理局	医疗保险服务中心	医疗保险服务中心
评估机构	劳动能力鉴定中心	医疗保险服务中心	失能评估机构
参保对象	职工医保参保人		职工医保参保人和年满18周岁的城市居民医保参保人
筹资模式	从职工社会医疗保险统筹基金划拨		通过单位和个人缴费、财政补助等途径筹资
评估类型	失能评估	失能评估、延续护理评估	失能评估、延续护理评估、设备使用评估
失能评估	日常生活活动能力评定量表		日常生活活动评估表、精神状态评估表、感知觉与沟通评估表、社会参与评估表
待遇资格	≤40分;≤60分且有痴呆症诊断		长护1、2、3级
服务类型	基本生活照料、医疗护理		生活照料服务、医疗护理服务、设备使用服务
服务项目	31+19	37+30	48+34+8

主要变化体现在以下几个方面：一是行政管理和失能评估部门发生变化，在第二阶段，负责组织实施长护险的主管部门从市人社局转变为市医保局，经办部门由市医疗保险局转变为市医保中心，长期护理需求鉴定评估机构由市劳鉴中心转变为市医保中心。在第三阶段，失能评估由市医保中心委托失能评估机构完成。二是参保对象扩大，在第三阶段纳入城乡居民参保人。三是筹资模式向多元化发展，响应长护险朝独立险种发展趋势，强调单位和个人的缴费责任。四是评估类型因应服务需要增多，增加延续护理和设备使用评估。五是失能评定标准更加科学全面，在日常生活活动能力量表的基础上，增加精神状态、感知觉与沟通、社会参与的评估内容。六是待遇覆盖面更广，第三阶段将失能人群分为长护 1、2、3 级，等级越高代表失能失智程度越高，护理服务需求越迫切，第一、第二阶段已享受待遇的人对应长护 3 级，轻中度失能人群被纳入保障范围。七是服务类型增加，每一阶段的生活照料和医疗护理服务项目不断增多，并在第三阶段新增设备使用服务。

三 多源流视角下的政策变迁机制分析

（一）第一阶段：政策萌芽和启动

此阶段的主要变化体现在广州市正式出台了本市的长护险试点政策，经历了公共政策从无到有的形成过程。

1. 问题源流

近五年来，广州市老龄化程度不断加深，失能老人数量也大幅增加。据统计，截至 2015 年底，广州户籍老年人口共计 147.53 万，占户籍总人口的 17.27%。八个行政区的老年人口超过 10 万人，分列第一、第二位的越秀区和海珠区老龄化率分别达到 22.57% 和 22.25%。其中，80 岁以上的户籍老年人数占老年人总数的 16.14%，独居老人占了总老年人口的 8.47%。[①] 总的来看，广州老龄人口具有基数大、增速快、老龄化程度高的特征，还伴随着空巢化、家庭结构小型化等现象，失能老年人的护理服务需求由此骤增。

① 资料来源：《2015 年广州市老年人口和老龄事业数据手册》。

但在此时，广州的社会化长期护理服务处于空白状态，未能解决失能人群的护理服务需求。所谓护理服务，其内涵包括养老和医疗服务，是现行的养老服务制度和医疗保险制度所无法单独容纳的。一方面，家庭养老照护功能弱化，通过制度化的方式来化解老年人及其家庭的长期护理压力已是刻不容缓。另一方面，失能老年人的护理费用高企。广州市与我国大部分地区一样，医疗保险仅支付患有疾病参保人的医疗费用，并不包括其他护理费用，为失能老人及其家庭带来沉重的经济与精神负担。缓解这些矛盾都亟待新政策的出台。

2. 政策源流

早在2002年，国内就有学者提倡建立长期护理保险体系，为老年人福利及社会经济的协调发展提供保障。[①] 此后，为我国长期护理保险制度建立提供方案的研究也越来越丰富，例如荆涛提出三步走计划，第一步是建立商业型长护险，第二步是建立商业长护险与社会基本长护险相结合的模式，到最后推行全民长护险制度[②]；又如戴卫东强调要采取先试点后全面推广的方式建立社会长期护理保险制度等[③]，这些思想和政策建议都一直漂浮在“政策原汤”之中。

在学术理论层面，以社会型长期护理保险来建立我国长期护理制度得到官方的认可，具有价值可接受性和技术可行性。在我国商业护理保险尚不发达、老龄化程度迅速加深且中重度失能老人占比较高的背景下，采取社会保险的形式建立长期护理制度，可以迅速惠及广大民众。[④] 社会保险符合风险共担、互助互济的原则，抵抗风险的能力强，也能从根本上解决信息不对称带来的逆向选择和道德风险问题。[⑤] 另外，长期护理保险与我国的医疗保险在制度框架、筹资方式、保障水平等方面都极具同质性，在基金筹集上还能首先依靠医保基金结余执行，在某种程度上节省了制度建立的成本，可行性较高。

在实践经验层面，国内一些城市构建长期护理保险相关的制度，为其他城市推行试点提供了参考。首先是青岛市率先在2012年建立了长期医疗护理保

① 唐睿、邹盛银：《长期护理保险方兴未艾》，《中国社会保障》2002年第1期。
② 荆涛：《建立适合中国国情的长期护理保险制度模式》，《保险研究》2010年第4期。
③ 戴卫东：《国外长期护理保险制度：分析、评价及启示》，《人口与发展》2011年第5期。
④ 郑军、刘亚孔：《我国建立长期护理保险制度的原则设想》，《卫生经济研究》2018年第11期。
⑤ 周磊、王静曦：《长期护理保险资金筹集和待遇支付政策探讨——基于全国15个试点城市实施方案的比较》，《财经问题研究》2019年第11期。

险制度，青岛成为国内最早探索长期护理保险的城市。在国家层面的试点政策正式出台之前，青岛已经有 4 万多名失能人员正在享受护理保险待遇，支付护理保险资金超过 10 亿元。① 到 2013 年，上海市出台关于开展高龄老人医疗护理计划试点工作的意见，明确在 3 个区 6 个镇街实行高龄老人医疗护理计划，该试点到 2016 年 5 月已经成功覆盖全市 70 周岁以上的老人。另外，吉林长春和江苏南通也有相似的制度尝试，吉林长春在 2015 年实施了单独建制、单独管理的失能人员照护保险制度，江苏南通在 2016 年建立起失能人员基本照护保险制度。

3. 政治源流

中央层面对长期护理的关注程度不断上升，“长期护理”一词开始出现在各类养老服务政策、政府工作报告之中。2013 年，国务院出台《关于促进健康服务业发展的若干意见》，第一次提到了“长期护理”，并表明要“积极开发长期护理商业险”，证明老年人的护理需求在国家层面已受到关注。同年，民政部办公厅、国家发展和改革委员会办公厅发布《关于开展养老服务业综合改革试点工作的通知》，清晰地提出要“探索建立长期护理保障制度”，为长期护理制度提供更为明确的政策指引。在正式试点之前，相关部门还陆续在 3 份正式文件和 1 项修订法律中提及长期护理保障工作。政策条文的指引在一定程度上彰显了制度建设在某个时刻的风向标，对该问题的解决产生政治影响。

4. 政策之窗

2016 年，人力资源和社会保障部正式发布《关于开展长期护理保险制度试点的指导意见》，允许 15 个地区开展长期护理保险制度的试点工作。广州在积极向中央政府争取下，也成为试点地区之一，建立长护险制度的“政策之窗”自此开启。老龄化严重但服务缺失的矛盾、各专家学者的建议和已有城市的实践、一直以来的政策文件指引，三个源流在政策之窗开启的时刻汇聚到一起，推动广州市在 2017 年 7 月颁布第一份长护险政策《广州市长期护理保险试行办法》。

---

① 《长期护理保险制度试点启动，青岛 2012 年率先实施》，半岛网 - 半岛都市报，2016 年 7 月 12 日。

（二）第二、第三阶段：全面发展和政策调整

在2018～2021年，广州的长护险试点政策先后经历了两次更迭，其间参保人范围扩大、筹资渠道更加多元、失能评估机构发生转变、待遇享受人的分类更为细致。从多源流理论上分析有助于更清晰地理解政策发生变迁的原因和过程。

1. 问题源流

一是参保人群覆盖面窄。首先，在第一、第二阶段试点中，长护险仅覆盖了城镇职工医保的参保人群，城乡居民医保的参保人群暂不能参与，违背了长期护理保险的公平性原则。其次，尚未对失能人群划分失能等级，在第一、第二阶段仅覆盖了重度失能人群以及患有痴呆症的中重度失能人群，未能满足轻、中度失能人群的生活照料和医疗护理服务需求。换句话说，第一、第二阶段中接受服务的失能老人数量仅是服务需求总数的很小一部分。

二是长护险筹资缺乏稳定性。在试点过程中，广州市的长期护理保险并未成为独立险种，医保基金划拨是其唯一的筹资方式。随着试点的深入推进，若覆盖群体进一步扩大，届时基金支出将大幅度增加。继续使用挂靠医疗保险的筹资模式既不利于长护基金本身的可持续性，也不利于医保基金的可持续性，已不再适用于未来的制度运行。

三是享受居家护理服务的人数开始超过享受机构护理服务人数。居家护理向来更符合老年人的养老意愿，随着长护险的知名度提高，提供居家护理服务的营利或非营利组织不断涌入市场，其数量的增长速度明显高于提供机构护理服务的养老或医疗机构。到2019年，居家护理的参保人数首次超过了机构护理参保人数，且两类人群的数量差距有扩大的趋势，表明了居家护理已逐步成为参保人的主流选择，也对试点政策中关于居家护理服务的调整提出更高的要求。

四是护理服务质量参差不齐。护理服务供给的质量关键在于养老护理员，在第一阶段试点中，广州的养老护理员尚缺乏统一的上岗标准，养老护理员证书五花八门，素质参差不齐。定点服务机构对其培训与管理不尽相同，且养老护理员流动性非常高，存在“难招人、难留人”的难题，从而影响居家护理服务的整体质量。

五是居家护理行业监管难度大。第一阶段的机构管理办法尚未对规范机构服务行为提出严格要求，整体监管环境较为宽松。在政策效应下，短时间内定点服务机构数量膨胀式增长，呈现出“有行业无自律”的市场失灵态势。部分定点服务机构以利润最大化为目标，不择手段地为本机构拓展客源，同时利用居家护理中允许非正式照护者提供服务的特点，聘请家属成为“兼职护理员”，提供长护服务，最后再从申报到的参保人护理费用中支出兼职护理员的“工资”，利用各种差价赚取管理费用。而对于这些居家护理服务是否落实到位，机构并未真正关注，并且由于服务场所为参保人家中，政府往往难以全面监管。

2. 政策源流

在理论层面，学界强调在长期护理服务中应以居家护理为主要导向。居家护理符合老年人“在地安老”的理念，可以使老人在熟悉的地方享受天伦之乐，满足老人“落叶归根”的心理需求。[①] 其次，更多地利用家庭和社区资源还能够降低护理服务的成本，避免政府因过度投入机构护理而背负巨大财政负担。[②] 所以长远起见，长护险应发挥引导保障对象优先使用居家护理而非机构护理的作用。研究总结出的此类政策建议为现有试点政策完善提供了重要方向。

在实践层面，不同试点地区的做法也为解决广州现存问题提供了参考方案。在覆盖对象和基金风险控制方面，长春和南通的参保对象同时覆盖职工医保参保人和城镇居民医保参保人，对于城镇居民医保参保人，以新增个人缴费的方式解决筹资问题[③]，虽然缴费水平均较低，但也为广州扩大覆盖面且解决筹资矛盾提供了参考。在老年人失能等级分类方面，上海的照护等级评估包括2~6级，囊括了轻度、中度和重度失能老人，并拥有一套全市统一的老年人需求评估体系[④]，也为广州推进待遇享受人分级提供了实践经验。

---

① 姚远：《从宏观角度认识我国政府对居家养老方式的选择》，《人口研究》2008年第2期。

② 戴卫东：《国外长期护理保险制度：分析、评价及启示》，《人口与发展》2011年第5期。

③ 姚虹：《老龄危机背景下我国长期护理保险制度试点方案的比较与思考》，《社会保障研究》2020年第1期。

④ 胡苏云：《长期护理保险制度试点实践——上海案例分析》，《华东理工大学学报》（社会科学版）2018年第4期。

3. 政治源流

首先，新一轮政策指导意见的出台，对试点城市进一步完善长护险制度提供了重要指引。2020 年 9 月，医保局、财政部出台《关于扩大长期护理保险制度试点的指导意见》，新增 14 个地区进行试点探索，并提出工作目标："力争在'十四五'期间，基本形成适应我国经济发展水平和老龄化发展趋势的长期护理保险制度政策框架，推动建立健全满足群众多元需求的多层次长期护理保障制度。"这一动向意味着建立适应我国国情的长期护理保险制度已经成为党中央、国务院积极应对人口老龄化的重要制度安排。另外，在机构改革推进的背景下，根据《中共中央关于深化党和国家机构改革的决定》和《广州市机构改革方案》部署，广州市医疗保障局于 2019 年 1 月正式挂牌，其职能包括城镇职工和城乡居民医疗保险、生育保险管理，药品和医疗服务价格管理以及医疗救助等。广州市医疗保障局的正式成立让长护险工作更有落脚点，长护险业务在职责隶属上也更为专一和细致，为进一步推动制度改革增添了动力。

其次，人大代表和政协委员提出长护险发展相关议案，推动长护险改革进程。人大代表和政协委员在我国能够对政治过程产生一定的影响。在市层面，2019 年，政协委员王莉在政协第十三届广州市委员会第三次会议上提出了《关于加强落实广州"长护保险制度"的建议》，内容包括加强长护险制度人群覆盖、加强筹资机制、解决融资单一问题，以及持续更新管理理念和创新机制等。广州市政府对此高度重视，并积极组织医疗保障部门进行认真研究办理。① 在国家层面，全国人大代表周燕芳在 2020 年"两会"期间发出加快长期护理保险制度立法的倡议。她认为，到 2019 年我国已经有逾 60 个城市启动了长期护理保险试点，但各地试点的筹资方式、运作模式和等级标准都各有差异，为未来我国建立统一的制度带来障碍，并提出应重视长期护理保险制度的立法工作。②

最后，长护险服务越来越深入民心，得到人民群众的认可。公众舆论是政

① 《广州市医疗保障局关于政协十三届广州市委员会第三次会议第 5055 号提案答复的函》，2019 年 5 月 16 日。

② 《全国人大代表周燕芳建议：加快长期护理保险制度立法》，澎湃新闻，2020 年 5 月 20 日。

治源流的因素之一，长护险在广州开展试点一年多的时间里，符合规定的长期护理费用基金支付率达到 78.98%，人均支付护理费用为每月 2318.38 元，位居全国前列，大大减轻了参保人及其家属的经济负担，为千万家庭解决失能老年人的护理需求问题带去福音。① 根据 2018 年长护定点机构综合考核结果，参保人及家属对定点服务机构的照护服务满意度高达 96.77%。② 通过口耳相传，长护险在广州老年人群体中有着良好的口碑，成为长护险制度持续完善的重要推力。

4. 政策之窗

在试点阶段，广州市的长护险政策一般以一年半到两年为有效期，以期能够及时应对实践中存在的问题。因此，旧政策到期便为政策的更迭发展打开了“政策之窗”。此时，上一阶段遇到的实际问题、学界中的发展建议、其他试点地区的执行方案，以及机构改革、人大代表和政协委员的提议加上公众舆论的推动，三种源流相汇合，最新一版的试点政策《广州市长期护理保险试行办法》就此出台。

四　未来改革思路和方向

针对广州长护险政策的问题源流，借鉴政策源流的先进经验，审视政策之窗中新政策的内容，本报告提出以下改革思路。

（一）建立可持续和可负担的独立筹资机制，提升长护险基金的稳定性

从长远来看，过分依赖基本医疗保险基金作为筹资的主要来源，将会严重影响长期护理保险制度的可持续发展，因此必须建立多元化的独立筹资机制以降低长护险的基金风险。首先，拓宽长期护理保险的筹资渠道，逐步建立个人缴费、单位缴费、基本医疗保险统筹账户划拨和财政补助等

① 《每月报销一半护理费，广州的长护险养老有多好？看这里全知道》，搜狐新闻，2018 年 10 月 19 日。

② 《广州市长期护理保险参保人满意度达 96.77%，待遇水平位居全国前列》，信息时报，2019 年 4 月 26 日。

相结合的多元化筹资模式。其次，可以针对城镇职工和城乡居民医保参保人，制定两套相应的长护险筹资模式，依据保险精算方法，合理设定缴费比例。

（二）构建长期护理的地区预防性体系，减轻未来护理支付成本

随着老龄人口的增加，失能概率也会提高。这意味着，长期护理保险的理赔风险将逐步上升，极大地增加长护险的资金压力。未来长期护理工作的重点应逐步从治疗和康复转移到综合性的预防体系建设上，构建长期护理预防性体系，从源头上减轻长期护理保险的基金支付压力。① 将预防康复护理服务纳入长期护理保险中，为轻度失能老人提供预防服务，包括定期体格检查、疾病筛查、养生活动等，不仅能够为健康老人预防老年疾病，对于已患病的老人，也能起到稳定病情发展的作用，有利于减轻护理服务压力、节约护理费用②，从根源上促进长护险制度的可持续发展。

（三）建立护理服务的行业性协会，以协会建设规范行业发展

发展社区养老和居家养老符合老年人“在地安老”的心理需求，也与我国“9064”的养老服务体系建设目标相匹配。因此，规范居家护理服务行业的发展、提升居家长期护理服务的质量是未来广州长护险制度发展的重要方向之一。对于医保局而言，其受自身行政职能约束，在治理护理行业乱象时往往无从下手，建立长期护理行业性协会，有助于在政府部门与长护险定点机构之间搭建沟通的桥梁，为政府部门引导和监督护理服务机构的发展增加政策工具。一方面，长期护理行业协会的成立能够推动行业内制定规章制度，对长护机构的成立设定准入门槛，对行业内人员的职业行为形成约束，促进各定点机构之间的公平竞争，形成行业自律；另一方面，行业协会作为交流平台，也能够吸引和凝聚更多护理人才，为行业更高质量的发展出谋划策，发挥协同治理的作用，规范行业发展。

---

① 曹信邦、李晓鹤：《中国长期护理保险试点发展报告》，载郑功成《中国医疗保障发展报告（2020）》，社会科学文献出版社，2020。

② 韩丽、胡玲：《长期护理保险待遇给付的现实困境及优化路径研究》，《卫生经济研究》2020 年第 7 期。

（四）制定护理人员培养的长期计划，完善护理人才认证机制

长期护理服务涵盖了医疗、养老、康复护理等多项服务，意味着必须保障服务团队的多样性和专业性，对护理人才队伍的建设做出了较高的要求。因此，未来应从以下三个方面推动改革：一是要完善护理人才认证机制，严格人才准入。以长期护理行业协会作为主导，建立相关从业人员的职业准入、质量评价以及专业培养机制，严格监督从业资格考试流程。二是要制订护理人员培养的长期计划，加强护理人才储备。对于在岗护理员，政府可定期举办护理员培训沙龙或讲座，划拨经费鼓励定点机构开展培训活动，推动在职护理员再教育。对于未来人才培养，可联合高校完善养老护理专业的设立，研发专业老年护理课程，为行业输送更多年轻护理人才。三是要提升护理人才的职业认可程度。一方面，及时设定长期护理人员的薪酬指导水平，使护理员享受到更公平的薪酬待遇①；另一方面，应建立相应的人才激励机制，表彰具有先进事迹的护理人才，提升全社会对于护理工作的认可度。

（五）积极运用大数据技术，提升护理服务监管水平

由政府部门主导设立统一的信息服务平台，实现服务机构、经办机构、管理机构和监管机构等多方的联动配合机制。② 在信息服务平台中，定点服务机构需要及时更新服务中的参保人信息，同步进行护理服务记录，并对每一位护理员登记备案；经办机构、监管机构需设立独立的管理后台，通过信息化智能监管系统对护理者、护理对象、护理内容和护理质量等进行实时监控。③ 参考上海经验，管理机构可以在平台上逐渐建立护理对象满意度评价机制，并设置相应的服务投诉渠道，为参保人及其家属提供直接的意见反映手段，防止定点机构提供虚假服务或虚假信息谋取利益，协助规范护理行业发展。④

---

① 周延、孙瑞：《社保模式下实物给付型长期护理保险发展瓶颈及对策》，《西南金融》2020年第5期。

② 曹信邦、李晓鹤：《中国长期护理保险试点发展报告》，载郑功成《中国医疗保障发展报告（2020）》，社会科学文献出版社，2020。

③ 张文娟、李念：《现金或服务：长期照护保险的给付制度分析》，《中国卫生政策研究》2020年第13期。

④ 马明婕、贺健勇：《上海探索长期护理保险的实践总结与问题分析》，《科学发展》2019年第7期。

附表　广州长期护理保险主要政策梳理

阶段	时间	文号	政策文件名	附件
第一阶段：萌芽启动	2016 年 6 月 27 日	人社厅发〔2016〕80 号	人力资源和社会保障部办公厅关于开展长期护理保险制度试点的指导意见	长期护理保险制度试点城市名单
	2017 年 4 月 8 日	穗府办函〔2017〕67 号	广州市人民政府办公厅关于开展长期护理保险制度试点工作的意见	无
	2017 年 7 月 28 日，2019 年 7 月 31 日	穗人社规字〔2017〕6 号	广州市人力资源和社会保障局　广州市财政局　广州市民政局　广州市卫生和计划生育委员会关于印发《广州市长期护理保险试行办法》的通知	1. 日常生活活动能力评定量表；2. 广州市长期护理保险基本生活照料服务项目；3. 广州市长期护理保险医疗护理服务项目
	2018 年 1 月 10 日，2019 年 7 月 31 日	穗人社规字〔2018〕1 号	广州市人力资源和社会保障局　广州市民政局　广州市卫生和计划生育委员会关于印发《广州市长期护理保险协议定点服务机构管理办法》的通知	无
第二阶段：全面发展	2019 年 3 月 20 日	穗医管〔2019〕83 号	广州市医疗保险服务中心关于加强长期护理保险居家护理业务管理的通知	1. 居家照护服务巡查记录表；2. 广州市长期护理保险居家护理每日照护任务清单(表样)；3. 居家照护质量标准检查表
	2019 年 7 月 26 日，2020 年 12 月 31 日	穗医保规字〔2019〕8 号	广州市医疗保障局　广州市财政局　广州市民政局　广州市卫生健康委员会关于印发《广州市长期护理保险试行办法》的通知	1. 日常生活活动能力评定量表；2. 广州市长期护理保险基本生活照料服务项目；3. 广州市长期护理保险医疗护理服务项目
	2019 年 8 月 1 日，2021 年 7 月 31 日	穗医保规字〔2019〕9 号	广州市医疗保障局　广州市民政局　广州市卫生健康委员会关于印发《广州市长期护理保险协议定点服务机构管理办法》的通知	无

续表

阶段	时间	文号	政策文件名	附件
第二阶段：全面发展	2020年5月1日，2020年12月31日	穗医保发〔2020〕20号	广州市医疗保障局　广州市财政局　广州市民政局　广州市卫生健康委员会关于开展长期护理保险试点工作的补充通知	1. 在院评估享受长护险待遇的条件；2. 评估意见书
第三阶段：政策调整	2020年9月10日	医保发〔2020〕37号	国家医疗保障局　政策法规　国家医保局　财政部《关于扩大长期护理保险制度试点的指导意见》	长期护理保险制度试点城市名单
	2021年1月1日，2023年1月1日	穗医保规字〔2020〕10号	广州市医疗保障局　广州市财政局　广州市民政局　广州市卫生健康委员会关于印发《广州市长期护理保险试行办法》的通知	1. 广州市长期护理保险生活照料服务项目表；2. 广州市长期护理保险医疗护理服务项目表；3. 广州市长期护理保险设备使用服务项目表
	2021年1月1日，2023年1月1日	穗医保规字〔2020〕11号	广州市医疗保障局　广州市民政局　广州市卫生健康委员会关于印发《广州市长期护理保险协议定点服务机构及评估管理办法》的通知	1. 广州市长期护理保险失能评估表；2. 广州市长期护理保险延续护理评估表；3. 广州市长期护理保险设备使用评估表；4. 广州市长期护理保险护理服务计划表

（审稿人：简荣）

B.6

“十三五”期间广州残障者就业状况与政策发展研究

廖慧卿　张苑仪　黄寅森*

摘　要：“十三五”期间广州残障人士就业状况获得较大改观，就业促进政策也有了长足发展，主要表现为就业模式多元化，就业服务覆盖面扩大，就业支持更充分等。通过对广州残障就业状况的深入分析，笔者发现广州残障就业仍存在整体就业参与比例较低、就业服务获得率较低、就业质量欠理想、挂靠现象依然存在等问题。此外广州残障就业政策发展仍存在挑战：按比例就业的激励措施和岗位支持不足，支持性就业服务覆盖面和受益群体较为局限，辅助性就业支持和人员配比有待完善，个体就业创业渠道和支持形式较少，就业辅导员队伍有待进一步发展，就业培训系统性与岗位衔接不足，就业导向型的社会企业缺乏政策支持等。结合残障事业“十四五”发展新要求，建议加大按比例就业的激励措施，发挥社会组织力量大力发展支持性就业，支持新型集中就业形式的探索，强化辅助性就业功能，多元促进个体就业创业，加强就业辅导员队伍建设以及促进个性化的职业培训体系发展。

关键词：残障者就业状况　残障者　就业支持

---

* 廖慧卿，博士，华南农业大学公共管理学院副教授，哈佛大学访问学者，研究方向为残障权利与社会政策；张苑仪、黄寅森，华南农业大学社会工作2020级硕士研究生。

一 研究背景

就业是残障者增加家庭收入、改善生活品质、实现个人价值和促进其社会融合的重要途径，是全面建成小康社会的重要一环。截至2020年6月，广州持证残障者共约18.4万人，其中就业年龄段残障者（男16～59岁，女16～55岁）有74466人①，就业年龄人口数量大，就业需求凸显。“十三五”期间，广州残障者就业总人数增多，稳定就业人数提升，就业模式日益多元，就业机会增多，积极性政策保障越来越多，残障人就业状况有了较大改善，就业促进政策也有了长足发展。

“十三五”期间，在国家和广东省的政策框架下，广州市制定和推行了一系列新的残障者就业保障政策，为残障者就业提供更多元的支持，包括加大对按比例就业单位和集中就业单位的奖励和支持；继续推行支持性就业政策，支持就业辅导员队伍建设；提高辅助性就业机构的资助标准；加大对个体就业创业扶持；吸收更多社会力量投入残障就业服务。在政策支持下，广州事业单位招聘残障人力度增大，企业的招聘态度更开放，残障者就业机会增多；视力障碍者就业形式日益丰富，职业区隔现象有所打破；就业服务覆盖面扩大，受益残障人数增多。虽然残障就业状况得到较大改善，但仍存在一系列的不足：整体就业参与的比例仍然较低，就业服务获得率较低，用人单位招聘残障者的积极性不高，就业质量不高，存在“挂靠”现象等问题。

文章探讨了“十三五”时期广州市残障就业状况与政策发展情况，通过对广州市残障者人力资源概况与就业状况的深入分析，发现残障就业的进步与不足，讨论残障就业保障政策体系的新发展与挑战，就“十四五”期间残障就业支持政策的发展提出建议。

二 “十三五”期间广州残障者就业状况

（一）广州就业年龄段残障者人力资源概况

根据广州市残联提供的数据（截至2020年6月），广州市就业年龄段残障者的残障类别、程度、年龄及受教育程度如下。

① 资料来源：由广州市残疾人联合会提供，研究者通过信息公开途径获得。

1. 心智、视力和多重障碍者占比大，就业难度大

广州就业年龄段中肢体残障群体有 28003 人，占就业年龄段残障人总数的 37.6%；精神、智力、视力和多重障碍群体共有 39603 人，占总体的 53.2%，比重较大（见图 1）。在劳动力市场中，肢体残障者被接纳度相对较高；而心智、视力和多重障碍群体被接纳度低，较难就业。可见，广州市过半数量就业年龄段的残障者就业难度大，需要更充分更多元的就业支持。

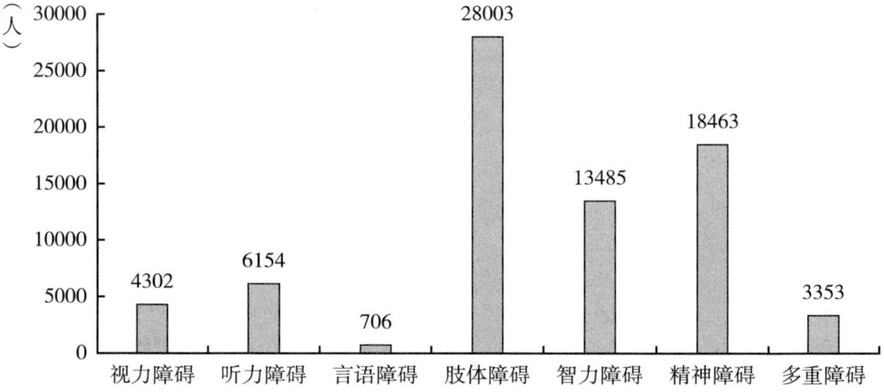

图 1　就业年龄段残障者类别

资料来源：由广州市残疾人联合会提供，研究者通过信息公开途径获得。

2. 就业年龄段内中重度残障人占比将近80%，就业支持需求凸显

广州就业年龄段中重度（一、二、三级）残障者共有 58593 人，占就业年龄段残障者总数的79%；轻度（四级）残障者仅占21%（见图2）。相对中重度残障者，企业倾向招聘轻度残障者，这导致中重度残障者处于劳动力市场更为弱势的地位。整体看，就业年龄段中重度残障人数庞大，就业难度大，就业支持需求更为凸显。

3. 残障劳动力年龄偏大，就业推动难度大

广州就业年龄段中 50～59 岁残障人数最多，其次是 40～49 岁年龄层，合计有 48816 人，占比高达 65.55%。15～39 岁的残障者共有 25649 人，占总体的 34.4%（见图 3）。可见，处于就业年龄段的中年残障者较多，年轻残障者较少，意味着残障劳动力年龄偏大，整体就业推动难度大。

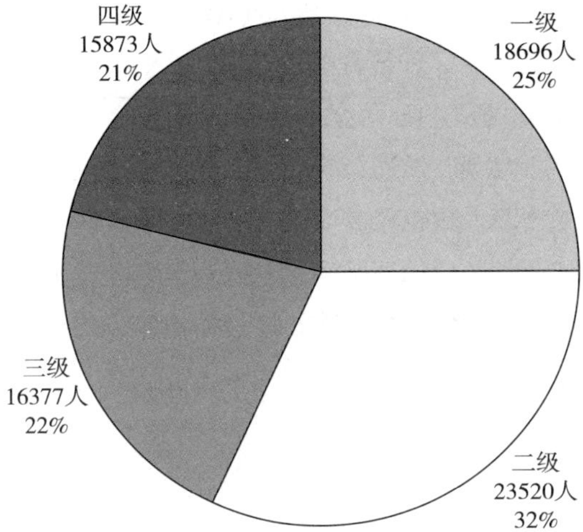

图 2　就业年龄段残障者残障等级分布

资料来源：由广州市残疾人联合会提供，研究者通过信息公开途径获得。

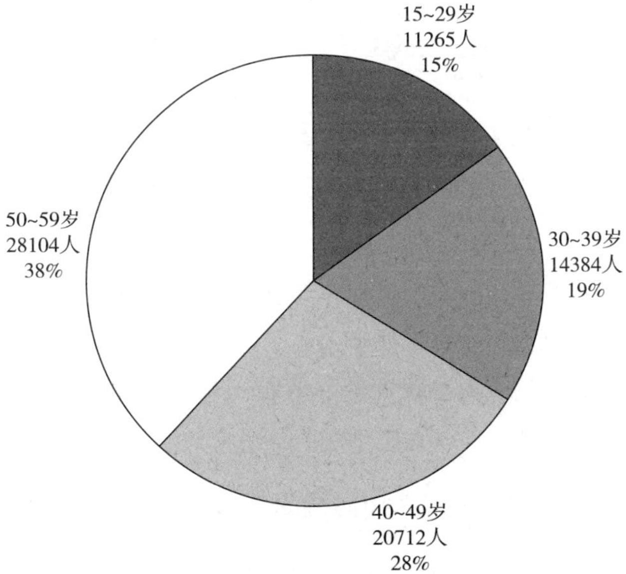

图 3　就业年龄段残障者年龄构成

资料来源：由广州市残疾人联合会提供，研究者通过信息公开途径获得。

4. 受教育程度低，多处于次级劳动力市场，就业质量低

就业年龄段中接受九年义务教育的残障者居多，共有45200人小学或初中毕业，占总体的60.7%（见图4）。可见，广州残障者的受教育权得到一定程度的保障，文盲的情况有所改善。然而，从高中开始残障人受教育人数骤减，接受大专及以上高等教育的残障人数仅占6.35%。此外，相当一部分残障者中途退学，未完成学业。处于就业年龄段的残障者受教育程度和整体文化素质普遍不高，多处于低级劳动力市场，从事低层次工作，就业质量难以得到保障。

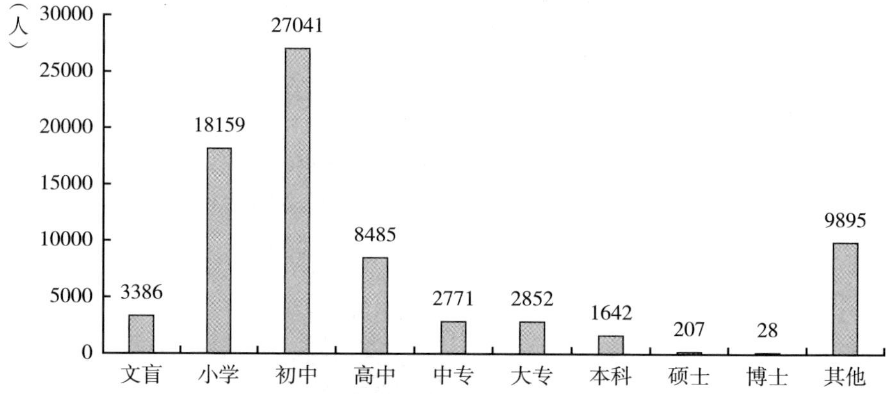

图4　就业年龄段残障者受教育程度分布

注明：受教育程度中“其他”表示中途辍学者，如小学三年级退学。

资料来源：由广州市残疾人联合会提供，研究者通过信息公开途径获得。

综上所述，广州市就业年龄段残障者总体特征：心智、视力和多重障碍群体占比大，就业难度大；中重度残障人数庞大，就业需求凸显；残障劳动力老化，就业推动难；普遍受教育程度低，多处于次级劳动力市场，就业层次低、质量低。

（二）“十三五”期间广州残障者就业状况

2016～2020年，广州残障者稳定就业48322人，新增就业7592人。① 与“十二五”相比，残障就业人数整体有所上升，就业形式更加多元，就业培训和

① 资料来源：由广州市残疾人联合会提供，研究者通过信息公开途径获得。

就业机会增多，心智障碍者和视力障碍者的就业参与明显提升，同时也存在就业服务获得率较低、用人单位聘用残障者的积极性较低，存在挂靠现象等不足。

1. 政府部门招聘残障者的力度加大，提供更多就业机会

“十三五”时期，广州市内的党政机关、事业单位、政府残工委成员单位等部门加大对残障者的招聘力度，尝试单列岗位聘用残障者，为其提供了更多就业机会。政府部门提供的岗位一般处于主要劳动力市场，意味着残障者的就业质量也随之提高。

2. 支持性就业和个体就业创业支持加大

广州市以购买服务为主发展支持性就业，引入社会组织开展就业服务，为心智障碍群体开拓更多的就业途径。在个体创业方面，广州市为残障者提供培训、场地和资金等支持，积极推进创业创新孵化示范基地建设，为残障创业者提供了更便利的发展平台；鼓励农村残障者自主创业，尤其是加大扶持种植养殖业的发展，增加残障家庭收入。

3. 盲人按摩职业化，视障者就业形式日益多元

截至2020年，广州市持资格证的盲人医疗按摩师169人，204人通过行业专业技术职务任职资格评审，初级、中级和副高职称分别有154人、47人和3人。① 盲人按摩职业发展更加规范和专业。另外，视障者就业不再局限于按摩。社会开始改变对视障就业的刻板印象，愿意为视障者开发多元工作岗位的用人单位和社会组织开始涌现，职业区隔有松动的迹象。比如盲人咖啡师、调音师等职业开始出现，视障者的就业形式更加丰富。

4. 就业服务覆盖面拓宽，受益残障者增多，但服务获得率依然较低

“十三五”时期广州市残障就业服务的内容和形式逐步完善，职业技能培训、适应性训练等服务日益丰富，服务人次增多。2016年新增残障者培训2566人，新增就业1593人；2017年新增残障者培训1857人，新增就业1868人②。截至2020年6月，广州市残障者职业技能培训班共服务13201人次③。更多残障者接受培训，就业技能得到提升，新增就业人数上升。此外，就业服

① 资料来源：由广州市残疾人联合会提供，研究者通过信息公开途径获得。

② 资料来源：广州市残疾人联合会，http：//www.gzdpf.org.cn/Article/List/List_39.html，2021年3月15日。

③ 资料来源：由广州市残疾人联合会提供，研究者通过信息公开途径获得。

务也开始延伸到企业，为企业招聘残障者提供支持。虽然服务群体扩大，但残障群体获得服务的概率依然较低，尤其是心智障碍群体。

5. 用人单位对残障者的招聘态度更开放，但积极性较低

2020 年广州市已安排残障者就业的单位约 1.39 万户，安残指标数为 4.96 万人（含一名重度残障者，按两名计算）。① 这体现出广州市用人单位对残障者的招聘态度更为开放，企业的社会责任感日益凸显。比如社会企业为残障者提供更多元的岗位，使残障就业更具活力。

企业虽招聘态度更开放，但聘用残障者的积极性较低。不少企业对残障就业的认识不足，也缺乏“因人设岗”意识，宁愿缴纳残疾人就业保障金（以下简称“残保金”）而非聘用残障者。部分企业为免缴“残保金”，采取“挂靠”的方式（残障者提供残疾证，无须到岗工作，企业为其购买社保和发放最低工资）来避免税务审查。“挂靠”现象依然存在，一定程度上损害了残障者的就业权利，同时加剧了残障就业歧视。

三 “十三五”期间广州残障者就业保障政策体系的发展

“十三五”期间，广州市在国家、广东省的法律和政策体系下制定及实施了一系列政策，加大了对按比例就业单位和集中就业单位的奖励和支持；提高康园工疗机构资助标准；加大了对个体就业创业的扶持。此外，支持性就业和就业辅导员队伍的建设也取得了初步发展。表 1 汇总了“十三五”时期国家、广东省、广州市残障就业相关法律和政策规定。

表 1 “十三五”时期国家、广东省、广州市残障就业政策文件一览

政策名称	发文单位	发文年份
国家法律法规、政策文件		
《残疾人保障法》	全国人大常委会	2018
《关于印发“十三五”加快残疾人小康进程规划纲要的通知》（国发〔2016〕47 号）	国务院	2016

① 资料来源：由广州市残疾人联合会提供，研究者通过信息公开途径获得。

续表

政策名称	发文单位	发文年份
《关于促进残疾人就业增值税优惠政策的通知》(财税〔2016〕52号)	财政部、国家税务总局	2016
《残疾人就业促进“十三五”实施方案》(残联发〔2016〕48号)	中残联	2016
《关于扶持残疾人自主就业创业的意见》(残联发〔2018〕6号)	中残联	2018
广东省法律法规、政策文件		
《广东省实施〈中华人民共和国残疾人保障法〉办法》	广东省人大常委会	2018
《广东省残疾人就业办法》(粤府令第264号)	广东省人民政府	2019
《广东省残疾人就业保障金缓减免管理办法》(粤残联〔2018〕63号)	广东省残联	2018
《关于促进残疾人自主就业创业的实施意见》(粤残联〔2018〕135号)	广东省残联	2018
《2018年全省社区康园中心项目实施方案》(粤残联〔2018〕60号)	广东省残联	2018
广州市法律法规、政策文件		
《广州市残疾人事业发展第十三个五年规划》(穗残联规字〔2017〕198号)	广州市残联	2017
《广州市残疾人联合会关于印发广州市残疾人就业创业扶助办法的通知》(穗残联规字〔2019〕4号)	广州市残联	2019
《广州市康园工疗机构及工疗人员资助标准实施办法》(穗残联规字〔2019〕3号)	广州市残联	2019

（一）广州残障就业保障模式多元发展，支持程度增强

广州市残障就业保障模式日益多样化，就业支持更充分，包括：支持性就业的发展为心智障碍群体探索出新的就业出路；更多社会组织参与到就业支持中，发展出社会企业等新形式；视障者的就业选择更丰富。同时，除了残保金制度，按比例安排就业单位获得更多的奖励和优惠。辅助性就业机构的管理也更规范，社区就业形式得到巩固。此外，因应零工经济发展，个体就业也得到进一步的发展。

根据政府干预力度和政策的保护力度，可将残障就业形式分为辅助性就业（庇护性就业）、社会企业、支持性就业、福利企业与盲人按摩、个体就业以及按比例分散就业。辅助性就业是由政府为智力、精神、重度肢体障碍等残障群体提供兜底性的保障，福利性质最高，因此积极保障程度最强。社会企业虽有一定商业成分，但以非营利性目标为主，重视社会目标的实现，营利所得主要用于支持残障者就业，积极保障程度较强。支持性就业，通过组建就业辅导员队伍为残障者和企业提供就业支持，使残障者顺利进入公开的劳动力市场，国家保障程度中等。虽获得国家优惠政策支持，但福利企业和盲人按摩整体以营利目的为主，偏向市场化。个体就业是一种灵活就业形式，残障者可通过个体经营获得收入，营利性较强，市场化程度较高。按比例分散就业则由市场按一定比例自主安置残障者就业，属于消极保障。

“十三五”期间，广州市残障就业保障明显增多，尤其是对支持性就业的政策支持，积极推动就业辅导员队伍建设，有效促进了残障者就业。同时，政府对按比例就业的鼓励措施增多，积极保护色彩越来越强；对个体就业创业的支持力度加大，个体就业从原来的消极保障变为积极保障，福利企业开办门槛降低、税收优惠增大，辅助性就业机构资助标准提高等积极保障措施越来越多，残障者就业支持的力度加强。社会企业也为残障者提供了新的就业机会。政策惠收对象从原来倾向就业能力强的残障群体如肢体残障者，扩展到处于劳动力市场边缘的心智障碍群体。总之，广州市残障就业模式呈现多样化发展，支持程度增强。

（二）按比例分散就业模式的积极保障色彩增强

按比例分散就业是残障就业的主要形式，“十三五”期间广州市灵活调整“残保金”制度，加大激励措施，进一步优化就业服务机构职能，提供更积极的就业保障。其间，按比例就业约4.2万人①，推算可得，占稳定就业残障者总数比重高达86.92%。可见，按比例就业在促进残障者稳定就业上成效突出。

1. 灵活调整就业保障金征收基准

2018年广州出台并实施《关于广州地区用人单位办理2018年残疾人就业年审

① 资料来源：由广州市残疾人联合会提供，研究者通过信息公开途径获得。

和残疾人就业保障金申报缴费的通知》（穗残联就业〔2018〕8 号），调高“残保金”的征收基准，鼓励企业招聘残障者，提供更多就业岗位。因应经济形势变化及受“新冠肺炎疫情”的影响，广州重新调低就业保障金基准，减轻企业用人的压力。

2. 就业激励措施增多

2017 年广州参考省级文件，在聘用残障者的前提下，对在职职工人数不超过 20 的小微企业免征残保金[①]，减轻企业经济压力，并为在岗残障者提供就业服务。2019 年市残联继续加大力度，给予社会保险补贴和无障碍设施改造补助[②]，鼓励企业安排残障者就业，提高招聘残障者的动力。

3. 明确残保金征收单位，优化残疾人就业服务机构职能

2018 年开始，广州落实省级文件将残保金交由税务机关征收，各区残疾人就业服务机构配合完成按比例安排残障人就业年审工作。[③] 此次征收改革，将征收工作转由税务机关负责，推动了就业服务机构职能优化，使其更专注于残障就业服务。

（三）以福利多元模式推动支持性就业发展

支持性就业是指由就业辅导员为残障者提供就业支持，使其尽可能参与到竞争性劳动力市场，在公开就业环境中稳定就业。[④]“十三五”时期广州加大购买服务的经费投入，并通过多元筹款方式，鼓励更多社会组织参与支持性就业，组建就业辅导员队伍，提高了心智障碍者获得就业服务的机会。

1. 加大经费支持，鼓励社会组织提供就业服务

2015 年广州开始摸索以购买服务的形式开展支持性就业服务；2016 ~ 2018 年，每年投入 200 万元支持心智障碍群体就业，每年服务 30 人，其中有 21 ~ 23 人可以公开就业，三年共推出 60 多人就业。[⑤] 其间，越来越多的社会组织参与到支持性就业中，为心智障碍者提供个性化就业服务，就业成效初显。

---

① 广东省残疾人联合会：《关于印发广东省残疾人就业保障金征收使用管理实施办法的通知》（粤财社〔2017〕51 号）。

② 广州市残疾人联合会：《广州市残疾人就业创业扶助办法》（穗残联规字〔2019〕4 号）。

③ 广东省残疾人联合会：《关于印发广东省残疾人就业保障金征收使用管理实施办法的通知》（粤财社〔2017〕51 号）。

④ 广州市残疾人联合会，http：//www.gzdpf.org.cn/Article/news1/12591.html，2021 年 3 月 22 日。

⑤ 资料来源：由广州市残疾人联合会提供，研究者通过信息公开途径获得。

2. 培育就业辅导员队伍，为残障者及企业提供支持

2015 年起，广州依托残疾人就业培训服务中心，每年培训 20 名专/兼职就业辅导员。“十三五”期间广州市继续加强支持性就业工作，并加大力度培养就业辅导员，减少残障者沟通障碍，为残障者与企业提供无障碍改造、就业指导、沟通联系、政策咨询等服务，提高心智障碍者就业成功率。

（四）降低集中就业的认证门槛，支持力度加大

1. 取消福利企业的认证，降低集中就业准入门槛

2016 年，广州市根据《民政部关于做好取消福利企业资格认定事项有关工作的通知》（民发〔180〕号）不再进行福利企业资格认定工作，将其并入集中就业单位。降低集中就业的准入门槛，鼓励更多企业提供就业支持。

2. 税收优惠增大

“十三五”期间，政府加大对福利企业的退税政策优惠力度。广州落实《关于促进残疾人就业增值税优惠政策的通知》（财税〔2016〕52 号文），安置残障人的单位可获增值税返还，（残障者）每月可退还的增值税限额按月最低工资标准的 6 倍降至 4 倍，加大支持力度，进一步减轻福利企业的经济压力，进而稳定残障就业。

3. 支持形式多元，支持力度加大

广州对福利企业的支持措施更加多样化，除了税收优惠，还给予社会保险费用补贴、无障碍改造补贴等支持。对集中安排残障者就业的企业（残障员工不少于 10 人，占比超 25% 且未享受其他社保补贴）予以补贴单位缴费部分；对符合条件的用人单位，给予就业环境无障碍改造、无障碍就业设备设施建设等一次性资金资助。①

（五）辅助性就业基础得以夯实，服务形式呈现多元化特征

1. 实现工疗站全覆盖，服务人数增多，减轻了家庭负担

辅助性就业是指为就业年龄段内有就业意愿且处于竞争性劳动力市场边缘

---

① 广州市残疾人联合会：《关于印发广州市残疾人就业创业扶助办法的通知》（穗残联规字〔2019〕4 号）。

的智力、精神和重度肢体残障者提供庇护性就业服务，是残障者从事生产劳动的一种集中就业形式①，康园工疗机构是最普遍的辅助性就业机构。截至2020年，广州市街镇工疗站覆盖率100%，且一定程度上兼顾了街镇的差异，如在残障人数多的街镇，增设站点，方便残障者就近参与；初步完成了市、区、街镇三级康园工疗网络布设和服务内容安排，包括市、区级康园服务中心12个，街镇工疗站184家，为5000多名残障者提供职业训练服务②，减轻了家庭照顾压力和负担。

2. 资助标准提高，保障力度加强

2019年广州制定并执行辅助性就业机构的资助标准实施办法③，加大了经费补贴、用地面积、学员津贴等保障力度。一是提高经费补贴，各区每年资助康园服务中心10万元运营费用，并根据实际调整工疗站运营费用，缓解经费紧张。二是扩大用地面积，康园服务中心建筑面积扩大到不少于100平方米，学员人均面积不少于5平方米，为残障者提供更宽广的服务场地。三是提高学员津贴，为每位出勤的学员发放20元/天的职业训练津贴，提高职训积极性。

3. 引入社工服务，服务更加专业化

积极引入社工服务，逐步完善人员配置。每个区康园服务中心配置工作人员4~6人，至少2名社工或康复师，为学员提供切合能力发展的个性化服务。此外，完善薪酬待遇，稳定专业队伍。由区康园服务中心结合资质、工作绩效等内容，按岗位、职级制定薪酬标准及绩效考核分配方案，参照每人每年8.12万元的标准配套经费。

4. 部分康园工疗机构就业功能加强，探索新的就业形式

广州市部分康园工疗机构开始加强就业服务的探索，曾一年选派1~2名学员外出就业。同时，也有工疗站创新服务形式，如线上预约洗车，前期工作人员为学员开展洗车培训，客户线上预约后，由学员组队上门洗车。这种新服务形式既实现了残障者劳动价值，也促进了社区融合，值得借鉴。

---

① 中国残疾人联合会：《关于发展残疾人辅助性就业的意见》（残联发〔2015〕27号）。

② 资料来源：由广州市残疾人联合会提供，研究者通过信息公开途径获得。

③ 广州市财政局、市残疾人联合会：《广州市康园工疗机构及工疗人员资助标准实施办法》（穗残联规字〔2019〕3号）。

（六）个体就业从消极保障到积极保障，从名义支持到事实支持

个体就业政策鼓励残障者自主创业，提升了残障者就业参与。“十三五”时期国家与广东省重视残障就业创业，出台了一系列的支持措施①，广州市在此基础上实施了《广州市残疾人就业创业扶助办法》（穗残联规字〔2019〕4号），积极保障力度加大。

1. 扩展了个体经营的机会

广州市落实优先照顾残障者个体就业的政策，扩展个体经营的机会。相关部门对登记经济实体或社会组织的残障者要给予优先登记等照顾；政府和街道办兴办贸易市场，设立便民服务网点时，预留给残障者的公益性岗位应不低于10%。② 广州市在多个方面为残障者创造便利条件，促进残障者个体经营发展。

2. 给予税收优惠和费用减免

广州市进一步提高税收优惠和资金补贴，包括：提高企业所得税、个人所得税和增值税优惠，免收行政事业性等费用；给予无障碍改造、购买社会保险、残障毕业生求职创业等补贴；提供小额贷款贴息和创业资金补助，如若企业满足由残障者自主创业、至少带动3名残障者就业、正常经营半年以上和购买社会保险四个条件，可一性次获得5万元资金资助。③

3. 重视农村残障就业创业扶持

就业作为农村残障者改善生活的基础，政府对农村残障就业创业给予高度的重视。在上述的就业创业支持基础上，广州市设立了种养（殖）业的农村残疾人专项扶持资金，为农村残障者提供多元的补贴。此外，还加强农村残障者实用技术技能培训、社会化生产服务，提高就业创业的成功率。

（七）就业服务与其他就业支持日益完备，受众面扩大

2016年以来，广州市就业服务发展迅速，尤其是职业技能培训、就业信

---

① 相关支持措施包括：中国残疾人联合会《关于扶持残疾人自主就业创业的意见》（残联发〔2018〕6号）；广东省《关于促进残疾人自主就业创业的实施意见》（粤残联〔2018〕135号）和《关于印发广东省进一步稳定和促进就业若干政策措施的通知》（粤府〔2020〕12号）。

② 广东省残疾人联合会：《关于促进残疾人自主就业创业的实施意见》（粤残联〔2018〕135号）。

③ 广州市残疾人联合会：《关于印发广州市残疾人就业创业扶助办法的通知》（穗残联规字〔2019〕4号）。

息网络化建设和社会组织的参与。《广州市残疾人事业发展第十三个五年规划》明确指出加大就业服务力度，加强就业培训服务。广州市残障就业服务主要是由市、区/县残联的就业培训服务中心①提供与管理，包括直接提供（就业培训服务中心）和间接提供（委托其他各种职业服务机构、教育机构或培训中心）。目前广州市有12个残疾人就业培训服务中心，包括市级1个、区/县级11个②。

1. 职业培训类型增多，获益群体扩展

广州市重视职业技能提升，不断丰富职业培训类型，并响应国家“互联网+”和“双创”工作号召，加大电子商务、创业等培训力度，扩展受益群体。比如2016年举办了涵盖17个专业的培训47期，2017年新增催乳师、中医药膳师、妇婴护理培训班，其中电商、微商创业班热度较高，共60名学员参加，并为农村残障者开设创业讲座课，建立了残疾人社交电商创业基地。③可见，“十三五”期间，培训类型增多，服务更多不同需求的残障群体，适应新时代发展要求。

2. 就业服务支持资金提高，就业培训、就业安全得到保障

“十三五”时期广州市加大就业服务的资金支持，为本地户籍的就业残障者购买意外险，保障了残障者的就业安全。同时，加大培训补贴，提升了残障者参加培训的热情。残障者每年可获得两次免费培训和一次培训补贴④，若参加创业培训和创业模拟实训并取得合格证书可分别获得1000元和800元补贴⑤。广州市对就业创业培训投入力度大，鼓励了有就业意愿和创业想法的残障者参加培训，提升就业技能。

3. 就业信息网络化建设完善，知晓度大为提升

“十三五”期间，广州市就业信息网络化的建设取得较大的进展。各个街

---

① 2014年起，原广州市、区/县残疾人职业培训中心和残疾人劳动就业服务中心合并组建成残疾人就业培训服务中心。

② 资料来源：由广州市残疾人就业培训服务中心提供，研究者通过信息公开途径获得。

③ 资料来源：广州市残疾人联合会，http://www.gzdpf.org.cn/Article/A2D/19212.html，2021年3月15日。

④ 广州市残疾人联合会：《关于印发广州市残疾人就业创业扶助办法的通知》（穗残联规字〔2019〕4号）。

⑤ 广州市人力资源和社会保障局：《广州市就业补助资金使用管理办法》（穗人社规字〔2019〕1号）。

道通过手机短信、微信群等途径更新各类职业培训、用人招聘等信息，及时传达给残障者。丰富和完善残障者获取就业信息的渠道，较大提升了残障者的信息知晓度。

4. 政府购买服务力度加大，培训质量得到提升

广州市加大购买服务力度，引入社会组织开展职业培训，提高了就业边缘群体参与职训的机会，培训质量有所提升。比如 2015～2018 年市福彩公益金在残障就业和培训项目上共资助了社会组织 8464 万元①，鼓励其为残障者提供更丰富的职业培训。此外，2017 年，为处于就业年龄段且未就业的重度残障者和三、四级精神、智力、多重残障者开展职业康复和职业适应性训练等服务的社会组织可以获得每人每月 600 元的标准资助②，改善了边缘群体的培训参与。同时，该办法鼓励为户籍残障者提供支持性就业、职业能力评估等创新优化服务，服务质量得到提升。

四　广州残障者就业支持政策的挑战

“十三五”期间，广州市残障就业政策日益完善，促进了残障就业发展，但也存在一系列的挑战：按比例就业的激励措施和岗位支持有待加强，支持性就业服务覆盖面不广，辅助性就业支持和人员配比有待完善，个体就业创业渠道和支持形式较少，就业辅导员队伍有待进一步发展，就业培训系统性与岗位衔接不足，就业导向型的社会企业缺乏政策支持。

（一）按比例就业的激励措施和岗位支持有待加强

“十三五”时期广州市按比例分散就业模式的积极保护色彩越来越强，用人单位招聘态度有所改善，但不管是公共部门还是企业，整体招聘意愿依然较低。其一，多元化、个性化的激励措施不足。现有促进措施中以残保金制度为主，并辅以其他零星的激励措施，对用人单位的吸引力不强。其二，激励形式以资金为

① 资料来源：广州市人力资源和社会保障局，http：//rsj. gz. gov. cn/ywzt/ztbd/rddbjyhzxta/content/post_ 2400788. html，2021 年 2 月 10 日。

② 广州市残疾人联合会：《广州市民办残疾人社会服务机构资助办法》（穗残联规字〔2017〕1 号）。

主，岗位支持不足。企业在聘用残障者过程中难免会遇到困难，但对企业的岗位支持不足，包括残障就业平权意识的宣传、沟通指引、岗位设计等。

（二）支持性就业服务覆盖面不广，受益群体局限

支持性就业在政策支持下得到一定的发展，为心智障碍群体提供更多元的就业选择。然而资金支持有限，服务覆盖面较小，受益群体较为局限。一方面，支持性就业要求就业辅导员前期提供紧密的个性化服务，如职前培训、工作匹配、岗位再设计等，需投入较高的时间和人力成本，而政府资金投入有限，就业辅导员的队伍发展受限。另一方面，国际上支持性就业服务对象为视障者、单亲妈妈等任何有就业需求的群体，而广州市目前主要面向心智障碍者，受益群体较为局限。

（三）辅助性就业支持不足，人员配比有待完善

辅助性就业是目前智力、精神等残障者主要的就业形式，然而广州市康园工疗机构“重托养，轻就业”，就业功能不突出。一是工作人员配比不合理。目前工作人员与学员配比为1∶10，即1个工作人员需要照顾10名学员。工作人员的工作量多且集中在日间托养服务，以康复和休闲娱乐服务为主，少有开展个性化就业服务。二是缺乏多元就业支持项目，服务形式单一，学员手工收入低。学员通过做手工可获得少额收入，每个月几十元到几百元不等，但手工货源难以稳定供应，尤其是资源缺乏的工疗站。此外，由于缺乏专业的就业辅导员和康复师为学员提供职业康复服务，少有学员能从工疗站进入劳动力市场顺利就业。

（四）个体就业创业渠道和支持形式有待完善

个体创业除了运营资金，也需面对技术、营销、管理等多方面的挑战。虽享有创业补助、税收优惠等资金支持，但残障者自主创业的渠道、支持形式等还有待完善。前期资金准备与技术支持仍是贫困残障者较大的创业障碍，亟须系统化、多元化的政策支持。

（五）缺乏专业的就业辅导员队伍，就业服务质量不高

不同残障者的就业需求和发展差异较大，意味着残障服务人员需具备多方

面的专业技能，如职业康复、职业生涯规划、多方沟通、心理辅导等。目前广州市就业辅导员队伍初步建立，而大部分康园工疗机构人员是非社工或相关专业背景，所掌握的就业支持技能不强，且流动率高，整体就业服务质量不高。

（六）就业培训缺乏系统性，岗位衔接不足

首先，职业培训类型增多，但整体就业培训内容零碎，缺乏针对性和系统性，未能回应残障者的个性化需求和市场岗位需求。其次，就业培训层次低，技术含量不高，未能提升整体职业技能水平。最后，职业培训与就业岗位的衔接不足。培训内容与岗位要求不匹配、就业渠道狭窄，残障者依旧难以就业。

（七）就业导向型的社会企业有一定发展，但缺乏政策支持

社会企业重视社会目标的实现，专注社会弱势群体的就业，通过提供就业机会和培训服务培养残障者的职业技能，提高劳动竞争力，从而促进就业融合、社会融合。当前社会企业在数量上有了一定的发展，但仍面临着诸多制约因素，获得支持少，仍处于起步阶段，亟须法律与政策的保障与扶持。

五　“十四五”时期广州残障者就业政策发展建议

我国进入全面建设社会主义现代化国家的新征程，“十四五”规划强调扩大公益性岗位安置，帮扶残障群体就业。根据广州市“十三五”时期残障就业状况，结合“十四五”时期发展的新要求，本文就多元的残障就业支持政策发展提出以下七条建议。

（一）完善按比例分散就业制度，增加激励措施

第一，加大岗位开发，推动党政机关、事业单位等公共部门招聘残障者，鼓励以上部门的工勤岗位优先招（录）聘和安置心智障碍者，提供更多就业机会。第二，制定个性化激励措施。根据企业规模以及用人单位的需求，优化残保金制度，提供就业岗位补贴、超比例奖励、社会保险补贴等多元的激励措施，并为实质录用残障者的企业提供就业培训等岗位支持。

（二）大力发展支持性就业，加强社会组织参与

首先，继续大力发展支持性就业，推行政府购买服务，鼓励更多社会组织参与支持性就业项目，探索适合本土发展的支持性就业模式。其次，扩大支持性就业服务的覆盖面，让更多处于就业年龄段且有就业意愿的心智障碍者可以接受服务。受益群体从心智障碍群体逐步扩展到其他就业困难群体。

（三）完善集中就业政策，支持社会企业的发展

继续完善和落实税收优惠等相关配套的支持政策，加大政府优先购买集中就业单位产品和服务的力度。同时，为鼓励产品创新和品牌设计，政府也应完善配套措施，并提供技术支持。鼓励新型集中就业形式的探索，扶持社会企业的发展，如优化社企的认定，确保其享受相应优惠政策，鼓励有序参与残障就业发展，丰富就业形式。

（四）强化辅助性就业功能，加大就业支持

第一，完善康园工疗机构的定位，强化就业功能，重视就业服务。第二，发展就业支持项目，加大资金、人力、物资、场地等支持，加快发展就业服务。第三，发挥社会专业力量运营康园工疗站，创新就业服务形式，丰富职业康复内容，提高学员就业意愿和积极性。第四，加强辅助性就业机构与企业的合作，鼓励企业为学员提供实习机会或实训基地，探索残障者从辅助性就业到公开就业的职业转衔服务及机制建设。

（五）落实各项创业扶持政策，促进个体就业多元发展

第一，继续完善残障者创业创新孵化机制，加强孵化基地建设，为残障人创业提供场地、技术、资金等支持。第二，继续落实税收优惠和创业担保贷款政策，加大创业补助、贷款贴息和无障碍改造补贴等金融扶持。第三，加强对农村残障就业创业的支持和引导，提高从事规模种养（殖）业的农村残障者专项扶持资金。鼓励残障者积极参与就业项目，如非物质文化遗产传承、振兴传统工艺、家庭手工业等，实现就近就业。第四，落实高校残障毕业生就业扶持政策，结合“互联网+”新形势，探索就业创业新模式，多渠道、多形式推动残障者就业创业。

（六）稳定残障就业服务队伍，加强就业辅导员队伍建设

第一，稳定残障就业服务人才队伍。加强残障平权观念的宣传，培养正向的残障服务理念，吸引更多社工、康复师等相关专业人士从事残障就业领域。同时，应加强服务人员的残障服务、就业支持等技能培训，提升就业服务质量。

第二，加强专业化、职业化的就业辅导员队伍建设。借鉴国内外先进经验，加大就业辅导员学科建设，储备人才，培育发展一批本土的就业辅导员。同时，应尽快制定就业辅导员的职业资格认证制度，建立职业准入机制，完善职业上升通道，提高社会认可度。另外，政府应加大购买服务力度，为就业辅导员提供更多的就业岗位，进一步加快就业辅导员队伍的建设。

（七）加强系统化职业培训，促进培训与就业衔接

职业培训是促进残障者就业的关键要素，加大系统化培训课程开发，提升职业技能水平和岗位适应性。加大对智力、精神、视力、多重障碍者等就业困难群体的职业培训力度，进一步完善残障者职业兴趣和能力评估，并为其提供有针对性、系统的职业培训，提高残障者与市场就业岗位的匹配度。鼓励社会服务机构为残障者制订个性化的职业培训计划，加强职业适应性训练，探索职业培训与上岗就业的衔接机制。

（审稿人：简荣）

社会治理篇

Social Governance

B.7

广州市域社会治理转型研究

赵竹茵　彭 林　孙占卿*

摘　要： 本课题针对中央市域社会治理现代化试点工作部署中的提升防控风险水平、服务群众水平两项指标展开研究，指出广州社会治理的多元化、智能化、法治化、多样化和制度化转型取向，提出引导扶持专业力量、完善新技术手段、加强执法保障、拓展社工组织作用和完善党建引领社会治理等治理建议。

关键词： 市域社会治理　风险防控　服务群众水平

一　研究背景

市域社会治理现代化是近年来我国城市治理改革的关键词。党的十八届三

---

* 赵竹茵，博士，广州市社会科学院城市治理研究所副研究员，研究方向为城市治理、地方法治；彭林，博士，广州市社会科学院城市治理研究所副研究员，研究方向为政治动员、公众参与；孙占卿，博士，广州市社会科学院城市治理研究所副研究员，研究方向为传统政治、公共安全。

中全会、十九届四中全会和十九届五中全会等重要会议对社会治理均有重要工作部署，就城市治理多次提出市域社会治理现代化。在深圳经济特区建立40周年庆祝大会和中央全面依法治国工作会议上，习近平总书记就市域社会治理做出重要指示。广州是国家中心城市，实际管理人口超过2200万人，经济社会结构复杂。全国在市域社会治理现代化试点工作中，面临较大压力和挑战。广州要坚决贯彻落实中央全会和习近平总书记对广东的重要指示、批示精神，在治理理念上，树立全周期管理意识，努力走出一条符合超大型城市特点和规律的治理新路子。

本课题围绕中央市域社会治理现代化试点工作部署展开研究，总结提炼近年来广州社会治理转型成果，探讨其中的优化空间，据此提出探索市域社会治理转型、走出超大型城市治理新路子的对策建议。

二　研究范围、方法和视角

在中央关于市域社会治理现代化试点的工作部署中，与人民群众工作生活密切相关的两个指标是提升市域防控风险与服务群众水平（见图1）。在提升防控风险水平方面，课题组选择矛盾冲突相对较为集中的纠纷化解、公共安全领域展开研究，在2020年9～10月，委托专业机构通过在线方式面向广州市民开展问卷调查，共收回2000份有效问卷。在提升服务群众水平方面，从人口、城市和环境方面选择外来人口融合、垃圾分类和城市更新三个领域进行研究，在2020年5～9月，通过访谈方式深入基层社区开展调研，共计开展访谈活动18次，访谈对象41人。通过对以上治理领域的分析研究，力图呈现当前广州社会治理的创新模式及现代化转型趋势。

市域社会治理涉及国家与社会互动，其中的重点是公共权力在党、政府、企业、非营利部门及民间组织间的分配和流动。尽管在城市治理中存在仅依靠国家资源和强制力就能推行政策的情况，但大部分公共政策的制定和执行还是要依托于良性的国家社会互动。为此，本研究以有利于呈现治理主体多元性的国家社会互嵌理论为分析视角，通过观察治理过程中的国家与社会力量的互动来分析广州市域社会治理的变化和发展。

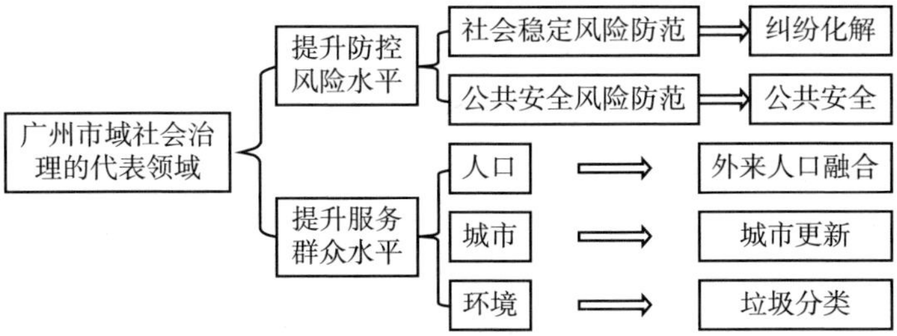

图1　研究范围

三　广州市域社会治理转型实践

基于国家与社会互嵌视角，在广州不同领域的社会治理中，公权力体系和社会领域交互协同，进行了地方治理创新探索，呈现出治理多元化、智能化、法治化、多样化和制度化的转型。

（一）支持专业社会力量参与纠纷化解的多元化实践

纠纷化解机制建设是提升市域社会治理风险防范水平的重要措施。在我国不同类型的纠纷化解机制中，司法体系中的法院是应对纠纷的专业部门。随着经济社会发展，广州法院案件受理数量持续上升，各级法院办案法官相对不足，以人民法院为核心的纠纷化解机制面临巨大压力和挑战。

2019 年，广州法院受理、办结案件数量居全省法院首位（见图 2）。全市法院受理案件 623642 件、办结 554296 件，法官人均结案 450 件，同比分别上升 34.4%、36.6% 和 26.1%；2020 年 1～8 月广州中院商事审判庭新收案件 2692 件，审结 2230 件，同比分别增长 24.17%、44.62%。未来法院收案数量将持续增加，如果保持目前的办案模式和流程，法院的收结案比将不可避免地呈现下降趋势。

当前法院面临的压力要求市域社会治理超越以司法为中心的纠纷化解观念，将纠纷化解作为社会治理问题予以全面应对和考量。调查显示，有相当高比例的市民面对债务纠纷时具有寻求律师帮助或者通过仲裁解决的意向（见

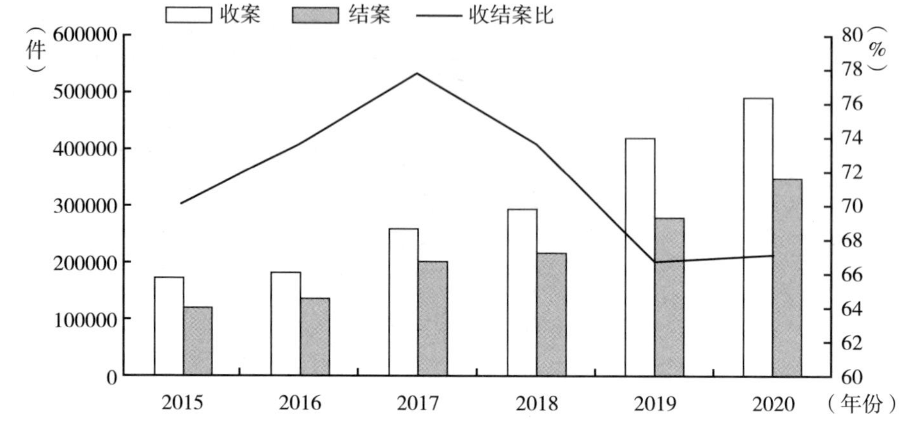

图 2　2015～2020 年广州两级法院办案基本情况

注明：由于法院在年底会突击结案，本研究呈现历年 1～8 月的收案结案情况。

图 3)，这在一定程度上意味着对纠纷解决方式进行社会化引导，以问题为导向全面拓展社会领域的纠纷化解资源运用在广州具有一定的群众认识基础。

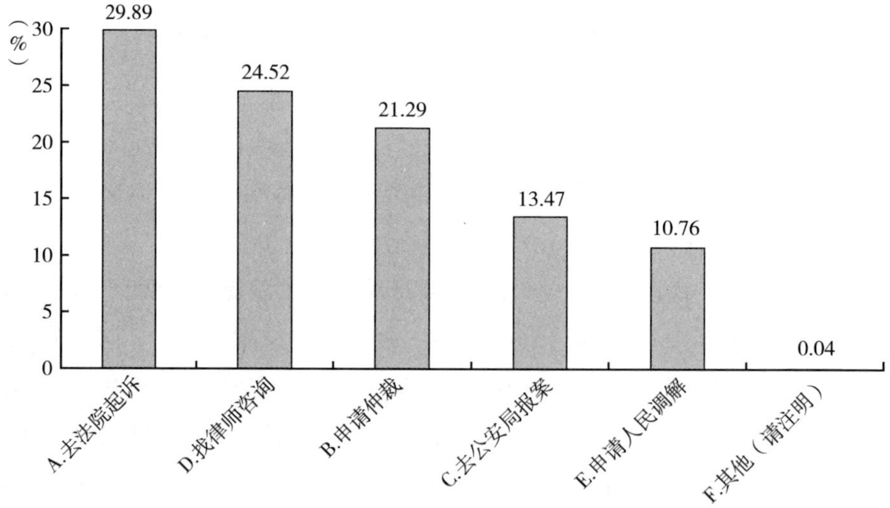

图 3　如果您有一笔债权无法收回会如何处理

面向社会领域的广泛纠纷化解资源，广州近年来开展了支持专业社会力量参与纠纷化解的多元化治理转型实践，在律师参与、仲裁和专业调解机构建设等方面做出探索。

关于律师参与社会治理，广州在省内最早开展一村（社区）一法律顾问工作，参与律师最多、财政投入力度最大，已于2018年实现全覆盖。根据2017年最高人民法院、司法部文件，广东被纳入律师调解试点地区。2018年3月市司法局印发《广州市律师调解工作办法（试行）》，对律师调解工作做出具体规定。2018年市中院、司法局共建的律师调解室揭牌成立，标志着广州律师参与纠纷化解工作又添新平台。

为了促进仲裁服务专业化，中国广州仲裁委员会（以下简称广仲）自2011年起成立金融、知识产权、国际航运、建设工程仲裁院；为服务粤港澳大湾区和“一带一路”建设，设立中国南沙国际仲裁中心，联合港澳仲裁界共同推广国际商事仲裁制度；2018年广仲牵头设立的粤港澳大湾区仲裁联盟正式成立，在南沙设立联盟秘书处；为进一步促进业务国际化发展，广仲于2019年成立塞浦路斯仲裁调解中心。

在商事调解方面，2020年9月广州国际商贸商事调解中心成立，性质为民办非企业法人组织，为商事纠纷主体打造了一条不用打官司，同样享有公信力，效率更高、成本更低的纠纷解决渠道。广州市两级法院受理的一、二审民商事案件，经当事人同意，均可由调解中心组织调解，达成的调解协议可申请司法确认，具有调解协议强制执行力。

（二）依托新技术手段开展治安治理的智能化转型

为了解市民的社会治安认知和态度，课题组对在广州生活的居民开展问卷调查。从社会治安公众满意度情况看，广州没有急迫、突出的公共安全隐患。但是相比2019年同期课题组的调查结果，居民的社会治安心态相对消极（见图4），新冠肺炎疫情和经济下行带来的对未来的不稳定预期可能会在一定时间内持续。

广州社会治安状况获得高满意度认可。在对广州社会治安情况满意度的调查中，98%的受访者对广州社会治安情况选择基本满意及以上，很满意的选择比例达到25%，仅有2%的受访者选择了“不满意”（见图5）。

相对2019年课题组调查的同期数据，居民对社会治安的满意度没有发生大幅度变化，但是表达不满意的比例有较小幅度增加。

关于未来可能影响广州公共安全的问题，突发治安事件位列第五，没有进

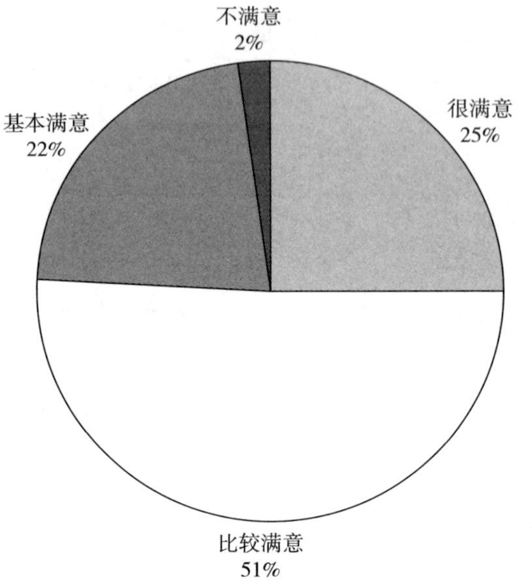

图 4　您对广州社会治安情况的满意程度

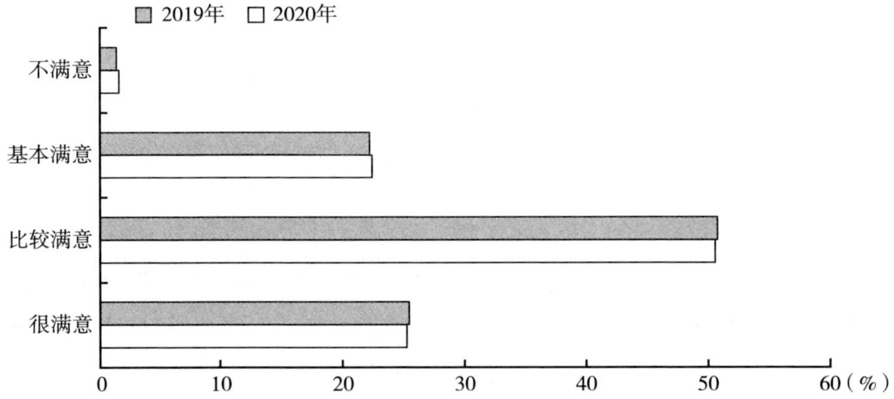

图 5　2019 年、2020 年广州社会治安满意度对比

入前三。就未来两年可能影响广州社会发展的公共问题（最多可选三项），653 名受访者选择了疫情等公共卫生事件，462 名受访者选择了自然灾害，显示新冠肺炎疫情给市民带来深刻影响。另外，474 位受访者选择了“大规模失业”，显示相对于社会治安问题，受访者对经济形势更为担忧（见图 6）。

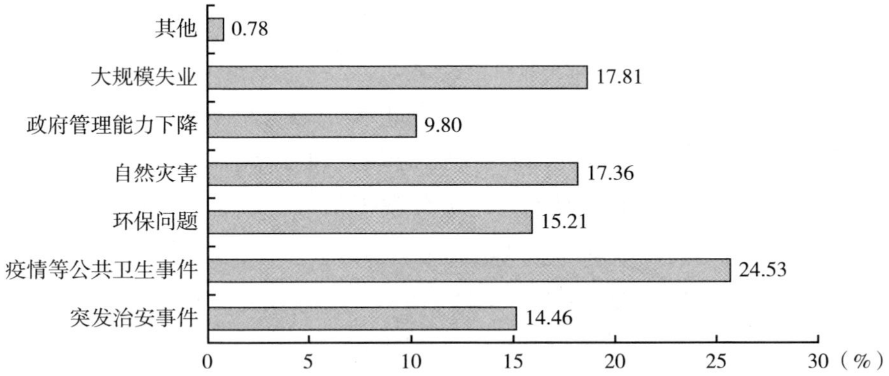

图6　自2020年起未来两年可能影响广州公共安全的风险（选择三项）

近年来广州不断创新工作方法，加大治安治理力度，市民对广州社会治安的满意度不断提升。在2019年度广东全省平安建设（综治工作）考评中，广州首次排名第一，获得优秀等次。在社会治安治理中，广州运用新技术手段积极吸引群众参与治安联防，完善群防共治工作机制，构建城市安全防控的全民战争。

打造“广州街坊”命名的群防共治队伍，运用微信公众号进行广泛宣传。从2018年开始打造以“广州街坊”命名的群防共治队伍，利用同名微信公众号进行群防技能培训、反恐防爆知识培训，开展精神卫生、地铁安全等培训和基础知识问答，取得显著效果。截至2019年10月，“广州街坊群防共治”微信小程序的注册人员达131万余人。当前“广州街坊”平台的“白云快递小哥”成为全国知名禁毒品牌，在2016～2020年协助公安部门直接缴获各类毒品1332.4公斤①，破获重大毒品案件36宗。

以大数据技术手段加强支撑相关监管。在出租屋普遍安装高清摄像设备和蓝牙门禁系统，使出租屋管理、综治维稳和公安部门精确采集外来人员信息，为精细化管理创造便利条件。在白云区某外来务工人员和出租屋密集的城中村，自2018年安装摄像头、给所有出租屋安装蓝牙门禁后，该村犯罪率实现“断崖式”下降，刑事犯罪比2017年下降70%，严重犯罪基本绝迹，较为常见的盗窃案件也大量减少。

① 统计数据截至2020年7月。

（三）"行政+法治+社会动员"垃圾分类法治化实践

从2006年开始，"垃圾围城"危机在沿海发达城市不断出现，成为中国城市环境治理的重要议题。近年来，垃圾分类受到习近平总书记的关注，被上升到绿色发展和"新时尚"高度。垃圾分类不仅考验城市治理的工程技术能力和行政管理能力，还涉及广大城市居民生活习惯、公共观念和社会行为的改变，是城市社会治理的重大挑战。

2019年广州城市生活垃圾产生量为876吨，排名全国第三，占全国总产生量的2.26%。广州的城市垃圾产量增加速度较快，2019年垃圾日产量为2001年的近7倍，为2010年的近2倍。广州是国内最早开始垃圾分类的城市，也是最早对此进行系统性制度建构的城市。整体来看，关于垃圾分类，广州形成了"行政+法治+社会动员"治理模式，呈现出地方治理的法治化转型实践。

在行政体系建设中，形成以固废办为核心的跨部门协调机制。垃圾分类行政管理体系的核心是市长牵头的广州市固体废弃物处理工作领导小组，日常工作由设在市政府的固体废物处理办公室牵头。全市22个职能部门是固废办成员，市政府秘书长担任主任。通过设立固废办和联席会议制度，广州形成了强有力的垃圾分类跨部门协调机制，旨在克服长期存在的职责分散、执行力弱等问题。

在法治体系建设中，率先推行依法强制分类。广州注重将垃圾分类纳入法治化轨道，通过出台强制性规范引导社会行为。2011年颁布实施的《广州市生活垃圾分类管理暂行规定》，是我国首个专门针对垃圾分类的规范性文件；2015年修订出台的《广州市城市生活垃圾分类管理规定》增加对不分类行为的罚款条款，让广州成为国内首个以"准立法"形式强制开展垃圾分类的城市。围绕上述规定制定的《广州市购买低值可回收物回收利用管理暂行办法》《广州市餐饮垃圾和废弃食用油脂管理办法（试行）》《广州市居民住宅装饰装修废弃物管理办法》《有害垃圾收运处置工作指引》《生活垃圾分类设施配套及作业规范》《广州市生活垃圾分类运输作业规定》等，进一步细化了不同利益相关方的责任和义务，完善了针对垃圾分类的法治体系。

广州主动开放垃圾分类的决策和执行过程，建立制度化的公众参与机制。其中较有代表性的制度成果是2012年成立的广州市城市废弃物处理公众咨询监督委员会，通过人大代表、政协委员和技术专家与普通公众代表的参与，增加了公众协商渠道，提高了政策透明度和公信力。在持续公众参与鼓励中，专业环保和回收企业不断出现，并催生了关注垃圾分类议题的专业环保社会组织，其中一些社会组织通过多种渠道参与垃圾分类的监督和决策。

（四）“专业社会组织+行政管控”的外来人口融合多元化治理

根据2019年官方统计数据，广州市常住人口1530.59万人，户籍人口953.72万人，户籍人口比例为62%，外来人口比例将近40%。但是根据课题组对基层实务工作人员访谈，广州外来人口所占比例远远高于上述数据。以白云区为例，“有一年工作生活轨迹”的人口在2020年上半年达到1370万左右，许多镇街、社区人口倒挂现象普遍。让这些外来人口尤其是相对底层的劳动者融入城市，对于广州的社会稳定、经济繁荣意义重大。

广州外来人口管理部门有意识地引入专业化社会组织参与治理，进行社会治理模式多样化探索。早期主要是支持社会组织在外来人口聚集的街镇开展外来务工人员社会和政治融入的介入性研究和专项公共服务。2016年1月颁布的《广州市来穗人员融合行动规划（2016～2020）》明确提出要建立城区+街道+社区+社会组织的“1+3”联动模式，为社会组织参与城市融合提供了直接的制度支持，该计划引入专业社会力量创建社区融合试点项目，将社会组织作为城市融合工作的重要参与方和实施主体。

广州介入服务外来务工人员议题的社会组织大致分四类。一是支持性机构，主要是基金会和一些注重孵化的枢纽型社会组织，包括绿芽基金会、千禾基金会以及春桃慈善基金会等，还包括工、青、妇等群团组织孵化的专门社会组织。二是社会工作组织，当前广州的社会工作组织往往具有高校背景，其中部分参与外来人口治理的组织属于市供销社系统。在外来务工人员领域较有代表性的是优势力社会工作发展中心、广州天益服务中心、恒福社会工作服务社等。三是完全以服务外来务工人员为宗旨的民间社会组织，其特色是为外来务工人员提供公共场域的社会心理支持和维权服务，以及培育他们的自组织和自治能力，其中的代表是法泽城市与公益研究中心、绿石头社区公益服务中心和映诺公益服务促进会等。四是外来务工人员自发建立的社会组织，包括行会、商会等精英型社会组织和基于乡缘和行业网络的自组织，如三元里的荆楚印刷工党支部、海珠区幸福平安凤阳联谊会和白云区的广东苗乡亲友联谊会等。

虽然以外来务工人员城市融合作为工作内容的社会组织很多，背景存在明显差异，但它们的工作方法大体接近。

一是以服务促进参与。典型做法分为以下步骤：第一步是调查外来务工人员的基本关切，往往集中在子女教育、就业和创业等方面；第二步是将这些关切转化成公共服务项目，并免费对外来务工人员开放，将他们带入具有公共性的社会关系网络和场域；第三步是发掘和培养服务对象中的积极分子，将其发展成志愿者甚至工作人员，将被帮助者、获利者变成助人者、利他者；第四步是鼓励和支持骨干积极分子开展面向工友的公共服务或支持他们建立其他类型的自组织。

课题组访谈的四个开展外来务工人员服务的社会组织，有三个都开展了儿童早教项目，打工妈妈是他们发掘动员骨干志愿者的重点群体，每个组织都取得了一定的成功。最成功的案例是一位曾经作为服务对象的打工妈妈成为志愿者，后来受社会资助参加专业早教培训，最后独立推出自己的早教社会企业，开始面向工友提供公益服务。另外一类典型案例是通过服务项目发掘骨干志愿者，成为其他志愿者组织的积极分子，甚至组建新的社会组织。

二是组织替代。大量外来务工人员通过亲缘和乡缘网络进入城市，这些传统组织网络为外来务工人员提供就业机会、公共服务甚至安全庇护，但这种传统社会关系也会导致人身依附，强化外来务工者同城市公共资源和公共制度的隔绝，甚至形成对抗性行动的动员结构，激发族群、劳资和官民冲突。社会组织采取的普遍策略是培育具有“现代性”的外来务工人员自组织，替代封闭的传统自组织网络，促进外来务工人员融入城市公共生活。

社会组织提供的组织替代方案多种多样，包括各种兴趣小组、互助小组、志愿者组织等，也包括外来务工人员党支部。一些社会组织培育孵化的外来务工人员组织，通过注册成为正式的民办非企业单位或社团，提供多样化的外来务工人员参与公共治理渠道。在三元里来穗人员城市融合试点中，法泽城市与公益研究中心进驻社区，通过“五个一”工程①建设，培养了一批社区积极分子，促进了外来人口城市融合。

① “五个一”工程是指“一个融合服务站、一所融合学堂、一个来穗人员党支部、一个社区共治议事会和一支来穗人员志愿服务队”。

（五）以强化基层党组织的组织力开展城市更新

城市更新是广州近年来城市发展的中心工作，2020 年 8 月召开的中共广州市委全会将其列为城市发展“引擎”。近年来，广州党政体系不仅通过常规工作部署履行领导职责，还通过基层党建等方式参与城市更新，使党组织不仅作为领导资源，还作为直接参与主体，为较为复杂的城市更新问题提供成功治理范例。① 其中以强化基层党组织的组织力开展的大源村城市更新，体现了基层党组织在社会治理中的独特作用和制度化实践探索。

白云区太和镇东南部的大源村是广州最大的“淘宝村”。由于近年来城镇化急速发展，原有的以村级党组织、村民委员会为核心的治理体系难以回应迅速增加的社会需求，而城镇化的科层制行政管理机制尚未建立，使当地城市更新面临治理资源不足的困境。2018 年，中央巡视组反馈广州存在城中村改造迟缓，环境脏乱差，犯罪率高现象，大源村被列为重点整治村。

2019 年初，广州市委书记张硕辅率多名市领导和市直单位负责人前往大源村开展调研。与会者认为，大源村的突出问题是基层党组织的组织力不足、党员干部能力素质不足，社会治理难度大等。张硕辅提出：一是坚持规划引领，科学编制发展规划，确立未来发展愿景；二是创新基层治理体制机制，学习借鉴北京“吹哨报到”改革经验，推动管理重心下沉；三是提升党组织的组织力和战斗力，把党的政治优势、组织优势转化为村社治理优势；四是市、区、镇、村四级要上下联动，有关部门要充分发挥职能作用，在各项工作中形成示范。为了强化基层党组织的组织力，大源村的基层党组织参与社会治理开展了制度化探索。

一是强化落实“两代表一委员”机制。广东省委常委、广州市委书记张硕辅，广州市委常委、市委秘书长潘建国，广州市应急局副局长、党组成员张岳炎，市区党代表、区人大代表白云区委常委、区委组织部部长张建如，区党代表、区人大代表白云区大源街党工委委员、书记刘导平等人，成为大源村的“两代表一委员”联络人，其履职信息在村党群工作站信息栏公示。这一机制旨在使广州党政体系处于相对较高权力位阶的委员、代表履职从“两会”延

① 罗干：《政党制度化与国家治理：后发展国家政治发展的理论观察》，《江苏社会科学》2016 年第 3 期。

伸到平时，从会场延伸到基层社区。

二是市、区两级分别派出第一书记脱产驻村。广州市派原市公安局治安管理支队副队长洪润苗、白云区派原区法院彭志良法官担任第一书记，力求发挥第一书记“头雁”效应。为深入基层了解情况，洪润苗将个人微信二维码张贴到辖区网格公示牌。设立村“大党委”，推动“一经济社一支部”全覆盖，优化和完善村党委、23 个经济社党支部，把区域内 18 个“两新”党组织和 3 个社区党组织纳入村党委管理，消除党建空白点。推行“四议两公开一报告”制度，各经济社包括村里的重大事项，需要先由党组织提议、“两委会”商议、党员大会审议、村民（代表）大会决议，重大议题提交党员大会审议前，还要向镇党委报告，并召集经济社党员和村民代表充分讨论酝酿。

三是开展“有呼必应”的资源下沉。建立党群服务中心办事大厅，为村民提供公共服务；在全村划分出 111 个网格、212 个党员责任区，每个党员均去网格报到；上级部门下沉的城管 20 名、公安 8 名、经济管理 10 名工作人员，归村党委统一调配；赋予村向镇、区部门的“呼叫权”，规定区直部门考核中的 50% 由镇党委打分，使考核从过去的“上级考核下级”变成“双向测评”，使机关和基层群众、党员和干部的位置关系发生转变。

在城市更新涉及的环境整治和产业升级中，大源村成效显著。在沙坑涌整治中，各方合力清理“散乱污”企业、拆除沿途违法建筑，拆迁面积达 3 万平方米，使人居环境大为改观。关于村内 5000 多家电商经营户，创新“党建 + 社建”产业升级模式，吸纳个体电商户进入产业园并开展孵化转型，打造现代物流总部基地。

四　广州市域社会治理转型中的问题

上述治理转型实践整体呈现出治理资源从以党政体系为中心的国家向由个人、社会组织和专业力量形成的社会领域流动的趋势。这体现出社会治理不是某个单一党政部门的工作任务，不是党政体系封闭运行就能够实现的政治目标，它是需要统筹不同领域的治理资源，广泛吸纳社会力量参与开展的综合治理活动。尽管取得了较为显著的成效，但目前广州社会治理转型中仍存在一定的问题，需要在实践中予以优化和完善。

（一）制度供给没有取得充分公众认知，社会治理的供求需要进一步黏合

权力部门主动做出的制度供给，没有获得普遍的社会公众认知，导致发挥作用较为有限。以纠纷化解中社会力量参与的重要渠道社区法律服务为例，有34%的受访者表示没有听说过，“只知道社区法律服务，但不知道具体是做什么的”占29%，二者之和为63%，这意味着大部分公众对于社区法律服务没有基本认知；表示“曾经去咨询过，有帮助”的占10%，“曾经去咨询过，没有帮助”的占4%，二者之和为14%，显示有一定的社会公众接受了社区法律服务；认为社区法律服务“只做法律宣传，没有其他法律服务”的占23%，表明近1/4的社会公众对于社区法律服务的作用具有认知，但认知不够充分（见图7）。

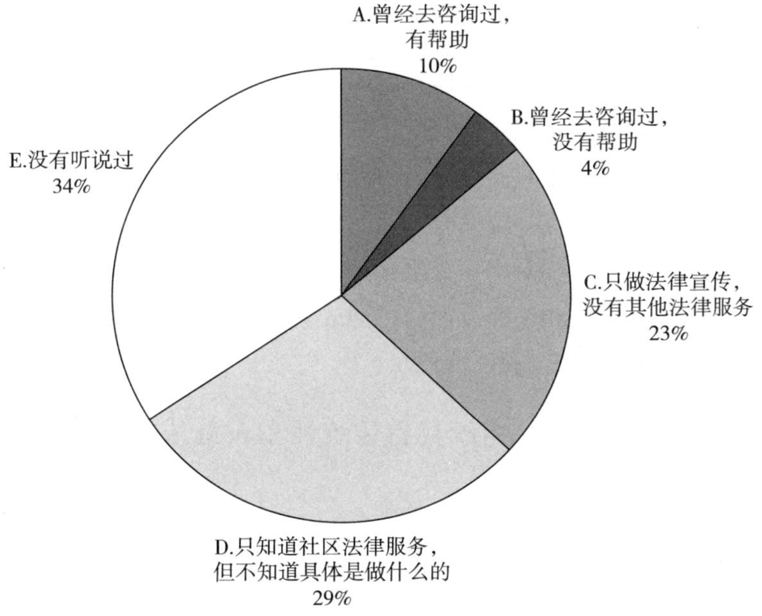

图7　您对社区法律服务的看法

（二）智能化转型中存在一定的信息壁垒，并且在人文关怀上有待提升

公共服务智能化转型探索给市民的工作生活带来便利，但同时也出现一些问题。一是不同地区、部门之间仍然普遍地存在信息壁垒现象。在智能化建设中，没有实现全市一盘棋，甚至在同一系统内部的市级、区级部门之间也存在一定的信息保护现象，导致工作重复，没有实现智能化、数据化的信息共享所带来的便捷和效能提升。二是在推进相关智能化办理业务的同时，在一定程度上忽视对老年人、残疾人等特殊人群的关怀，尤其在疫情之后部分公共服务领域开展的预约前置，放号数量有限，对没有预约的市民不提供现场服务，影响了服务效能，对于特殊人群没有体现出充分的人文关怀。

（三）行政执法有待加大力度和拓展方向，支撑相关强制性规定的落实

在部分社会治理领域，行政体系的职能作用发挥相对不足。以垃圾分类为例，一是执法力度不足。现有的制度、规则没有得到充分的执行；垃圾分类厂等公益性基础设施建设不足，没有为已经制定的法律规则和社会动员提供有效支撑。二是执法方向存在一定偏差。比如垃圾分类执法不应当局限在面向广大市民的管控，还应当包括对承担分类运输、接收垃圾的企事业单位进行执法，重点应当放在对体制内相关职能部门贯彻落实垃圾分类工作不力、履职不足的惩戒或者否定性评价中。

（四）有影响力社会组织具有传统性和人身依附性特点，在社会治理中稳定性有待观察

社会治理中较成功的社会组织时常具有传统的人际关系网络特征，其成功往往具有偶然性。以三元里松柏岗外来人口融合为例，其重要的组织网络荆楚党支部的影响力和合法性除了来自官方支持外，也来自领导人的个人影响力。荆楚党支部是基于同乡、同业网络形成的自治组织，具有显著的传统乡缘组织特点，带有封闭性和排外性，社会组织法泽能够进入其中开展工作，其中的一个重要原因是党支部书记个人的支持和信任。类似的社会组织高度附着在传统

乡土社会网络中，凝聚力高度依赖社会精英的个人威望，其中甚至存在人身依附。在现代社会治理中，由外来组织动员起来的参与式治理是否会与基于传统族群、依附关系形成的自治模式产生冲突，还有待进一步的观察。

（五）以党建引领模式开展的治理创新，需要后续常态化的机制支持

以强化基层党组织的组织力开展城市更新，使基层党组织从领导资源转化成为实际治理资源。以大源村治理为例，政治体系作为超强治理力量高效弥补了当地治理缺位，形成以基层党组织为核心的治理体系，建构了治理秩序，较快较好地取得治理成效。但是在这种治理体系中，除了基层党组织的党员作为人力资源之外，直接控制的治理资源相对有限。尽管党组织由于其组织性和号召力，通过对体制内外党员的纪律要求实现了治理权力广泛渗透、迅速回应和及时创新，但是在为期三年的大源村治理结束，部分派驻、下沉资源即将撤离时，以党组织为直接治理主体的状态需要后续常态化的治理体系予以衔接，为此广州设立了城镇化的行政治理体系大源街道。这体现出，党建引领社会治理的情况，需要有后续的机制建设予以衔接。

五　广州市域社会治理转型的对策建议

尽管以上社会治理实践发生在不同领域，但是作为治理方式它们可以超越具体领域广泛应用。基于广州社会治理转型的成果及其现代化取向，当前超大型城市治理应当探索以国家和社会两种力量相对均衡的模式展开，将“政社协同”作为超大型城市的治理路径。为了充分发挥社会力量作用，促进权力体系和社会领域的紧密结合，本文基于广州市域社会治理转型中的问题，提出以下对策建议。

（一）强化专业社会力量参与治理的引导扶持

一是制定专业的产业政策、人才政策，引导扶持专业力量参与社会治理，加大专业力量投入社会治理的吸引力。二是通过党政体系确认专业力量参与社会治理的权威性，通过官方授权、确认等方式赋予专业力量社会治理结论的效

力。三是加大专业力量参与社会治理宣传的力度，引导社会公众在相关事务中选择专业力量提供服务，实现公共治理资源的有效分流。四是通过业务学习、年度审核等方式加强对专业力量的引导培训、监督审核，提升专业队伍的业务能力和工作纪律，确保专业力量能够胜任相关工作。

（二）依托新技术手段吸纳社会力量参与社会治理

一是充分运用多元化、多层次的数据，如城市公交、城市外卖、人口流入等数据，加强数据的集中统一管理和挖掘，为掌握社会基本情况和开展治理活动提供参照、参考和指导。二是加强信息化建设和智能化建设，提升智慧城市社会治理水平，加强不同政府部门之间的数据流通和信息流通，以及全市一盘棋的信息化治理格局，防止不同部门之间的数据孤岛现象，提高数据的流动性和交互性，加强城市治理。三是针对应用新技术有困难的特殊人群制定关爱通道，取消急迫性公共服务的预约前置限制，在新技术的应用过程中体现城市治理的人文关怀。四是加强数据保护，防止公共信息泄露，引发市民个人和城市管理的安全隐患。

（三）为法律法规的落实提供执法保障

一是清理现有治理规则体系，撤销或废止不具备执法效力的惩戒性制度规则，将其修改成为引导性、鼓励性的规范。二是对于社会治理中常见的违法行为，加大执法威慑，加强执法宣传，通过开展重大执法活动启动仪式，深化威慑机制，营造良好的法治环境。三是通过信息技术等方式强化执法能力，做好信息采取、执法流程记录，确保依法执法。四是加大社会动员力度，促进法治宣传，提升社会公众对相关法律法规的认知度、接受度。

（四）拓展社工组织对行政管控治理的补充

一是行政主管部门通过购买服务等方式，与具有较丰富社区组织培育和社区工作经验的本地甚至外地社会组织合作，让社会组织在行政管控范围事项中扮演支持性机构的角色。二是民政、社工等部门投入更多资源到社区自组织的孵化和培育工作上，使这类组织在政府指导下发掘和培育长期关注社会治理问题的社区组织，将更多社工组织发展成为有力的社会治理资源。三是引导社工组织朝专业化方向发展，相关部门在与社工组织合作中，仅要求社工组织提供协议范围内服务，避免社工组织纠缠于行政性工作中，影响专业性工作开展。四是加强对社工组织的考核监督，通过购买协议约定考核评估客观量化指标，实现监督考核客观公正。

（五）通过党建引领方式破解社会治理难题

一是根据情况复杂、处理急迫等标准，由城市治理主管部门梳理出难度较大的社会治理问题。二是市、区等不同级别的党组织根据工作范围选择代表性案例，在固定期间内通过开展基层党建方式作为治理主体实际参与治理之中。三是以治理难题得到破解、建成可以持续回应治理问题的常态化治理体系双重标准对党建引领治理方式进行评估。四是加强对党建引领方式破解社会治理难题的经验积累和广泛传播，扩大社会公众对党组织作为社会治理资源的认知。

参考文献

〔美〕戴维·莫斯：《别无他法——作为终极风险管理者的政府》，何平译，人民出版社，2014。

〔美〕理查德·博克斯：《公民治理——引领21世纪的美国社区》，孙柏瑛等译，中国人民大学出版社，2013。

赵鼎新：《社会与政治运动讲义》（第二版），社会科学文献出版社，2012。

王绍光：《治理研究：正本清源》，《开放时代》2018年第2期。

罗干：《政党制度化与国家治理：后发展国家政治发展的理论观察》，《江苏社会科学》2016年第3期。

俞可平：《中国公民社会研究的若干问题》，《中共中央党校学报》2007年第12期。

吴祖泉：《解析第三方在城市规划公众参与中的作用——以广州市恩宁路事件为例》，《城市规划》2014年第2期。

唐燕、杨东、祝贺：《城市更新制度建设》，清华大学出版社，2019。

黄冬娅：《城市公共参与和社会问责——以广州市恩宁路改造为例》，《武汉大学学报》2013年第1期。

Migdal, Joel S. Strong Societies and Weak State. *State-in-Society*: *State-society Relations and State Capabilities in the Third World*. Princeton University Press, 1988.

Migdal, Joel S. *State in Society: Studying How States and Societies Transform and Constitute One and Other*. Cambridge University Press, 2002.

Mann, Michael. *Sources of Social Power*, Volume 1. *A History of Power from the Beginning to A. D. 1760*. Cambridge University Press, 1993.

（审稿人：王首燕、麦劲恒）

B.8

广州新时代社会组织发展研究报告

黄伟民　王淑君　何莉丽*

摘　要：　广州在探索“中国特色社会组织发展之路”实践中形成了丰富经验，为新时代社会组织发展提供重要参考样本。广州通过实行党建引领、完善法制保障、健全组织机制、树立需求导向、坚持放管并重、聚焦文化积淀等措施推动社会组织发展，社会组织在民生建设、营商环境构建、社会治理、脱贫攻坚、粤港澳大湾区建设等方面发挥重要作用。为进一步推动广州社会组织健康有序发展，本研究从三个方面提出对策与建议。第一，加强综合执法工作，增强管理力量。第二，建立健全社会组织专业人才培养体系，加强党对社会组织专业人才队伍的政治引领。第三，增强社会组织自治能力，提高社会组织发展质量。

关键词：　社会组织发展　社会组织　社会治理

一　研究背景

进入新时代以来，中国社会组织发展成效显著。据统计，2012 年全国共有社会组织 49.9 万个，2015 年增长到 66.2 万个，到 2020 年数量进一步增长到 89.95 万个，相比于 2012 年，增长80.26%。① 国内较发达城市

* 黄伟民，中山大学政治与公共事务管理学院博士生，研究方向为政府组织与政府行为；王淑君，广州市社会组织管理局登记发展处三级主任科员；何莉丽，广州居民家庭经济状况核对中心副主任。

① 资料来源：《2012 年社会服务发展统计公报》《2015 年社会服务发展统计公报》，以及“中国社会组织公共服务平台”，http：//www. chinanpo. gov. cn/index. html。

先后对社会组织的管理制度进行了探索和创新。例如，在2012年，广州全面铺开社会组织直接登记工作，降低准入门槛，在2015年还出台了《广州市社会组织管理办法》，巩固了广州社会组织登记管理的改革成果。[①] 与此同时，中国社会组织发展依然面临不少挑战。首先，区域分布的不均衡。中国社会组织主要集中在上海、南京、杭州、重庆、成都、深圳、北京、广州等少数大城市，而广大不发达城市和农村地区社会组织数量较少。其次，法律法规体系尚不完备。例如，现行社会组织监督机制和退出机制还不健全，加大了政府部门对社会组织监督执法难度，使得一些地区存在数量不少的"僵尸社会组织"。最后，政社互动有待加强。当前，地方政府与社会组织的合作是以"政府向社会组织购买公共服务"为主要内容，多元化的互动式合作尚未形成，政府和社会组织之间的互补作用发挥不够。

新时代要求探索具有中国特色的社会组织发展道路。中国社会组织发展开始从推动数量增长向注重提高发展质量转变，社会组织管理也从侧重于"扶持培育"向"放管并重"转变，并且不断健全社会组织管理体制机制。[②] 中国的社会组织亟须找到一条符合中国国情的发展道路。因此，在2016年8月，中共中央办公厅、国务院办公厅印发了《关于改革社会组织管理制度促进社会组织健康有序发展的意见》（以下简称《意见》），明确提出要"努力走出一条具有中国特色社会组织发展之路"，这为中国社会组织发展指明了方向。[③]

广州在探索"中国特色社会组织发展之路"实践中形成了丰富经验。本研究通过及时总结广州发展经验，针对发展中存在的不足提出对策和建议，希望对探索和丰富"中国特色社会组织发展之路"形成启发和借鉴。

---

① 广州社会组织研究院、广州市社会组织联合会：《社会组织政策法规（上、下）》，广东人民出版社，2017。

② 韦克难、陈晶环：《新中国70年社会组织发展的历程、成就和经验——基于国家与社会关系视角下的社会学分析》，《学术研究》2019年第11期；谢菊、马庆钰：《中国社会组织发展历程回顾》，《云南行政学院学报》2015年第1期。

③ 詹成付：《走中国特色的社会组织发展之路》，《中国社会组织》2016年第23期。

二　新时代广州社会组织发展的总体情况与成效

进入新时代以来，广州在推动社会组织发展过程中守正创新、敢于尝试，社会组织实现稳定有序发展，成绩令人瞩目。同时，社会组织在民生建设、营商环境建设、社会治理、脱贫攻坚、粤港澳大湾区建设等方面发挥了重要作用，努力助推广州经济社会发展。

（一）新时代广州社会组织发展总体情况

数量与质量是衡量某地区社会组织发展情况的重要指标。下文分别从数量与质量两个方面来简要概述广州社会组织发展的总体情况。

1. 发展健康有序，数量不断增长

近年来，社会组织发展健康有序，数量保持平稳增长（见图 1）。2011 年广州社会组织数量为 4395 家，其中，市一级社会组织 1069 家。截至 2020 年底，全市社会组织数量为 8144 家，其中，市一级社会组织 1532 家。近十年社会组织数量年均增长率为 7.22%，其中，2011～2014 年是增长的高峰期，年均增长率为 9.21%；2015～2020 年增长放缓，年均增长率为 5.70%。

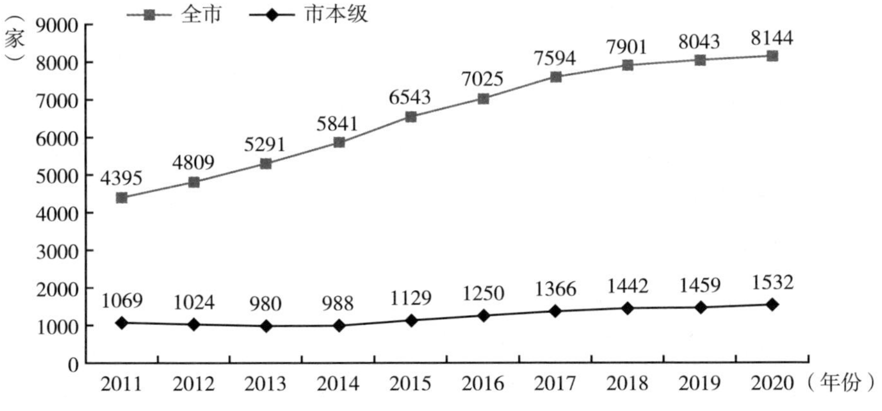

图 1　2011～2020 年广州社会组织数量变化

2. 结构分布合理，质量不断提高

首先，社会组织类型构成合理。在三类社会组织中，民办非企业单位数量最多，其次是社会团体，而基金会的数量最少（见图 2）。2011 年广州社会组织中有社会团体 1499 家，民办非企业单位 2896 家；截至 2020 年底，社会团体 3453 家，民办非企业单位 4587 家，基金会 104 家。① 民办非企业单位和社会团体类社会组织在 2011 ~ 2016 年获得较快发展，在 2017 ~ 2020 年发展放缓。

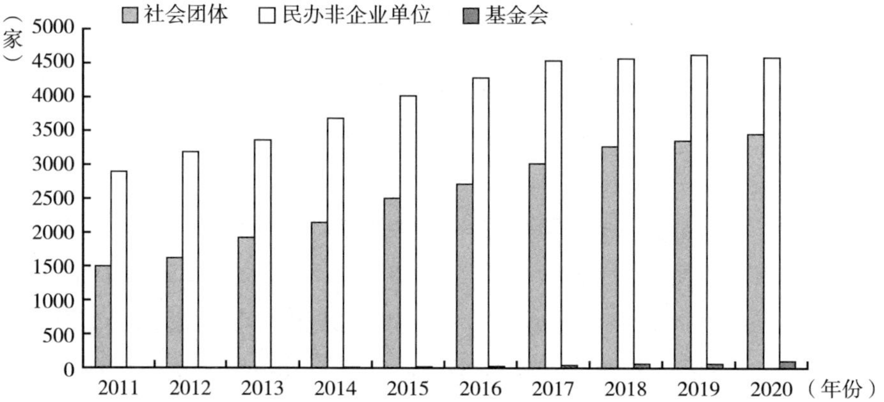

图 2　2011 ~ 2020 年广州社会团体、民办非企业单位与基金会数量

与此同时，社会组织结构不断优化，尤其在公益慈善、社工服务、社区发展、文化体育等领域的社会组织得到较快发展，社会组织服务和改善民生的能力得到显著提升②。

其次，社会组织区域分布较合理。广州各区社会组织数量与人口规模总体上相匹配。2020 年，广州市一级社会组织 1532 家，区级组织 6612 家。在广州下辖 11 个区中，社会组织数量排名靠前的是：番禺区（870 家）、白云区（754 家）、天河区（727 家）、增城区（631 家）（见图 3）。根据广州市统计局最新数据，截至 2019 年末，广州市常住人口 1530. 59 万人，其中人口较多的

---

① 资料来源："中国社会组织公共服务平台"，http：//www. chinanpo. gov. cn/index. html。

② 广州社会组织研究院、广州市社会组织联合会：《广州市社会组织发展报告（2018）》，中国社会出版社，2018。

是白云区（277.96 万人）、番禺区（182.78 万人）、天河区（178.85 万人），人口较少的是从化区（64.95 万人）、南沙区（79.61 万人）、荔湾区（101.20 万人）、花都区（110.72 万人）①。总体来看，人口越多的辖区拥有的社会组织数量也越多。

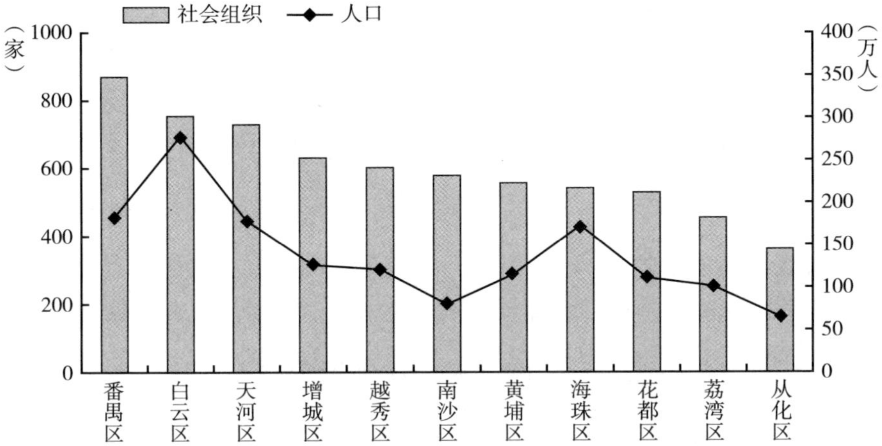

图 3　2020 年广州社会组织及人口区域分布情况

最后，社会组织质量结构合理，形成一个合理的金字塔形结构。广州市民政局通过“以评促建”，推动社会组织高质量发展。2013 年广州首次试行开展社会组织等级评估，并在次年全面铺开，参评的社会组织数量激增。截至 2020 年底，广州已先后开展 23 批等级评估，共有 555 家社会组织获评，其中，获得 3A 级及以上等级的社会组织共 396 家，占 72%（见图 4）。② 可以看出，参评的社会组织质量普遍较高。

同时，广州还大力开展社会组织品牌建设。2016 年 4 月，广州在全国率先实施社会组织品牌战略，开展社会组织品牌创建试点工作。截至 2020 年底，已有五批共 42 家社会组织被命名为“广州市品牌社会组织”，其中，社会团

① 《2019 年广州市人口规模及分布情况》，广州市统计局网，http：//tjj.gz.gov.cn/gkmlpt/content/5/5727/post_5727607.html#226，2020 年 3 月 11 日，目前暂未公布 2020 年度广州市人口数据。

② 根据广州市民政局网站公布的历次社会组织等级评估结果统计得出。

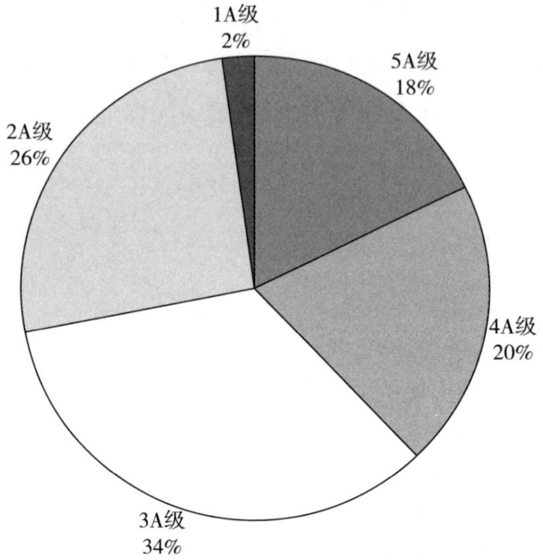

图 4　广州市参评社会组织等级分布

体 21 家、社会服务机构 21 家。[①] 通过等级评估与品牌建设，广州社会组织已经初步形成一个金字塔形的质量结构。

（二）新时代广州社会组织发挥重要作用

1. 服务民生建设，促进社会发展

服务民生是社会组织本质特征的集中体现。在广州，社会组织积极服务民生，为老年人、困境儿童、农村留守人员、低收入家庭、受灾群众等特殊困难群体提供社会服务，并取得显著成效。早在 2007 年，广州正式推行政府购买服务，主要集中于社会工作服务领域。2010 年，广州首先在 20 条街道开始“家庭综合服务中心”的试点工作，由此推动社工机构为社区居民提供服务，并逐步形成由“政府出资购买、社会组织承办、全程跟踪评估”的公共服务供给模式。

社会组织通过“公益创投”积极服务改善民生。2020 年，第七届广州市

① 《第五批广州市品牌社会组织正式命名》，广州市社会组织管理局网站，http://mzj.gz.gov.cn/gznpo/dt/gzdt/content/post_7004956.html，2020 年 12 月 30 日。

社会组织公益创投活动共有 97 个项目获得资助。[1] 其中，为老服务类 43 个，助残服务类 13 个，青少年服务类 11 个，救助帮困类 12 个，其他公益类 18 个。并且为老服务和困境儿童服务项目所获得资助资金超过资助总额的 61%。“公益创投”将服务资源精准对接，为城乡社区老年人、困境儿童等群体提供差异化、多元化、人性化服务。

2. 构建营商环境，助推经济增长

社会组织对经济增长和营商环境构建具有重要作用。虽然从直接的经济效益来看，社会组织的贡献较小，但是社会组织存在显著的社会效益，远比正面、直接的经济效益要大得多，事实上其作用亦非单纯经济效益所能衡量。[2]

广州历来重视发挥社会组织在经济发展中的作用。为了适应新技术、新产业的发展需要，广州成立相应的行业协会商会。例如，为推动广州经济发展，成立广州市总部经济协会；为发展空港经济，成立广州空港物流协会、广州空港保税协会；等等。近年来，广州市创意园区、产业园区、专业市场快速发展。为促进园区建设，先后成立广州专业市场商会、广州市产业园区商会、广州白马服装商会，等等。商会在帮助运营商拓建新园、嫁接优质服务资源、搭建园区投融资平台等方面发挥了重要作用。2019 年 8 月，广州市社会组织管理局印发《广州市支持社会组织服务民营经济发展十项措施》，其中多项措施在社会组织管理领域具有突破性的意义，将进一步发挥好社会组织助推经济增长的潜能。

3. 参与社会治理，提升治理水平

广州在创新社会治理模式方面一直走在全国前列，社会组织在参与社会治理方面重要性越发凸显。作为最早一批实践地点之一，广州将“三社联动”打造成为基层治理的重要载体，致力于构建“共建共治共享”社会治理格局。在“三社联动”中，社会组织收集民情、民意，了解民众需求，在社区治理中起到了沟通协调、民主协商、资源链接、辅助实施等

① 《广州千万元助力 97 个公益创投项目落地》，广州日报客户端，https：//www. gzdaily. cn/amucsite/web/index. html#/detail/1292896，2020 年 6 月 13 日。

② 沈静愉：《研究显示：2016 年中国社会组织经济贡献达 2789 亿》，新华网，http：//www. xinhuanet. com/gongyi/2018 -07/19/c_ 129916743. htm，2018 年 7 月 19 日。

重要作用。

社会组织深度参与社区治理，是社区和谐稳定的“处理器”。目前，广州市超过半数的街镇成立了街镇商会，全部街（镇）成立了街镇平安促进会（社区社会组织联合会），街镇商会、平安促进会、社区社联会在社区治理、配合街镇中心工作、加强城市管理等方面发挥作用。例如，由各街镇平安促进会组建的“广州街坊”群防共治队伍活跃在大街小巷，是新时代平安广州群防群治的重要民间力量，是“共建共治共享”社会治理格局中不可或缺的一环。此外，社会组织还在来穗人员融入服务、垃圾分类、社区协调议事、文化保育等方面发挥着广泛而重要的作用。

4. 助力脱贫攻坚，实现共同富裕

广州社会组织有效发挥专业优势、开展对口支援帮扶，在脱贫攻坚中积极作为。近年来，广州开展“千社扶百村”活动，动员社会组织支援“三州三区”建设。共有23个社会组织承接甘孜州理塘县等落后地区27个帮扶项目，投入帮扶资金1791万元。广州还开展“广州特殊群体暖心帮社”“仁医惠民 爱在羊城”“家社童行·2020广州市儿童保护”等一系列活动，关注特殊群体帮扶，助力兜底保障巩固落实。

广州社会组织在脱贫攻坚中发挥重要作用，成效显著。据广州市民政局不完全统计，自2018年以来，广州共有1102个社会组织参与787个贫困村的脱贫攻坚，共实施帮扶项目2332个，投入资金5.87亿元，成果惠及群众140多万人。

5. 推动湾区建设，促进融合协同

社会组织在粤港澳大湾区建设中发挥特殊作用，推动区域内的交流与协作。2019年2月，中共中央、国务院印发《粤港澳大湾区发展规划纲要》，其中，社会组织承担了新的历史使命，面临新的机遇。广州积极搭建大湾区社会组织交流平台，推动大湾区内部社会组织合作发展。广州组织社会组织赴港澳研修培训，加强港澳两地专家到穗开展学术交流，推进穗港澳社工服务项目合作，深化社会工作项目督导实务交流，提升社会组织专业能力水平和社会工作督导实务水平。

广州开展实施社会组织联合会“航标计划”、广州社会组织研究院“菁英计划”、“粤港澳大湾区香港青年实习计划”、“大湾区青年家园”等项目和活动，广州社会组织为大湾区青年搭建沟通和交流平台，助推穗港澳三地社会工作和慈善事业发展。广州社会组织为建设粤港澳大湾区贡献自身力量。

三　新时代广州推进社会组织发展的主要经验

在新时代背景下，广州积极改革社会组织管理制度，夯实党建引领基础，多角度、全方位培育扶持社会组织。在探索实践中，广州形成特色鲜明的发展措施，社会组织“四个服务”功能得到有效发挥，开创广州“共建共治共享”社会治理新格局。

（一）实行党建引领，确保社会组织发展方向正确

在社会组织发展过程中，广州高度重视发挥党建引领作用，加强社会组织党组织建设，推动党的组织和工作“两个全覆盖”。广州较早地建立起了社会组织党组织工作领导机构。早在2010年，广州在市、区两级均设立社会组织党工委，并于2012年更名为社会组织党委，搭建起党建工作领导管理体制机制。

广州积极探索创新，将党建融入社会组织发展与运行的全过程。社会组织党组织实现“应建尽建”，拥有3名以上党员的社会组织设立党支部，不足3人则设立联合党支部，并在全市建立起“底数清、情况明，动态管理、定期更新”的党建工作台账和定期报送制度。设立社会组织党委党校，打造社会组织党建培训和党建教育管理平台。探索实施社会组织党建“红苗工程”，推进“红苗培植、红树苗长、红林成片”，实现社会组织党建制度化、体系化和规范化发展。“红苗工程”取得良好成效，在2018年荣获第二届“广州党建十大品牌”称号，并在2020年上榜《广州城市治理榜》之“基层党建创新榜”。党建发挥了政治引领和确保发展方向的作用，有利于社会组织健康发展。广州还探索实践社会组织“党建+公益”模式，积极引导社会组织发挥服务群众、参与社会治理的功能与作用。

（二）完善制度保障，健全社会组织管理法制体系

社会组织的健康发展需要依靠完善的法律制度，广州积极建立健全综合监管体系，实现法制工作创新引领。作为改革开放的前沿阵地，广州在社会组织

管理制度建设与创新方面一直走在全国前列。例如，2012 年颁布《广州市募捐条例》，为我国《慈善法》的出台提供了有益探索。

为完善社会组织监督与管理，近年来广州市陆续出台“1 + 4 + 7”系列文件，建立起综合的社会组织监管法制体系。在对社会组织进行监督管理中，广州实施两项基本措施：第一，将信息公示与社会组织年报制度相配合。第二，实行抽查监督并建立社会组织活动“异常名录”。从成立登记到最后注销清算等全流程管理环节都制定了具体的工作指引，细化社会组织管理，加强社会组织监管，在制度层面做到有规可循，更好地实现社会组织的依法依规运作。

（三）健全组织机制，加强对社会组织的管理与指导

社会组织健康发展需要政府的监督与指导。2015 年 8 月，经广州市编委批准，广州市民政局内设的“广州市民间组织管理局”正式更名为“广州市社会组织管理局”，承担起广州市社会组织管理职责，为社会组织管理与监督构建起组织保障。

在 2019 年 1 月，《广州市机构改革方案》将“广州市社会组织管理局”升格为广州市政府工作部门，在市民政局统一领导下开展工作。内设办公室（市社会组织党委办公室）、登记发展处、执法稽查处三个副处级机构，并配备人员编制 19 人。广州成立社会组织管理局，体现了广州市委、市政府对社会组织管理工作的重视，强化了对全市性社会组织的管理，加强了对各区社会组织登记管理工作的指导与监督。

（四）树立需求导向，打造扶持社会组织发展的综合支持体系

在新时代，民众的需求多元性日益增强，需要加紧构建“共建共治共享”社会治理格局，不断满足人民日益增长的多元需求。广州以需求为导向，重点培育扶持行业协会商会类、科技类、公益慈善类、社区服务类等四类社会组织，满足不同领域的治理需求。此外，广州还通过建立社会组织培育基地、为社会组织从业人员提供培训、实施公益创投、政府向社会组织购买公共服务等办法扶持社会组织发展。

广州建立起各级、各类社会组织培育基地 45 家，并大力支持社会组织培育基地建设，不仅提供活动场地，市、区、镇街三级政府还给予经费支持。并

且定期对社会组织党组织负责人、社会组织负责人以及社会组织工作人员组织开展培训，提升社会组织整体管理能力。

广州还通过公益创投培育和发展社会组织。2014～2020年，广州连续开展7届社会组织公益创投，共计资助项目935个，撬动社会配套资金7000多万元，惠及群众近500万人次。广州还推进购买公共服务实现对社会组织的扶持，民办社工机构从2008年的9家发展到2020年底的336家，累计投入财政资金总额超40亿元，投入规模和总量稳居全国前列。在2018年广州将社工服务站（家综）购买服务经费从200万元提高到240万元，年度财政投入增加至5.4亿元，极大地增强了社会工作服务的财政资金保障。① 广州还重视发挥企事业单位、公益慈善组织、公民个人等社会主体力量，全方位、多角度地为社会组织发展提供资金和资源支持，推动社会组织发展。

在2020年，为减轻“新冠肺炎疫情”带来的不利影响，广州市社会组织管理局印发《关于应对新冠肺炎疫情影响支持社会组织持续健康发展的若干措施》，制定12条“暖社”措施，减轻社会组织租金、“五险一金”和税费负担，加大对社会组织的金融支持、稳岗支持和政府购买服务引导，有效促进社会组织健康有序发展。

（五）坚持放管并重，强化社会组织激励与处罚

在新时代背景下，有条件地放开对社会组织的登记注册限制是全国统一的大趋势。广州在社会组织登记制度改革方面走在全国前列，社会组织发展环境较为宽松。

在2016年《意见》发布之前，广州在放开登记注册条件限制的同时，重视对社会组织的监管。早在2014年，为了避免放开社会组织登记带来的管理风险，广州在监管上出台了两项改革：第一，将年检制度改为年报制度；第二，运用信息手段加强监管，运用互联网技术建立广州市社会组织公共信息平台系统，及时掌握全市社会组织的动向与数据，实现社会组织登记、变更、注销、换届、年度报告等事项网上“一站式”办理。

① 《2020年广州社工交出多份亮眼“成绩单”》，信息时报网站，http://www.xxsb.com/content/2021-01/09/content_133695.html，2021年1月9日。

在《意见》发布之后，广州严格落实相关政策，加强对除上述四类社会组织之外的社会组织的登记管理，强化社会组织党组织建设和政治引领，加强对社会组织发起人、拟任负责人的资格审查以及财务、涉外活动的监管。广州建立起包括年度报告、信息公示、抽查监督、建立活动异常名录等办法在内的监管体系，处理好社会组织“放”和“管”的关系，实现“放管并重”。

此后，广州强化激励与行政惩罚在社会组织培育和管理中的作用。一方面，通过资金扶持、等级评估、公益创投等方式扶持和引导社会组织发展；另一方面，利用行政处罚手段对社会组织的违法违规行为进行打击和处罚。通过扶持与行政处罚的双重作用，实现对社会组织有效管理。

（六）聚焦文化积淀，推动政府与社会组织良性互动

在社会组织管理与发展过程中，广州各级政府部门与社会组织、社会组织与社会组织之间形成良性有序的互动关系。通过积极搭建平台，打造包括社会组织交流大会、社会组织讲坛、广州基金会发展论坛等在内的“常态化”的社会组织平等交流机制，形成了友好交流氛围。

在2019年8月，广州市社会组织管理局和广州市社会组织联合会召开了第一次联席会议。联席会议架设了社会组织与政府登记管理机关沟通交流的桥梁，不仅促进政府部门科学决策、民主决策、依法决策，同时也充分发挥广州市社会组织联合会的枢纽作用、反映社会组织发展需求，有利于提高社会组织的协商能力，加强了“政社”之间、“社社”之间的交流。

广州通过打造党建引领、制度保障、政府管理组织建设、需求导向、放管并重、政社良性互动的“六位一体”的工作格局，为社会组织提供多元支持和良好的发展环境，努力实现社会组织高质量发展，同时，也为探索“中国特色社会组织发展之路”提供经验参考。

四　新时代广州社会组织发展的对策与建议

迈入新时代，随着政府职能转变以及构建服务型政府的现实需要，社会组织在社会治理、经济建设、文化发展等方面发挥重要作用。但是，当前广州社会组织发展还存在监管执法力量偏弱、专业人才不足、治理能力和治理水平有

待进一步提升等问题和不足。走好“中国特色社会组织发展之路”不仅需要有国家战略的保驾护航，健全完善法律法规体系，也需要广州各级民政部门加强对社会组织的监管和引导，不断增强社会组织自治能力，提升社会组织发展质量。

（一）加强综合执法工作，增强政府管理力量

社会组织管理是一个专业性较强、业务量大的领域，这就需要整合和统筹相关资源，也需要专门的政府机构来进行管理。首先，科学合理设置管理机构，配齐配足行政管理人员，避免出现社会组织监管执法过程中的人员“东拼西凑”现象，解决执法力量薄弱的问题，确保监管执法到位。其次，提升社会组织监管人员执法的专业性，建设一支专业的执法人员队伍。要加强对相关业务人员的业务培训，提升人员的综合素质和法律知识。最后，建立健全社会组织综合监管体制机制，形成由民政部门牵头，公安、审计等多部门协同参与的联合执法模式，提高执法效果，加大对非法社会组织的打击力度，严厉查处社会组织违法违规行为，及时清理各类“僵尸社会组织”。

（二）建立健全社会组织专业人才培养体系，加强党对社会组织专业人才队伍的政治引领

首先，从专业人才培养与高校学科建设来看，应该大力扶持社会工作、社会学、公共管理等相关学科发展，夯实社会组织专业人才培养基础，为社会组织输送和储备专业人才。其次，加大对社会组织专职工作人员培训力度，将社会组织工作人员培训纳入年度工作计划，有计划地选送社会组织工作人员定期到高等院校、各级党校、专业机构等进行管理和技能培训，提升社会组织工作人员素质和专业化水平。最后，发挥社会组织党组织的桥梁纽带作用，不断加强党对社会组织专业人才队伍的领导，重视对社会组织人才队伍的政策宣传和思想政治教育，吸收优秀的社会组织专业人才入党，为社会组织党建工作提供扎实基础。

（三）增强社会组织自治能力，提高社会组织发展质量

社会组织高质量发展需要不断增强社会组织自治能力。首先，完善社会组

织内部治理结构，提高社会组织管理规范化水平。吸纳利益相关者参与组织决策，促进社会组织内部决策、执行、监督、评价等机制的民主化、科学化及透明化。

其次，提高社会组织专业化水平，提升社会公信力。第一，建立专业的人才队伍。通过制定各种政策措施，吸引优秀的专业人才进入社会组织。第二，提供专业的社会服务。社会组织需要提高服务的专业化和标准化水平。第三，进行专业的组织管理。在机构设置、服务领域、权责配置、项目运作、项目评估等内容上都需要遵循科学原则，推动社会组织管理专业化。

最后，建立健全社会组织间的协商机制，推动社会组织共同发展。一方面，建立纵向的沟通和协商机制，在市、区、镇（街）不同层级、区域的社会组织之间构建协商机制，具体包括决策前沟通、执行中互通、监督互联、评价共同等协商平台的构建；另一方面，建立健全横向社会组织之间的沟通和协商机制。相同或不同领域内的社会组织要定期开展交流活动，相互借鉴社会组织运营管理经验，实现共同发展。

（审稿人：王首燕、麦劲恒）

B.9

广州应急管理体制机制创新实践及优化对策

应急管理蓝皮书课题组*

摘　要：党的十九届五中全会指出，要“把安全发展贯穿国家发展各领域和全过程”。广州创新应急管理体制机制，建立、完善以应急管理部为牵头组织的立体协同网络和全面优化应急管理流程的运行机制。同时，本文还分析了广州面临的应急管理的挑战和相应的优化对策。

关键词：应急管理　应急管理指挥平台　应急准备　应急响应

应急管理是国家治理体系和治理能力的重要组成部分，承担防范化解重大安全风险、及时应对处置各类灾害事故的重要职责，担负保护人民群众生命财产安全和维护社会稳定的重要使命。广州聚焦健全应急管理体制机制，加快健全完善应急管理体系，提升应急管理能力水平，以构建城乡安全保障工作联勤机制为抓手，推动“大应急、大安全”实体化运行，城市应急能力和水平不断提升。2020 年，全市发生安全生产事故 447 起、死亡 329 人，同比分别下降 26.8%、8.9%。全市事故起数、死亡人数实现 19 年连续“双下降”。①

* 课题组成员为：怀学兵，广州市委政研室社会研究处四级调研员，研究方向为社会治理、社会政策；王景，广州市应急管理局综合协调处处长，研究方向为应急管理；刘欢，广州市应急管理局综合协调处副处长，研究方向为应急管理。

① 资料来源：广州市应急管理局，2020 年 12 月。

一 广州创新应急管理体制机制实践

（一）建立完善“一体化”应急管理指挥平台

从加强组织领导入手，克服以往多头指挥、条块分割、职责交叉、联通不畅等问题，建立完善统一指挥、专常兼备、反应灵敏、上下联动、平战结合的应急管理体制。一是形成“以上率下、统一高效”的领导指挥体系。成立由书记、市长同时担任主任的市应急管理委员会（以下简称市应急委），负责全市突发事件的组织领导、指挥调度、应急处置。在市应急委下设办公室、各专项应急指挥机构（如森林防灭火指挥部、突发公共卫生事件指挥部、大规模群体性事件应急指挥部等）、各区级应急委和专项指挥机构。同时，搭建集中化、扁平化应急指挥架构，建立党委、政府和应急管理部门统一的、高效的“三合一”应急联勤指挥中心，联通市各应急指挥机构、区联勤指挥分部，并延伸至镇街、村社，构建了上下联动、左右配合的闭环应急指挥体系。二是形成“联合值守、多方协作”的联动工作机制。创新落实省委、省政府重大突发事件应急处置“四个一”机制（一个指挥中心、一个前方指挥部、一套工作机制、一个窗口发布）和市委、市政府较大以上自然灾害、安全生产事故等突发事件应急处置“四个一”机制（一位分管市领导和一个部门牵头负责、一个工作专班跟进处置、一个专项工作方案统筹应对、一个口径上报和发布信息）。凡遇法定节假日或重大活动，以市应急联勤指挥中心为平台成立市城乡安全保障联勤指挥部，由常务副市长或分管公安工作的副市长担任总指挥，以应急、公安、宣传、政法、住建、交通、文广旅游、卫健、城管、消防等部门为联动主体，实行“全天候值守、全警情上调、全覆盖联动”战时响应模式，推动“节前防范－节日值守－应急备勤－实地巡查－即时警示－节后检视”等6个步骤实战闭环，开展城乡安全保障工作联勤应急管理。三是形成“一急百应、一呼百应”的快速响应网络。将市应急联勤指挥中心接入气象、水利、林业、地质灾害、公安、交通、消防等22个应急系统或资源，联动全市18万路治安视频监控资源和危化品一级、二级重点危险源视频数据，与11个区和177个街

（镇）实现可视化互联互通，涵盖应急管理干部、社区安监员和网格员、应急管理专家、各类救援队伍等近6万人的应急响应队伍。积极推进以综合性消防救援队伍为核心、专业森林消防队伍为骨干、企业专职救援队伍为支撑、社会应急救援力量为补充的应急救援队伍建设，组织指导全市各单位建设应急队伍304支、2.1万人。建立完善军地联动抢险救灾机制，建立了驻穗部队参与地方抢险救援的通信联络、信息通报、快速出兵机制。遇到突发事件，做到第一时间接报、第一时间协调、第一时间处置。创新性构建了“五跨六上四基地”应急救援响应圈，首创开展突袭式“双盲”演练，常态化开展应急演练季活动。

（二）建立完善“全域化”信息资源

统一标准，集中建档，规范管理，互联互通，切实摸清城市应急管理底数，形成全面可靠的城市应急信息资源体系。一是城市基础数据统一采集。规划建设市应急管理大数据中心，对接融合市应急委成员单位信息平台数据及广州市“数字政府”公共支撑平台，包括时空信息云服务、“四标四实”服务等，统一坐标、统一底图、统一数据汇聚，实现内部、外部共享交换的应急数据资源的汇聚、治理，形成统一的数据资源池，对内部业务系统和外部共享交换提供统一的数据目录服务。以市安全生产应急平台为基础，以广州市大数据中心为桥梁，接入和共享有关部门的应急资源，构建全市生产经营单位、人群密集场所、学校、村居等脆弱目标和应急避难场所等图层，实现政府部门之间的信息共享共用。二是各类风险隐患统一排查。以大概率思维应对小概率事件，健全突发事件风险评估标准规范，实现各类重大风险和隐患的识别、评估、监控、预警、处置等全过程动态管理。安全生产方面，实施国家专项整治三年行动和省八大专项整治要求，部署全市33个单位聚焦41个行业领域开展专项整治。上线运营国内首个危险化学品动态监管平台，投入近40亿元，完成了中国石化广州分公司周边3个自然村整体搬迁和综合整治工作。自然灾害防控方面，依托政务大数据中心，建立了互联互通的信息共享平台，初步建立了安全生产和自然灾害应急管理数据资源库，建立了地质灾害预警预报系统、山洪灾害监测预警系统。建立健全地质灾害隐患督导检查机制，掌握全市各类地质灾害隐患情况、治理情况。森林防灭火方面，创新森林防灭火“无人机、对讲机信息化指挥调度平台”“五头一口”[①]“以水灭火”“五清六有”[②]、防汛“五字工作法”[③] 等举措。组织进行森林防火设施专题要素普查，全面掌握管理基础数据，构建森林消防专题的卫星影像数据库和地图数据库，实现“一张图”管理。“三防”方面，与公安、水务、气象、水文、海洋等单位建立信息共享联通机制，实现对全市主干道内涝积水情况、水情、雨情、风情的实时查询，提高决策指挥效率和准确性。三是应急保障物资统一配备。全面建成市、区、街道纵向衔接，横向支撑的物资储备体系，建设市级生活类救灾物资储备仓库 1 个、代储仓库 3 个、区级仓库 11 个，仓储总面积达 7685 平方米，建立健全应急物资紧急运输“绿色通道”，确保灾情发生后 6 小时内将救灾物资运送至灾区。新建立 173 个应急避护场所，广州各类应急避护场所达到 1364 个。加强 150 兆数字集群通信系统的固定基站、移动基站、卫星链路和调度系统的建设，建设广州市应急管理联合创新中心，基本解决了极端情况下的通信保障难题。

（三）建立完善“专业化”应急力量

统筹推进社会应急力量日常管理、应急调用、培训选拔、激励考核等制度建设，加强专业化发展，形成统一有效的应急力量体系。一是加强队伍搭建。坚持“专群结合，以专为主”的原则，按照队伍分类建设、职责各有侧重、应急统筹使用的工作思路，在功能定位、主管职责、队伍人数、管理方式、装备配置等方面分级分类明确建设要求或标准，打造应急救援尖刀和拳头力量，完善各类队伍共训共练、指挥协同、救援合作等机制，提高各类突发事件的“专业化”应急能力。目前，组织指导全市各单位建设专业化应急救援队伍 304 支、2.1 万人。建成全国首个社会应急力量孵化基地，成立了广州市社会综合应急救援队伍。建立广州应急突发事件专家库“智囊团”，常态化提供专业技术支撑。二是加强宣教培训。加强各级领导干部应急管理的意识素养、政策素养、理论和实战能力培养，提高应对急难险重任务的能力，确保关键时刻

① “五头一口”：山头、坟头、人头、田间地头、村居头头，进山路口。

② “五清六有”：清坟边、清林边、清地边、清隔离带、清旅游景区可燃物，有机构、有预案、有机制、有队伍、有物资、有演练。

③ 防汛“五字工作法”：统、查、治、防、储。

拉得出、冲得上、靠得住、打得赢。2020 年，面向市区党政领导干部和危化品、化工、医药、粉尘涉爆、有限空间等重点企业主要负责人、安全管理人员，组织开展应急安全培训共 13000 余人次，进一步压实各级领导安全生产责任，有效提升一线员工防范事故能力。建设广州应急安全全民体验馆，结合“5·12”防灾减灾日、“安全生产月”主题，开展了“应急云课堂”“今天我主播”“安全隐患随手拍”等线上活动，深入推进“五进”① 宣教活动，精心打造“10^{20}”宣教文化品牌。② 开设《急中生智》《花城政能量》等融媒体栏目，成立广州市应急管理网络大学堂，开展安全发展示范城市系列宣传活动。三是加强科技创新。将信息化技术与业务工作需求紧密结合起来，广泛运用大数据、云计算、物联网、人工智能等现代科技手段。创新安全执法方式，推行在线审批、数字化监管和线上安全培训、远程技术服务，分区分类开展安全监管工作。制作全市行政区划图、影像图及各灾种专业地图、应急指挥通信网络图、处置流程图、体系框架图等，协调规划部门落实地形图、林班图，实现应急指挥和应急处置“一图通”。制作完成应急处置工具箱，实现应急装备“一箱通”。四是加强法制预案建设。深入推进应急管理法治化进程，出台了安全生产领域党内法规《广州市贯彻落实〈广东省党政领导干部安全生产责任制实施细则〉的工作措施》和《中共广州市委　广州市人民政府关于推进安全生产领域改革发展的实施意见》，出台危险化学品安全管理地方政府规章《广州市危险化学品安全管理规定》，制定修订了《广州市烟花爆竹安全管理规定》《广州市电梯安全管理办法》《广州市安全风险分级管控实施细则（试行）》《广州市自然灾害救助款物使用管理办法》《广州市应急救援力量参与突发事件处置补偿暂行办法》等约 60 部应急管理相关地方性法规、政府规章、行政规范性文件。应急预案管理工作得到了进一步加强，制定或修订了《广州市突发事件总体应急预案》等各级各类应急预案 3 万多个，基本建立起了以

---

① “五进”：进企业、进农村、进社区、进学校、进家庭。

② “10^{20}”宣教文化品牌：构建 20 个立体宣传矩阵、制作播放 20^n 期“急中生智 + 安全无恙”专题电视广播节目、打造包括 20^2 个场馆的应急安全体检馆群、甄选 20 部巨灾科普电影强化防灾意识、创建 20^5 个安全宣传“五进”示范点、推荐 20 本应急安全理论书籍、创建 20 家安全文化示范企业、制作播放 20 部公益宣传片、培育 20 个“三个必须”骨干宣教单位、组建由 20 名宣传策划设计专家组成的智囊团。

总体应急预案为核心，专项应急预案、部门应急预案、地方应急预案、重点企事业单位应急预案、重大活动应急预案为基础，覆盖多层级、多领域的“横向到边、纵向到底”的应急预案体系。应急管理工作逐步走向规范化、法制化。

（四）建立完善“标准化”工作规范

加强应急管理规范化建设，统一号令，令行禁止，形成“指令清晰、系统有序、条块畅达、执行有力”的应急管理工作制度体系。一是构建明晰的责任体系。按照“党政同责、一岗双责、齐抓共管、失职追责”的总体要求，市委书记、市长带头落实应急管理“双主任”制，推动在11个区、177个镇街（园区）及各部门实现“双主任”制全覆盖。完善各级安全生产责任主体和岗位责任清单，率先在全国实现将安全生产职责纳入“三定”方案，推动“三个必须”监管职责分解到部门内部末端，建立健全全方位、立体化的公共安全责任网。压实企业安全生产主体责任，全面推进实施同堂听课、同标培训、同责带班、同圆交底、党政同责、同城演练、同向执法、同步防范等八项举措。疫情防控期间，面向全市印发4个指导执行疫情防控和安全生产防范“双防范”的工作指引，确保疫情防控和安全生产防范“两不误”。二是构建明晰的预案体系。根据国家、省有关法律法规、规范性文件和上位应急预案要求，编制市级总体应急预案1个、市级专项应急预案56个、区级总体应急预案11个、区级专项应急预案322个，此外还对迎春花市、春运、清明拜祭、广交会、国际龙舟赛、横渡珠江、国际灯光节、国际马拉松、重阳登高等重要活动，制定专项应急预案。截至目前，全市共编制各级各类应急预案3万多个，建立了覆盖多层级、多领域的应急预案体系。三是构建明晰的应急处置流程。编制《广州市较大以上自然灾害类、生产安全类突发事件处置指引》《广州市应急指挥体系 & 突发事件应急处置流程图》，进一步明确自然灾害类、生产安全类突发事件应急处置工作流程、相关单位的工作职责等内容。同时，制定处置生产安全事故、水旱风冻灾害、地震灾害、地质灾害、森林火灾部门工作方案，进一步明确处置相关突发事件中的工作任务、工作分工、工作措施、工作程序等事项。四是构建明晰的示范区建设标准。全面开展全国防灾减灾示范社区建设，实现每个乡镇至少有1个社区（村）开展综合减灾示范社区创建工作，共创建191个

"全国综合减灾示范社区"，推动基层防灾减灾能力标准化，解决防灾减灾"最后一公里"问题，筑牢防灾减灾救灾的人民防线。

（五）建立完善"常态化"运行模式

加强风险研判评估，建立日常训练、演练、响应、出动、考核机制，形成"平战结合、平灾兼容"的指挥调度工作模式。一是强化日常研判。建立常态化风险研判机制，市长每季度组织召开防范重特大安全事故会议，集中深入分析研判全市重大风险，精准施策，统筹调度，强化落实。市应急管理部门定期开展线上会诊研判，靶向预警，定向强化监管和督促指导。结合常态化疫情防控，创新"线下压实、线上会诊"安全监管方法，出台《广州市应急管理局线上会诊（专家会诊）工作指引》，定期组织各区、各有关部门、事故单位开展线上会诊研判，做实线上"风险 - 隐患 - 整改"闭环管理。二是强化联合演练。有计划、有重点地组织实施应急预案演练，专项应急预案、部门应急预案每年至少演练 1 次；重大活动保障应急预案在活动举办前至少演练 1 次。重点组织开展不预先通知演练时间、地点和事件类型的"双盲"突袭式应急演练，真实检验预案、锻炼队伍。组织开展 2020 年全市"应急演练季"活动，全市各级各单位共开展应急演练 2.4 万场，260 万人参加演练。2020 年 5 月，市委书记亲自组织抢险救灾军地联合演练，以发生江水漫堤、暴发山洪、城市内涝等重大险情为背景条件，采取异地同步、多点联动的方式，在 11 个区实时联动，参加演练和点验的兵力达 2600 余人，动用直升机、无人机、冲锋舟、龙吸水、智能机器人等各型装备 100 余架（艘、辆），紧前做好汛期抢险救灾准备工作落实。三是强化应急指挥。在每逢节假日和重大活动期间，市委书记、市长到市应急联勤指挥部指挥调度。2019 年国庆期间，市委书记、市长坐镇联勤指挥部，全程指挥焰火晚会、国庆升旗、庆祝大会等重大庆祝活动，确保了"政治安全、活动安全、滴水不漏、万无一失"。发生重大意外事件，市委书记、市长亲自到事发现场督导检查。比如处置 2019 年 12 月 1 日广州大道北与禺东西路交叉口突发地陷事件中，市委书记、市长等市领导第一时间前往现场、第一时间成立现场应急指挥部，全力以赴组织开展抢险救援，统筹做好失联人员家属接待、舆情管控、向上级报告事故处置等工作，使生产生活秩序迅速恢复。

二　广州应急管理面临的风险挑战

（一）存量风险和增量风险叠加

全市有1个化工园区，危化企业约2900家，危险货物运量为1239万吨/年，油气长输管道、燃气管网、危险化学品管道等各类管道约3.6万公里。城市轨道交通共16条线路（含2条有轨电车）、总里程553公里；公路通车总里程为1.3万公里，其中高速公路915公里。在建工地约3000个，全市机动车保有量逾308万辆，大型商业综合体155个，超过100米的超高层建筑358栋。各类市场主体270万户，个体工商户110万户。市域航运通航总里程近4000公里，渔船1400多艘，化工、交通、建筑等行业领域安全风险居高不下。伴随着新发展格局的构建，新兴产业发展、原材料需求上升、畅通国内大循环关键基础设施建设、加大城市更新改造等，使广州面临巨大的安全生产风险，向应急管理工作提出了挑战。

（二）应急管理短板弱项

一是应急管理体制机制不够完善，一些交叉领域、非许可事项的安全监管责任还不够明晰，自然灾害各涉灾部门之间“防”“减”“抗”“救”的工作分工有待进一步优化和明确。二是应急管理科技信息化建设基础还比较薄弱，在统筹运用融合指挥、应急通信、全域感知、短临预警和数据智能等手段解决应急难题方面还有待进一步加强。三是部分行业领域的预案体系建设不够完善，未细化制定相应的现场处置预案和操作手册，尤其是区、镇街基层单位的预案修编不及时、针对性不强、可操作性有待提高，部分行业部门间的预案衔接性不强。四是应急救援队伍还不够强，应急救援能力还不能适应防大灾、抗大灾、救大灾的需要。五是协同应对突发事件的能力还不够强。市民参与应急管理的社会化组织程度较低，第三方服务机构参与度和作用有待进一步加强，社会协同应对突发事件的能力有待进一步提升。

三 广州应急管理体制机制优化对策

（一）党建统安，健全权责统一的领导责任体系

始终坚持和加强党对应急管理事业的绝对领导，坚持把政治建设摆在首位，忠实践行对党忠诚、纪律严明、赴汤蹈火、竭诚为民“十六字方针”，充分发挥党统揽全局、协调各方的领导核心作用。严格落实党政领导干部安全生产责任制，构建党委领导、政府负责、社会参与、协调联动、保障有力的应急管理工作机制，实现各级党委领导定期研究解决应急安全重大问题的常态化。完善“党政同责、一岗双责、齐抓共管、失职追责”责任体系，层层落实党政领导干部安全生产“职责清单”和年度“工作清单”，实现清单同“三定”规定有机衔接。建立新产业、新业态的监管责任动态调整机制，消除监管盲区和漏洞。推进市、区、镇街、村居的应急管理工作有机衔接，强化应急管理责任的细化落实，为推进应急管理体系和能力现代化提供坚强有力的组织保证。

（二）全域感知，推进应急管理能力现代化建设

调整优化突发事件应急委员会及其下设专项工作机构，健全各级各部门的安全生产委员会“双主任”制度，进一步调整完善应急管理领域工作协调机制。搭建集中化、扁平化应急指挥架构，统一领导全市自然灾害、事故灾难等突发事件应对工作。深化指挥调度机制，探索应急救援处置智能化管理。制定、完善突发事件现场指挥部工作流程、会议制度、考勤制度、档案管理制度和突发事件处置应急联动机制、应急救援队伍调动机制、应急工作“五个一”机制等，进一步提升应急管理指挥体系现代化水平，形成“统一指挥、专常兼备、反应灵敏、上下联动”的应急指挥体系。借助“穗智管”城市运行管理中枢，赋能公共安全加快数字化发展，应用大数据、云计算、物联网、人工智能、机器人、移动互联等新技术，逐步建设全覆盖、全领域、全方位、全过程的应急管理全域感知网络，不断形成高度智能、自我进化、共享众创的应急管理信息化新生态，努力实现应急管理全面感知、动态监测、智能预警、精准监管。

（三）标本兼治，提升应急安全精准监管能力

贯彻落实国务院办公厅关于深化应急管理综合行政执法改革的意见以及国家、省关于安全生产执法监察装备标准化建设要求，建立完善新型监管执法体系。全面推进危险化学品企业安全风险分级管控和隐患排查治理体系建设，全面落实化工行业特殊作业“四令三制”工作制度。全面提高危险化学品企业本质安全水平，涉及“两重点一重大”的生产装置、可燃气体和有毒气体储存设施泄漏检测报警装置、紧急切断装置、自动化控制系统装备和使用率必须达到100%，立足于防范重特大生产安全事故，全面开展安全生产专项整治行动，深入开展危险化学品、非煤矿山、消防、道路运输、交通运输（铁路沿线、邮政和城市轨道交通）、水上交通和渔业船舶、城市建设、工业园区等功能区、危险废物等重点行业领域专项整治，同步开展粉尘涉爆、有限空间、特种设备、城市轨道交通、水务工程、电力、旅游、城镇燃气、油气管道等领域安全监管。深化源头治理、系统治理和综合治理，完善责任链条、管理制度和工作机制，提升重点行业领域安全监管能效。

（四）协调联动，打造五跨六上四基地应急救援快速响应圈

进一步完善构建全市跨区域、跨行业、跨层级、跨灾种、跨部门突发事件抢险救援力量网络，覆盖海上、陆上、水上、山上、楼上、空中的抢险救援力量布防立体网络和建设覆盖处置多灾种、分布全市东西南北中的集训基地、备勤基地、孵化基地、联创基地网络。预置充足应急物资、装备，随时高效投入应急抢险救援。依托国家综合性消防救援队伍，有效整合全市各种应急救援力量，统筹形成以综合性消防救援队伍为主力、森林消防应急救援队伍为骨干、军队应急力量为突击、专业应急救援力量为协同、社会应急力量为辅助的覆盖全市的应急救援队伍体系。按照适应“多灾种”“大应急”的要求，编制应急救援力量建设规划，健全快速调度机制，提升应对重特大事故的快速高效救援能力。建立与驻穗部队的联动机制，完善资源共享共用和重要情况通报会商制度。

（五）全面覆盖，构建出新出彩的应急宣教体系

强化新闻宣传舆论引导，依托市、区、镇街和企业现有队伍力量，加强应

急管理新闻宣传队伍建设，提升各级政府和企业应急宣传能力。加强阵地化建设，拓宽宣传渠道，加强与广播电视、报纸杂志、网络平台等主流媒体的合作，办好《急中生智》《急智过人》等广播电视品牌栏目，积极打造广州经验和应急品牌。组织开展全国“安全生产月”“安全生产万里行”“应急救援演练周”“防灾减灾宣传周”等宣传活动，实施安全文化栏目化护航工作。深入推进安全宣传“五进”活动，扩大对企业、农村、学校、社区、家庭应急宣传教育覆盖面，打造一批全市安全生产宣传五进示范社区，组织制定全国首个安全宣传五进标准，提高公众风险识别能力、应急避险意识；创新线上＋线下多种形式的应急文化宣教手段，深化“应急云课堂”“今天我主播”“安全隐患随手拍”等线上活动影响力，精心打造“1020 宣教文化品牌”。

（审稿人：王首燕、麦劲恒）

B.10
"广州街坊"群防共治实践研究

王首燕　彭　涛*

摘　要：党的十九届五中全会提出，完善共建共享共治的社会治理制度。创新社会治理，必须坚持社会协同和公众参与。在坚持党的全面领导下，广州发扬新时代"枫桥经验"精神，探索推出"广州街坊"群防共治平台。本文重点分析"广州街坊"群防共治创新实践中的突出特点，即利用互联网技术动员最广泛的群众志愿者力量参与社会共治，并提出下一步优化"广州街坊"群防共治的建议。

关键词：群防共治　多元治理　志愿服务

党的十九届五中全会提出，完善共建共享共治的社会治理制度，加强和创新社会治理，加快推进社会治理现代化。坚持和完善共建共治共享的社会治理制度，建设社会治理共同体，表明新时代我国的社会治理正积极打造党委、政府、社会、公众共同治理的新格局。共同参与社会治理，将党协调各方的政治优势同政府的资源整合优势、对社会组织的群众动员优势有机结合起来，打造全民参与的开放治理体系，将制度优势转化为治理效能。"建设人人有责、人人尽责、人人享有的社会治理共同体"，从单纯的政府负责，向"人人有责、人人尽责"转变；从单纯的多元主体共治，向更具凝聚力的"社会治理共同体"提升。党的十九大以来，广州发扬"枫桥经验"精神，根据大都市的治理需求，探索推出"广州街坊"这一群防共治平台。本文分析"广州街坊"

* 王首燕，广州市社会科学院城市治理研究所副研究员，研究方向为社会治理、公共服务；彭涛，中山大学社会学与人类学学院在读博士研究生，研究方向为社会转型与社会治理。

的突出特点，即在党委领导下的广泛群众动员和以“互联网+”群防共治的方式探寻社会共治的创新模式，提出下一步优化“广州街坊”群防共治的建议。

一　“广州街坊”：广州探索群防共治创新实践

（一）“枫桥经验”与新时代群防共治工作

党的十九届五中全会明确提出要完善共建共治共享的社会治理制度。积极动员和发动群众来维护社会安全实现社会共治，在党的历史上有许多好经验，其中产生于浙江诸暨并被毛泽东同志批示在全国推广的“枫桥经验”成为我国社会共治的常青品牌。发挥党的政治优势，坚持专门工作与群众路线相结合的原则，是“枫桥经验”的重要特征。党的十八大以来，习近平总书记高度重视坚持和发展“枫桥经验”，指出必须坚持和发展新时代“枫桥经验”，重视基层基础工作，充分发挥共建共治共享在基层治理中的作用，推进市域社会治理现代化，促进社会和谐稳定。

“枫桥经验”作为我国社会治安综合治理的典型经验，包括党建统领、人民主体、自治法治德治“三治”结合、共建共治共享等核心要素，这些要素构成了“枫桥经验”的鲜明特征和时代内涵。“枫桥经验”的重要经验之一就是构建包含群防共治在内的群众参与网络。

“枫桥经验”对广州城市社会治理具有重要的借鉴意义。广州作为国家重要中心城市和超大城市，实有人口超2200万，其中流动人员超过1000万，全市城镇建成区范围内城中村多达272个，村内登记流动人口超500万，地铁线网日均客流量超820万人次。因此，超大城市存在的社会治理难题，如人员构成多样、人口流动频繁，社区认同感弱、居民参与公共事务的意识不强，部分城中村治安状况复杂、陌生人社会中动员群众的传统方式缺乏效率等问题，在广州也不同程度存在。广州必须突破大城市的治理难点，在基层着力动员和激励群众，使他们组织起来参与社会治理，并激活和带动更多群众积极参与，政府和基层组织提供有效外部支持和激励，提升群众的社会治理效能感和获得感，形成社会治理人人参与、人人尽责的良好局面。

（二）新时代“广州街坊”群防共治机制

党的十九大以来，在坚持党的全面领导下，广州发扬新时代“枫桥经验”精神，坚持党的群众路线，组织发动市民群众参与群防共治，完善“党委领导、政府负责、社会协同、公众参与、法治保障”的社会治理格局，探索推出“广州街坊”群防共治平台。

“广州街坊”群防共治平台是广州根据特大城市的社会治理现实需要做出的积极探索和创新。广州的群防共治源于20世纪60年代，作为群防共治主要载体的治安联防队员，20世纪90年代后开启了专业化过程，逐渐转化为公安机关的协警队伍，形成半行政化的治安力量。群防共治演变成职业化的治安专门队伍，群众在社会治安中的参与逐渐淡化。

借鉴北京奥运会期间将志愿服务理念引入群防群治工作、启动奥运社会治安志愿者的做法，广州在2010年亚运会期间调动民众力量，引入治安志愿者，探索富有中国特色的志愿服务。不同于国外的非营利性组织模式，我国的志愿服务由共青团和民政部门发起。其中，团组织开展大型公益服务，如向孤寡老人、福利院儿童等弱势群体提供帮助等。广州亚运会在协调志愿者组织时，突破团员和青年的限制，发动与鼓励全社会力量共同参与发挥积极作用，青年志愿者和各年龄段的社区群防群治力量、各行业群防群治力量联合起来共同服务于亚运治安保障。穿戴红袖章等整齐装备的83万多社会治安志愿者，在社区周围巡逻，担负公共安全防护、社会治安巡查等志愿服务职责。从职业构成来看，治安志愿者来源也很广泛，既有大中专院校学生，也有党政机关企事业单位人员、公交和出租车司机等，社会治安志愿者均需通过相关审核并按照要求进行街道、派出所、社区三级培训。亚运会期间广州发动有史以来人数最多、来源最广的群众参与治安行动，这也是将中国特色志愿服务和群防群治工作结合的探索。

党的十九大以来，在坚持党的全面领导下，广州探索超大城市社会治理新路径，着力提高社会治理社会化、法治化、智能化水平，推出“广州街坊”平台。2018年5月，广州市委政法委正式发文，计划通过三年时间，持续发动超过全市常住人口5%的市民群众参与群防共治，打造“广州街坊”群防共治品牌，发挥基层自治、群防共治志愿服务在社会共建共治共享中不可或缺的作用。由广州各区建立平安促进会，通过平安促进会等社会组织积极发动群防共治力量参与社会面防控和矛盾纠纷化解等工作。从 2018 年 5 月平台启动到 2020 年底，全市共发展 184 个街镇平安促进会，广泛调动群众参与社会治理的积极性，从宣传发动到有序参与，激发群众参与社会治理的动力，150 多万人在“广州街坊群防共治”微信小程序上注册参与群防共治，进驻群众组织 417 个。在 2020 年春抗击新冠肺炎疫情过程中，在广东启动重大突发公共卫生事件一级响应后，广州组织发动了累计超过 250 万人次的“广州街坊”志愿者投入抗击疫情工作中，站岗测温、入户排查、社区消杀、关怀帮助隔离人员，平均每天 8 万余人次坚守在抗疫一线，助力阻止疫情蔓延扩散。

1. “广州街坊”群防共治突出特点：最广泛动员群众

“广州街坊”是广州群防共治力量整合后的统称，是发挥基层自治在社会共建共治共享中重要作用的综合平台，凝聚多种社会力量参与群防共治志愿服务。“广州街坊”主要包含以下四个方面的力量：一是专业治安力量，包括公安民警和其他行政执法部门的专业人员。二是半专业化治安力量，包括辅警、治安联防队员、治保会成员和出租屋管理员等。三是行业性群众力量，包括公交和出租车司机，环卫工人、快递员和外卖员等。四是包括热心平安建设的广大市民群众在内的各类志愿力量。“广州街坊”一个重要特点在于，在新形势下坚持党的群众路线，有广泛的群众基础。它创新了 20 世纪 90 年代形成的半专业化联防队、治保会的社会治安模式，褪去了以往的行政色彩，将行业性群众力量和热心市民等志愿者力量组织发动起来，适应城市治理多元化的趋势。“广州街坊”创新发掘各行各业特有的治安优势，让社会治理社会化、多元化得以实现。典型的例子是“白云快递小哥”参与毒品治理。

广州市白云区是华南地区物流寄递行业的聚集地，行业规模占广州全市 65%、年发货量占全市 70%，不法分子利用白云区物流业发达的特点，利用物流寄递运毒、贩毒，导致白云区毒品中转集散问题突出。2015 年底，广州市白云区被国家禁毒委定为“毒品中转集散地”挂牌整治。为解决毒品在白云区中转集散的问题，广州警方将白云区辖区内的物流寄递企业纳入毒品治理格局中，对全区物流行业进行全面排查和源头管理。“白云快递小哥”成为源头治理毒品问题的行业力量，充分利用其能深入居民住宅、了解民情、不易引人注意的优势，提供了大批有效毒品线索。随着源头治理与共建共治社会治理的深入推进，广州禁毒工作得以持续开展。2018 年 12 月国家禁毒委正式宣布对白云区取消挂牌整治。“白云快递小哥”也成为广州群防共治的响亮名片和品牌。

还有基于地缘和兴趣爱好组成的社会共治力量，这些社会共治实践具有鲜明的广州城市特色。以地缘为纽带参与社会共治的花都区秀全街“秀全大妈”，她们是跟随在花都汽车城工作的子女定居、照顾儿孙的退休父母。这些“老漂族”在街道组织下成立了老年志愿者团队，开展治安巡逻、调解矛盾、清洁环境、创文宣传、文体娱乐等公益义务活动。

以兴趣爱好为纽带组成的社会共治力量，队员积极性高、凝聚力强，展示了广州包容、多元、时尚与公益相互促进的大都市活力。凭借趣味相投、志趣相通组织起来的志愿群众典型，各个区也有自己的品牌。荔湾区有如意平安骑队，白云区有在白云湖畔志愿巡防的“红棉侠”，这些志愿群众在骑行训练或者夜跑的同时巡视治安，发现隐患和纠纷就及时处理或者上报警方。黄埔区则有以无人机摄影为爱好的年轻人组成的“空中巡防队”，将爱好与维护社会治安结合起来，在黄埔区举办重大活动时出动无人机，开展高空巡防。无人机巡防能弥补地面巡防力量和视野的不足，更好地完成巡防员的工作，是将高科技引入公益的创新探索。

从实际数据和效果来看，“广州街坊”成为社情民意的“信息员”、邻里守望的“巡防员”、矛盾纠纷的“调解员”、平安法治的“宣传员”、应急处置的“支援员”。据统计，2018 年，广州共有 200 多万人次参与社会面治安防控，举报线索 4240 宗，助力公安机关破案 3367 宗；参与调解案件纠纷 64332 件，调解成功 63978 件。仅 2019 年 1 ~ 9 月，广州 110 报警服务台共接群众举报各类违法犯罪线索 2719 宗，协助各级公安机关破案 2084 宗，抓获犯罪嫌疑人 4784 人，累计奖励有功群众 1776 人，累计发放奖励金 235. 19 万元。2019 年全年，广州 110 报警服务台共接群众举报各类违法犯罪线索 3040 条，协助各级公安机关破案 2084 宗，抓获犯罪嫌疑人 4784 人，奖励举报有功“广州街坊”1979 名，发放奖励金 267 万元①。

① 资料来源：广州市政法委。

2. “广州街坊”社会共治的“互联网＋”模式

互联网技术与社会治理的深度融合，助力构建有广泛群众基础的社会治理网络，科技成为广州社会治理创新的有力支撑。“广州街坊”探索具有时代特征、广州特点的社会治理新模式，把党的优良传统和新技术手段结合起来，用高技术支撑群防共治，开发出“互联网＋群防共治”的新模式，进一步释放社会共治的活力和能力。根据大城市生活节奏快、分工细等特点，“广州街坊”探索出新型的群防共治机制——人民群众能自愿参与社会共治、自由支配时间、自主配合防控。“广州街坊”利用互联网技术动员和组织群众主动参与社会治安防控工作，并通过信息化技术推动各类群防共治力量的智能化管理，让参与社会共治的志愿群众在正常工作、生活的情况下，能同时服务于社会治安。

“广州街坊”各个群防群治队伍在组织发布巡防任务时，采用微信公众号、小程序等互联网科技平台，提升共治效率。以“广州街坊”用户体验为导向，以群防活动发起、参与为核心功能，设置巡防、宣传、信息、调解模块，以信息技术支撑群防活动需求与“广州街坊”志愿服务供给快速对接、匹配，形成“互联网＋广州街坊”的群防共治格局①。

在“广州街坊”小程序上，市民通过注册可参与骑巡活动、交通志愿服务等服务，超过153万群众通过“广州街坊”小程序加入群防共治队伍。“广州街坊”小程序发布带有奖励机制的任务时，采取群众喜闻乐见的方式，市民可以在线抢任务，利用在社区周围买菜、去超市购物、散步等碎片化时间参与群防共治和服务社区。激励内容也紧贴时代，充分考虑广州大都市的特点，覆盖了各种市民的多元需求，既有可以用志愿者服务兑换入户积分的政策性奖励，也有在线获得红包的资金型奖励，以及移动网络流量等虚拟服务奖励，还有注册获保险的人身保障奖励等，增强志愿群众对参与社会共治的积极性。

借助互联网技术，“广州街坊”为人民群众提供参与社会治理和服务社区的平台，打通群防工作的“最后一公里”。群众对社区和城市更有责任感，服务社会的意识得到提升，也能切实感受到参与社会治理“人人尽责”的意义。

① 潘艺：《擦亮“广州街坊”群防共治品牌》，《长安》2018年第8期。

“广州街坊”以公益理念和志愿精神凝聚街坊，有效激发市民的主动性和积极性。以公益倡导居民参与，有效地推进社区治理。富有创新的激励机制，同时引导更多市民自愿参与群防共治，促进市域社会治理现代化。

二　完善机制，进一步推进广州社会共治

（一）坚持党建引领，促进基层党建和社会治理有机融合

坚持党的领导，是广州社会治理工作不断取得成效的根本保证，是集中力量、统筹各方的基本前提。新时代的社会治理体系要求基层党建发挥引领和统率作用，通过有效整合不同社会治理资源，创新群团带动、社会参与机制，积极引导群众围绕社会治安民生需要，主动加入党领导下的社会共治队伍。也就是在新时代坚持党的群众路线，把群众有效组织起来，改进社会治理方式，推进社会治理的体制机制创新。因此，在“广州街坊”群防共治推进过程中，必须坚持党的领导。只有把党的建设放在首要位置，才能更好地组织志愿群众以更加多元化的形式和途径，参与到社会共治中来，群防共治力量才能发挥应有作用，广州社会治理工作才能平衡有序推进。

“广州街坊”群防共治模式有效体现在：一方面，坚持党在社会共治中的领导核心地位，由党委、政府对社会治理进行规划、引导和管理；另一方面，通过创新居民参与社会共治的形式和方法，让市民群众积极主动地参与到基层治理中。在广州社会治理工作中，要坚持党的群众路线，发扬“枫桥经验”精神，广泛动员和有序组织居民群众参与基层社会治理，将志愿治理力量融入基层社会共治，实现社会治理和群众自治良性互动，打造社会治理共同体。

党的十九届五中全会提出，完善共建共享共治的社会治理制度，加强和创新社会治理，加快推进社会治理现代化。广州要充分调动群众参与基层社会治理的积极性，有效整合社会资源，通过推动多元社会共治，不断探索适应时代和广州大都市特点的社会共治模式，建立有效的基层社会治理激励机制，形成党委、政府与社会力量良性互动的社会治理格局，将制度优势转化为基层社会治理的成效，进一步推进市域社会治理现代化。

（二）加强科技支撑，创新社会治理方法和路径

“广州街坊”的基层社会共治模式，是广州发展“枫桥经验”的创新实践。实践表明“枫桥经验”中“依靠群众”的基本理念和发动群众的基本方法，在广州的社会治理中发挥重要作用。广州应继续根据超大城市的生活方式和社会结构，因地制宜地创新社会共治方式，坚持推进互联网技术与基层社会治理工作的有机融合，打造多元社会治理体系，创新互联网时代的社会治理模式。

在“广州街坊”智能治理的基础上，进一步深入推进基层社会治理手段创新。利用大数据、互联网等科技手段，进一步完善志愿群众参与基层社会治理的制度化、智能化渠道，继续探索实施“互联网＋群众路线”治理模式，在基层社会治理中充分调动群众的积极性、凝聚群众的智慧，利用高科技手段探索完善群众参与基层社会治理的制度化渠道，丰富参与社会共治志愿群众依法参与社会治理的方式和渠道，形成推进社会治理智能化的强大合力。

（三）积极培育志愿文化，提升志愿群众参与社会治理能力

“广州街坊”将社会志愿力量引入群防共治工作，是化解社会治理风险隐患、实现广州社会共治的一项有效探索。发动和组织群众参与基层社会共治志愿服务有助于形成基于社区的熟人社会，从而缓解社会矛盾，对推广新时代“枫桥经验”和促进社会稳定具有积极意义。

健全党全面领导下的居民群众志愿参与社会治理，必须调动多元社会志愿力量的积极性，完善各种保障机制。一是进一步弘扬社会治理志愿文化，通过发放聘书、举办启动仪式、开展表彰活动等方式强化参与社会治理志愿群众的使命感，营造良好的社会治理志愿文化氛围。构建包括物质激励和精神激励在内的多元激励机制，鼓励和支持群众依法有序参与社会治理，引导志愿服务与群防共治有机结合。二是顺应互联网时代发展的趋势，利用“广州街坊”平台设立社会共治志愿者专区，普及参与群防共治知识，宣传参与群防共治志愿活动，并定期更新，为公众获取参与志愿服务的信息提供便利，降低公众参与群防共治志愿活动的成本。三是将社会治理工作聚焦到参与志愿服务群众的切身利益上来，做实志愿者安全保障。定期开展隐患排查、线索搜集、应急救援

等相关内容培训，并联系相关律师担任法律顾问等，助力志愿者在参与社会共治过程中提升法律意识，依法参与群防共治，并学会用法律武器保护自己，掌握准专业的服务技能，提高志愿群众参与社会共治的成就感。推进志愿服务和坚持系统治理相结合，通过实实在在的社会治理成果，使参与社会共治志愿服务的群众真切感受到参与社会共治的实际效能，形成持续的正向激励，充分调动广大人民群众持续积极、主动参与社会共治，让广州基层社会治理更有活力。

参考文献

丁元竹、江汛清：《志愿服务：从北京奥运到广州亚运》，《广东青年干部学院学报》2009 年第 4 期。

龚维斌：《新时代中国社会治理新趋势》，《中国特色社会主义研究》2018 年第 2 期。

黄明涛：《社会治理背景下“广州街坊”实践创新研究》，《探求》2019 年第 6 期。

李振贤：《“枫桥经验”与当代中国基层治理模式》，《云南社会科学》2019 年第2 期。

郑会霞：《打造共建共治共享的社会治理格局》，《中国党政干部论坛》2019 年第4 期。

周颖、孙少龙：《“广州街坊”：汇聚城市共治之力》，《半月谈》2018 年第 19 期。

姚迈新：《“社会治理共同体”的广州实践与启示——以“广州街坊”为个案》，《长春市委党校学报》2020 年第 2 期。

（审稿人：王首燕、麦劲恒）

社会调查篇

Social Survey

B.11
2020年广州社会心态调查报告

苗兴壮*

摘　要：总体上看，2020年广州社会心态呈现积极向上的态势，新冠肺炎疫情对社会心态影响有限，表现在几个方面：与2018年相比，广州居民的幸福感略有提高；各方面的安全感全面提升，提升幅度最大的是食品安全；三个方面的获得感有所提高，医疗服务质量方面的获得感提升幅度最大；社会焦虑情绪总体下降，与“社会治安”相关的焦虑情绪降幅最大。疫情对社会心态某些方面造成了一定影响，主要表现在“收入状况”和“生活质量”方面的获得感下降幅度较大，与“物价上涨”等几个方面相关的焦虑情绪有所上升。个人隐私信息安全在各项安全感中得分最低。社会信任方面，对官方媒体的信任度有较大幅度提升，对熟人间传递的消息信任度降幅最大，普通社会成员之间的信任度不高。

* 苗兴壮，广州市社会科学院社会研究所研究员，研究方向为社会学。

关键词： 社会心态 新冠肺炎疫情 社会影响

2020 年出现的新冠肺炎疫情给人们的社会生活的各个方面都造成了不同程度的影响，也必然会影响社会心态。及时把握疫情对社会心态的影响情况，对进一步做好疫情防控工作也会有所帮助，同时也对进一步完善某些方面的公共服务和社会管理有一定的参考价值。

一 调查的基本情况

为降低调查成本，提高调查效率，本次社会心态调查通过“问卷星”互联网在线调查系统进行，通过系统向样本库中合格的样本随机发送答卷邀请的方式进行抽样，被邀请者既可以通过手机进行答卷，也可以通过电脑答卷。

调查的时间段是 2020 年 6 月 1 ~ 30 日。调查目标群体包括广州市户籍人口和常住非户籍人口。调查内容主要包括：市民的幸福感、获得感和安全感，市民的社会情绪，社会信任与社会期望状况等几个方面。调查共计回收问卷 1727 份，其中 1417 份通过了问卷有效性检测，有效回收率为 82.0%。

样本的基本构成情况如下：在户籍方面，广州本地户籍的占 52.65%，非广州户籍的占 47.35%；在性别构成方面，男性占 53.56%，女性占 46.44%；在职业构成方面，专业技术人员占 18.28%，职员、办事员占 29.78%，商业服务人员占 7.20%，工人占 7.90%，党政部门、企业、事业单位负责人占 4.16%，公务员占 1.41%，离、退休人员占 0.92%，学生占 18.49%，失业人员占 1.91%，其他职业人员占 9.95%。

在通过抽样调查了解 2020 年广州居民社会心态状况的同时，本报告还将与以前的调查结果加以比较，以便掌握社会心态的动态变化情况。本课题组曾在 2017 年和 2018 年做过同样的调查，但 2017 年的调查使用的网络调查平台与 2018 年和 2020 年的不同，抽样方式存在差异，因而可比性稍弱。为此本报告的动态分析采用 2018 年与 2020 年数据的比较，二者使用的是同一个网络调查平台和抽样方法，可比性较强。

二　幸福感、获得感与安全感

（一）幸福感及其变化情况

对居民幸福感的测量通过以下两个问题来进行，一个问题是直接让被调查者回答自己生活的幸福程度，另一个问题是让被调查者对生活总体的满意程度做出评分。二者转化为分数后最低分为2分，满分是10分。

1. 幸福感略有提高

2020年的调查结果显示，幸福感平均得分为7.14分，比2018年的7.04分高出0.10分。生活满意度平均得分为6.70分，该项分值与2018年调查结果相同（见表1）。

表1　幸福感和生活满意度得分及其变化情况

单位：分

类别	2018年	2020年	变化情况
幸福感	7.04	7.14	提高1.42%
生活满意度	6.70	6.70	持平

在对“总的来说，您觉得自己的生活幸福吗?”的回答中，选择“很幸福”的比例为10.3%，回答“比较幸福”的比例为49.4%，二者之和为59.7%，选择“不太幸福”和“不幸福”二者之和的比例为11.6%（见图1）。

2. 幸福感的群体差异及相关因素

分析结果表明，不同群体的幸福感存在一定的差异。从被调查者的户籍情况看，广州本地户籍者的幸福感得分高于非户籍被调查者，分数分别为7.30分和6.96分。从性别方面看，女性的幸福感略高于男性，但差异不大，分数分别为7.18分和7.12分。从婚姻状况上看，已婚群体的幸福感高于未婚群体，分数分别为7.24分和7.10分，最低的是离异群体，幸福感得分只有5.88分。从职业类别上看，幸福感分数较高的是学生群体（7.52分）、公务员（7.50分）、企业事业单位管理人员（7.86分）；处于中等的是专业技术人员（7.08分）、离休退休人员（7.08分）、职员办事员（7.04分）、商业服务业

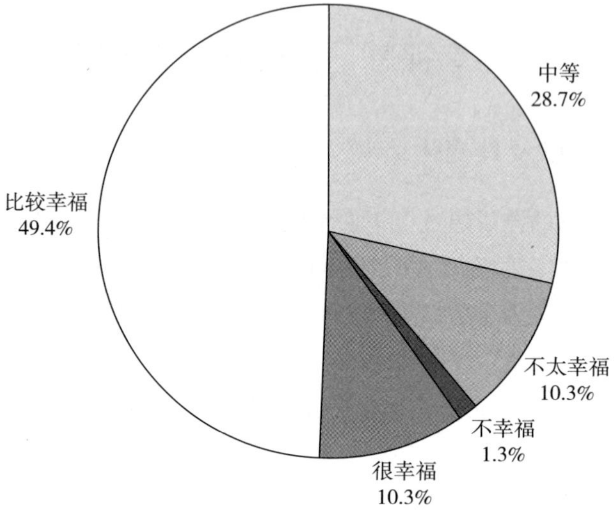

图 1 幸福感情况

人员（7.02 分）；幸福感分数较低的是工人（6.62 分）和失业人员（6.00 分）。

通过相关分析可以发现，市民的幸福感与生活质量获得感和收入获得感呈现出较为明显的正相关，相关系数分别是 0.36、0.25。与焦虑程度具有明显的负相关，相关系数为 -0.32。幸福感分数与收入和学历有一定的正相关关系，不过相关度并不很高，相关系数分别为 0.18 和 0.13①。

（二）获得感及其变化情况

“获得感”的测量方法是，让被调查者和一年前相比来判断以下几个方面的变化情况，评价包括“收入状况”、“生活质量”、“交通状况”、“环境质量”及“医疗服务质量”五个方面的变化情况，转化为分数后最低分为 2 分，最高分为 10 分。

1. 医疗服务获得感最高，收入方面获得感最低

2020 年广州居民获得感分数在几个不同方面存在较大的差异，得分最高

① 计算这两个相关系数时未计入学生群体。如果计入学生，则此两项相关系数均小于 0.10。

的是医疗服务质量，分数为7.06分。在对“和一年前相比，您觉得医疗服务质量是否有所提高?”的回答中，选择“明显提高”和“有些提高”的比例分别为10.5%和40.3%，二者合计为50.8%，回答“有些下降”和“明显下降”的比例分别为4.7%和1.9%，回答医疗服务质量“没有变化”的占42.6%（见图2）。

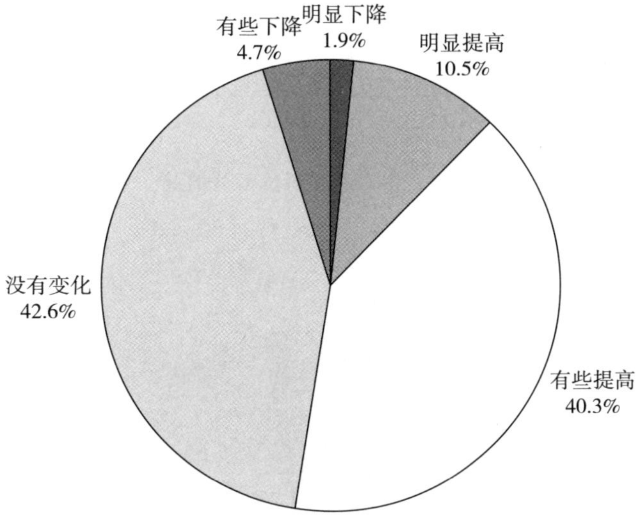

图2　和一年前相比医疗服务质量变化情况

获得感处于第二位的是环境质量，得分为6.68分；再次是交通状况，得分为6.30分。生活质量和收入状况方面的获得感得分较低，分别为6.14分和5.78分（见图3）。

在对“和一年前相比，您的收入是否有所提高?”的回答中，有2.9%和27.3%的人选择“明显提高”和“有些提高”，回答“有些下降”和“明显下降”的比例分别为21.5%和11.2%，其他37.1%的人回答“没有变化”（见图4）。

2. 医疗服务与环境质量获得感明显提高

与2018年的调查结果相比，三个方面的获得感得分有所提高，分别是医疗服务质量得分提高了6.97%，环境质量得分提高了5.36%，交通状况得分提高了3.28%。

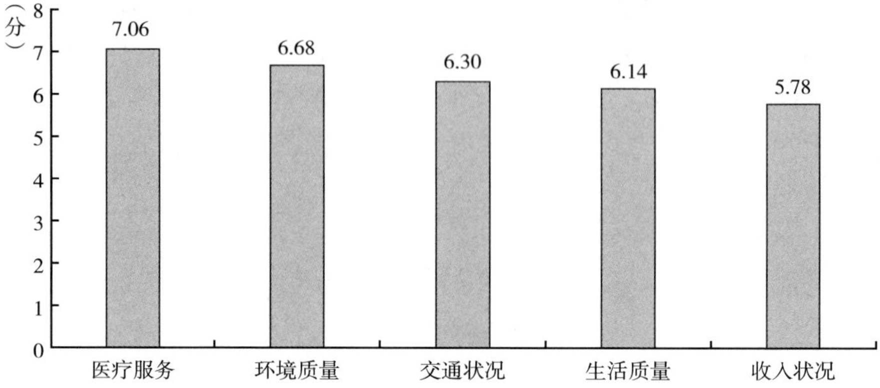

图3　各方面获得感得分情况

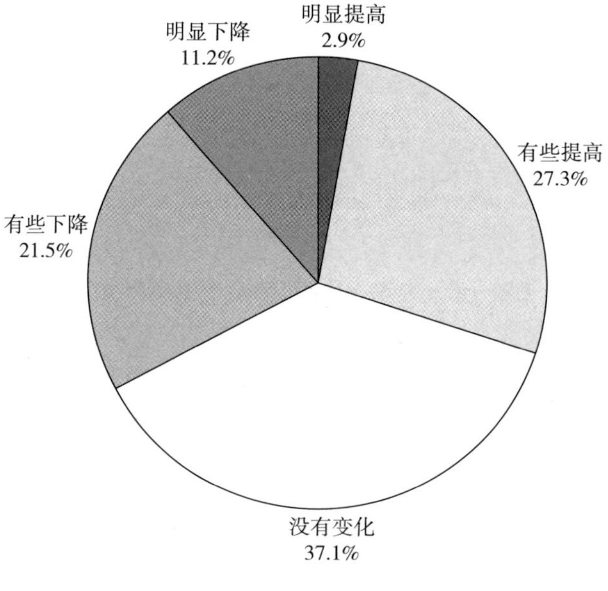

图4　对过去一年收入状况的评价

3. 收入状况与生活质量获得感降幅较大

与2018年的调查结果相比，2020年两个方面的获得感得分有所下降，其中下降幅度最大的是收入的获得感得分，较2018年下降了13.99%，生活质量得分也下降了10.76%（见表2）。

表2 各方面获得感得分变化情况

单位：分

具体事项	2018年	2020年	变化情况
医疗服务	6.60	7.06	提高6.97%
环境质量	6.34	6.68	提高5.36%
交通状况	6.10	6.30	提高3.28%
生活质量	6.88	6.14	下降10.76%
收入状况	6.72	5.78	下降13.99%

收入获得感与生活质量的获得感下降是预料之中的。由于受疫情的影响，上半年很多企业开工不足，尤其服务业受到了较大的冲击，这必然会影响一些居民的收入水平。而生活质量获得感的下降也是必然的，一方面收入的下降会直接影响生活质量；另一方面由于疫情防控的需要，疫情较为严重期间采取的各种防控措施使人们的出行、娱乐、消费等各种行为都受到了不同程度的影响，这些影响无疑也会体现在人们的生活质量获得感的变化上。

（三）安全感及其变化情况

安全感的测量内容包括以下六方面：人身安全、食品安全、交通安全、财产安全、环境安全和隐私安全。安全感调查结果转换为分数后，最高分为10分，最低分为2分。

1. 人身安全感与财产安全感较高

数据分析结果显示，各项安全感中广州市民安全感最高的是“人身安全”，安全感分数为7.94分；其次为“财产安全”，分数是7.40分；安全感处于中间水平的是“环境安全”，分数是7.20分，以及交通安全，分数是6.90分；安全感较低的是“食品安全”，分数是6.18分；得分最低的一项是“隐私安全”，分数是5.76分（见图5）。

在回答“您觉得您的人身安全情况怎样?”这个问题时，分别有21.5%和57.4%的被访者选择了“很安全”和“比较安全”，二者之和达到78.9%。仅有2.4%和0.6%的被访者选择了“不太安全”和“很不安全”（见图6）。

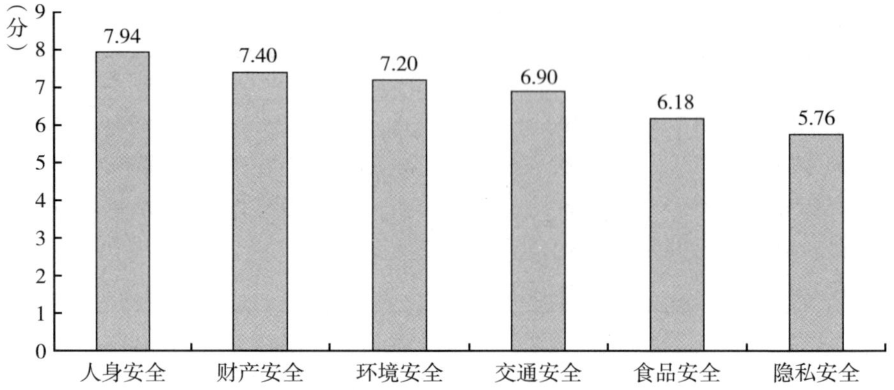

图5　各项安全感分数

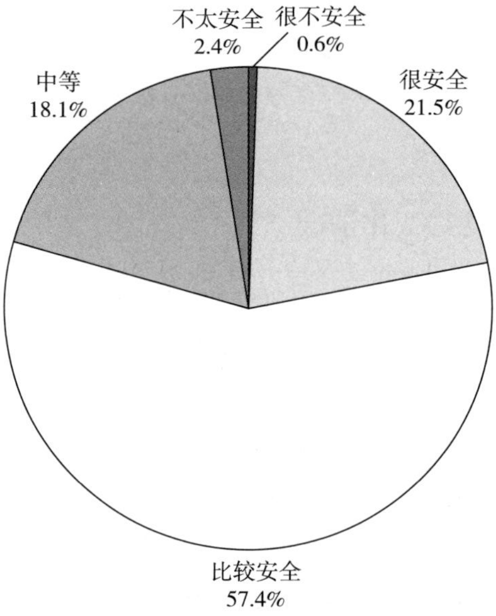

图6　对人身安全评价各选项的百分比

2. 隐私安全与食品安全仍是短板

在本次调查中，得分偏低的是隐私安全感和食品安全感。被调查者在回答“您觉得个人隐私安全情况怎样?”时，有10.3%和29.1%的人分别选择了

“很不安全”和“不太安全”。有5.9%和26.3%的被调查者认为“很安全”和“比较安全”。也就是说，对隐私安全的正面评价的比例低于负面评价的比例7.2个百分点。

在回答“您觉得目前食品安全情况怎样?”这一问题时，有4.4%和22.0%的被访者选择了“很不安全”和“不太安全”，两者相加负面评价比例为26.4%。分别有2.0%和35.3%的被访者选择了“很安全”和“比较安全”，也就是正面评价比例为37.3%，正面评价高于负面评价比例10.9个百分点。

3. 安全感全面提升，食品安全感提高最明显

与2018年的调查结果相比，2020年各方面安全感分数全面提高。各项安全感的总平均分数由2018年的6.21分提高到2020年的6.90分，提高幅度为11.11%。

虽然各项安全感分数都较2018年有所提高，但提高程度却存在较大的差异。安全感分数提高幅度最大的是食品安全感，较2018年提高了1.18分，提高幅度达到23.60%，该项安全感的排名也上升了一位。可见虽然食品安全感的分数与其他几项相比仍然较低，但已经得到明显的提高。环境安全感与财产安全感也有较大的提升，分数分别比2018年提高了0.66分和0.62分，提高幅度分别为10.09%和9.14%。分数提高幅度最小的是隐私安全，比2018年提高了0.52分，该项安全感的排名由2018年的倒数第二下降为倒数第一（见表3及图7）。

表3　与2018年相比各安全感分数及位次的变化情况

单位：分

焦虑事项	2018年分数	2020年分数	2018年位次	2020年位次	分数变化	位次变化
人身安全	7.40	7.94	第一位	第一位	升0.54	未变化
财产安全	6.78	7.40	第二位	第二位	升0.62	未变化
环境安全	6.54	7.20	第三位	第三位	升0.66	未变化
交通安全	6.32	6.90	第四位	第四位	升0.58	未变化
食品安全	5.00	6.18	第六位	第五位	升1.18	升一位
隐私安全	5.24	5.76	第五位	第六位	升0.52	降一位
总平均分	6.21	6.90			升0.69	

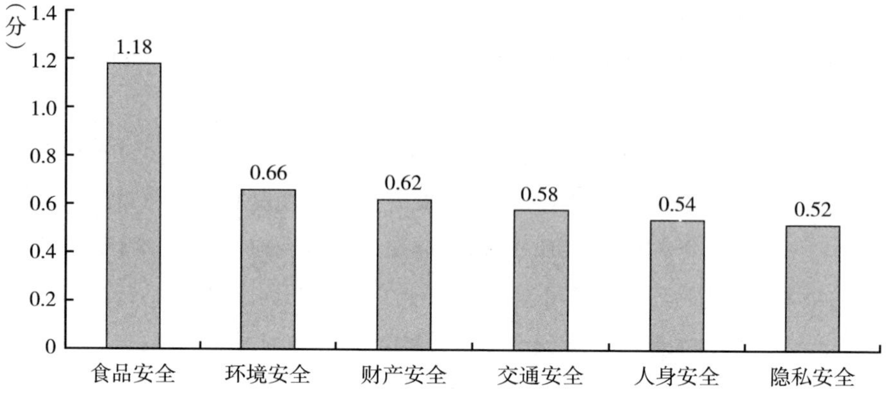

图 7　与 2018 年相比各项安全感分数提高情况

三　社会情绪状况

本次社会心态调查有关社会情绪的内容主要包括经常引起市民焦虑的一些事项，如房价上涨、物价上涨、交通堵塞、工作压力、同事及亲友关系、健康问题、环境问题、养老问题、就业问题、收入状况、未来预期、社会治安、担心感染新冠肺炎等 13 项。对各项因素引发的焦虑情绪的测量转化为分数后，最低分为 2 分，最高分为 10 分。

（一）社会情绪基本状况

通过统计各事项引发人们焦虑的平均分数，发现排在第一位的是“收入状况”，分值为 7. 34。排在第二位的是对“未来预期”的焦虑，分值为 7. 22。另外引发焦虑得分较高的事项是“物价上涨”和“房价上涨”，分值分别为 6. 92 分和 6. 90 分。“工作压力”和“交通堵塞”两项引发的焦虑处于中间偏高的水平，二者分值分别为 6. 74 分和 6. 75 分（见图 8）。

“就业问题”与“感染新冠”两项引发的焦虑处于中间水平，分值分别为 6. 02 分和 6. 14 分。“健康问题”“环境问题”“养老问题”“人际关系”“社会治安”等几项相关的焦虑情绪都较低，分值均在 6. 0 分以下。尤其“社会治安”引发的焦虑情绪得分最低，仅为 4. 88 分。

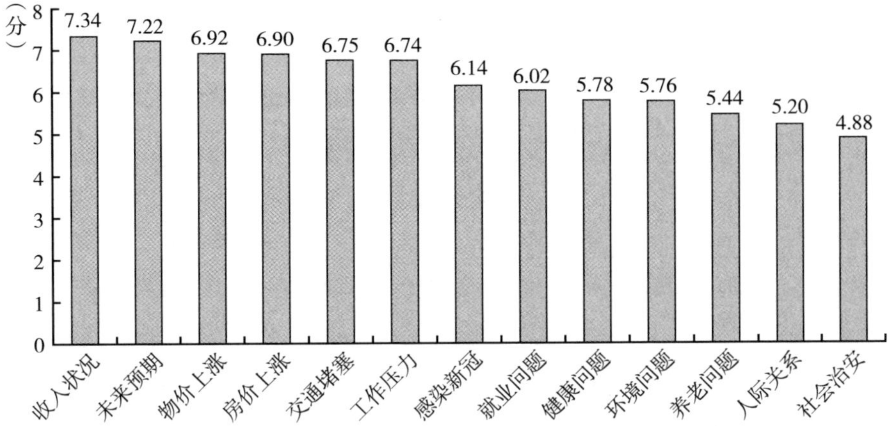

图 8　引发焦虑情绪的各种事项分数

（二）焦虑情绪的变化情况

1. 焦虑情绪总体下降

与 2018 年的调查结果相比，总体来讲，广州社会焦虑程度有所下降，这一点可以从各项焦虑分数的总平均分上反映出来。2018 年的焦虑总平均分为 6. 32 分，2020 年的总平均分为 6. 24 分，下降了 0. 08 分，下降幅度为 1. 27%（见表 4）。总体上 2020 年广州居民的焦虑情绪并未因新冠肺炎疫情的出现而增加，这与广州市对新冠肺炎疫情的控制得力有密切关系。

表 4　与 2018 年相比引发焦虑各事项分数及位次的变化情况

单位：分

焦虑事项	2018 年分数	2020 年分数	2018 年位次	2020 年位次	分数变化	位次变化
收入状况	7. 32	7. 34	第二位	第一位	升 0. 02	升一位
未来预期	7. 30	7. 22	第三位	第二位	降 0. 08	升一位
物价上涨	6. 90	6. 92	第五位	第三位	升 0. 02	升二位
房价上涨	7. 34	6. 90	第一位	第四位	降 0. 44	降三位
交通堵塞	6. 98	6. 75	第四位	第五位	降 0. 23	降一位
工作压力	6. 48	6. 74	第六位	第六位	升 0. 26	未变化
感染新冠	无	6. 14	无	第七位	无	无
就业问题	5. 74	6. 02	第九位	第八位	升 0. 28	升一位
健康问题	5. 96	5. 78	第七位	第九位	降 0. 18	降二位

续表

焦虑事项	2018 年分数	2020 年分数	2018 年位次	2020 年位次	分数变化	位次变化
环境问题	5.96	5.76	第七位	第十位	降 0.20	降三位
养老问题	5.30	5.44	第十二位	第十一位	升 0.14	升一位
人际关系	5.08	5.20	第十三位	第十二位	升 0.12	升一位
社会治安	5.50	4.88	第十一位	第十三位	降 0.62	降二位
总平均分	6.32	6.24			降 0.08	

说明：2018 年的调查包括一项“子女教育”，鉴于只有部分群体存在该项问题，2020 年的调查未包含此项，但增加了一项对“担心感染新冠肺炎”的调查。各年总平均分计算结果来自各年共有的 12 项分数。

2. 焦虑事项位次下降最大的是“房价上涨”和“环境问题”

具体每一项焦虑事项程度则有升有降。从焦虑事项的位次上看，对“房价上涨”的焦虑由 2018 年各项焦虑程度的第一位下降到 2020 年的第四位，下降了三个位次；分数由 2018 年的 7.34 分降为 2020 年的 6.90 分，下降了 0.44 分，降幅为 5.99%。与“环境问题”相关的焦虑由 2018 年的第七位下降到 2020 年的第十位，也下降了三个位次；分数也有较为明显的下降，由 2018 年的 5.96 分降为 2020 年的 5.76 分，下降了 0.20 分，降幅为 3.36%。

3. 焦虑事项分值下降幅度最大的是“社会治安”

从相关焦虑事项分值变化看，下降较为明显的是与“社会治安”相关的焦虑。对“社会治安”的焦虑分值由 2018 年的 5.50 分降为 2020 年的 4.88 分，下降了 0.62 分，降幅达到 11.27%。另外与“健康问题”和“交通堵塞”相关的焦虑分值也较 2018 年有所下降。

4. 焦虑事项位次上升最大的是“物价上涨”

对“物价上涨”的焦虑位次由 2018 年的第五位上升到 2020 年的第三位，上升了两个位次。焦虑分数也较 2018 年上升了 0.02 分。

5. 焦虑分值上升幅度较大的是“就业问题”和“工作压力”

与 2018 年的调查结果相比，从分值上看焦虑程度上升较为明显的是与“就业问题”和“工作压力”相关的焦虑，焦虑分值分别比 2018 年上升 0.28 分和 0.26 分（见图 9），上升幅度分别为 4.88% 和 4.01%。“就业问题”的位次较 2018 年上升了一个位次。“收入状况”引发的焦虑分值也比 2018 年上升了 0.02 分，位次由第二位上升为第一位。

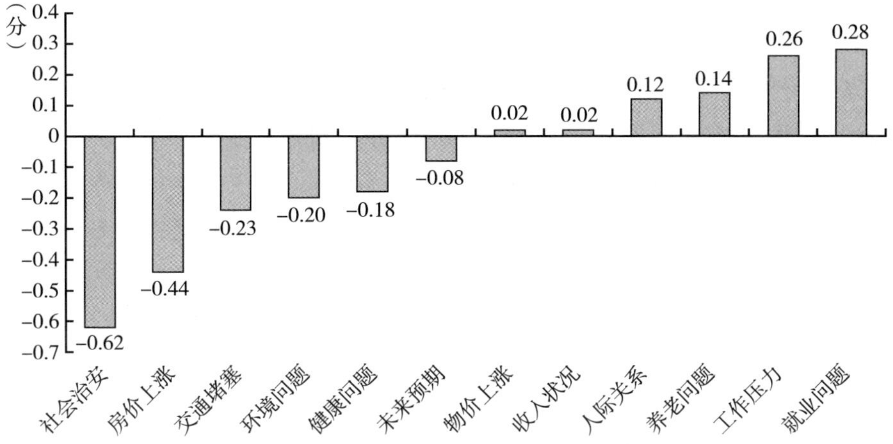

图 9　与 2018 年相比各项焦虑分数的变化情况

一些事项相关的焦虑分数的增加显然与新冠肺炎疫情的影响有密切关系，如“就业问题”“工作压力”“收入状况”等无疑都与企业因新冠肺炎疫情经营状况受到影响有关。

（三）不同群体焦虑情绪的差异

数据分析结果显示，按群体划分，不同群体的焦虑程度存在一定的差异。按性别划分，女性群体焦虑程度略高于男性群体，各项焦虑的总平均分数分别是 6.33 分和 6.16 分。以户籍划分，外地户籍群体的焦虑程度略高于本地户籍群体，焦虑平均分数分别是 6.36 分和 6.13 分。以婚姻状况来划分，离异群体的焦虑程度最高，平均焦虑分是 6.56 分；其次是未婚群体，平均分数是 6.37 分，最低的是已婚群体，平均分数是 6.10 分。以职业类型划分，焦虑程度最高的为失业群体，平均焦虑分数是 7.28 分；其次是工人群体，平均分数是 6.35 分；再次是职员、办事员，平均分数是 6.29 分；离、退休人员的焦虑分数最低，焦虑平均分数仅为 4.77 分。以收入水平划分，收入较高的群体焦虑程度低于收入较低的群体，月收入高于 2 万元的较高收入群体焦虑平均分是 5.44 分，月收入低于 3000 元的较低收入群体焦虑平均分是 6.92 分。

每个群体焦虑的侧重点是不相同的，例如，月收入低于 3000 元的群体对物价上涨的焦虑程度最高，焦虑分数达到了 8.04 分，高出该项平均分 1.12

分。引发失业群体焦虑得分最高的事项是就业问题，达到 8.80 分，高出该项平均分 2.78 分。引发学生群体焦虑得分较高的是对未来的预期，得分为 7.66 分，高出该项平均分 0.44 分。引发工人群体焦虑得分最高的事项是收入状况，焦虑分数为 7.96 分，高出该项平均分 0.62 分（引发专业技术人员、职员、办事员及商业服务人员焦虑得分最高的事项也是收入状况，但不如工人群体这样突出）。引发公务员和企事业单位管理人员群体焦虑得分最高的事项是交通堵塞，焦虑分值分别为 7.10 分和 7.08 分，分别高出该项平均分 0.35 分和 0.33 分。

四　社会信任与社会期望

（一）社会信任及其变化情况

对各类社会成员的信任情况和对不同信息来源的信任情况是本项调查的内容。对各类社会成员的信任程度转换为分数后最高是 10 分，最低是 2 分。对各种来源的信息的信任程度的测量和分数也类似。

1. 对社会成员的信任情况及变化情况

调查结果表明，2020 年广州市民对整体社会成员的信任分数是 6.48 分。对不同关系的社会成员信任程度有显著的差异，信任度由高到低依次是：家人（9.02 分）、朋友（7.70 分）、亲戚（7.02 分）、同学（6.72 分）、同事（6.60 分）、普通熟人（5.74 分）、陌生人（4.36 分）。

从分析结果可以看出，目前人们之间的信任度总的来说是较低的，只有对家人、亲戚朋友等关系比较密切的社会成员信任度较高，而对其他多数社会成员的信任度都不高。这种状况有其广泛而深刻的社会原因。

与 2018 年的调查结果相比，2020 年被调查者对各类社会成员的信任程度顺序没有发生变化，但对各类社会成员的信任程度都稍有下降（见图 10），对整体社会成员的信任分数也下降了 0.06 分（2018 年为 6.54 分）。

2. 对各类信息渠道的信任情况及变化情况

本次调查提供了 6 种不同的信息渠道，让被调查者选择一项“最信任”的消息来源。

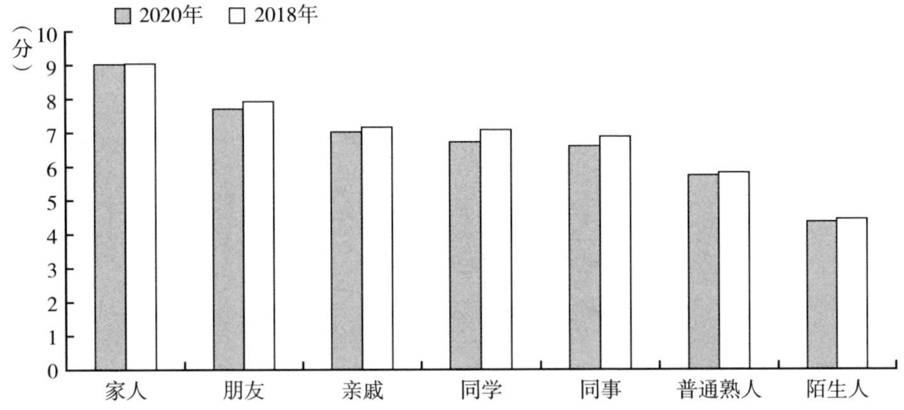

图10　对各类特定关系社会成员的信任分数

（1）传统官方媒体信任度最高

数据分析结果表明，人们对报纸、电视、广播等传统的官方媒体发布的消息信任度最高，有68.2%的被调查者认为是最可信任的信息来源（见图11）；排在第二位的是来自各大知名网站的消息，选择比例是14.2%；人们对来自各种自媒体的消息的信任度比较低，如对来自个人微博、微信等的消息特别信任的比例只有4.4%。人们对来自其他信息渠道的消息的信任度也都很低，尤其对网络论坛上网友发布的消息信任度最低，只有3.1%；另有3.4%的被调查者选择了最信任"其他渠道"的消息。令人感到意外的是，被调查者对熟人之间传递的消息也缺乏信任，只有6.7%的人将其作为最信任的消息来源，如果考虑到对社会成员的信任情况，其实这一结果并不意外，因为人们对普通熟人的信任度是较低的，对其传递的信息的信任度自然也就不高。

（2）官方媒体信任度上升幅度较大

与2018年相比，人们对各类信息渠道的信任情况发生了一些变化。最信任官方传统媒体的比例由55.2%上升到68.2%，上升了13.0个百分点，是上升幅度最大的一项。

（3）熟人间传递的消息信任度降幅最大

与2018年相比，除了传统官方媒体以外，人们对其他信息渠道的信任度都有不同程度的下降。下降幅度最大的是熟人之间传递的消息的比例，由

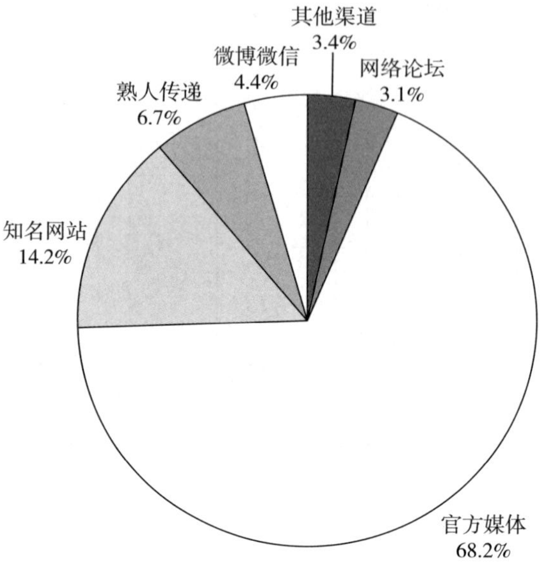

图 11　对各类信息来源的信任度

2018 年的 13.2% 下降为 2020 年的 6.7%，下降了 6.5 个百分点，降幅为 49.2%，这也与前文提到的对普通熟人的信任程度较低是一致的。对微博微信等自媒体的消息、网络论坛的消息及其他渠道的消息原本信任程度就比较低，2020 年较 2018 年又有不同程度的下降（见表 5）。

表 5　对各类信息渠道信任度的变化情况

信息渠道	2018 年比例(%)	2020 年比例(%)	比例变化
官方媒体	55.2	68.2	升 13.0 个百分点
知名网站	14.8	14.2	降 0.6 个百分点
熟人传递	13.2	6.7	降 6.5 个百分点
微博微信	5.6	4.4	降 1.2 个百分点
其他渠道	7.9	3.4	降 4.5 个百分点
网络论坛	3.3	3.1	降 0.2 个百分点

从政府管理角度来看这一变化结果是有利的，人们对电视、报纸等传统官方主流媒体的信任度进一步提高，为主流媒体引导社会舆论提供了有利条件。但也存在一个矛盾，虽然多数人最信任报纸、电视等传统主流媒体，但目前人们读报纸、看电视的时间却越来越少了。

（二）社会期望及其变化情况

1. 当前社会期望情况

社会期望是指社会成员最期望的是什么，它体现了人们的最主要的需求。对广州居民的期望的调查包括10个方面："收入增加"，"身体健康"，"事业发展"，"获得他人认可"，"拥有自己的住房"，"改善交通"，"拥有更多朋友"，"环境更好"，"艺术创作、投资、慈善"，"其他"，每个被调查者只能选择一项"最渴望"的方面。

调查结果表明，人们选择比例最高的是收入增加，比例为33.9%；第二位的是身体健康，比例为30.4%；第三位的是事业发展，比例是15.6%；第四位的是拥有自己的住房，比例为11.0%。该4项之和达到90.9%，可见大多数居民的期望主要集中在这4个方面。其他6个选项的比例都比较低，除了"获得他人认可"占2.9%以外，其他5项的比例都在2.0%以下（见图12）。

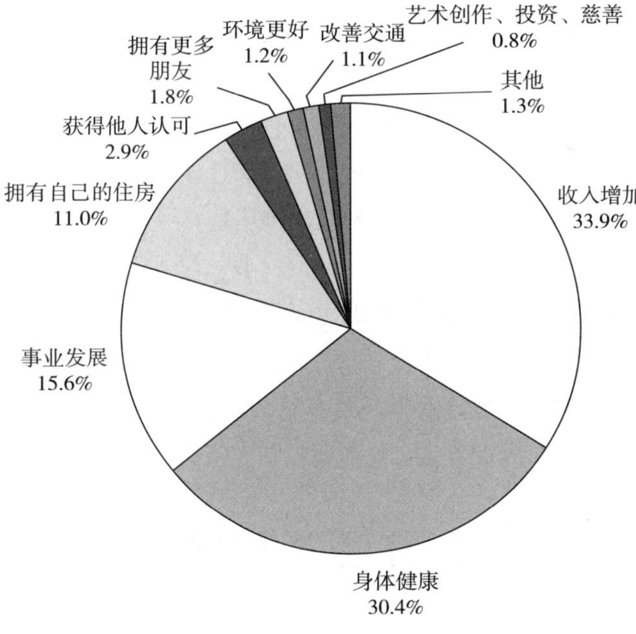

图12　各种期望的比例

2. 社会期望的群体差异

不同群体的期望存在明显的差异，这显然与其自身状况密切相关。从职业类别来看，最渴望“增加收入”的是商业服务人员、工人和职员办事员，他们选择该项的比例分别为40.2%、36.6%和36.5%，明显高于其他职业群体，这与这几个职业的收入相对较低有关。在离、退休人员中，最大的期望是“身体健康”，选择该项的比例高达61.5%；另外期望“环境更好”的比例最高的也是离、退休人员，比例为15.4%，而其他职业人员选择该项的比例仅为1.1%。选择“获得他人认可”比例最高的是公务员，比例为10.0%，其他职业人员选择该项的比例为2.8%。

不同收入的群体其期望也存在明显的差异，在月收入为20000元以上的较高收入者中，将“身体健康”作为其期望首选的比例是42.9%；而月收入3000元以下的较低收入群体中，将该项作为最重要的期望的比例仅为25.0%。可见较高收入群体在经济压力较小的情况下更加注重身体健康。月收入为20000元以上的较高收入群体选择“事业发展”比例也最高，占23.8%，而月收入3000～5000元的群体选择该项的比例最低，只有10.3%。

3. 社会期望的变化情况

与2018年相比，总体上人们的期望的变化不大，排在前4项的都是增加收入、身体健康、事业发展和拥有自己的住房，而且该4项的排列顺序也没有变化（见表6）。不过对最期望的各事项的选择比例还是有一定的变化，对所期望的事项选择比例增加幅度最大的是排在第一位的“收入增加”，比2018年升高了3.7个百分点，可见人们希望增加收入的愿望比2018年更为强烈，这与新冠肺炎疫情导致人们的收入受到影响有密切关系，这也与上述收入状况的获得感下降幅度最大及收入状况相关的焦虑分数最高是一致的。最希望“身体健康”的比例较2018年升高了1.0个百分点，这可能与新冠肺炎疫情使人们更加注重健康有关。

表6　社会期望的变化情况

期望事项	2018年比例（%）	2020年比例（%）	比例变化
收入增加	30.2	33.9	升3.7个百分点
身体健康	29.4	30.4	升1.0个百分点
事业发展	17.8	15.6	降2.2个百分点

续表

期望事项	2018 年比例(%)	2020 年比例(%)	比例变化
拥有自己的住房	11.8	11.0	降0.8个百分点
获得他人认可	2.5	2.9	升0.4个百分点
拥有更多朋友	2.8	1.8	降1.0个百分点
环境更好	2.1	1.2	降0.9个百分点
改善交通	0.2	1.1	升0.9个百分点
艺术创作、投资、慈善	1.1	0.8	降0.3个百分点
其　　他	2.1	1.3	降0.8个百分点

五　几点总结

通过对本次调查数据的分析及与2018年调查结果的比较，可以概括出以下几个结论。

（一）社会心态呈现积极向上的态势

总体上看，当前广州社会心态保持积极向上的态势较为明显，新冠肺炎疫情对广州居民的社会心态影响有限。具体表现在以下几个方面。

第一，与2018年相比，广州居民的幸福感略有提高。

第二，各方面的安全感全面提升，提升幅度最大的是食品安全。

第三，三个方面的获得感有所提高，医疗服务质量方面的获得感提升幅度最大，环境质量分值提高幅度也较大。

第四，在社会情绪方面，焦虑情绪总体下降，从引发焦虑情绪的各事项排序看，与“房价上涨”和“环境问题”相关的焦虑程度位次下降最明显；从相关焦虑事项分值变化看，与“社会治安”相关的焦虑情绪分值下降幅度最大。

（二）新冠肺炎疫情对社会心态的某些方面造成了一定的影响

虽然疫情总体上对社会心态的影响不大，但在某些具体方面的确产生了比较明显的影响。这些影响主要表现在经济收入和生活质量方面的获得感下降幅度较大，在社会情绪方面表现为与“物价上涨”、“就业问题”、“工作压力”和“收入状况”几个方面相关的焦虑情绪的位次或分值有所上升。社会心态这几个方面的变化基本上与企业的经营状况受到新冠肺炎疫情影响有关，同时也与从2019年开始猪肉等某些商品价格上涨幅度较大有关。

（三）社会心态某些方面的群体差异较为明显

人们的职业、收入状况、户籍、家庭状况等因素都会对其生活和工作状况产生相应的制约和影响，进而影响其心态，不同群体的社会心态差异是正常的和难免的。同时这也是经济、社会某些方面发展不平衡、不充分在社会心态上的体现。

本次调查结果显示，工人、失业者等较低收入群体幸福感更低，焦虑情绪分值更高。较低收入群体对物价上涨的焦虑程度最高，引发失业群体焦虑得分最高的事项是就业问题，学生群体对未来预期的焦虑程度较高。在社会期望方面，最渴望增加收入的是商业服务人员、工人和职员办事员，离、退休人员最大的期望是“身体健康”，期望获得他人认可比例最高的是公务员群体。在不同户籍方面，广州本地户籍居民幸福感高于非本地户籍居民，焦虑情绪分值低于非本地户籍居民。在家庭状况方面，已婚群体的幸福感最高，焦虑情绪最低；离异群体幸福感最低，焦虑情绪最高；未婚群体介于二者之间。

（四）个人信息安全问题仍然需要关注

个人隐私安全是本次调查中各项安全感中得分最低的一项，虽然分值较2018年有所提高，但在各项安全感中提高幅度最小，并且该项安全感的排名由2018年的倒数第二位下降为倒数第一位。可见，人们对此的关注程度仍然较高，这方面仍需进一步加大治理力度。作为地方政府，如何治理跨地区的信息安全问题是一个需要认真研究的课题。

（五）社会信任状况值得思考

本次调查结果表明目前社会信任程度较低。这种情况在全国都是类似的，是全社会普遍存在的一个问题。[1] 社会信任度较低的影响因素是多方面的。比如人们在社会活动中会更多地使用防御机制，增加了社会活动的成本，如增加了经济活动的交易成本。社会信任度低还会导致社会冷漠，使一些处于危困状态中的个体及时获得援救的机会降低。社会信任度较低也会在一定程度上影响人们的幸福感和安全感。

造成社会信任度较低的原因是多方面的，虽然与个人隐私安全感较低以及商家的不诚信行为等因素有密切的关系，但其背后的根本原因可能并非这样简单。明确社会信任的形成机理，找出提高社会信任程度的途径，对此做进一步的深入研究是有价值的。

（审稿人：朱汎静）

① 2018 年对北京、上海、广州、深圳和杭州 5 个城市的调查结果是类似的，5 个城市的差异不大。

B.12
在穗港澳青年参与粤港澳大湾区建设认同研究

郭天武　严椰铭　吴孝杰*

摘　要：　本文侧重于研究分析《粤港澳大湾区发展规划纲要》发布实施以来大湾区内地九市吸引港澳青年融入湾区、提升港澳青年建设湾区的意愿等问题。基于问卷调查和个案访谈，本研究分析港澳青年对大湾区建设规划、城市治理、营商环境、居住生活等四个方面的认同度与存在的需求，指出阻碍认同度提升的宏观、微观因素，最后从加强粤港澳大湾区命运共同体意识的塑造、不断营造支持港澳青年发展社会环境、大力拓宽港澳青年参与社会管理渠道等方面提出提升港澳青年参与大湾区建设的认同度建议。

关键词：　港澳青年　大湾区建设　认同度

自《粤港澳大湾区发展规划纲要》（以下简称《规划纲要》）实施以来，广州市以建设孵化器和创新创业服务平台为重要载体，以全方位创业服务和居住生活保障为基础内容，出台了一批富有本地特色、符合社会实际需求的创业就业政策，举办形式多样的青年交流活动，拉近了港澳青年与粤港澳大湾区的距离，港澳青年与大湾区的融合度不断加深。截至2020年12月，广州建成港

* 郭天武，中山大学粤港澳发展研究院副院长，博士生导师，研究方向为刑事诉讼法学、港澳基本法；严椰铭，中山大学粤港澳发展研究院在读博士，研究方向为港澳基本法；吴孝杰，广州市委统战部研究室（法规处）副主任（副处长），研究方向为港澳基本法、港澳青年创新创业。

澳台青年创新创业基地44家，吸引港澳348个创业项目、600余个团队、3000多名青年落户，3万余名港澳人士在穗参加社保。但也要清醒地看到，港澳青年对《规划纲要》与粤港澳大湾区建设、对内地城市治理体系和治理能力以及营商环境和居住生活环境的认同还有待进一步提升。

本文采用问卷调查方式研究港澳青年对参与粤港澳大湾区建设认同度问题，于2020年向在穗港澳青年发放问卷共计204份，回收184份，回收率为90%，并与26名在穗港澳青年开展一对一访谈，重点掌握港澳青年对大湾区建设规划、城市治理、营商环境、居住生活等四个方面的认同度与存在的需求情况。

一　港澳青年参与粤港澳大湾区建设认同现状

（一）港澳青年对粤港澳大湾区建设规划的认同

绝大多数港澳青年对《粤港澳大湾区发展规划纲要》关注度较高，有近半数港澳青年对《规划纲要》的具体内容具有较高的了解度，44.4%的受访者表示知道该文件并了解其中内容，55.5%的受访者表示虽然知道该文件但并不了解其中内容。港澳青年获取大湾区发展建设规划相关内容的途径也呈现出多元化特征，50%的受访者倾向于选择使用来自港澳地区的报纸杂志和广播电视等获取大湾区相关资讯，33.3%的受访者通过来自内地的报纸杂志、广播电视等传统媒体获取信息，27.8%的受访者通过粤港澳大湾区门户网等政府网站获取信息；过半数受访者（55.6%）借助QQ、微信、微博等平台获取大湾区信息，只有5.6%的受访者表示会从Facebook、推特等国外软件了解相关内容（见图1）。

总体来看，港澳青年对粤港澳大湾区的历史与未来、现实与前景持有积极、正面的态度。具体体现在以下三方面。

1. 港澳青年对大湾区发展现状和历史具有较为初步的认知，且整体偏向积极正面

港澳青年普遍反映，在大湾区内地城市长期居住和生活使其开始了解大湾区历史文化及发展现状，同时也让自己的身份认同发生了从“我是香港青年/澳门青年”到“我是大湾区青年”，最终到“我是中国青年”的转变，并对粤

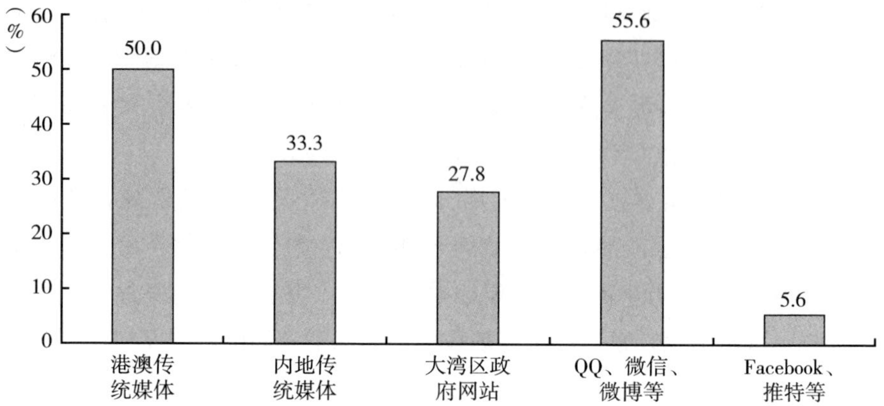

图1 港澳青年获取政策渠道方式情况

港澳三地的进一步交流和融合提出了较高期待，投身大湾区建设的港澳青年对大湾区现状和历史的充分认知、正面印象，在一定程度上影响了其身份认同塑造。

2. 对规划纲要的内容具有较为深入的认知和独到的理解

大多数港澳青年知晓《粤港澳大湾区发展规划纲要》和“粤港澳大湾区”这一概念，其中《规划纲要》中最能吸引港澳青年注意力的话题是“就业创业”和“社会福利”两方面内容，72.2%的受访者对就业创业议题比较关注，61.1%的受访者对大湾区公共服务与社会福利较为关注，27.8%的受访者将目光聚焦于置业议题，11.1%的受访者关注医疗保障、文化交流两方面内容。调研也显示，港澳青年群体存在一定程度的政治冷感，只有5.6%的受访者表示对“在大湾区建言献策”的关注，少数受访者（16.6%）表示只有在与自己有关时才会参与公共议题讨论。访谈中，港澳青年更倾向于关注与自身密切相关的话题，如在港澳台居民居住证制度全面实施下，部分港澳青年反映了居住证使用在移动支付、金融理财等领域仍然存在的限制；在大湾区职称评价和职业资格认可方面，部分港澳青年提出应当对高职（专科）学历的互通互认给予更多关注。值得注意的是，港澳青年对获取《规划纲要》及其相关配套文件的官方性、权威性解读有较强烈的需求。

3. 对大湾区发展前景普遍呈现较为肯定、积极的态度

44.4%的受访者表示大湾区将成为港澳青年发展的最佳舞台；55.5%

的受访者则认为大湾区将给港澳青年提供一定的发展机遇，同时也有少部分受访者（5.6%）对大湾区在港澳青年群体中所发挥的作用保留消极看法。影响港澳青年来大湾区发展意愿的主要因素则集中体现为大湾区对港澳青年的政策扶持（88.9%）和良好创新创业氛围（55.6%）；同时部分受访者认为城市居住环境与生活品质（33.3%）、科技文化教育水平（27.8%）和粤港澳三地相近的文化习俗（27.8%）也是影响其来大湾区发展意愿的主要因素；少部分受访者则是因为湾区城市群的交通便利性（16.7%）和习惯于在大湾区长期居住（11.1%）而留在大湾区生活，此外也有个别受访者表示拥有港澳朋友社团圈子帮助熟悉当地环境也对其选择具有较大影响。在港澳地区，青年群体亦呈现出对大湾区发展前景较高的期待值，香港政府统计处 2019 年 4 ~ 7 月进行的主题性住户统计，有听说过粤港澳大湾区（15 岁及以上）人士占总人口的 93.8%，据估算有超过 69.9 万居民想过离开香港到其他地方生活，当中有意到内地大湾区生活的人逾 26 万人①。

（二）港澳青年对大湾区内地城市治理的认同

1. 扶持政策认同度有待提升

港澳青年主要通过创业基地以及相关协会（78%）、新闻媒体及社交网络平台（67%）、政府相关网站及其公众号（34%）、亲友介绍（34%）等方式获取湾区法律法规及优惠政策的信息，信息源零星分散，港澳青年对于大湾区优惠政策大多不熟悉，无法有效发挥政策的吸引效用。为解决这一问题，港澳青年认为最重要的是，内地政府能够拥有汇总湾区法规政策及咨询的门户网站（45%），其次是相关部门面向港澳人士开设政策咨询窗口（34%）和定期举行政策解读的培训课程与讲座（17%）。

2. 政务服务认同度较高

超过半数的港澳青年认为广东省政务服务质量显著提升，享受各地政务服务便捷高效，如“粤港澳大湾区广州琶洲政务服务中心”于 2019 年初在广州

① 香港特别行政区政府统计处：《主题性住户统计调查第 71 号报告书：在粤港澳大湾区生活的意向》。

市政务服务中心琶洲分中心成立，自助服务区能够为大湾区9市居民提供跨城通办便民服务，使大湾区企业和居民能在中心享受“一门式”“一窗式”高效审批服务。

3. 逐步认可内地纠纷处理方式方法

在解决法律纠纷问题方面，有50%的港澳青年都认为在内地处理法律纠纷时遇到了对于内地诉讼流程不了解的问题，有55%的港澳青年遇到了对于法律咨询平台不了解的问题。当港澳青年在内地遇到法律纠纷的时候，有50%的港澳青年会向内地法院提起诉讼，有22%的港澳青年会选择向港澳法院提起诉讼，55%的港澳青年会寻求调节，11%的港澳青年会求助法律援助机构，20%的港澳青年会求助行业组织，50%的港澳青年咨询律师。

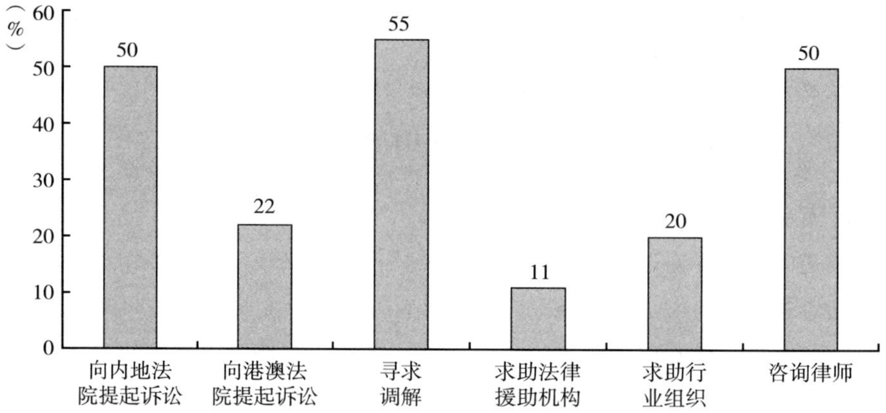

图2　港澳青年寻求法律纠纷解决途径

随着内地法治化建设不断加深，港澳人士大多已修正过去对内地执法、司法的偏见，同时在内地法院提起诉讼具有诉讼费用低、时间成本低、判决公正高效等优点，不少港澳青年更倾向于通过内地法院解决纠纷。除了传统的协商、投诉、诉讼等纠纷解决途径外，大湾区内地城市也不断创新纠纷解决模式。2020年9月，广州市成立粤港澳大湾区知识产权调解中心，首批调解员共200名，其中香港地区调解员28人，澳门地区调解员12人，均为高校教授、涉外律师或专业调解机构人员，为港澳人士提供便捷的知识产权纠纷行政调解、人民调解、行业调解、商事调解和专家调解等服务，调解规则结果三地互认，深受港澳青年欢迎。①

4. 热心参与社会服务和管理

粤港澳大湾区内地各城市高度重视吸纳港澳青年参与社会管理，强调多元主体对区域公共事务的协同共治②，让社会组织及市场力量参与到社会管理中，提高社会管理的效能。港澳青年普遍对包括行业组织、协会、学会、同乡会等在内的各类内地社会团体具有较大的参与热情和参与需求，66.6%的受访者参加了内地社团，主要包括当地港澳青年之家和青年会、同乡会、青年创新创业协会、中华总商会和香港中华出入口商会等组织，27.7%的受访者未参与内地社团，但表明了对参与内地社会团体的意向和兴趣，5.5%的受访者表示没有参与内地社会团体的意向。港澳青年表达对公共事务意见或建议的渠道主要通过行业组织（55.6%）和向居委会、村委会、街道办等社区组织反映（33.3%）；部分受访者表示自己会通过向人大代表（16.7%）和政协机关（27.8%）反映的形式参与公共事务；部分受访者则选择用信访（27.8%）、听证会（5.6%）方式表达对公共事务的个人意见；此外，也有受访者将在报纸杂志（11.1%）、互联网媒体（22.2%）上发表观点作为表达意见的途径。同时，不少港澳青年优秀代表受邀旁听人大会议、列席政协会议。2018~2020年，广东省政协已连续三年邀请港澳青年代表列席全体大会，并赋予其参与讨论、审议和发表意见的权利，发挥港澳青年建言献策作用。

（三）港澳青年对大湾区内地城市营商环境的认同

港澳青年对大湾区投资环境的满意度为4.0分（评分为1~5分，其中，满分为5分，表示非常满意；1分是非常不满意），其中近70%的受访者对投资环境的满意度在4.0分以上（见图3），内地的投资条件已获得大部分港澳青年的认可。

1. 市场环境规范有序

自《规划纲要》实施以来，广东省各级政府都大力推动“放管服”改革。

---

① 《粤港澳大湾区知识产权调解中心在黄埔揭牌成立》，广州市人民政府门户网站，http://www.gz.gov.cn/xw/zwlb/content/post_6544604.html。

② 石佑启、陈可翔：《粤港澳大湾区治理创新的法治进路》，《中国社会科学》2019年第11期。

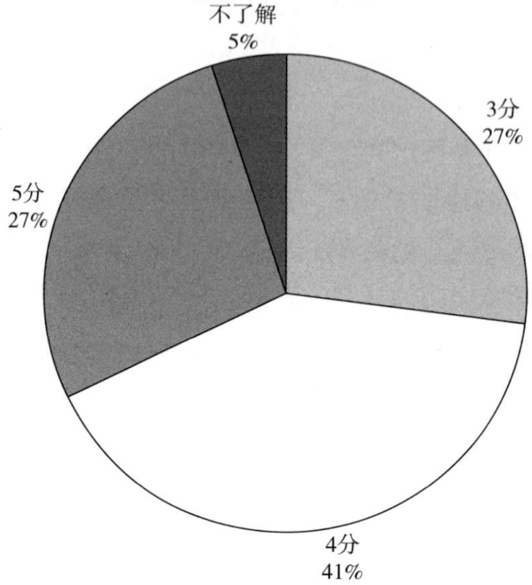

图 3　港澳青年对内地投资环境满意度

以广东自贸区为例，南沙目前已全面实施“一颗公章管审批”，打造“证照分离”的办事流程，加速实现开办企业全流程“一表申报、一个环节，最快半天办结”；深圳前海首批推出了人工智能审批服务，将企业设立时限由一天大幅压缩至几十秒内，港澳投资者在港澳即可注册前海企业；珠海横琴启动网上审批中心，升级完善商事登记全程电子化系统，企业开办时间缩短至 3 小时，最快 10 分钟即可完成。大湾区内地城市目前已初步形成规范有序的市场环境，得到多数来粤创业就业港澳青年认同。

调研显示，不少港澳青年认为内地政府政策兑现和行政服务等方面还有待提高，其中，港澳证件无法使用网上预约、自主办理等便利服务（77%），办事程序烦琐（53%），相关咨询缺乏公示（48%）成为最主要的三个问题。大部分港澳青年表示目前回乡证、居住证还不能享受与内地居民身份证同等待遇。广东省各市区对开办企业的政策标准不一，这给频繁来往于粤地各市区的港澳投资者带来了不少困难。

2. 投资融资渠道多元有效

2020 年 7 月，广东省出台了《关于贯彻落实金融支持粤港澳大湾区建设意见的实施方案》，要求促进粤港澳大湾区跨境贸易和投融资便利化，提升本外币兑换和跨境流通使用便利度；支持粤港澳大湾区内地银行在宏观审慎框架下，向港澳地区的机构或项目发放跨境贷款；加强粤港澳监管机构合作，逐步推动建立粤港澳征信产品和信用评级结果互认机制，使征信和信用评级产品在粤港澳地区统一使用。广州与深圳也出台相应的行动方案，大力推进知识产权质押融资，用好国家外汇管理局扩展外债便利化试点支持高新技术企业跨境融资政策。同时，降低企业融资成本，提高融资效率，积极探索基于区块链的创新性贸易金融产品形态，港澳青年来粤的融资门槛逐步降低，融资渠道不断拓宽。

3. 民商事权益保障有力

为充分保障港澳青年在粤的民商事权益，广州、深圳、珠海等内地城市开始探索涉港澳民商事案件集中管辖模式，改革涉外涉港澳台审判机制。比如，广州南沙区法院在全国率先聘任港澳陪审员、特邀调解员和特邀调解组织、专家咨询委员，制定《港澳籍人民陪审员管理办法》《涉港商事案件属实申述规则适用规程》《域外送达操作手册》，提高送达效力；深圳前海法院建立系统全面的域外法律查明与适用机制，制定的《域外法查明办法》列明 30 多项涉港因素，实现香港法适用最大化。随着内地涉港澳民商事审判质量、效率的提升，法院受理涉港澳民商事案件数量也逐年上升，广州南沙法院 2019 年以来共受理涉外涉港澳台案件 2131 件，审结 1331 件，超过集中管辖前三年受理涉外案件总数的 20 倍。

4. 配套专业服务机构日益完善

一是大湾区创业基地构架不断完善。根据广东省政府印发的《关于加强港澳青年创新创业基地建设实施方案》（粤府函〔2019〕122 号），广州市出台了《关于建设广州市港澳台青年创新创业示范基地的实施方案（2019～2021）》《广州港澳台青年创新创业示范基地建设资助暂行办法》，目前已建成港澳台青年创新创业基地 44 个，其中 5 个被省政府和香港、澳门特区政府认定为重点支持基地。2019～2020 年，广州市评选产生 8 家港澳台青年创新创业示范基地，每家每年给予 100 万元运营资助。二是法律服务机构形式不断探索。广东省 9 市开展了香港法律执业者和澳门执业律师取得内地执业资质和从事律师职业试点工作，港澳法律执业者通过内地律师执业考试即可在内地执业，从业的范围将比联营律所范围更广，港澳律师也不必挂靠联营律所，可单独在内地从事法律服务。三是金融服务机构合作不断加深。截至2019年6月，参与“粤港澳会计师事务所合作联盟”的三地会计师事务所已达到61家，促进粤港澳人才、技术、资源方面的优势互补，为更多的港澳企业提供审计鉴证、管理咨询等专业服务。

（四）港澳青年对大湾区内地城市居住与生活的认同

自《规划纲要》落地以来，大湾区城市良好的生活居住条件不仅吸引了更多的港澳青年来内地发展，还留住不少已经在内地发展的港澳青年。比如广州市出台了港澳青年“乐居广州”政策文件，为港澳青年提供较为全面的居住生活保障，港澳青年获得感显著增强。

1. 基础设施互联互通

截至2019年底，粤港澳大湾区铁路通车总里程达2100公里，其中高铁里程1232公里，大湾区主要城市间1小时通达、主要城市至广东省内地级城市2小时通达、主要城市至相邻省会城市3小时通达的交通圈初步形成。以广州白云机场、深圳宝安机场、珠海机场、香港机场、澳门机场等机场为核心的世界机场群建设正在加紧推进，有超过一半的受访者认为湾区的交通较为便利，有将近70%的港澳青年认为应该兴建地铁轻轨和加强公路建设。深圳莲塘/香园围口岸就采取了客、货一站式通关的新技术，珠海横琴则启动了口岸新旅检区，开启1分钟内两地跨境的新通关时代，过境旅客位于同一查验大厅排一次队、查验一次即可通关。

2. 居住环境宜人宜居

大湾区内地九市均出台了面向港澳青年的一系列居住优惠政策，包括打造港澳青年人才公寓、为港澳青年提供住房补贴、共有产权房制度以及将符合条件的港澳青年纳入当地公租房保障范畴。调查中，5.5%的港澳青年依靠政府的人才公寓政策取得了住房，而大部分港澳青年的居住问题是依靠自购房屋和租住房屋的方式解决，55.0%的港澳青年自购房屋，27.7%的港澳青年租住房屋。值得注意的是，在内地有固定居所的港澳青年，对内地都有着较强的认同感，其中选择一般满意的占比27.7%，选择比较满意的占比61.1%，选择非常满意的占比5.5%。

3. 社会交流交往与融入有待提升

16.6%的港澳青年表示，他们可以经常在自己居住的社区中遇到同样来自港澳的居民，55.5%的港澳青年则表示自己在居住的社区中，很少或较少遇到同样来自港澳的朋友。在参与社区生活方面，61.1%的港澳青年表示，自己从未参与过社区的集体活动，33.3%的受访者表示参与过但是次数很少，5.5%的受访者表示，自己经常参与社区集体活动。需要指出的是，经常参与社区活动的港澳青年对居住环境和内地营商环境的满意度也非常高，因此，需要提升港澳青年的社会交流交往与融入。而从融入方式来看，港澳青年期望能够通过微信群聊的方式开展社会沟通活动。

二 影响港澳青年对粤港澳大湾区建设认同的原因分析

（一）宏观层面原因分析

一是境外媒体恶意扭曲煽动。《规划纲要》发布后，西方媒体大肆唱衰香港未来，认为随着大湾区的建设，香港现有区域金融龙头地位将不保，甚至居民的生活形态也将受到冲击。英国 BBC 公司在《规划纲要》发布四天后即撰文，指出大湾区的建立是我国内部的“欧盟式融合”[①]，香港的发展方向就是走向“边缘化”“被规划”，香港只有效仿英国脱欧，须来一场香港脱“湾”才能重获繁荣；《德国之声》[②] 则将香港认定为“跟班”角色，抹黑中国政府，称“他们（内地）想把香港吸入一个黑洞，并不是真正令中港融合，而是要令香港消失，令‘一国两制名存实亡’”；《美国之音》[③] 更是指出大湾区政策会致使香港的两制受到压抑，人才流失，沦为中国的二、三线城市，政策由内地主导，不断利好广东城市，乃至香港的话语权都将遭到削弱。这些西方媒体任意曲解纲要内容，制造政治体制和意识形态问题，刻意挑起政治对抗，

① 引自 BBC《粤港澳大湾区：“欧盟式融合”、“边缘化”与“被规划”的争议》。

② 引自《德国之声》《“大湾区”发展纲要推出，香港如同“跟班”?》。

③ 引自《美国之音》《香港各界响应大湾区规划纲要　评论忧两制受压抑》。

煽动香港市民尤其是青年“仇中”情绪，阻碍国家推进大湾区建设的进程。

二是港澳社会矛盾复杂难解。港澳地区为高度多元化和国际化的社会，内部各族群之间行为习惯、利益诉求、宗教礼俗、价值观念、身份认同存在不少差异和矛盾；同时作为国际资本博弈的角力场，以英美为代表的西方国家一直不愿放弃在香港的利益，将资本运作作为赚取经济利益、赢得周旋于各方势力筹码的工具，积极争夺香港传媒的控制权，加剧香港社会贫富不均、意识形态差异、价值观念多元等社会矛盾。

三是青年爱国教育长期缺失。香港部分教育工作者长期向学生灌输错误的立场观念、歪曲事实、煽动学生“抗争”“上街”“仇警”，部分宗教组织大肆煽惑民众、资助乱港分子，传播分离主义思想，使得部分处在价值观形成关键期的学生长期受错误思想的引导和煽动，形成对特区政府的偏见和仇视内地的偏激认识。

（二）微观层面问题分析

一是对大湾区规划纲要认知不足，参与建设意愿尚未完全发掘。部分港澳青年对规划纲要的具体内容缺乏深入了解，对规划纲要的“指导思想”“基本原则”“空间布局”等整体概念和内涵理解不足。一方面是因为港澳地区本身对粤港澳大湾区规划纲要的宣传工作缺乏足够重视；另一方面是港澳青年常用Facebook、Whats App、Instagram和Twitter等新媒体平台，缺少宣传大湾区的媒体资源。粤港澳大湾区在整体意识构建上也存在一定的不足，部分港澳青年更加倾向于被归入“港澳青年群体”，而非“大湾区青年群体”或“粤港澳青年群体”；部分港澳青年因内地城市在职业限制和行业准入方面对粤港澳三地青年的差别规定，对自身在大湾区的角色定位、优势所在以及未来发展道路处于迷茫状态，无法寻找自身的核心竞争力；另外，还有部分港澳青年到内地发展单纯是看中政策福利，本身并没有长期参与大湾区建设的意识。

二是政策法规获取渠道有待完善，对纠纷解决机制信任不足。政府门户网站作为一个提供综合性政务服务的平台，难以就港澳资讯这部分内容提供一站式服务，部分港澳青年难以熟练使用微信和内地网站筛选信息。此外，近年来内地与港澳地区交流活动普及性与覆盖面仍然有限，许多港澳青年无法通过交流切身感受大湾区的发展成果与机遇前景。此外，港澳青年的法律意识普遍较强，但不熟悉内地法律条文与诉讼流程，是其在内地解决纠纷的一大障碍。

三是城市营商环境建设有待加强，青年人才流入质效有待提升。部分政策过度倾斜，打乱市场秩序。部分内地政府给予港澳青年的租金补贴、生活补贴、医疗保险补贴、个人所得税财政补贴以及各种政府资助配套奖励，叠加内地众多青年创业基地、孵化器推出“零租金”“零成本”方案的二次扶持，导致部分港澳青年利用现有的优惠政策来内地到处“落户”盈利，不利于营造市场公平秩序。另外，部分内地政府更偏向对“高新”港澳企业以及港澳人才给予高额奖励，但来粤的港澳企业大多从事中低端服务业，与本地企业竞争时也不具有优势，降低了港澳青年来内地创业的热情。境内融资困难，境外汇款难行。由于港澳人士在内地征信系统的空白和内地法院执行港澳地区财产困难，内地银行一般拒绝向在粤的港澳企业提供贷款，同时港澳资金难以通过银行汇入内地，严重阻碍了港澳企业在内地的商业活动，部分港澳人士通过携带现金入关或与内地居民签署代持股协议的方式，来获得资金的流转。申报材料复杂，实际操作烦琐。不少地区都要求港澳居民申请开办企业时提供出入境记录，部分商业银行要求开设账户时必须法定代表人手持证件、执照与银行的人一起在办公地点拍照，等等，令很多港澳创业者感到不适应。地区政府标准不一，缺乏协同数据交流。广东省内尚未实现数据共通，使得经常辗转于内地各市的港澳投资者感到非常不便，港澳居民在深圳前海设立公司以后，无法在广州增城担任另一家公司法定代表人；深圳、珠海、江门、佛山等地都在港澳本地提供办理内地工商登记服务，而广东省其他地区却尚未实现此项功能。

四是参与社会管理渠道有待扩展，未成立专门组织凝聚人气。目前在大湾区内缺乏官方牵头、具备一定规模、被广泛认知的面向港澳青年的社会团体。当前大湾区内地城市组建的港澳青年社团，规模普遍较小，不易为人所知，港澳青年到粤工作生活无法尽快建立朋友圈，影响他们融入内地的进程，也限制了他们通过团体与组织表达意见的渠道。此外，港澳青年在内地社团中不可担任法人代表，这也在一定程度上影响了他们加入社团、助力社团建设的热情。

五是港澳青年过于强调以自我为中心，个人竞争力不强。部分港澳青年容易以自我为中心，特别是将民主和自由权利视为其价值观中至关重要的部分，过分强调个人自由的重要性，再加上部分港澳青年缺乏对内地主动了解的积极性，难以对大湾区内地的发展路径和政府政策有一个明确清晰的认知；在内地工作的港澳青年仍以从事文创餐饮行业为主，新一代信息技术、生物技术、高端装备制造、新材料等将逐渐发展壮大为大湾区新支柱产业，这对港澳青年提出更高要求，使得部分港澳青年退出大湾区的人才竞争。

三　提升港澳青年参与粤港澳大湾区建设认同度的建议

（一）加强粤港澳大湾区命运共同体意识的塑造，提升港澳青年大湾区居民身份认同

一是开展专题宣传活动。以《规划纲要》实施2周年、3周年等关键节点为契机，开展高层次、多维度政策宣讲活动，通过邀请香港各界代表人士到大湾区学习考察以及组织专家学者赴港开展政府、学校、社团等专题宣讲，持续保持学习宣传贯彻《规划纲要》的热度。把《规划纲要》作为青少年交流合作重点，通过多种形式组织港澳青少年了解粤港澳大湾区建设的工作成效。二是创新宣传方式方法。尝试通过港澳地区青年普遍使用的Twitter、Facebook、WhatsApp、Tik Tok等社交软件进行宣传，介绍粤港澳大湾区的各项政策、红利与机遇。三是建立便捷资讯平台。依托广东省现有的粤港澳大湾区门户网站，探索建立资讯覆盖面更广、服务更加便利的一站式平台，为港澳青年提供真正的一站式服务，最大限度地便利其生活。四是完善双向交流机制。积极推动内地青年赴港澳交流，讲好一个港澳青年认同湾区、融入湾区、扎根湾区的故事，引导港澳青年在大湾区找准自己的位置，不断强化融入大湾区意识。五是加强政策实施跟踪。通过向辖区内港澳居民投放问卷、邀请各界港澳居民代表参加座谈等方式，主动了解政策实施情况，收集与分析信息，及时改进相关政策。

（二）不断营造支持港澳青年发展的社会环境，打造全国一流的港澳青年创新创业高地

一是清除阻碍市场有序发展的因素。减少港澳籍青年在内地成立公司、开办企业时在出资方股权比例、创新创业领域的限制，扩大创业补助和优惠政策支持范围；推进粤港澳三地在职业资格证、高职（专科）以下学历上的互通互认，鼓励港澳高职（专科）学生来内地申请攻读学士学位，畅通港澳籍居民凭居住证报考内地职业资格考试的途径；进一步简化行政审批程序，拓宽网

上办事覆盖至港澳籍居民，及时跟进微信、微博、手机 App 等平台的辅助服务，允许在内地生产生活的港澳居民无阻碍地使用港澳证件实现网上一站式办理。积极关注在大湾区从事非高新技术产业的港澳青年创业群体诉求，鼓励更多普通港澳青年来内地创业。二是拓宽初创企业投融资渠道。给予港澳资本比外资更多的市场开放和经营便利性政策，在投资准入标准、投资的征收补偿和转移、投融资审批程序等方面进一步缩小港澳资本与内地资本的待遇差距。不断完善和创新粤港澳大湾区中小微企业跨境征信机制，解决粤港澳三地中小微企业及居民个人征信信息不对称问题。支持大湾区中小微企业运用可转换债券等多种类债务融资工具；鼓励有潜力的中小企业抓住机遇，借助创业板市场获得投融资机会。三是强化合法的民商事权益保障。解决港澳商事主体进入内地后经营资格认定效率低、成本高、手续烦琐的问题。加大智慧司法建设力度，参照珠海市人民法院的阳光司法机制构建，积极推动立案、缴费、送达、申诉、接访和开庭等一系列审判程序的网上服务①，以满足跨境案件远程办理的现实需要。优化粤港澳大湾区公共法律服务机制。参照澳门地区允许特定公民、企业或财团注册非营利民间服务中心的做法，为政府提供公共法律服务作补充。

（三）大力拓宽港澳青年参与社会管理渠道

一是继续邀请港澳青年代表参与政协、人大会议，形成常态化工作机制，提升港澳青年对社会主义民主政治体制的认识和认同。二是建立港澳人士担任听证代表制度，在推动涉及港澳政策出台时主动邀请在相关领域有一定知识储备和代表性的港澳居民参与听证，充分畅通港澳居民建言献策渠道。三是加大爱国爱港爱澳青年骨干的培养，挖掘一批具有较高政治素质、教育影响力的青年代表，引导港澳青年有序参与内地政治生活。四是推动内地港澳青年成立相应青年社团，通过熟悉本地社会资源的人士作为港澳青年进入内地发展的引领人，努力打造港澳青年之间、港澳青年和内地青年之间的交际圈，帮助港澳青年加快融入所在地的工作、生活。

（审稿人：朱汎静）

① 张强、田禾：《珠海法治发展报告》，社会科学文献出版社，2019，第 136 页。

B.13

广州平台经济从业者劳动状况调查报告

邓智平　赵道静*

摘　要： 蓬勃发展的平台经济创造了大量就业岗位，但劳动关系也面临新问题和新挑战。通过对广州市平台经济从业人员开展问卷调查发现，平台经济从业者多为农村男性，他们的受教育程度不低，但职业技能水平普遍不高；以兼职居多，增加收入是他们选择平台就业的最主要原因；存在劳动合同签订率过低、劳动时间过长、缺乏劳动基准保护、意外事故和人身安全等职业风险大、社会保险缺位等突出劳动权益保障问题；平台经济从业者既认同技术进步带来的就业红利，也存在对技术性失业的担忧。本文建议从加大宣传监督、精准识别劳动关系类型、完善就业服务、加强工会组织建设等维度入手做好平台经济从业者保障工作。

关键词： 平台经济　平台就业　新就业形态　劳动关系　权益保障

一　研究背景

平台经济，又称为互联网平台经济，是利用互联网、物联网、大数据等现代科技信息技术，通过构建平台产业生态环境，实现资源的最大化利用、商务贸易的更便捷开展、生产效率的大幅度提升，推动经济高质量发展的新型经济

---

* 邓智平，广东省社会科学院改革开放与现代化研究所所长、研究员、博士，研究方向为劳动关系、社会保障；赵道静，广东省社会科学院社会学与人口学研究所助理研究员，研究方向为劳动就业、社会治理。

形态，人们日常生活中常见的网购、团购、共享出行、外卖等，都是平台经济的典型代表。①

近年来，我国以平台经济为代表的数字经济为劳动力市场提供了可观的就业机会，出现了各种新就业形态。资料显示，2018 年中国数字经济领域创造了 1.91 亿个就业岗位，是全年就业总数的 24.6%。② 2019 年我国共享经济平台就业人数达 623 万人，比 2018 年增长 4.2%。③ 2020 年，以在线消费为特征的数字经济加速发展，以“平台 - 个人”替代“企业 - 员工”为根本特征的零工经济和平台经济为新冠肺炎疫情下的经济复苏和社会发展带来了新机遇。智联招聘平台数据显示，2020 年春节复工后的一个月，招聘平台的职位数和招聘数同比下降了 31.43% 和 28.12%，但直播行业的招聘职位数同比上涨 83.95%，招聘人数增长高达 132.55%。④

广州市有多家全国知名互联网企业，平台经济发展迅猛。2020 年 1 ~ 11 月，广州市规模以上信息传输、软件和信息技术服务业同比增长 12.9%。⑤ 平台经济发展带动平台就业人群迅速增长。2017 年广州已有近 10 万快递从业者，是中国快递企业最集中、从业人数最多、业务收入规模最大的地区之一。广州的淘宝直播商户规模庞大，开播场次排在全国首位。

科学技术是第一生产力。随着第四次技术革命的深入推进，技术正在深刻形塑社会，也在不断重构劳动关系。数字经济和平台经济一方面带来规模庞大的新就业形态和新就业岗位，另一方面也使得劳动关系面临互联网时代的新问题和新挑战。平台经济从业人员的劳动权益保障问题成为学术界关注的焦点问题。在这一背景下，本报告力图通过实证研究的方法，以平台经济发达的广州

① 《网购、约车、订外卖……你天天用的这些服务，要有大变化》，中国政府网，http://www.gov.cn/fuwu/2019-08/10/content_5420336.htm，2019 年 8 月 10 日

② 《2018 年我国数字经济领域就业岗位达 1.91 亿个占总就业人数 24.6%》，中商情报网，https://www.askci.com/news/chanye/20190425/1737271145399.shtml，2019 年 4 月 25 日。

③ 《〈中国共享经济发展报告（2020）〉：2019 年我国共享经济市场交易规模达 3.28 万亿元增长 11.6%》，经济参考网，http://www.jjckb.cn/2020-03/04/c_138842903.htm，2020 年 3 月 4 日。

④ 《2020 年春季直播产业人才报告：疫情下直播招聘同比逆势上涨 1.3 倍》，搜狐网，https://www.sohu.com/a/382606664_120452462，2020 年 3 月 24 日。

⑤ 《增 2.7%！2020 年广州经济稳步向好》，广州市统计局网站，http://tjj.gz.gov.cn/tjfx/gztjfx/content/post_7057639.html，2021 年 1 月 29 日。

市为研究对象，深入了解平台经济从业者的特征和平台经济下的新型劳动关系现状和问题。

二　广州市平台经济从业者劳动状况分析

为了了解广州市平台经济从业人员就业与劳动关系现状，本报告采用网络问卷和街访问卷调查相结合的方式，面向广州市范围内平台经济从业者开展了问卷调查。本次调查收集有效问卷526份，其中通过网络调查收集了有效问卷425份，通过街访收集有效问卷101份。

（一）调查对象基本特征

本次调查中，男性占78.1%，女性占21.9%。从户口性质来看，44.2%是外地农村户口，31.8%是本地农村户口，14.8%为本地城市户口，9.2%是外地城市户口。从婚姻状况来看，未婚和已婚者占主体，其中未婚者占38.9%，已婚者占58.3%，仅2.8%是丧偶和离异。从政治面貌来看，群众占多数，比重为67.1%，共青团员占比为25.4%，中共党员占比为6.4%，民主党派仅占1.1%（见表1）。

表1　调查对象基本状况

单位：%

户籍类型	本地农村	本地城市	外地农村	外地城市	合计
占比	31.8	14.8	44.2	9.2	100
婚姻状况	未婚	已婚	离异	丧偶	合计
占比	38.9	58.3	2.1	0.7	100
政治面貌	群众	共青团员	中共党员	民主党派	合计
占比	67.1	25.4	6.4	1.1	100

从受教育程度来看，七成以上平台经济从业人员具有高中及以上学历。其中，高中（包括中专、职高、技校）学历比重最大，为39.9%；大专及以上学历者占比为32.9%，其中大专占13.8%，本科占15.9%，硕士及以上占3.2%。另外，初中学历者占比为23.3%，小学及以下学历者占比为3.9%（见图1）。

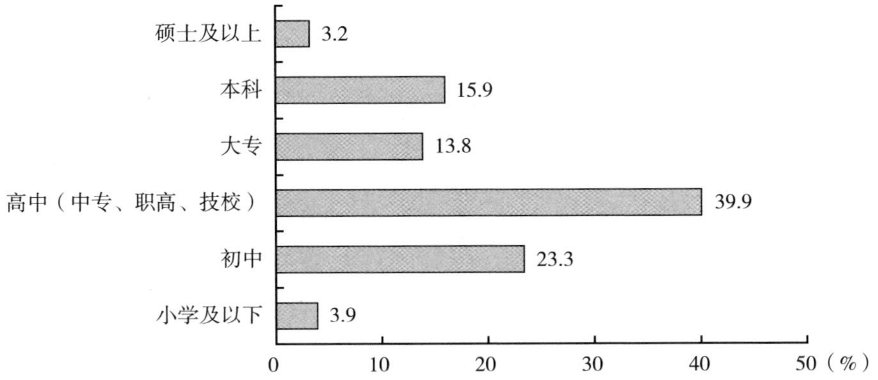

图1　平台型经济从业者的受教育程度

从职业技能来看，半数以上从业者拥有职业技能证书。调查结果显示，55.1%的调查对象拥有相关的职业技能资格证书，44.9%的人没有资格证书。在有职业技能资格证书的人中，职业证书水平为初级的占59.4%，中级水平者占33.6%，仅有6.97%的从业者拥有高级职业资格水平证书。

（二）平台从业者的就业特征

平台经济从业者是新型业态下的新型职业者，其从事的职业多样化特征明显，从业者分布较为分散，通过网络问卷调查要大量获取各类职业人员的信息存在一定难度。因此本次调查涉及的平台从业者的职业，主要为街访中较易接触到的外卖骑手，所占比重为38.5%；其次是新媒体从业人员，占比为7.1%，网约车司机占比为4.9%，网约快递员占比为3.9%，另有部分网约家政员、律师、教师、网络主播、作家等，还有占总体34.6%的平台从业者未能明确职业类别。

一是平台从业者兼职比重稍高于专职比重。调查对象中从事平台型职业属于兼职的占56.5%，专职的占43.5%。在兼职的调查对象中，35.2%是自由职业者，14.8%是私营企业职工，14.4%是个体户，12.0%是国家机关、企业事业单位职工，7.4%是私营企业主，5.6%是国有企业、集体企业职工，10.6%是农民（见图2）。外卖骑手中的兼职者，其正式职业平均月收入从1000元到10000元不等，均值为5242.9元。

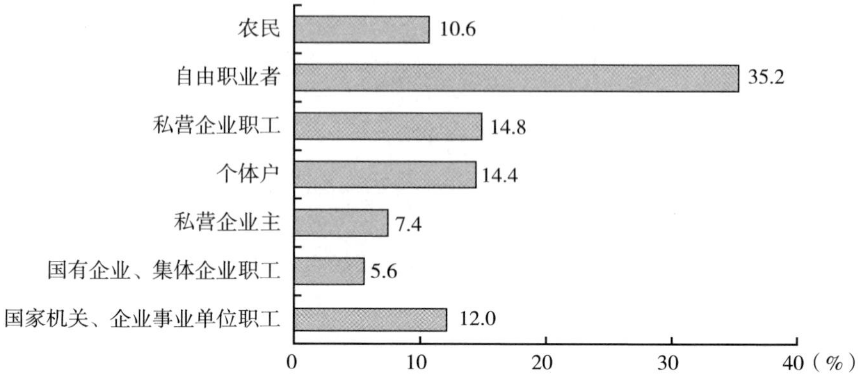

图 2　属于兼职的平台型经济从业者的正式职业分布情况

二是七成平台从业者仅在一个平台服务，六成平台就业时间不足一年。调查结果显示，平台型经济从业者只在一个平台提供服务的占 71.4%，在两个平台服务的占 20.5%，在三个及以上平台服务的占 8.1%（见图 3）。从事互联网平台服务的从业者就业时间普遍不长，其中就业时间仅在半年以下的占总体的 28.3%，不足一年的占 31.4%，不足两年的占 17.3%，不满三年的占 10.6%，就业时间在三年及以上的占 12.4%（见图 4）。

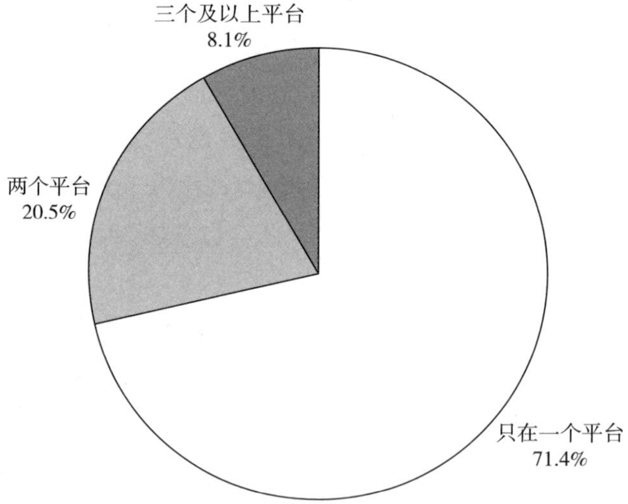

图 3　平台型经济从业者平台服务个数情况

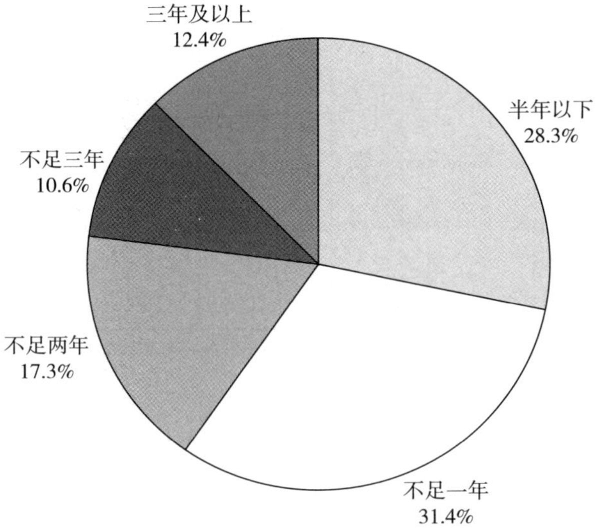

图4 平台经济从业者平台服务时间

三是平台从业者工作时间过长，计件/计单和月结是平台型经济从业者的最主要收入结算方式。平台经济的零工劳动具有高度分散化的特点，从业人员没有共同的“单位”和共同的办公地点，工作时间虽然灵活却可能总劳动时间更长，没有病假或年假，也难以获得最低工资。调查结果显示，平台经济从业者每周平均工作6.3天，每天平均工作10.5个小时。具体来看，网约车司机每周工作6.4天，每天平均工作10.7个小时；快递员和外卖员每周工作6.3天，每天平均工作10.3个小时。非平台就业的传统业态从业者，每天工作8小时以内的占比为69.8%，9小时的占比为13.4%，10小时及以上者占16.8%；平均每天工作时间为8.3个小时（见图5）。

当问及“目前在平台就业的收入结算方法”时，44.2的人选择了计件/计单，12.4%选择月薪制，11.7%选择了底薪加提成/绩效，选择计时、按天计算、既有计时也有计件/计单的分别占总体的6.0%、8.8%、7.8%（见图6）。从工资结算时间来看，每月一结和每天一结占比较多，其中47.3%的人选择每月一结，24.0%的人选择每天一结，14.5%的人选择按项目结算，11%的人选择每周一结（见图7）。

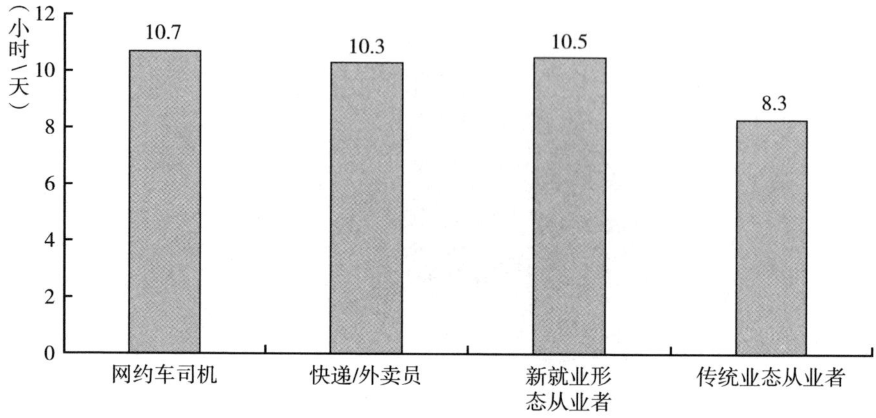

图 5　平台经济从业者每天劳动时长情况比较

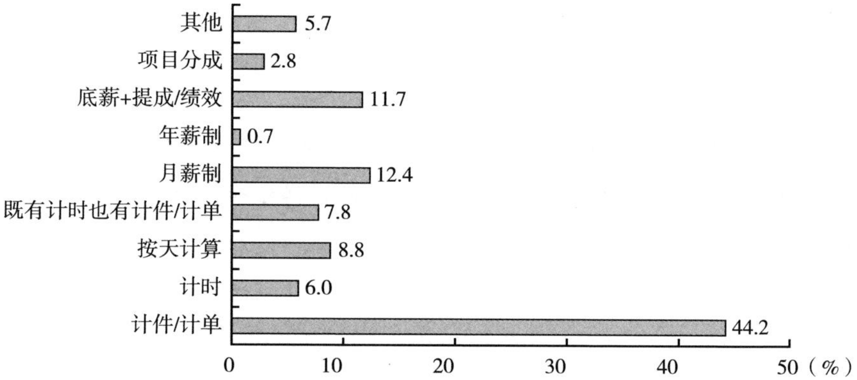

图 6　平台型经济从业者工资结算方式

四是近四成平台从业者认为平台报酬不合理。调查结果显示，外卖骑手每月的平台收入为 500 元至 13000 元，平均月工资收入为 6009.9 元。当问及“您的收入中，平台公司抽成比例多少”时，38.2% 的人表示不清楚，14.1% 的人表示没有抽成，31.1% 的从业者表示公司的抽成比例在 10% 及以下；另有 6.0% 表示抽成比例为 15%，4.9% 表示抽成比例为 20%，5.7% 的人表示抽成比例在 25% 及以上（见图 8）。

当问及“考虑付出，觉得平台公司给予的报酬是否合理”时，59.7% 的人选择了比较合理和非常合理，其中占总体 54.8% 的人认为“比较合理”，

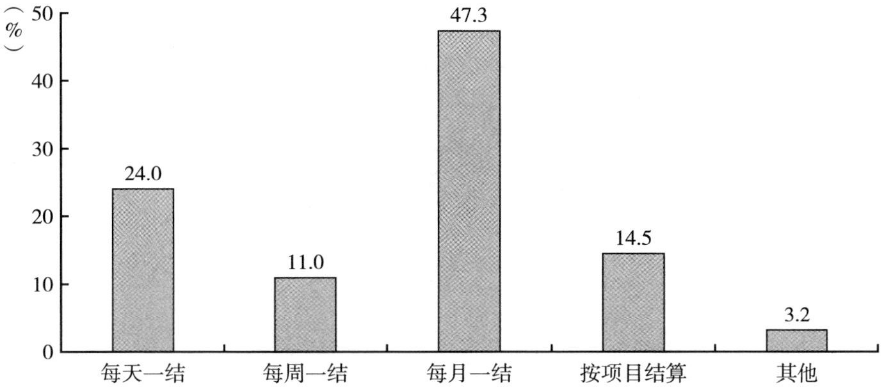

图7　平台型经济从业者工资结算时间

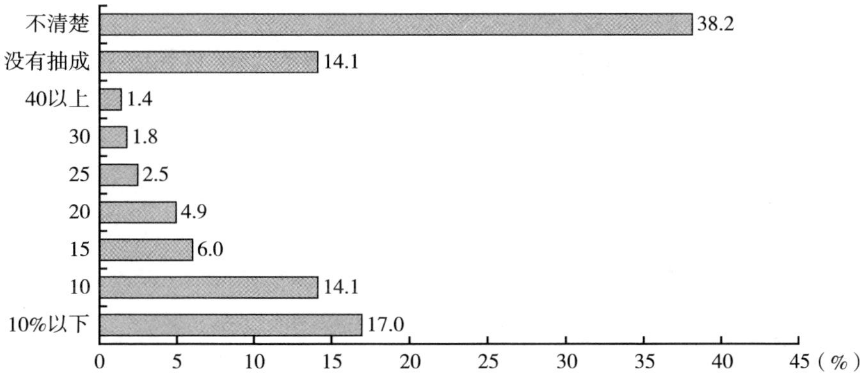

图8　平台型经济从业者收入中，平台公司的抽成比例

4.9%的人认为“非常合理”；40.3%的人选择了“非常不合理”和“不太合理”，其中占总体28.6%的人认为“不太合理”，11.7%的人认为“非常不合理”（见图9）。

五是平台就业普遍具有明确的规定和要求，需要专门生产设备。当问及“平台工作的规定和要求”时，选择最多的前三项内容分别是“服务质量”（64.0%），“在线时间”（40.3%）和“服务用语”（39.2%），无明确要求的占13.4%（见图10）。当问及“在平台从事工作是否有专门的生产设备（如车辆、录音器材等）”时，59.7%的平台经济从业者表示需要，40.3%表示不

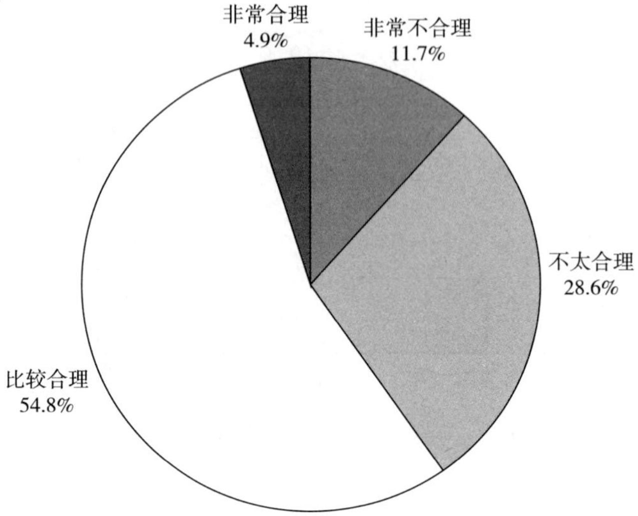

图 9　考虑付出，觉得平台公司给予的报酬是否合理?

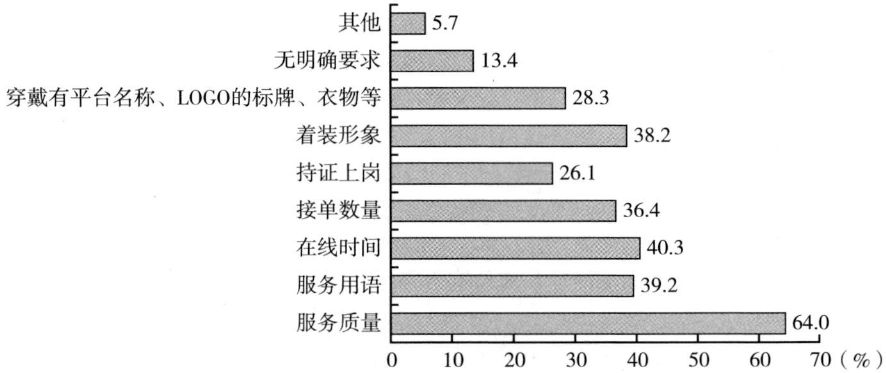

图 10　平台工作的规定或要求

需要。平台从业者的工作设备主要来源于自己投资购买的占 63.3%，从平台公司租赁的占 15.5%，从第三方公司租赁的占 8.8%，与亲戚朋友合买的占 3.5%（见图 11）。

六是平台从业者工作自由度较高，但工作过程中普遍具有较严格的监督管理。从工作自由度看，当问及“工作任务的进度多大程度由自己决定”时，

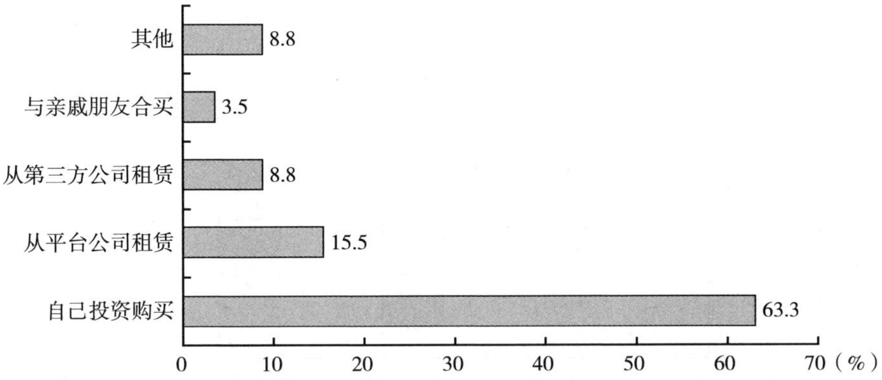

图 11　如果需要专门的工作设备，您的设备来源于哪里?

47.7%的人认为由自己决定，赋值为4分和5分，赋值1分和2分的占比为28.6%，均值达到3.30分。当问及“工作任务的内容多大程度由自己决定”时，29.0%赋值3分，16.6%赋值4分，29.0%赋值5分，赋值1分和2分的占比25.4%，均值为3.31分。当问及“工作量/工作强度多大程度由自己决定”时，23.7%赋值3分，19.8%赋值4分，29.3%赋值5分，赋值1分和2分的占比为27.2%，均值为3.35分（见表2）。可见，无论是工作任务的进度、内容，抑或是工作量和工作强度上，由从业者个人自行决定的占比均较高，完全由他人决定的占比在20%以下，从业者可自行支配工作的程度较高。

表 2　调查对象工作自由支配程度赋分情况

单位：%，分

类别	从完全由他人决定到完全由自己决定的赋值情况					平均得分
	1	2	3	4	5	
工作任务进度	16.6	12.0	23.7	19.8	27.9	3.30
工作任务内容	18.0	7.4	29.0	16.6	29.0	3.31
工作量/强度	16.6	10.6	23.7	19.8	29.3	3.35

虽然大多数的人对自身工作内容和强度有较高程度的决定权，但平台经济从业者在工作中受到的监管较严格。当问及“所在平台，对您工作过程的监督管理严格程度如何”时，15.9%的人选择非常宽松，13.4%选择不太严格，29.7%选择监管一般，33.2%选择比较严格，7.8%选择非常严格（见图12）。

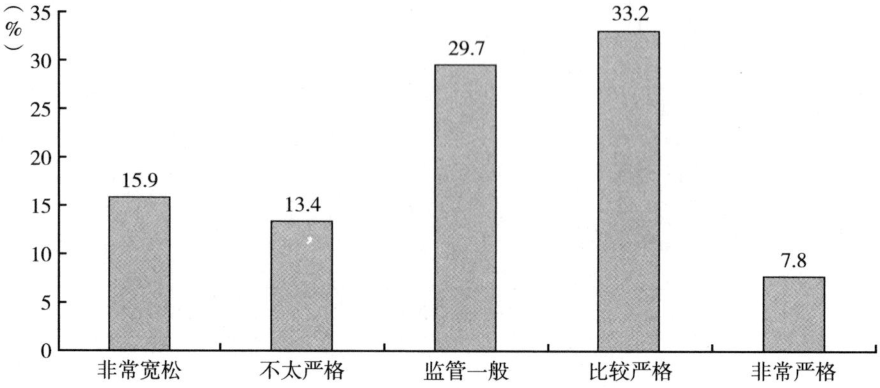

图 12　平台对工作过程的监督管理严格程度如何?

七是客户服务评价对平台从业者影响明显。当问及“客户对您服务之类的评价，是否影响您接单”时，37.1%的人选择了有点影响，24.0%选择影响较大，19.8%选择影响很大，19.1%选择没有影响（见图13）。当问及“平台公司是如何给您派单或寻找客户的”时，46.3%选择根据“服务距离”，44.5%选择根据“服务质量”，34.3%选择根据“顾客评价”，19.4%表示不清楚，18.7%选择根据“顾客特点”（见图14）。

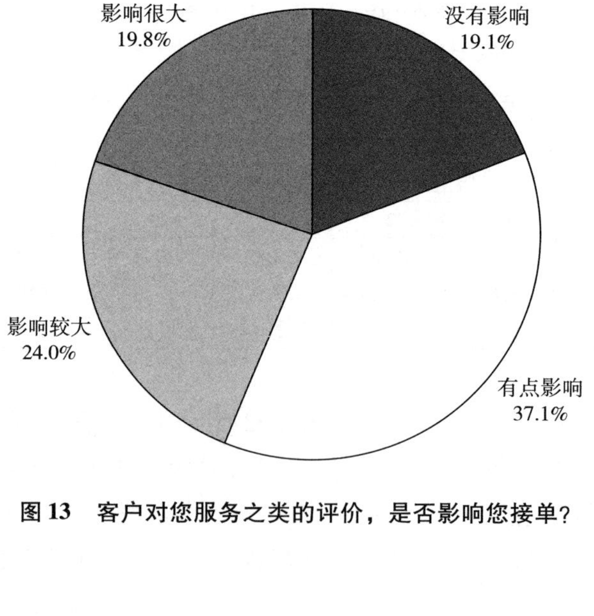

图 13　客户对您服务之类的评价，是否影响您接单?

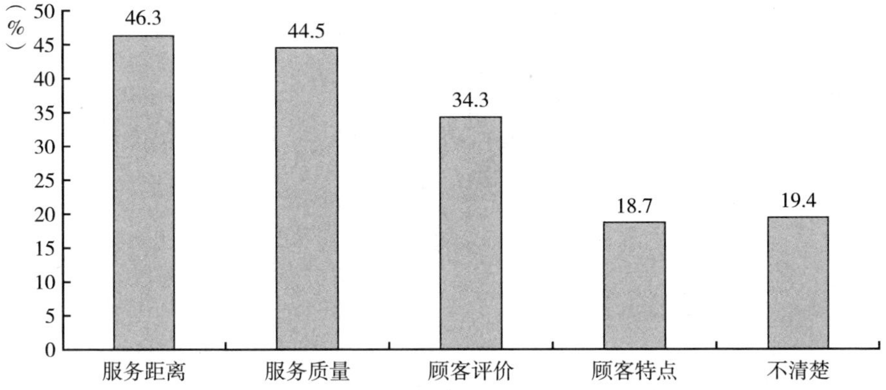

图 14　平台公司是如何给您派单或寻找客户的?

（三）劳动关系与社会保障状况

一是平台从业人员劳动合同签订率不高。平台型经济就业属于新兴业态和新兴职业，在劳动关系的认定上尚缺乏完善的法律规范，因此劳动合同的签订率不高。调查结果显示，平台经济从业者中 43.1% 的人签了劳动合同；37.5% 的人没签劳动合同，但有合作/服务协议；有近 1/5 的人既没有签劳动合同，也无合作/服务协议（见图 15）。与非平台经济的传统经济从业者劳动合同签订率相比，平台经济就业群体劳动合同的签订率较低。传统业态从业者中 72.0% 签了书面合同，没签书面合同但有口头约定的占比为 20.9%；既没有签书面合同，也无口头约定的占比为 7.1%（见图 16）。

二是 1/4 的平台经济从业者与平台发生过劳动纠纷，两成人选择忍气吞声。调查结果显示，74.9% 的人没有与平台公司发生过纠纷，25.1% 发生过纠纷。与平台发生纠纷时，他们采取的处理办法主要是“向公司积极反映”，占 44.3%；“换一个平台”占 32.6%，以及“求助法律机构”占 31.6%。另有 21.3% 选择向工会求助，20.9% 选择忍气吞声，15.2% 的人选择求助政府部门，14.5% 的人选择找有相同遭遇的人一起想办法（见图 17）。

三是平台从业者普遍加入同职业微信群等网络组织。调查结果显示，77.0% 的人加入由相同平台职业者组成的微信群或 QQ 群，23% 没有加入。而从业者所在的微信群或 QQ 群主要提供的服务以“日常交流”和“经验交流”

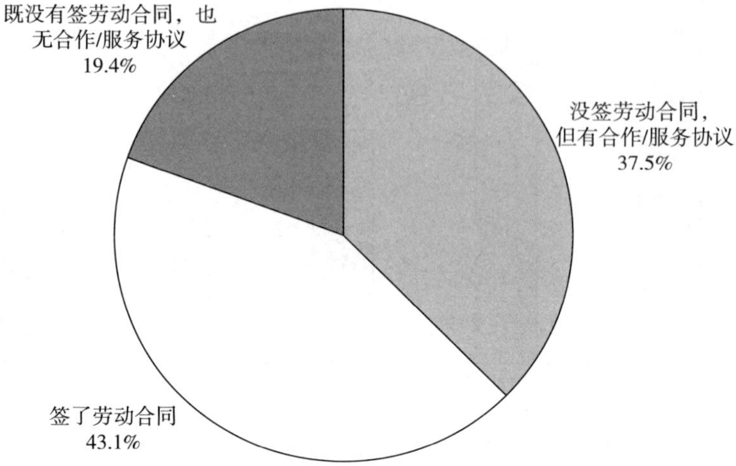

图15　所在平台公司与从业者签订劳动合同情况

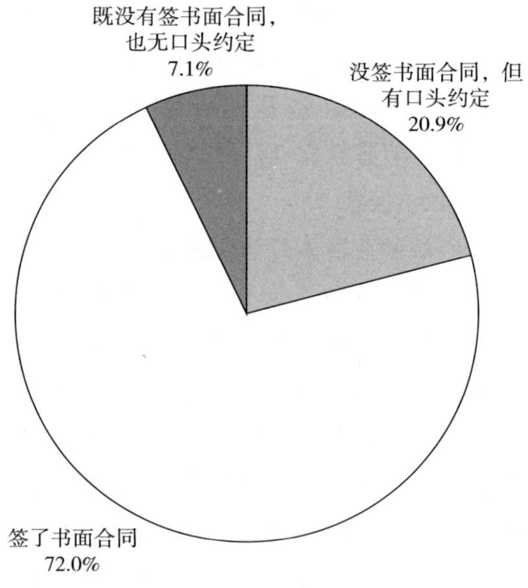

图16　传统业态从业者签订劳动合同情况

为主，分别占比42.8%和20.8%；其次是“职业信息”，占比17.3%；另外有9.9%的人选择了“订单信息”，4.6%选择了“困难帮助”（见图18）。

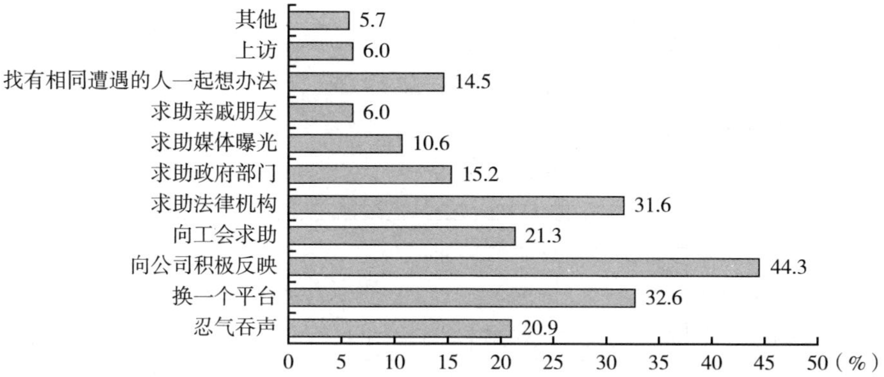

图 17　如果与平台公司发生纠纷，可能的处理方式

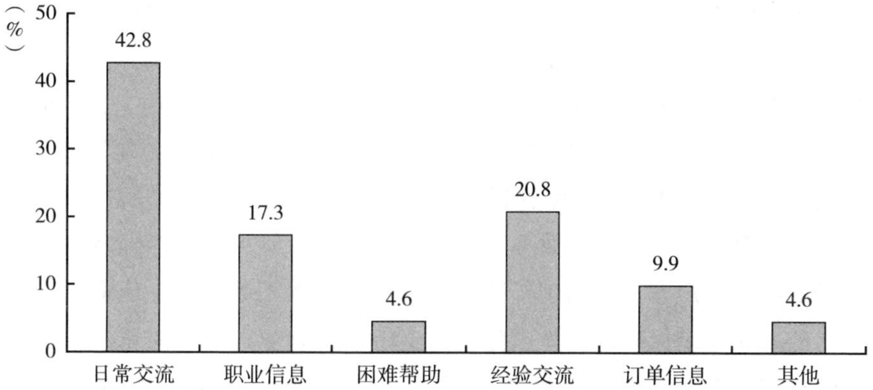

图 18　从业者所在的微信群或 QQ 群主要提供的服务内容

四是平台企业为从业者购买社会保险的情况不够理想。问卷调查结果显示，平台企业为从业者购买最多的是工伤保险，占比为 36.3%；有 32.0% 的从业者选择“没有购买任何保险”，27.8% 的人选择医疗保险，19.6% 选择了其他保险类型，18.9% 选择基本养老保险，13.5% 选择失业保险，12.8% 选择住房公积金，10.3% 选择生育保险（见图 19）。从各类社会保险的选择比重来看，平台企业为从业者购买社会保险的状况并不理想，从业者普遍存在缺乏应有的社会保险福利待遇的情况。

目前，平台经济从业者与平台企业间大部分属于劳务合作关系，采取的多

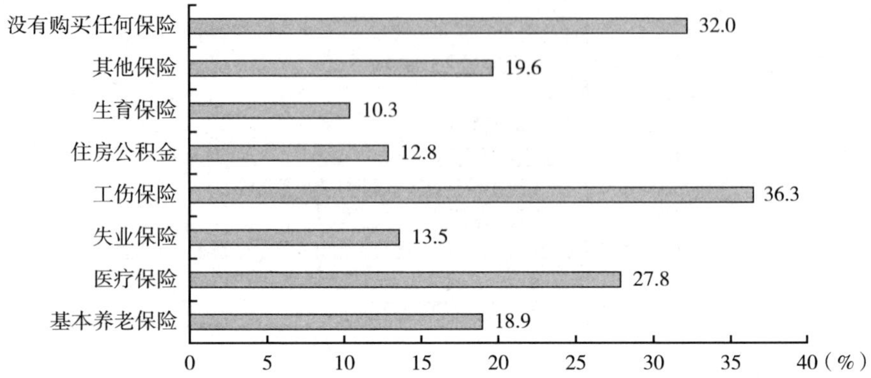

图19　平台企业为从业者购买社会保险情况

为自我雇用形式，且普遍存在“多平台就业”情况。依据中国现行的社会保障制度，平台从业群体较难符合各类社会保险的参保条件。尽管制度已经明确灵活就业人员可采用个人缴费的方式参与养老、医疗等社会保险，但普遍存在申报手续较为复杂、个人缴纳费用较高、最低缴费年限较长、异地转移接续难等问题，平台经济从业者参保意愿不强烈。

五是平台从业者意外事故和人身安全等职业风险大。平台经济发展衍生了大量的新就业形态，不同于传统形式的用工方式不断出现，但适用于新就业形态的职业安全保护制度尚未建立。由于平台就业的劳动关系缺乏法律认定，劳动安全卫生检查监管跟进滞后，导致平台从业者的劳动保护更加困难。调查结果显示，26.8%的快递从业者送快递或外卖时发生交通事故。而在平台就业最让人担心的几大问题中，“意外事故风险大”选择率为41.8%，“人身安全问题”选择率为24.5%（见图20）。依据中国目前的工伤认定规定，平台经济从业者发生工伤事故，需要平台企业承担工伤赔偿责任时，法律程序上需先确认劳动关系。由于劳动关系无法确认，工伤维权变得十分困难。平台经济从业者往往只能主张相应的侵权损害赔偿，更多时间需要自担职业安全风险。

（四）平台从业者的职业定位与从业态度

一是平台从业者多定位自身为打工者，与平台企业的关系定位分歧大。当

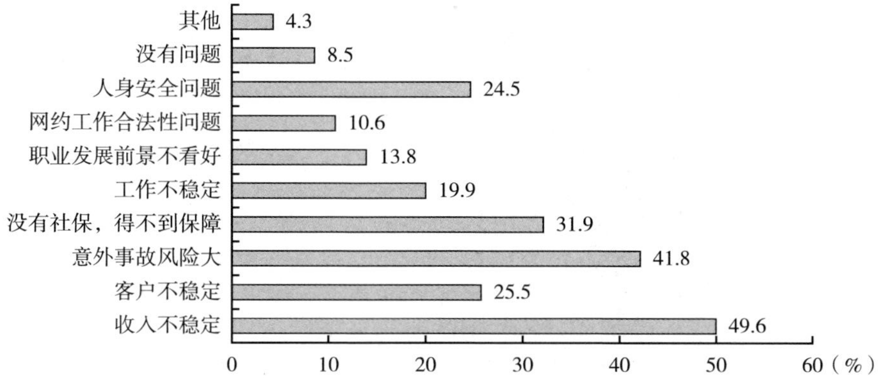

图 20　从业者在平台就业会担心的主要问题

问及“在网络企业中的就业身份”时，51.6%的人选择打工者，26.1%选择创业者与打工者身份兼有，14.5%定位自身为创业者，另有7.8%说不清（见图21）。当问及“与平台企业的关系”时，39.6%的人选择“是平台企业的员工”，32.2%的人选择“与平台企业是合作伙伴关系”，28.3%的人“说不清”（见图22）。

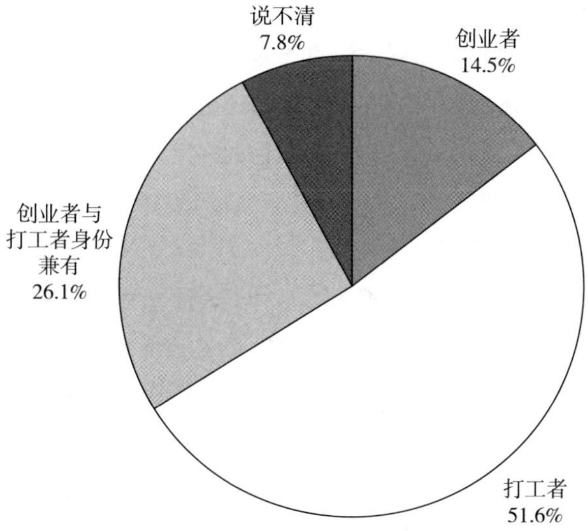

图 21　平台从业者的自身职业定位

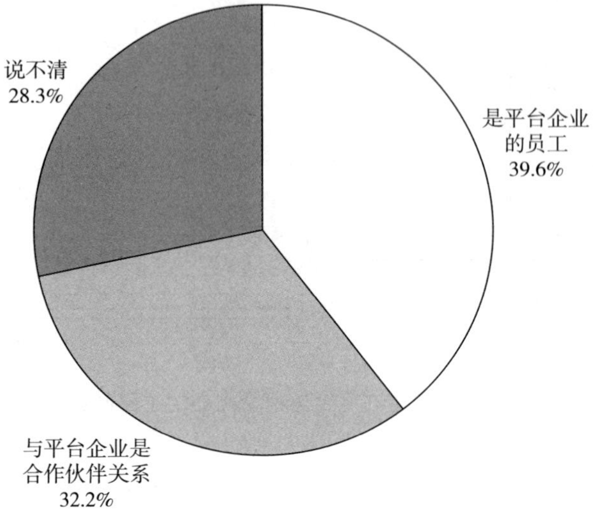

图 22　平台从业者与平台企业间关系的认同情况

二是增加收入、工作时间自由是从业者选择平台就业的主要原因。结果显示，从业者选择平台就业的最主要原因是“增加收入，补贴生活”，所占比重为64.0%；48.8%的人是因为“工作时间自由”；21.2%的人是因为“平台就业多劳多得，分配公平”；18.0%的人是因为“可以平衡工作和家庭”；15.9%选择“打发空闲时间”，15.5%选择“出于自己的兴趣爱好”，13.8%选择“工作自主性高”，12.0%选择“作为过渡，正在寻找其他工作”；平台就业前景好、顺应互联网发展、工作地点受限制少、平台就业收入高等也有10%左右的人选择（见图23）。

三是平台从业者普遍认可科技对就业的影响。当问及“互联网技术的进步是否给了更多的就业机会”时，81.3%的人选择了“是”，8.8%选择了“否”，9.9%选择“没有什么变化”。当问及“当前人工智能等技术的进步是否会增加失业的风险”时，42%表示“很难说清”，36.7%表示“会增加风险”，21.2%表示“不会增加失业风险”。在人工智能迅速发展背景下，84.1%的人打算学习新技能，15.9%的人没有学习新技能的打算。可以看出，平台经济从业者对技术进步带来的红利和风险挑战具有较为清晰的认知，大部分人将通过学习新技能来迎接人工智能等技术带来的挑战。

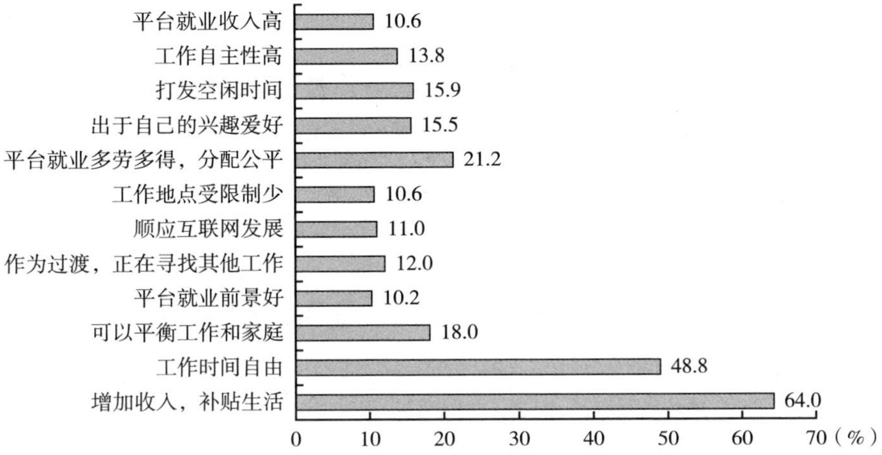

图 23　平台从业者选择平台就业的主要原因

三　结论与建议

（一）主要结论

依据问卷调查的分析结果，我们发现广州市平台经济就业者表现出以下突出特点。

一是从劳动者自身特征来看，平台经济从业群体，尤其是工作强度较大的外卖员、快递员和网约车司机，大多属于年龄不大的农村男性。随着我国国民受教育程度的普遍提高，平台从业者具有较好的受教育情况，大专及以上的学历者占比达到三成左右。由于零工经济往往不需要太高的专业技能，因此平台从业者拥有的职业技能水平普遍不高。

二是从劳动者平台就业的现状来看，平台经济中的就业群体多为兼职。由于平台经济就业尚属于新就业形态，因此平台从业者普遍拥有的平台就业年限不长，六成从业者就业经验不足一年。平台经济从业者往往工作时间过长，获取的多为无底薪的计件或计时工资，缺乏必要的劳动基准保护。正因为劳动时间没有明确标准且“多劳多得”，平台经济从业者的劳动报酬与劳动强度和劳动时间高度关联，因此平台经济从业者收入水平分布具有高度分散化的特点，收入水平跨度极大。近四成就业者认为平台收入不合理。另外，属于灵活就业范畴的平台就业具有高自由度的突出特点，无论是工作任务的进度、内容，抑或是工作量和工作强度均能由从业者个人自行决定。

三是从平台经济的劳动关系现状来看，由于包括平台就业在内的新就业形态从业人员的劳动权益和政策管理总体上仍处于制度体系下的空白地带，平台从业者劳动权益保障问题较为突出，法律保障欠缺。首先，平台从业者与平台企业劳动合同签订率不高，平台劳动纠纷发生率达到25%。但由于平台就业的劳动关系认定无明确的法律规定，劳动者维权较为艰难。调查显示，仅三成左右的就业者会求助法律机构，近1/5的就业者选择忍气吞声。其次，平台从业者多为“无老板”也无“组织”的零工，难以通过工会或其他形式的劳工组织实现与平台企业的集体协商。虽然平台从业者普遍会加入自组织的网络群，但网络群能提供的多是日常交流，在“困难帮助”方面功能较弱。最后，平台从业者的社会保障较为缺乏，专门针对平台经济从业者的社会保险制度尚属空白，劳动者的职业人身安全缺乏制度保障。平台就业存在较高的意外事故和人身安全等职业风险，但从业者普遍没有完善的社会保障，社会保险覆盖率不高，且从业者参保意愿不强。

四是从平台从业者的身份认同和技术认同情况来看，平台从业者更多地将职业身份定位为打工者，但与平台企业间是员工关系还是合作关系的分歧较为明显。可见，平台就业的劳动关系认定不仅在法律上缺乏规范，在平台经济从业者本身也存在自我认同分化态势。平台从业者选择平台就业更多的是基于收入的考虑，认同平台就业前景好的群体占比较小。对于人工智能、互联网等技术的进步，平台经济从业者既能看到技术进步对就业机会增长的有利影响，也能看到技术进步可能带来的失业风险。

（二）若干建议

坚持创造更多灵活就业机会与保障劳动者权益两手抓、两手都要硬，既充分认识到数字经济创造越来越多的新就业形态是经济社会发展的必然趋势，未来将在总就业规模中占据越来越大的比重，更要及时补齐法律短板，建立健全包括平台就业在内的所有新就业形态从业人员劳动权益保障政策法规，促进新就业形态正规化和主流化，使之像传统雇佣工作一样具有吸引力，成为后疫情时代就业的一种新常态。

1. 加大宣传和监管力度，营造关心关爱新就业形态从业人员的社会氛围

当前人们对新就业形态讨论很热烈，但是真正要以此为谋生之道，许多人特别是大学毕业生的积极性并不高，更多的是被迫而为之，主要原因就是新就业形态在社会尊重程度、收入和福利上不如传统就业那样体面。为此，一是要大力宣传新就业形态从业人员的社会贡献。广大新闻媒体要加大对新就业形态从业人员工作生活情况的报道，各级领导干部要向习近平总书记看齐（如2019 年 2 月 1 日，总书记看望“快递小哥”；最近在湖南长沙邀请农民工、快递小哥、网店店主等参加基层代表座谈会），多看望关心快递小哥、网店店主等新就业形态从业人员，在全社会营造劳动光荣、新就业形态光荣的风尚。二是要在促进新经济新业态发展的同时注重加强监管，保护劳动者权益。全面准确地理解对新经济的“包容审慎监管”政策，通过完善信息收集渠道和平台，实时跟踪职业发展的新变化，动态发布社会急需的新职业信息，及时更新职业分类，制定新职业从业标准，制定不同行业即时性工作的计时、计件最低收入相关规定和指导意见，积极引导包括直播平台销售、网约配送在内的创新型职业的规范化发展。

2. 精准识别劳动关系类型，建立新就业形态从业者参加社会保险促进机制

规范新就业形态从业人员劳动关系是做好劳动权益保障的前提。要按照《劳动法》《劳动合同法》等劳动保障法律法规的规定，结合数字经济、平台经济的用工性质和特点，将新就业形态的用工类型区分为全职型、兼职型、劳务派遣型、劳务外包型、民事协议约定型等五种类型。对于全职型从业者，劳动监管部门应明确企业与劳动者签订书面劳动合同的法律义务和责任。对于兼职型从业者，企业应与劳动者订立合法的用工协议。对于劳务派遣型从业者，平台企业应与劳务派遣单位签订劳务派遣协议，劳务派遣单位则应与平台从业人员签订规范的书面劳动合同。对于劳务外包用工类型，劳务外包承接企业或单位应与劳动者签订书面劳动合同或用工协议。不符合上述四种类型的平台就业形式，平台企业应依据《合同法》等法律法规与劳动者签订民事协议。

在明确新就业形态的不同用工类型基础上，劳动保障部门要制定精细化、有区别的新就业形态从业者参保制度。比如，全职型、劳务派遣型和劳务外包型从业者按企业参保办法参加城镇职工各类社会保险；兼职型从业者以灵活就业人员身份进行参保，明确平台企业应为其购买工伤保险；签订民事协议的平台从业者可按灵活就业人员参保办法进行参保。

3. 将新就业形态纳入现行就业服务体系，促进就业者平等享有基本公共就业服务

一是将新就业形态纳入失业登记范畴，创新就业信息采集方式，为政府及时有效掌握就业失业状况、更好服务新型职业就业群体提供基础信息支撑。二是改革创新公共就业服务信息提供方式，政府应加强与平台企业联系沟通，建立新就业形态劳动力市场供需信息平台和网站，通过多渠道及时免费发布就业岗位相关信息，开展线上和线下的专场招聘会。三是加强职业培训和技能提升。面向当前从业人员数量居多的电商、微商、网络直播领域的从业群体开展专项职业技能培训。结合互联网特点，开展线上线下培训。保障新就业形态从业者依法享有职业培训补贴，提升劳动者的职业技能，增强他们的市场竞争力。

4. 加强工会组织建设，提高新就业形态从业者组织性

一是加大工会组织向新就业形态从业者覆盖的力度，分地区、分行业建立健全产业工会、基层工会组织体系，搭建党委、政府连接新就业形态从业者的桥梁，及时反映劳动者诉求。各级工会组织要采用多种形式向新就业形态从业者宣传普及劳动保障等法律法规，增强从业者依法维权的意识和能力。二是积极推进新就业形态涉及企业或行业的集体协商。工会组织要主动与行业协会或企业代表开展集体协商，通过协商的方式制定工时标准、最低劳动报酬标准、职业安全保护、奖惩制度等行业规范，推动工会与相关行业签订集体合同。及时把行业实践、基层实践上升为地方立法，形成劳动基准条款。三是强化困难帮扶和心理关怀。对登记失业的新就业形态从业者加大帮扶力度，加快开展职业伤害保障试点，生活困难的新就业形态从业者也应作为工会困难职工帮扶对象和相应的社会救助对象得到政策性帮扶。充分发挥工青妇等群团组织和社会公益组织的作用，营造全社会关心关爱新就业形态从业者的良好氛围。

参考文献

王永洁、程国华：《平台型非标准就业特征及关键问题》，《中国人口与劳动问题报告 No. 20》（人口与劳动绿皮书）2019 年 12 月。

孟续铎：《中国新就业形态发展报告》，《中国就业发展报告（2019）》2019 年 4 月。

曹佳：《平台经济下就业的现状与发展》，《中国人力资源发展报告（2018）》（人力资源蓝皮书）2018 年 11 月。

张成刚：《就业发展的未来趋势，新就业形态的概念及影响分析》，《中国人力资源开发》2016 年第 19 期。

张钰：《新就业形态从业者现状研究》，《经济研究导刊》2019 年第 9 期。

陈微波、王凯旋、王斐霖：《互联网平台从业者工作风险识别体系的构建——基于扎根理论的探索性研究》，《财经论丛》2019 年第 11 期。

涂伟：《国外平台劳动者权益保障的改革思路及启示》，《中国劳动保障报》2019 年第 3 期。

王娟：《高质量发展背景下的新就业形态：内涵、影响及发展对策》，《学术交流》2019 年第 3 期。

（审稿人：朱泯静）

B.14

市民对广州利用数字信息化技术提升生活品质的成效评价报告

“利用数字技术提升生活品质”课题组*

摘　要： 本文基于广州市万户居民调查，研究广州市民对利用数字技术提升生活品质的看法与期待。调查结果显示：市民对“云”生活方式的体验普遍，其中“移动支付”和“网络购物”的受众面最广，对于从线下生活到“云”上生活的转变，近九成的市民表示会适应。在广州的数字信息化建设方面，有超过九成的市民认可其成效，有超九成的市民对广州利用数字信息化技术提升市民生活品质预期向好。为进一步利用数字信息化技术提高市民生活品质，市民期待最高的是“加强人才引进和培育工作”。

关键词： 生活品质　数字技术　社会调查

一　研究背景与目的

国家互联网信息办公室发布的《数字中国建设发展进程报告（2019 年）》显示，截至 2019 年底，我国网民规模达 13.19 亿，移动互联网接入流量消费达 1220 亿 GB，数字经济规模达 35.8 万亿，占国内生产总值比重达 36.2%，

---

* 课题组成员：荣蒙，广州市统计普查中心副主任，中级统计师，研究方向为经济社会学；林婵玉（执笔人），广州市统计普查中心业务指导部副部长，研究方向为经济统计学；王薇，广州市统计普查中心四级主任科员，研究方向为经济社会学。

对国内生产总值增长的贡献率为 67.7%。这一系列的数据不仅仅体现着经济高质量发展的成效，更意味着在数字信息化时代，人们的生活更多地连接科技、走上“云”端，依靠科技创新推动实体经济数字化和智能化升级，已经成为提升民众幸福感、安全感和获得感，为市民创造高品质生活的必然选择。

在这个背景下，如何将数字技术更深层次地融入日常，让人民生活更加便捷？如何开发更多的数字应用场景，让社会管理更有效率？如何催生更多的数字经济模式，让新型消费需求得到充分满足？这些已成为当前亟待解决的问题，也是未来进一步研究构建数字生活的重要课题。

从现有研究来看，当前对利用数字技术提升市民生活品质的研究大多处于探讨阶段，且更多的是从发展经济、催生新经济模式的角度提出，在人民群众的实际需求方面缺乏调查研究，缺少数据支撑。

然而，利用数字技术创造高品质生活，人民群众才是主体，只有贴合人民群众的需求，数字技术的运用才有扎根的土壤，数字场景的开发才有正确的航道、数字生活的构建才能更加丰满。因此，本次调查主要以市民意见为基础，从数字生活现状、城市数字信息化水平与数字生活建议三个方面入手，初步探讨如何利用数字技术提升市民的生活品质，以期为广州数字信息化建设工作提供意见参考。

二　调查数据来源

（一）广州万户居民调查网数据情况

本文分析基于广州市万户居民调查网数据。万户居民调查网是按照广州市政府要求，于 1998 年由广州市统计局牵头组建，立足收集社情民意的调查网络。在调查选题和结果运用方面，万户居民调查始终遵循“领导关注、群众关心”的原则，围绕重大公共决策、民生热点等问题开展调查，调查内容涵盖广州社会发展和市民日常生活等多个方面，既有市民对经济发展、社会治安、交通出行、城市管理、生态治理、全民健身、文化惠民等方面的期望和评价，也有对居民生活品质、投资理财和消费计划的调查分析等。客观真实的调查数据和结果为有关部门发现问题、完善决策、改进工作、有针对性地提升管理水平提供了重要参考，也为广大市民表达意愿提供了有效载体，成功搭建起了政府和市民之间双向交流、互动沟通的桥梁。

在样本选取方面，万户居民调查网通过随机抽样方法确定调查户，经过6次全面更新换户和网络扩充，目前已覆盖全市11个行政区41条行政街200个社区居委会的1万户常住居民户，样本具有充分的代表性。在调查方式上，以入户访问及电话调查为主，平均每年开展1次入户调查、3～4次电话调查，本文以2020年8月份的入户调查数据为基础，进行研究分析。

（二）数据样本基本情况与质量控制

1. 样本区域分布情况

本次调查根据2017年广州市常住人口数据资料，按广州市各辖区常住家庭户①的分布比例进行抽样，各区样本分布如下（见表1）。

表1　样本数量分布

单位：户，个

地　区	样本数	街道	社区居委会数
荔　湾	500	4	20
越　秀	625	5	25
海　珠	750	5	30
天　河	750	5	30
白　云	750	5	30
黄　埔	400	4	16
番　禺	400	4	16
花　都	225	3	9
南　沙	200	2	8
从　化	150	2	6
增　城	250	2	10
合　计	5000	41	200

① 调查户需满足以下条件：1. 在广州市居住半年以上的常住家庭户，且一年内无搬迁意向；2. 家庭中有能独立完成调查、年龄在18～65岁且思维清晰、语言表达清楚的成员；3. 剔除住宅区内（包括街巷）的商铺、公司、士多、美容店、发廊、家庭旅馆等；空置的民居和集体户。

2. 质量控制

为确保万户居民调查资料、数据的准确性和真实性，调查质量控制贯穿于抽样建网、入户调查、资料和数据录入的全过程。

抽样建网阶段，质量控制的重点是确保中选社区辖区内全部符合调查户基本条件的常住家庭户纳入抽样框，严格按照抽样步骤要求进行规范抽样。

入户调查阶段，质量控制的重点是加强对调查员入户环节的核查，确保调查问卷是调查对象真实填答的。

数据资料录入阶段，质量控制的重点是问卷数据的准确录入，确保数据资料的准确性。

3. 样本基本情况

从样本性别构成来看，男性占43.9%，女性占56.1%（见表2）。

表2　样本性别构成

单位：%

性别	比例
男	43.9
女	56.1
合计	100.0

从样本受教育程度来看，高中/中专/职高/技校的样本占比最高，为28.7%；本科和大专样本的占比较高，分别为26.2%和22.8%（见表3）。

表3　样本受教育程度

单位：%

受教育程度	比例	受教育程度	比例
小学及以下	2.7	本科	26.2
初中	16.3	研究生及以上	3.3
高中/中专/职高/技校	28.7	合计	100.0
大专	22.8		

从样本就业状况来看，在业的样本占比最高，为67.1%；离退休人员样本占比次之，为19.4%（见表4）。

表 4　样本就业状况

单位：%

就业状况	比例	就业状况	比例
在　　业	67.1	待　　业	4.6
料理家务	5.2	打短工或散工	3.7
离退休人员	19.4	合　　计	100.0

从样本年龄构成来看，30～39 岁、40～49 岁和 50～59 岁三个年龄段的占比均超两成，分别为 29.8%、27.8% 和 21.4%（见表 5）。

表 5　样本年龄构成情况

单位：%

年龄	比例	年龄	比例
29 岁及以下	9.3	50～59 岁	21.4
30～39 岁	29.8	60 岁及以上	11.7
40～49 岁	27.8	合　　计	100.0

（三）调查方法与内容

1. 调查方法

为更广泛地听取广大市民心声，确保调查数据的科学性和可信性，万户居民调查以社区工作人员作为调查员，极大地提高了访问的成功率，确保了入户调查工作的顺利开展。

2. 调查内容

基于本文研究主题，侧重于从如下方面开展调查，包括五方面：一是市民对数字生活的体验及适应情况；二是市民对"云"上医疗的意愿及期待；三是市民对"云"上旅游的看法和意见；四是市民对目前生活品质的评价，以及对数字技术提升生活品质的作用评价；五是市民对广州数字信息化建设的认可程度和预期，以及对广州进一步发展数字信息化的建议。

三　市民对提升生活品质的看法和期待

2018 年 8 月 23 日，首届中国国际智能产业博览会开幕，习近平总书记在贺信中指出“以互联网、大数据、人工智能为代表的新一代信息技术日新月异”，主张“加快推进数字产业化、产业数字化，努力推动高质量发展、创造高品质生活”。而随着近几年数字经济的蓬勃发展，人们的生活需求得到不断延展和更好满足。在数字信息化时代，人们的生活更多地连接科技、走上“云”端，依靠科技创新推动实体经济数字化和智能化升级，已经成为提升民众幸福感、安全感和获得感，为市民创造高品质生活的必然选择。

为了解市民对利用数字技术提升生活品质的看法和期待，广州市统计局通过万户居民调查网，对广州 11 区 41 条行政街 200 个社区 5000 名年龄在 18 ~ 65 周岁的常住居民进行了入户调查。本文基于调查数据的分析，从市民对数字生活的体验及适应情况、市民对目前生活品质的评价、市民对广州数字信息化建设的认可程度以及对广州进一步发展数字信息化的建议等方面阐述市民对创造高品质生活的看法和期待。

（一）“云”上生活成趋势，万物联网现雏形

突如其来的新冠肺炎疫情打破了市民原本的生活模式，随着数字经济应用走进现实，越来越多的生活场景走上“云”端，云购物、云问诊、云聚餐、云健身、云上课、云办公、云旅游……万物皆可联网的“云生活”模式已经悄然开启。

1. 98.8% 的市民体验过“云”上的生活方式

受访市民中，有 98.8% 的人体验过“云”上的生活方式。其中，“移动支付”和“网络购物”的受众面最广，分别有 93.4% 和 82.8% 的市民曾经体验；其次是“外卖平台点餐”（64.9%）、“扫码出行”（62.3%）和“线上娱乐”（51.4%），体验过的市民比例超过 50%；“网上办事”“线上诊疗”“线上教育培训”“线上旅游”“远程办公”的受众面则相对较窄，体验过的市民不到五成（见图 1）。

分人群来看，学历越高的人越享受“云”上生活带来的便利，数据显示，大专以上学历的市民体验各种数字化生活场景的比例，要比大专以下学历市民高出 10 个百分点以上。

2. 近九成市民适应从线下生活到“云”上生活的转变

问及“未来会有更多的生活行为从线下转到线上，您是否会适应这种转

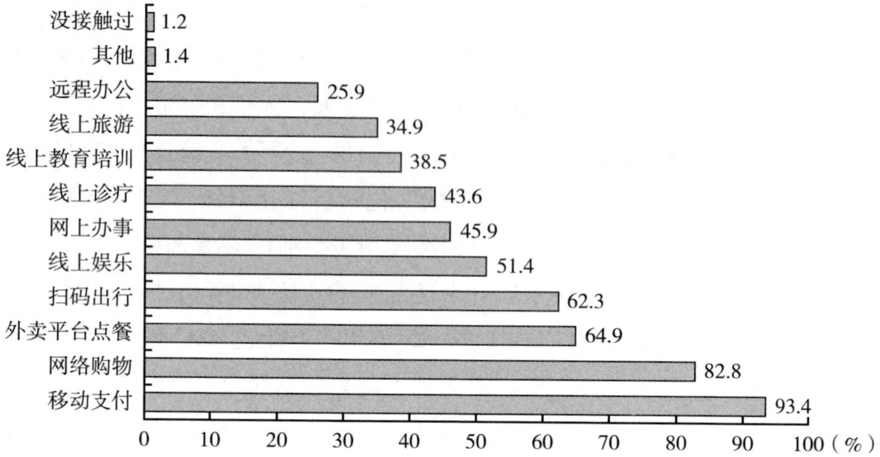

图1　市民体验过的“云”上生活情况

变”时，89.0%的市民表示会适应，其中：“非常适应”的市民占33.0%；“比较适应”的市民占56.0%，认为“不太适应”“很不适应”“不好判断”的市民则分别占8.1%、1.3%和1.6%。

3. 七成六的市民愿意尝试“云”上医疗

疫情防控常态化的当下，通过线下医院首诊、在线平台复诊的“云”上医疗应运而生，对于这种新型诊疗方式，市民普遍持欢迎态度。

对于远程诊疗和网络问诊等线上诊疗方式，有76.2%的市民“愿意尝试”，其中：已经尝试的占21.8%，还未尝试的占54.4%。表示“看情况”的市民占18.3%，“不愿意”尝试和“不清楚”是否会尝试的市民则分别占3.8%和1.7%。

对于利用智能设备监测个人健康数据，有89.5%的市民“愿意尝试”，其中已经使用的占23.3%，还未使用的占66.2%。表示“不愿意”使用的市民占6.2%。至于不愿意的原因，部分市民担忧智能设备监测的数据没有医疗机构的准确，以及定期监测反而会造成心理焦虑。另外，有4.3%的市民表示“无法判断”。

对于是否愿意将个人健康数据上传到问诊平台、实现动态预警，有85%的市民表示“愿意”，其中已经体验的占13.0%，还未体验的占72.0%。表示“不愿意”和“无法判断”的市民分别占9.8%和5.2%。

4. 七成七的市民愿意尝试“云”上旅游

为应对新冠肺炎疫情冲击，不少景区积极拥抱“云”上旅游，在5G、VR等技术的加持下，市民可以足不出户拥有“诗和远方”。对于这种新型旅游方式，有77.2%的市民表示愿意体验，其中已经体验的占19.9%，还未体验过的占57.3%。表示“不愿意”体验和“无法判断”的市民则分别占17.7%和5.1%。此外，会因为观看旅游直播或短视频而对某景点产生兴趣的市民占73.5%，认为不会产生兴趣的市民占16.8%，另有9.7%的市民表示“无法判断”。

（二）“数字广州”成效彰显，“品质生活”未来可期

1. 逾九成市民为广州的整体数字信息化水平点赞

调查结果显示，92.3%的受访市民为广州的整体数字信息化建设成效点赞，其中：认为广州的整体数字信息化“水平很高”和“水平较高”的比例分别为26.1%和66.2%，认为“水平较低”和“水平很低”的市民分别占6.0%和0.5%；另有1.2%的市民表示“不清楚”。

分区来看，中心区市民对广州整体数字信息化建设成效的认可度更高，认为广州数字信息化“水平很高”和“水平较高”的比例合计超过90%，其中越秀区（94.9%）和海珠区（94.2%）的认可度更是达到了94%以上。而认可度低于90%的地区则集中在外围区，分别为南沙区（88.5%）、黄埔区（89.1%）和花都区（89.7%）。

分项来看，“交通出行”、“消费购物”和“政务服务”的数字信息化建设成效更受市民肯定，认为三者的数字信息化“水平很高”和“水平较高”的市民分别占93.2%、92.3%和90.3%，而“休闲娱乐”“医疗健康”“社区管理”“教育培训”的数字信息化建设成效认可度不足90%，仍有一定的提升空间（见图2）。

2. 逾九成市民对广州利用数字信息化技术创造高品质生活预期向好

对于现阶段的生活品质，市民的评分为7.41分。分区来看，对自身生活品质打分较高的有增城区（7.85分）、越秀区（7.59分）和花都区（7.53分）的市民，评分较低的是南沙区和白云区的市民。

对于未来广州通过发展5G网络、大数据和人工智能等新基建重点领域提升市民生活品质，93.1%的市民表示有信心，其中：表示“很有信心”的占

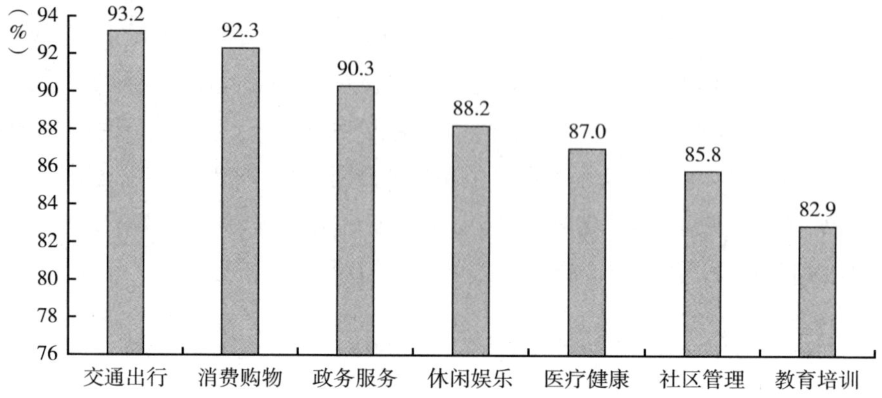

图2　市民对广州数字信息化建设分项水平的评价情况

49.9%，“较有信心”的占43.2%，表示“不太有信心”和“完全没有信心”的受访市民分别占3.6%和0.3%；另有3.0%的市民表示“不清楚”。

四　进一步提升生活品质的期待和重点

从信息化到数字化再到智能化，是建设智慧城市的必由之路，为发挥数字信息化的最大效用，应坚持以民为本、问需于民，进一步在数字信息化发展中提升市民的生活品质。

（一）以医疗健康的数字化建设为突破口，着力提升市民的生活品质

问及“提高哪方面的数字信息化水平，最能提升您的生活品质”时，76.5%的市民选择了“医疗健康”，这一比例远远高出其他选项，而正如前文所述，认为广州的“医疗健康”数字信息化水平高的市民比例在87.0%，认可度相较其他方面不算很高。因此，要提升市民的生活品质，应首先从医疗健康的数字信息化建设入手。

对加强医疗健康的数字信息化建设，市民也提出了自己的看法，问及如何优化“云”上医疗服务，呼声最高的是“明确诊疗范围和收费标准”，选择这

一选项的市民占74.8%，高出“建立电子病历，实现档案共享”的选择比例（59.3%）15.5个百分点；“支持医保线上支付”的比例也超过50%，达58.3%；认为应该从“实现线上问诊、开药、药物配送一体化”“激励医疗机构开设问诊服务”“加大监督力度”“防范恶意抢号”“加大宣传推广力度”等方面优化的市民则较少（见图3）。

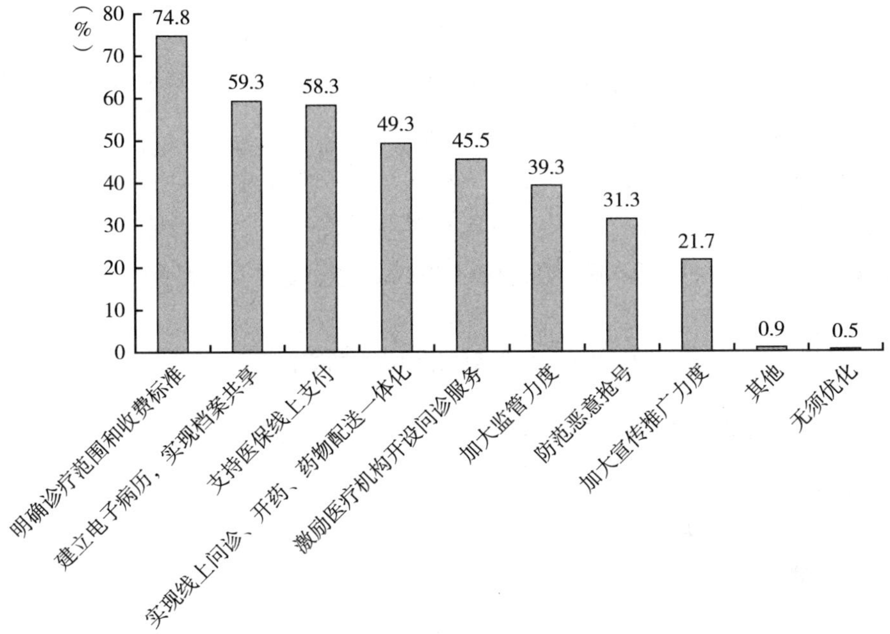

图3　市民对优化“云”上医疗服务的建议

（二）以公共事业的数字技术应用为落脚点，构建多层次的数字生活场景

如前文所述，虽然广州绝大多数市民体验过“云”上的生活方式，但市民的“云”生活场景更多地集中在移动支付、网络购物、外卖平台点餐、线上娱乐等消费领域，而网上办事、线上诊疗、线上教育等方面的受众面较窄（体验过的市民均不到一半），这一定程度上体现了公共事业领域的数字技术应用还未普及、数字生活场景还不够深入。因此，应不断拓宽数字

技术的场景应用，在消费升级的基础上延伸至政务服务和教育培训等领域，构建起多层次的数字生活场景，以满足市民日益多样化的需求，真正实现“数字便民”。

（三）以轨道交通的建设为切入点，提升市民休闲旅游出行的便捷性

对于未来休闲旅游的变化，市民最为期待的是“发展轨道交通，提高游客公共出行的便捷性”，选择率为76.2%，其次是“实时查看景区游客人数”和“完善景区在线预约制”，选择率分别为65.4%和55.3%；对于“景区停车场智能停车”也有超过一半的市民期待，选择的人占50.2%；针对“开发特色旅游产品和服务”“采用人脸识别进入景区”“智能机器人担当导游”“设计线上个性化地图导览”则有相对较少的市民选择（见表6）。

表6　市民期待休闲旅游的变化

单位：%

内　　容	选择率
发展轨道交通，提高游客公共出行的便捷性	76.2
实时查看景区游客人数	65.4
完善景区在线预约制	55.3
景区停车场智能停车	50.2
开发特色旅游产品和服务	35.7
采用人脸识别进入景区	33.6
智能机器人担当导游	30.7
设计线上个性化地图导览	29.4
不清楚	2.1
其他	0.7

（四）以个人信息保护为主战场，解决数字信息化进程中的最大隐患

数字信息化在提高市民生活品质的同时，也带来了一些弊端，其中矛盾最

为凸显的是“个人信息泄露”，90.4%的市民认为这是数字信息化带来的最大问题；此外，“消费和服务权益得不到保障”“过于依赖智能设备”也是受访市民较为关注的问题，分别有61.4%和48.8%的市民选择；“重复建设平台导致资源浪费”“给不适应人群带来不便”“加大各地发展差距”则有相对较少的人选择。

表7　数字信息化带来的问题

单位：%

内　　容	选择率	内　　容	选择率
个人信息泄露	90.4	给不适应人群带来不便	32.0
消费和服务权益得不到保障	61.4	加大各地发展差距	15.3
过于依赖智能设备	48.8	无须优化	1.0
重复建设平台导致资源浪费	33.1	其他	0.6

（五）以人才引进和培育为着力点，催生数字信息化发展的内在动力

对于下一步应该做好哪些方面工作，利用数字信息化技术提高生活品质，有67.7%的市民认为首先应“加强人才引进和培育工作”；其次是“研究个人数据加密技术”，选择率为66.7%，这也再次从侧面印证了市民对加强个人信息保护的迫切要求；除此之外，“加强知识产权的保护”（58.5%）、“保障网络的高速通畅”（45.2%）、“加大信息技术的推广力度”（44.9%）和“保障相关的硬件配套设施”（43.0%）也有较多人选择；认为应该“促进数据共享”（29.4%）和“加大研发投入”（26.5%）的市民则较少。

作为改革开放的前沿地和试验田，广州始终敢为人先，在智慧城市的实践方面也先行一步，早在2011年就被广东省委、省政府确定为开展智慧城市的建设试点，并在智慧政务、智慧交通、智慧医疗等领域形成了一批数字化治理成果。然而，对标习近平总书记提出的“加快推进数字产业化、产业数字化，努力推动高质量发展、创造高品质生活”的目标，对比广州市民的期待诉求，广州数字化建设水平仍存在一定差距，如医疗健康、社区管理和教育培训的数

字信息化建设成效仍未完全彰显，个人信息泄露成隐患，数字信息化人才仍旧紧缺等。下一步要继续坚持新发展理念，“把加强‘顶层设计’和坚持‘问计于民’统一起来”，真正使城市的数字信息化建设符合市民所思所盼，让民众能够畅享数字信息化建设带来的高品质生活。

（审稿人：朱泯静）

B.15

广州市民对推进城市更新改造的看法及意见调查报告*

卢洁辉**

摘　要：广州城市更新自2009年至今，历经十余年，取得丰硕成果，形成实践经验，仍不断探索完善，持续推动改进。本文通过实证调查了解广州市民对近年来城市更新改造工作的满意度和体验评价，分析市民改造需求，希望对有关工作的改进提供有益思考。本次调查发现：广州近年来推进的城市更新改造工作成果受到充分认可，市民对城市整体面貌改善提升的感受度和满意度高，其中尤为突出的是生态环境保护方面；市民期盼未来城市更新改造工作在优化交通出行条件、加强停车场建设、加强挖掘弘扬节庆民俗等传统文化、回收盘活废旧闲散地块等方面有更大发力。

关键词：城市更新改造　满意度　意愿　社会调查

一　研究背景及目的

广州的城市更新自2009年开始，主要历经三个阶段：第一阶段是2009～2012年以单个项目为主，以房地产开发为导向，主要针对城中村、旧厂房的“三旧”改造；第二阶段是2012年后以全面改造、成片连片为主，强调政府

* 本文为“广州市统计局万户居民调查课题组”研究成果。

** 卢洁辉，广州市统计监测中心统计调查部部长，硕士学位，研究方向为社会调查。

主导的，主要针对旧厂房改造开发的“三旧”改造，例如金融城、广钢新城等；第三阶段是2015年后，以修缮提升为主，强调多元主体参与的、以综合改造为目标的“微改造”模式。

2018年10月，习近平总书记在考察广东的重要讲话中，要求广州实现老城市新活力，在综合城市功能、城市文化综合实力、现代服务业、现代化国际化营商环境方面出新出彩。

城市更新，是广州实现高质量发展、“老城市新活力”“四个出新出彩”目标的核心引擎。2019年初，广州在总结10年城市更新实践经验的基础上，提出以城市更新为核心抓手，统筹旧城、旧村、旧厂改造等九项重点工作，探索将城市更新与城市生态修复和城市功能修补融合转化为可量化、可操作、可实施的行动目标。2020年8月，广州出台《广州市关于深化城市更新工作推进高质量发展的实施意见》和《广州市深化城市更新工作推进高质量发展工作方案》，对新一轮城市更新做出重要部署，随后陆续出台一系列配套指引，形成“1+1+N”新一轮城市更新政策体系，强调产城融合、职住平衡、文化传承、生态宜居、交通便捷、生活便利，树立“全周期管理”意识，建立城市更新“一张图”，揭开深化城市更新新篇章。

两年时间里，广州努力遵循习总书记的指引，城市更新九项重点工作取得丰硕成果：2020年，“三旧”改造方面，完成固定资产投资超千亿元、完成微改造老旧小区超过200个；“三园”转型方面，村级工业园转型提升8平方公里、完成转型升级的专业市场超过130个；“三乱”整治方面，拆除违法建设超过5000万平方米、整治“散乱污”场所约2万个。

十余年的城市更新历程中，无论是大刀阔斧的“三旧”改造，还是绣花功夫的“微改造”，皆给广州城带来日新月异的变化。过往成绩辉煌厚重，后续推动干劲满满，而身处其中的市民，是否感同身受，是否满意，有何需求，城市更新如何真正秉持以人为本的理念，实施高品质改造，这些是当下及今后城市更新需要更多关注的问题。

当前对城市更新方面的关注和探讨，大多集中在城市硬件设施规划和建设模式等宏观层面，集中在单一功能的效率和结果的呈现上，集中在体现政府和市场设计者、推动者意志方面，较少开展从微观市民个体层面反映城市更新成果及需求的量化调查研究。

习近平总书记强调，“人民城市人民建，人民城市为人民”，为了解如何使城市更新更多惠及市民，使改造效果更好实现政府规划与市民预期相结合，真正实现城市发展的共商、共建、共享，本次调查从“市民对近年城市更新改造工作的满意度评价”“市民对近年城市更新改造效果的感受及认同度”“市民对居住地附近开展更新改造的意愿和期待”等角度收集市民意见，通过分析反映城市更新成果及存在的短板，为广州城市更新建设工作提供微观意见参考。

二 调查数据获取与说明

（一）调查网基本情况介绍

广州市万户居民调查网是按照广州市政府要求，于1998年由广州市统计局牵头组建，立足收集社情民意的调查网络。

在样本选取方面，万户居民调查网通过随机抽样方法确定调查户，经过6次全面更新换户和网络扩充，目前已覆盖全市11个行政区41条行政街200个社区居委会的1万户常住居民户，样本具有充分的代表性。在调查方式上，以入户访问及电话调查为主，平均每年开展1次入户调查、3~4次电话调查。

本次调查以2019年换户建立的万户居民调查网为基础，于2020年11月开展电话调查，对调查数据开展分析。

（二）样本基本情况与质量控制

1. 样本区域分布情况

本次调查按广州市各辖区常住家庭户[①]的分布比例进行抽样，获得1991个有效样本，各区样本分布比例如表1所示。

---

① 调查户需满足以下条件：1. 在广州市居住半年以上的常住家庭户，且一年内无搬迁意向；2. 家庭中有能独立完成调查、年龄在18~65岁且思维清晰、语言表达清楚的成员；3. 剔除住宅区内（包括街巷）的商铺、公司、士多、美容店、发廊、家庭旅馆等；空置的民居和集体户。

表1　样本区域分布

单位：%

地　区	占比	地　区	占比
荔　湾	10.4	番　禺	8.3
越　秀	12.3	花　都	4.7
海　珠	14.3	南　沙	4.2
天　河	14.6	从　化	3.1
白　云	14.6	增　城	5.2
黄　埔	8.3	合　计	100.0

2. 质量控制

为确保万户居民调查资料、数据的准确性和真实性，调查质量控制贯穿于抽样建网、电话调查的全过程。

（1）抽样建网阶段，质量控制的重点是确保中选社区辖区内全部符合调查户基本条件的常住家庭户纳入抽样框，严格按照抽样步骤要求进行规范抽样。

（2）电话调查阶段，电话调查通过CATI系统实施，调查号码由服务器自动拨出，调查员端没有拨号功能；电话调查全程录音，访问督导全程即时监听；调查完成后再次对成功样本进行选听审核，确保获得的样本全部符合质量要求。

3. 样本基本情况

从性别构成看，男性占44.2%，女性占55.8%。

从年龄构成看，30～39岁、40～49岁和50～59岁三个年龄段的占比均超两成，分别为28.2%、27.9%和22.7%（见表2）。

表2　样本年龄分布

单位：%

年龄	占比	年龄	占比
18～29岁	9.5	50～59岁	22.7
30～39岁	28.2	60岁及以上	11.7
40～49岁	27.9	合　　计	100.0

从受教育程度看，大学本科的样本占比最高，为30.3%，高中/中专/职高/技校和大学专科的占比较高，分别为27.3%和24.3%（见表3）。

表3　样本受教育程度分布

单位：%

教育水平	占比	教育水平	占比
小学及以下	2.6	大学本科	30.3
初中	12.1	研究生及以上	3.4
高中/中专/职高/技校	27.3	合　　计	100.0
大专	24.3		

从居住小区类型看，居住在普通物业小区的样本占比最高，为50.0%，居住在老式开放式小区的样本占比次之，为30.8%（见表4）。

表4　样本居住小区类型构成

单位：%

居住类型	占比	居住类型	占比
普通物业小区	50.0	其　他	0.6
老式开放式小区	30.8	合　计	100.0
城中村	18.6		

三　调查分析

（一）市民对城市更新改造工作的评价

1. 逾八成半受访者感受到城市面貌改善提升

近年来，广州加快推进城市更新改造（如旧城镇、旧厂房、旧村庄改造，历史文化街区保护与活化，村级工业园、专业批发市场转型升级等），市民普遍感受到城市整体面貌有所改善提升，认为有“显著改善、提升”和“较大改善、提升”的分别占35.3%和50.9%，合计达86.2%。

分年龄组看，受访者认为城市整体面貌有改善提升的比例大体随着年龄增长而提高。其中，18~29岁受访者该比例为83.1%；30~39岁受访者该比例最低，为82.8%，60岁及以上受访者该比例最高，为90.0%，30岁及以上年龄越大的群体，对城市面貌变化的感受越强烈，对城市更新改造效果更为肯定（见表5）。

表5　分年龄组受访者对城市整体面貌改善、提升情况的评价

单位：%

年龄	显著改善、提升	较大改善、提升	改善、提升不大	没有改善、提升	说不清
18~29岁	28.4	54.7	13.2	2.1	1.6
30~39岁	31.6	51.2	15.0	1.6	0.6
40~49岁	34.7	52.5	11.0	0.7	1.1
50~59岁	40.7	48.0	10.0	0.7	0.6
60岁及以上	40.9	49.1	7.8	0.9	1.3
总　　体	35.3	50.9	11.7	1.1	1.0

分居住小区类型看，“老式开放式小区”受惠面最广，感受到城市更新改造成果的受访者比例最高，分别有36.1%和51.4%认为城市面貌有“显著改善、提升”和“较大改善、提升”，合计达87.5%；“城中村”受访者认为有改善提升的比例次之，为86.2%；“普通物业小区”此比例最低，为85.4%（见表6）。

表6　分居住小区类型受访者对城市整体面貌改善、提升情况的评价

单位：%

居住类型	显著改善、提升	较大改善、提升	改善、提升不大	没有改善、提升	说不清
老式开放式小区	36.1	51.4	10.6	1.3	0.6
城中村	35.4	50.8	11.9	1.1	0.8
普通物业小区	34.4	51.0	12.4	1.1	1.1
总　　体	35.3	50.9	11.7	1.1	1.0

2. 近七成半受访者满意更新改造工作总体效果

市民普遍切身感受到城市整体面貌改善提升，对近年来更新改造工作总体效果较为满意。调查显示分别有21.9%和51.6%的受访者对该工作总体效果表示“很满意”和“较满意”，合计达73.5%；表示“不太满意”（3.2%）、“不满意”（1.9%）和“说不清”（1.9%）者占比均不足5%。

从年龄上看，不同年龄组受访者对更新改造工作的满意率差异不大。30~

49 岁中青年群体对更新改造工作要求更高，满意率（表示“很满意”和“较满意”比例之和，下同）相对较低，在 73% 以下；18～29 岁青年和 50～59 岁中老年群体满意率在 74% 上下；60 岁及以上老年群体满意率在 75% 以上。

分居住小区类型来看，居住在“老式开放式小区”的受访者对更新改造工作的总体满意率最高，为 75.0%；“普通物业小区”受访者满意率次之，为 74.0%；“城中村”受访者满意率最低，为 70.2%。

3. 生态环境改善受认同度逾八成半、满意率逾七成半，均居各项更新改造工作首位

广州城市更新改造涉及多方面工作，不同方面效果受认同度和满意率存在差异。其中，生态环境保护、人居环境提升和公共配套服务完善等工作的效果受认同度及满意率均居前三位；历史文化传承保护、土地节约集约利用、促进产业转型升级三个方面效果的受认同度及满意率相对较低。

生态环境质量受益于“十三五”期间广州加强落实生态环境保护战略部署，改善成效显著，受到市民充分认可。调查中有 85.6% 的受访者表示认同（表示“非常认同”和“比较认同”比例之和，下同）所居住的社区“生态环境变好了”这一说法，认同度居各项评价之首。

居住环境和配套设施方面改造效果的受认同度亦较高。分别有 83.6% 和 80.8% 的受访者认同所居住社区“居住环境改善了”和“配套设施完备了”（见图 1）。

文化、人气、社区档次、经济活动提升方面的受认同度次之。认同“文化气息变浓了”、“人气活力增强了”、“社区档次提高了”和“产业商业活跃了”的受访者比例依次为 78.8%、78.6%、77.0% 和 73.6%。

与效果认同度相应的，受访者对居住社区更新改造工作满意率居前三位者为生态环境保护、人居环境提升和公共配套服务完善等方面。其中，“保护自然生态环境（如还绿于民、建设碧道、整治河涌等）”工作的满意率居首位，达 77.0%；“提升人居环境（如美化外立面、拆除违法建设、消除居住安全隐患、完善生活配套设施等）”“完善公共配套服务，促进城乡融合发展（如增设教育、卫生医疗、养老、体育配套设施等）”的满意率居第二、第三位，分别为 74.6% 和 73.1%（见表 7）。

文化保护、经济促进和土地利用方面的满意率均在七成以下。调查显示，

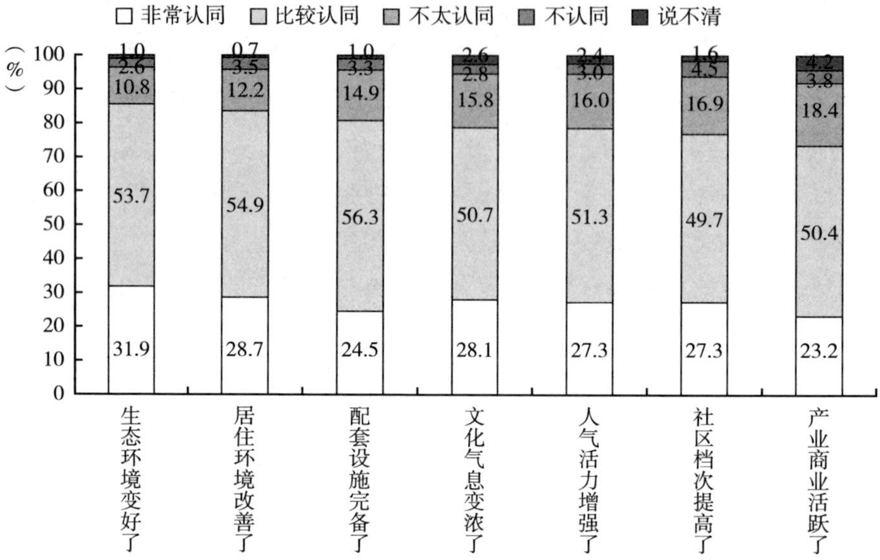

图1　受访者对所居住社区更新改造效果的认同度

“保护传承历史文化（如申请非遗、保护整治更新历史文化街区和历史文化建筑等）”“引入新业态、促进产业转型升级（如旧厂房、村级工业园区、专业批发市场、物流园区等改造升级）”和“节约集约利用土地（如盘活建设闲置地块、建设回迁安置房和高端商贸区等）”的满意率分别为69.8%、57.9%和54.2%。

表7　受访者对居住地附近开展更新改造工作的满意程度

单位：%

内　　容	很满意	较满意	一般	不太满意	不满意	说不清
保护自然生态环境	29.5	47.5	16.8	3.4	1.1	1.7
提升人居环境	27.4	47.2	17.5	4.4	2.3	1.2
完善公共配套服务，促进城乡融合发展	26.2	46.9	17.2	5.3	2.5	1.9
保护传承历史文化	25.1	44.7	19.7	3.4	1.3	5.8
引入新业态、促进产业转型升级	19.9	38.0	17.9	3.9	1.6	18.7
节约集约利用土地	18.6	35.6	19.6	4.7	2.5	19.0

（二）市民急盼居住地更新改造工作及参与建设意愿

1. 居住环境方面：改善交通出行条件是首盼

交通、生态环境、基础服务设施与市民安居关系密切，调查显示“改善交通出行条件”“提高绿化水平”“完善市政基础设施”依然是受访者最盼望在居住地开展的更新改造工作，选择率分别为35.3%、30.1%和29.6%（见图2）。各区在上述方面的需求侧重点有所不同。其中，增城区（51.0%）、南沙区（50.0%）受访者对“改善交通出行条件”的需求远高于其他区；海珠区（32.6%）、天河区（32.6%）受访者对“提高绿化水平”的选择率并列居各区之首；番禺区（35.6%）、增城区（36.0%）受访者急盼“完善市政基础设施（如市政道路、变电站、垃圾站、供排水系统、三线管网、公共照明等）”的比例居全市前两位。

市民对干净整洁、平安有序的居住环境亦有较多期盼。分别有29.1%、28.9%和28.5%的受访者认为居住地附近亟待“整治散乱污场所”“整治黑臭河涌”和“消除安全隐患”。分区来看，花都区（34.4%）、白云区（33.5%）和海珠区（33.0%）受访者急盼“整治散乱污场所”的比例高出其他区5个以上百分点；番禺区急盼“整治黑臭河涌”的受访者比例高出全市总体水平9.9个百分点，居各区之首；南沙区（36.3%）和花都区（32.2%）急盼“消除安全隐患”的比例居全市前两位。

除上述交通、绿化、市政设施、散乱污、黑臭河涌、安全隐患六个方面改善需求外，各区中，越秀区对“加装电梯”（39.4%）和“修缮美化房屋外立面”（28.4%）的呼声大于其他区，此两项比例分别高出总体12.8个和7.7个百分点；南沙区对“拆除违法建筑”的选择率为25.0%，居各区之首。

调查中，部分市民反馈了关于居住环境方面的其他意见建议，主要有以下盼望：（1）居住地附近增设公共肉菜市场；（2）增加公厕数量、完善公厕设施；（3）社区卫生站垃圾桶、垃圾车不要乱停乱放在马路上过夜；（4）白云区落实旧楼加装电梯补贴；（5）彻底解决同德围水浸街问题。

2. 公共服务配套设施方面：建设停车场为刚需

近年来，伴随市民机动车保有量快速增长，停车位缺口不断加大，停车难问题依然突出。本次调查显示，50.7%的受访者认为居住地附近亟待完善停车

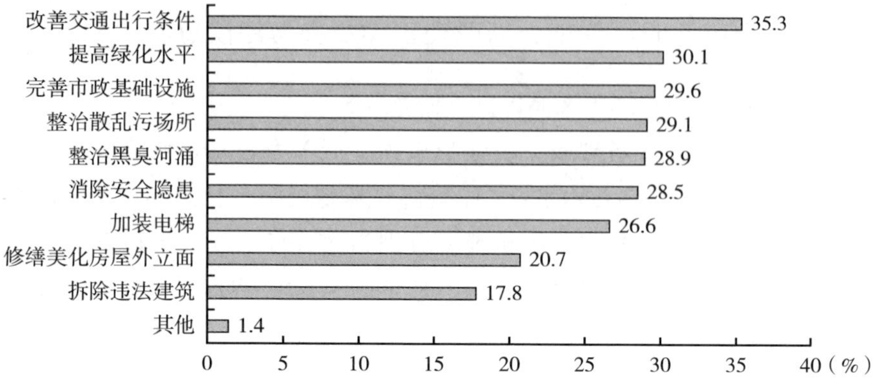

图2　受访者认为居住环境亟待加强改造的方面

说明：多项选择题，选项合计比例大于100%。

场建设，比例明显高于对其他公共服务配套设施改造的需求。为缓解停车难问题，进一步促进土地节约集约和高效利用、盘活闲置土地资源是重要思路，在停车供需矛盾突出区域的"三旧"改造项目中，应增加公共停车设施供给，鼓励社会资本投资建设停车场。

医疗、养老、教育等方面的改善需求热度居各项服务的第二、第三、第四位，比例均超过四成。全市分别有44.3%、41.8%和40.5%受访者认为居住地附近亟待加强"社区医疗卫生服务机构""社区养老服务机构（如长者饭堂、星光老年之家等）"和"教育配套（如幼儿园、义务教育学校等）"的建设（见图3）。分区来看，黄埔区受访者对"社区医疗卫生服务机构"（49.4%）的需求强于其他各区，越秀区受访者对完善"社区养老服务机构"（49.6%）的愿望最强烈，增城区对完善"教育配套设施"（49.0%）的渴望居各区之首。

部分市民反馈了关于公共服务配套设施方面的其他意见建议，主要有以下盼望：（1）增加居住地附近商业中心，如购物场所和休闲娱乐场所尤其是儿童游乐设施；（2）增加居住地附近充电桩、快递投递设施；（3）东濠涌附近（钱路头直街39号对面）内部改造需跟上，与外观水平相匹配；（4）东风东路516号增设体育运动设施，并能拆除违章建筑，加装电梯。

3. 文化保护方面：挖掘弘扬传统节庆民俗和名人古迹受到力推

广州牢记习近平总书记的殷殷嘱托，近年来在城市更新改造中注重历史文

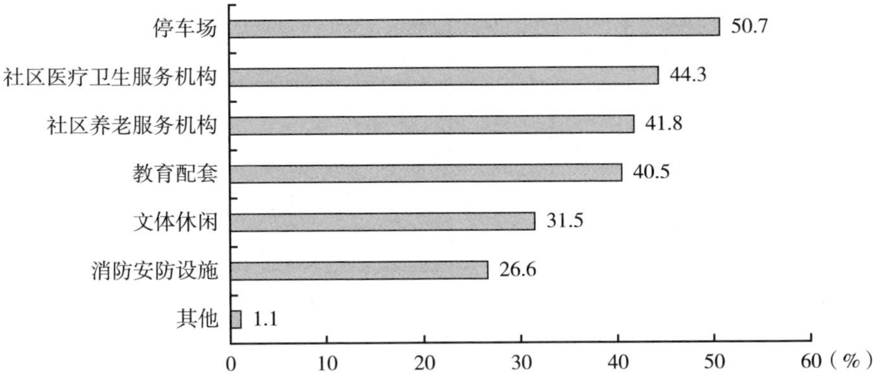

图3　受访者认为公共服务配套设施亟待加强完善的方面

说明：多项选择题，选项合计比例大于100%。

化的保护与活化，将其融入市民生活，使市民更关注并了解城市的特色历史文化遗存。调查显示，对于如何加强身边的历史文化传承建设，受访者最期待的依然是较为传统的方式——“挖掘弘扬传统节庆民俗、名人古迹，举办宣传推广活动（如波罗诞、乞巧节、行花街、赛龙舟、名人故事、革命遗迹等）”，支持率为53.2%，高出其他方式10个以上百分点（见图4）。各区中，南沙区受访者对此项的支持率居全市之首，达62.5%。

“加强文化遗产传承（如建立健全粤菜粤剧粤语粤绣广彩广雕等工艺技术技能培训、教育机制）”（40.0%）和“保护、修复历史文化街区、建筑”（39.7%）受到四成左右受访者支持。各区中，从化区受访者盼望“加强文化遗产传承”的比例为51.7%，高出全市平均水平11.7个百分点；越秀区受访者支持“保护、修复历史文化街区、建筑”的比例居各区之首，为46.2%。

4. 经济促进方面：回收盘活低效闲散地块物业是急盼措施

广州近年来在更新改造中注重引入商业、文化展示、文创办公等新业态，通过文化保护传承和经济发展促进等“软件”激发老城市新活力；在促进经济的各项改造措施中，市民对谋划盘活老物业新功能的作用更为认可。受访者最为盼望的是“回收利用废旧闲散地块物业”，总体选择率（46.8%）接近五成，其中越秀区受访者选择此项的比例为53.4%，高于其他各区。

促进居住保障、转型升级产业的受支持度也相对较高。“建设回迁安置

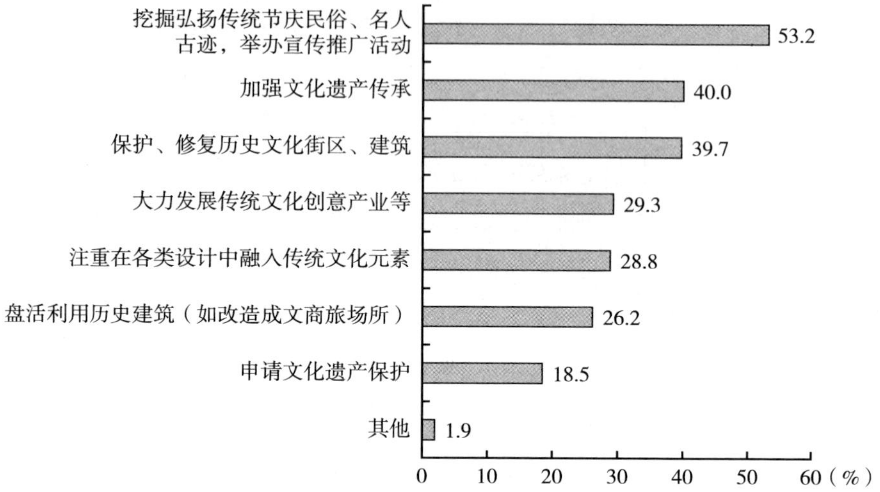

图4　受访者认为文化保护亟待加强的方面

说明：多项选择题，选项合计比例大于100%。

房、租赁性住房、人才公寓等”“淘汰低端产业，推动村级工业园、物流园、专业批发市场转型”“打造高端服务业园区、高新技术基地、众创空间、孵化器等发展新平台”等措施的支持率在三成半到四成之间，分别为38.0%、37.0%和35.3%（见图5）。对此，各区需求侧重点不同。黄埔区受访者盼望“建设回迁安置房、租赁性住房、人才公寓等”的比例（48.8%）居各区之首，高于全市平均水平10.8个百分点；增城区（42.0%）和番禺区（41.9%）受访者更多支持“淘汰低端产业，推动村级工业园、物流园、专业批发市场转型”，选择比例居全市前两位；黄埔区受访者对“打造高端服务业园区、高新技术基地、众创空间、孵化器等发展新平台”的支持率高于其他各区，为39.4%。

5. 市民参与方面：维持文明行为自觉性较高，建言献策出力意愿度稍低

调查显示，对于居住社区的更新改造、高质量建设工作，市民自觉保持良好文明习惯、监督举报不法不良行为的配合度相对较高。其中，表示愿意“自觉维护环境卫生（如按要求进行垃圾分类、保持良好公共卫生习惯等）”和“监督举报违建、偷排乱排废气废水等违法违规或不文明行为”的受访者分别占75.5%和50.3%；表示愿意“参与联防联治，参加各类志愿活动”（40.4%）和

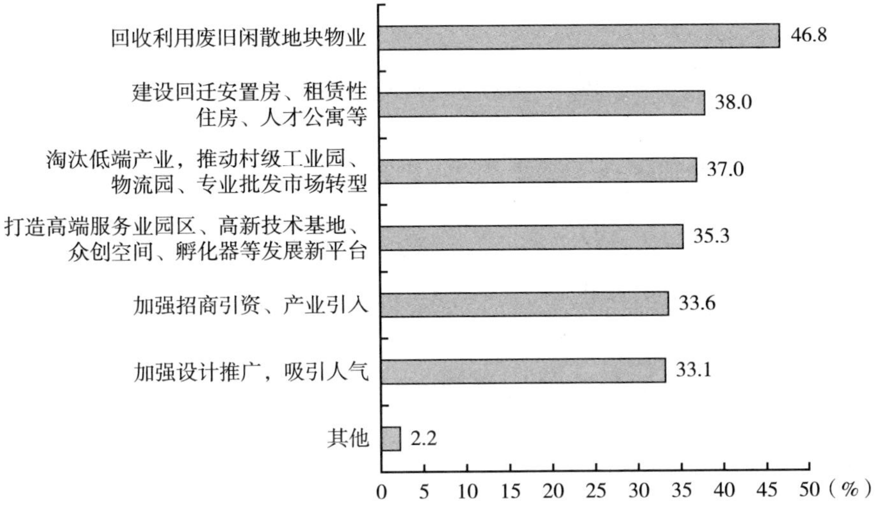

图5　受访者认为经济促进亟待加强的方面

说明：多项选择题，选项合计比例大于100%。

“为社区微改造建言献策出力”（37.1%）比例稍低，仅为四成左右（见图6）。城市更新改造，市民是最终受益者，也应是建设参与者，只有充分调动市民积极性，问需问计于民，才能打造出让人民满意的高质量城市环境。

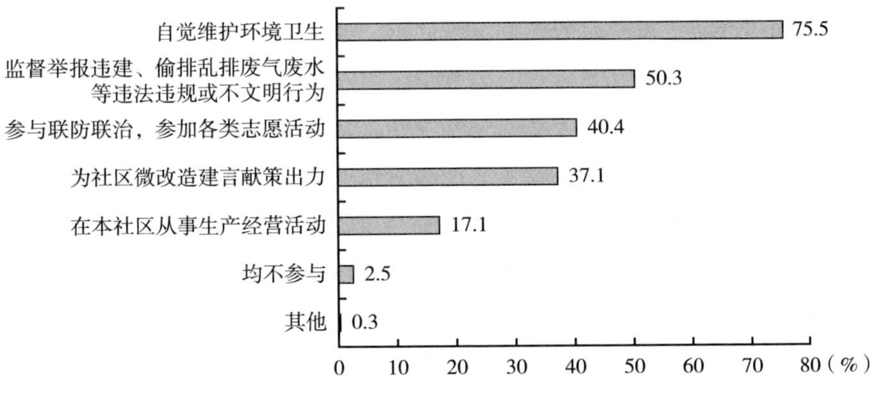

图6　受访者对本社区更新改造、高质量建设工作的参与意愿

说明：多项选择题，选项合计比例大于100%。

四　结论与意见建议

（一）主要结论

总体而言，广州市民对广州近年来推进的城市更新改造工作成果认可度较高。其中，86.2%的受访者感受到城市整体面貌的改善、提升；73.5%的受访者满意更新改造工作总体效果。

从分项来看，广州市民对城市更新改造中的生态保护成效认可度最高。其中，85.6%的受访者认同“生态环境变好了”，77.0%的受访者对保护自然生态环境工作表示满意。

从对城市更新改造期待来看，广州市民首盼优化交通出行条件，改善居住环境；第二位是加强停车场建设，完善公共服务配套设施建设；第三位是加强挖掘弘扬传统节庆民俗、名人古迹，举办宣传推广活动，加强历史文化保护；第四位是回收盘活废旧闲散地块物业，使土地资源发挥更大作用，推动和促进经济转型、发展。

广州市民期待通过各种形式参与居住社区的更新改造工作。七成半以上受访者表示将自觉维护环境卫生，过半受访者表示愿意监督举报违建、偷排乱排废气废水等违法违规或不文明行为。

（二）未来改造重点

目前，广州深入贯彻习近平总书记在荔湾区视察时对城市规划和建设的重要指示精神，苦练微改造“绣花”功夫，精心组织实施一系列更新改造项目，在提升绿化空间品质、改善人居环境、完善公共配套服务等诸多方面取得显著效果，市民普遍感受到城市整体面貌改善。数据显示，3/4以上的人认为“生态环境变好了”“居住环境改善了”“配套设施完备了”“文化气息变浓了”“人气活力增强了”“社区档次提高了”。同时，广州市民对更新改造工作的满意度反映出广州在历史文化传承保护、土地节约集约利用和促进产业转型升级方面仍有较大进步空间；对所在社区具体方面的改造愿望反映出交通出行、基础配套方面仍有一些短板。

城市更新改造是一项涉及面广的系统工程，未来广州更新改造工作的重点应是：第一，更注重综合规划，重视生态和经济社会效益的协调统一，强调统筹产业提升、环境整治、公建配套、交通基础设施、历史文化传承和保护、住房保障等建设内容。

第二，要认真总结试点成果和经验教训，充分考虑广州市情和分区差异，因区施策、因地制宜推进项目。

第三，应融入新改造思路、探索新改造模式，推进开发方式转型、建立改造资金多方合理共担机制，鼓励、发动社会和居民共建共治，加强政策利好宣讲，提高市民参与积极性，共同推动城市有机更新，保持旧魅力，焕发新生机，实现高质量发展。

（审稿人：朱泯静）

专题篇 数字化公共服务

Special Topics：Digital Public Services

B.16
广州数字政府建设评价与高质量发展的着力点

付 舒 余封亮*

摘 要： 为了解广州数字政府建设现状，广州市社会科学院社会研究所课题组开展网络专题调查，调查结果显示：数字政府建设总体评价较高，特别是硬件设施建设评价最好；政府公务人员的数字化工作素养较高；跨部门数据共享需求突出；数字政府建设在提高工作效率、优化服务流程等方面成效明显；破除部门保护主义、扩大信息共享是数字政府建设中的突出难点；线上政务服务的内容丰富度和平台集约度仍有改善空间；数字化公共服务在方便群众看病就医、入学教育、社保服务方面改善明显。与此同时，广州数字政府建设仍面临着体制机制问题、数据共享问题和配套措施不足问题。对此，

* 付舒，博士，广州市社会科学院社会研究所副研究员，研究方向为社会政策、社会保障；余封亮，西安交通大学马克思主义学院在读博士，仲恺农业工程学院经贸学院助理研究员，研究方向为社区教育与治理。

广州数字政府高质量发展需抓住五个着力点，着力处理好省级统筹和市区两级业务部门数字化能力不均衡问题；着力强化信息资源的外溢效应，推动数据共享由被动变主动；着力提供平台建设配套资源，努力提高机制灵活性；着力坚持人民需求导向，增强数字政府服务社会治理的价值；着力吸纳市场、社会等多元力量加入，形成共建共治共享的数字治理格局。

关键词： 数字政府 现状评价 高质量发展 政策着力点

党的十九届五中全会提出“加强数字社会、数字政府建设”，今年“两会”的政府工作报告又进一步提出“提高数字政府建设水平，营造良好数字生态”的要求。数字政府建设作为现代社会治理的重要支撑，是顺应行政体制改革要求、重塑政府治理角色和功能的重要途径。广州自20世纪90年代开始实施数字政府建设以来，已经历数字政府信息化、数据化和智能化建设的三次迭代，并始终处在全国数字政府建设的第一梯队。但是，随着5G等新基建、新技术的不断成熟，各省、区、市数字政府建设迭代的步伐加快，如何保持和巩固广州数字政府建设的先发优势，使数字政府建设具有前瞻性并朝向高质量发展是有待研究的重要问题。

一 广州数字政府建设现状评价调查

（一）调查概况与资料来源

为了解广州数字政府建设取得的进展并对其进行概括性评价，广州市社会科学院社会研究所课题组设计了《广州数字政府建设评价》调查问卷，依托问卷网的网上客户渠道（主要包括爱调研社区、网易、钉钉、京东等），于2020年8月，以来自广州11个区的政府公务人员和事业单位工作人员为调查对象，按照年龄为18~65岁、学历本科以上抽样条件进行随机抽样，最终获取500份有效问卷。

调查对象中，属于处级干部的占比3.4%，科级干部占比12.8%，科员占比38.0%，办事员占比45.8%。从事工作1~3年的人员占比6.4%，4~5年占比30.2%，6~10年占比44.0%，11~15年占比13.8%，15年以上的占比5.6%。从事业务与数字化公共服务直接相关的人员占比22.2%，比较相关的占比57.2%，不大相关的占比20.6%（见表1）。

表1 调查对象分布结构

单位：%

职级	占比	工作年限	占比	业务内容	占比
处级	3.4	1~3年	6.4	直接相关	22.2
科级	12.8	4~5年	30.2	比较相关	57.2
科员	38.0	6~10年	44.0	不大相关	20.6
办事员	45.8	11~15年	13.8	—	—
—	—	15年以上	5.6	—	—
合计	100.0	合计	100.0	合计	100.0

（二）对数字政府建设的总体评价较高，特别是硬件设施建设评价最好，但软件支持水平还有待提高

调查问卷中对广州数字政府建设的评价指标划分为硬件支持、软件支持、服务成熟度以及数据利用深度四个维度，共13个指标（见表2），每个指标为5分制（1分为最低，5分为最高）。

表2 数字政府评价指标设计及权重

序号	维度	权重	指　标	权重
1	硬件支持	1/4	硬件设施基础完善，服务开展基础准备度高	1/8
2			基础数据集成性增强，服务更加高效便捷	1/8
3	软件支持	1/4	政府服务意识超前，有统一的规划部署	1/20
4			行政权力事项（审批、许可等）大幅精简、优化	1/20
5			数据开放、交换、公开程度高	1/20
6			信息监管完善，信息隐私安全有保障	1/20
7			跨部门协同机制比较畅通，信息资源共享难度小	1/20

续表

序号	维度	权重	指　标	权重
8	服务成熟度	1/4	面向个人、企业提供服务的集成性高,便利性强	1/16
9			始终以“人民需求为中心”,居民服务满意度高	1/16
10			公民接受程度高,数字化素养相对较高	1/16
11			提供公众参与空间,与公众的沟通与互动大大增强	1/16
12	数据利用深度	1/4	利用新媒体(微信、微博)等积极宣传推广	1/8
13			积极利用大数据、物联网、人工智能、区块链技术	1/8

总的来看，广州数字政府建设评价的综合得分为 4.01 分，处于“良好”水平。其中，硬件支持 4.11 分，数据利用深度 4.09 分，服务成熟度 3.94 分，软件支持 3.88 分，如图 1 所示。

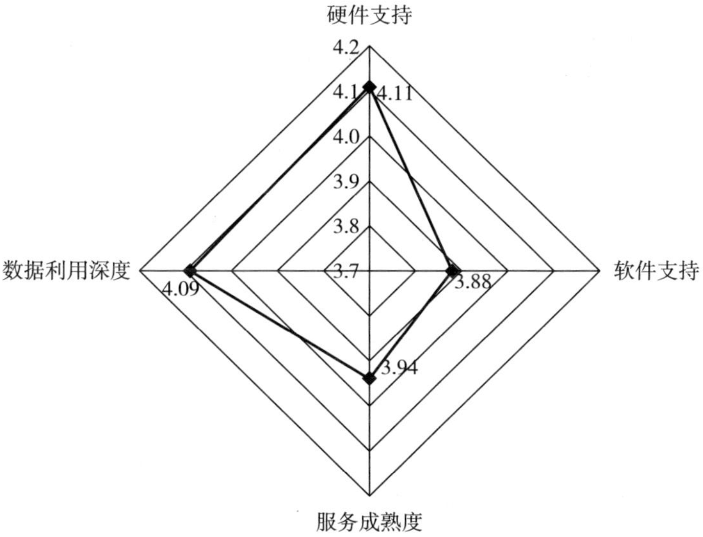

图 1　广州数字政府评价四维度得分

广州数字政府建设的硬件环境评价最好，其中“基础数据集成性增强，服务更加高效便捷”在所有选项中得分最高，为 4.13 分；“硬件设施基础完善，服务开展基础准备度高”得分 4.09 分，排名第 4 位。在软件环境评价中，“政府服务意识超前，有统一的规划部署”得分 4.09 分，排名并列第 4 位；“行政权力事项（审批、许可等）大幅精简、优化”得分 4.07 分，排名第 5

位。在面向用户的服务成熟度中，“始终以人民需求为中心，居民服务满意度高”得分4.10分，排名第3位；“提供公众参与空间、与公众的沟通和互动大大增强”得分3.96分，排名第6位。在数据利用深度方面，“利用新媒体（微信、微博）等积极宣传推广”得分4.07分，排名并列第5位；“积极利用大数据、物联网、人工智能、区块链技术”得分4.12分，排名第2位（见图2）。

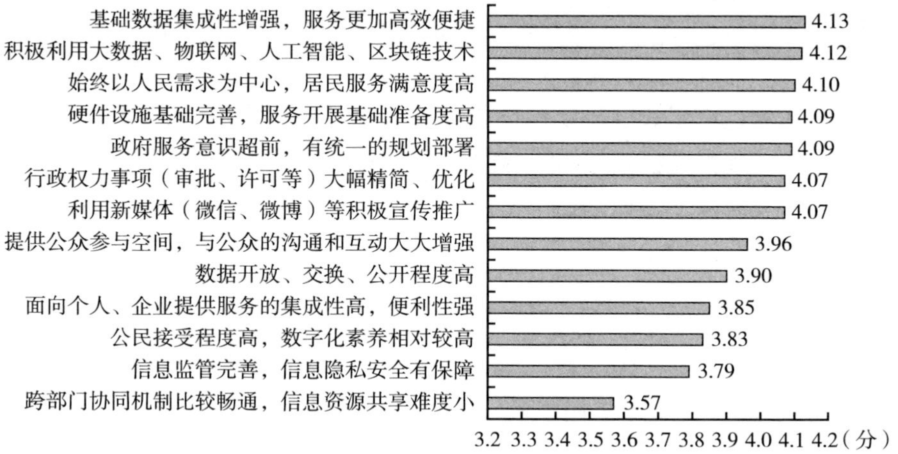

图2　广州数字政府四维度分项得分

（三）政府公务人员的数字化工作素养较高，但数字化专业人才较为缺乏

调查显示，广州政府工作人员日常工作的数字化工作程度已非常高（见表3）。日常存档文件以电子化方式存储的比例达到60%以上的占76.2%；日常工作中单位内部传递文件时采用电子化方式的比例超过60%的占70.8%。可见，在日常公务处理中，存档文件电子化和单位内部传递文件的电子化程度已经非常高。但是涉及跨单位文件传递和电子政务系统办公等业务时，数字化、电子化的水平还比较低。比如日常工作中跨单位传递文件时采用电子化方式的比例超过60%的占比为34.6%；通过电子政务系统处理的业务数量占所有业务处理总量的比例超过60%的占比为36.8%。此外，被访者表示“数字化人才队伍不足，具备数字能力、跨专业的复合型工作人员缺乏”的人数占比达到52.6%，超过半数。

表 3　广州政府工作人员工作的数字化程度

单位：%

类别	<20%	20% ~40%	40% ~60%	60% ~80%	>80%	合计
日常存档文件以电子化方式存储的比例	2.4	3.0	18.4	52.0	24.2	100.0
日常工作中单位内部传递文件时采用电子化方式的比例	2.6	6.2	20.4	51.2	19.6	100.0
日常工作中跨单位传递文件时采用电子化方式的比例	5.2	25.0	35.2	24.8	9.8	100.0
通过电子政务系统处理的业务数量占所有业务处理总量的比例	3.4	22.0	37.8	25.0	11.8	100.0

（四）跨部门数据共享需求突出，但部门间协同联动作用有待进一步发挥

从地方领导对“数字政府”建设重视程度的评价看，有 34.0% 的被访者认为“非常重视”，56.4% 的被访者认为“比较重视”，合计超九成。在处理跨部门信息共享、数据互联工作时，有 85.6% 的被访者表示已经建立工作联席会议制度，跨部门协同机制已经建立起来。调查中涉及部门与部门之间数据共享的客观需求突出，在跨部门协同中，以涉及“3 ~5 个”和“6 ~8 个”部门数据共享的占比最高，分别达到 44.2% 和 35.8%（见表 4），但是长久以来，各部门信息系统各自为政、各部门之间沟通困难。比如调查对象表示“跨部门协同的工作联动机制缺乏”的占比为 74.2%；“部门信息互联、数据共享不充分、公开透明不足”的占比为 62.2%。这一现象的出现与业务部门具有相互独立的管制目标并形成了相对独立的、封闭的审批办理流程和业务信息系统有关。

表 4　跨部门协同数量分布基本情况

跨部门合作数量	个案数	占比(%)
1 ~2 个	31	6.2
3 ~5 个	221	44.2
6 ~8 个	179	35.8
9 ~10 个	57	11.4
10 个以上	12	2.4
总　计	500	100

（五）数字政府建设在提高工作效率、优化服务流程等方面成效明显，但在公众知晓度、信息安全度和技术成熟度方面还存在明显短板

总的来看，被访者对广州开展“数字政府”服务的整体效果评价较高，表示“非常好”和“比较好”的分别占22.0%和63.4%，占比合计超过八成。与此同时，认为广州推进“数字政府”建设举措“非常多”的占21.0%，“比较多”的占67.8%，“一般”的占10.0%。

为考察数字政府实施以来产生的积极效果，调查中针对不同项目按照“大幅改善”“略有改善”“改善不大”进行三级打分，分别赋值3分、2分和1分。从调查结果看，数字政府服务得到较好改善的方面依次是：提升工作效率排名第一（2.49分）；优化服务流程排名第二（2.43分）；线上服务项目数量排名第三（2.41分）。但是，用户体验满意度（2.25分）、公众知晓度（2.21分）、信息隐私和安全程度（2.15分）以及信息技术成熟度（2.13分）等方面排名相对落后（见图3），这意味着数字政府建设在提高用户使用满意度上还有较大的提升空间。

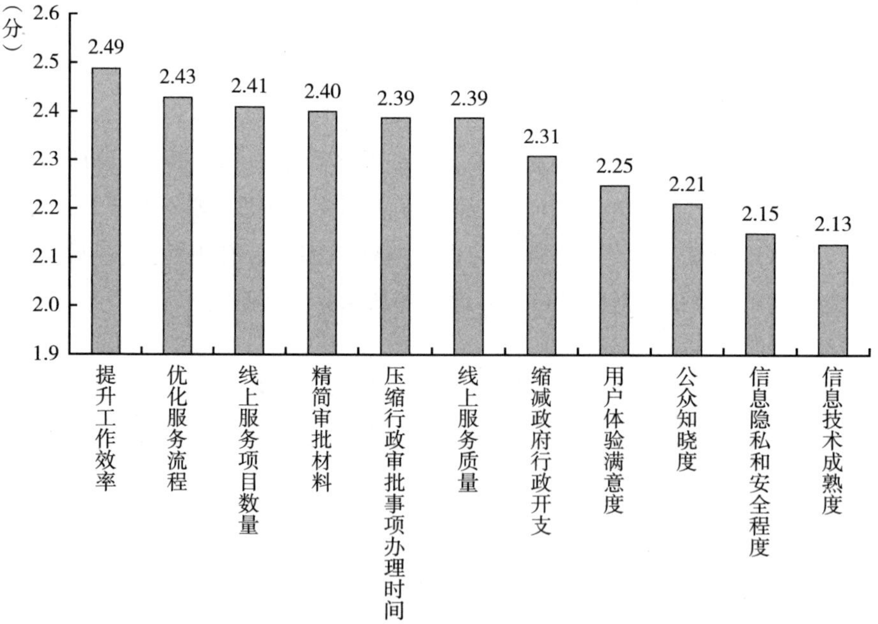

图3　广州数字政府服务改善情况评价

（六）破除部门保护主义、扩大信息共享是广州数字政府建设中的突出难点

从目前广州数字政府建设的难点看，首先，“打通跨部门的信息流通壁垒，破除部门保护主义”和“优化信息共享的集约化平台，扩大共享数据库”是最突出的两大难点，回答者占比分别为61.6%和51.4%。其次，“强化信息监管与隐私保护”和“加强面向公众的宣传，提高公民数字化素养”分别占比40.2%和35.6%。再次，“优化网上服务事项及流程，提高‘一网通办’办事效率”“进一步深度挖掘数据信息，形成大数据资源”“相关配套政策法规尽快出台，为数字服务提供法律支撑”分别占比23.2%、21.6%和20.2%。最后，“加大对数字化人才的教育和培养”和“强化市一级工作领导小组的统筹协调作用”的回答者占比分别为19.8%和14.0%（见图4）。

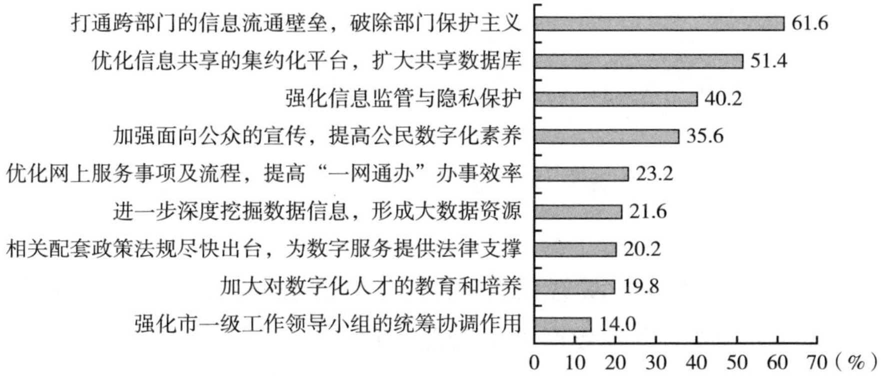

图4　广州数字政府建设的难点

（七）线上政务服务的内容丰富度和平台集约度仍有改善空间

以“穗好办”政务服务平台为例，被访者对“穗好办”提出的改善建议占比最多的一项是“在线受理服务事项丰富度”，占比61.2%；其次分别是“平台信息集约化建设”（46.6%）、“服务办结速度”（39.6%）、反馈意见处理速度（38.8%）；再次分别是“在线查询内容丰富度”（24.0%）、“操作界

面简化”（19.8%）、“信息公开程度”（19.6%）、“操作指南清晰度”（17.8%）和“表格下载”（8.4%）（见图5）。

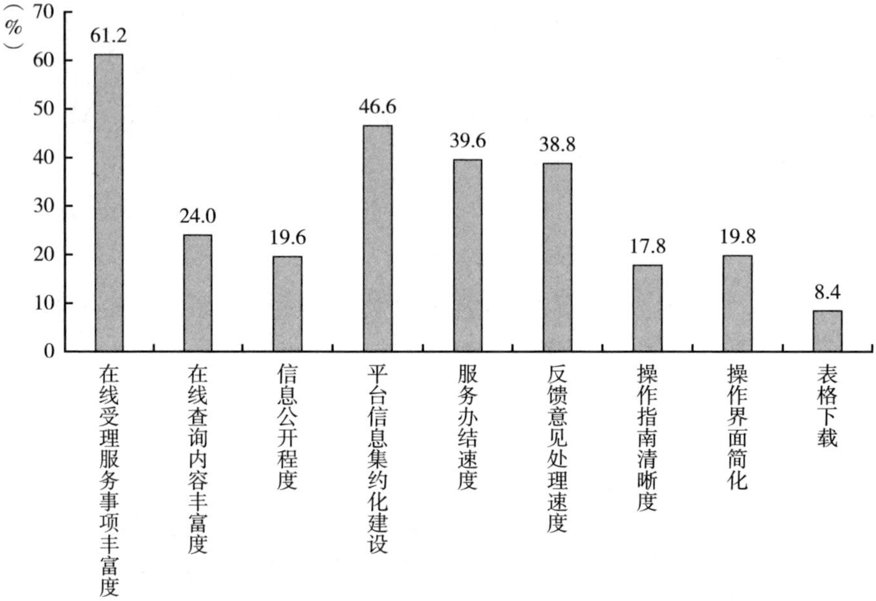

图5 对“穗好办”的改善建议

（八）数字化公共服务在方便群众看病就医、入学教育、社保服务方面改善明显，且成效得到了普遍认可

调查中询问被访者广州数字化公共服务改善最为明显的三个项目。经过统计，排在第一位的顺序依次是教育（15.2%）、社保（15.2%）、医疗服务（14.6%）、税务（12.4%）、社区服务（12.4%）；排在第二位的顺序依次是医疗服务（20.6%）、社保（13.0%）、税务（11.8%）、教育（10.8%）、社区服务（10.4%）；排在第三位的顺序依次是医疗服务（14.0%）、社区服务（13.6%）、税务（13.4%）、社保（12.2%）、户政（9.4%）（见表5）。上述服务项目与民生需求关系紧密，覆盖人数多，受益面广，其改善成效得到了被访者的普遍认可。

表5 广州数字化公共服务项目改善情况排序

单位：%

排序	第一位		第二位		第三位	
1	教　　育	15.2	医疗服务	20.6	医疗服务	14.0
2	社　　保	15.2	社　　保	13.0	社区服务	13.6
3	医疗服务	14.6	税　　务	11.8	税　　务	13.4
4	税　　务	12.4	教　　育	10.8	社　　保	12.2
5	社区服务	12.4	社区服务	10.4	户　　政	9.4

二　广州数字政府建设中面临的主要问题

为更深入把握广州数字政府建设中存在的难点与主要问题，并进一步阐释分析调查问卷所反映出的情况，广州市社会科学院社会研究所课题组与广州市诸多相关政府部门，包括市政数局、卫健委、人社局、民政局、统计局等部门进行深度座谈，了解数字政府建设情况。根据调研情况，广州数字政府在建设中主要面临体制机制问题、数据共享问题以及配套措施问题。

（一）体制机制问题

1. 省级统建平台难以满足市属业务部门数字化建设的个性需求

全国范围看，实现省级数字政府统建是一个基本趋势。因为从长远来讲，省级数字政府统建有利于实现跨部门、跨层级、跨地区的数字信息共享，简化人口在跨城市流动中办理公共服务事项的程序。但是短期内，广东省（部委）的“统建”更偏重于“同建”，因更强调“共同性”而忽视地方发展“特殊性”。这是由于省内各城市之间经济发展和信息化能力发展不平衡，省级统建是要顾及省内城市发展的平均水平，所以粤西北经济发展水平和信息化程度较低的一些城市可以直接等待省级统建从而实现数字业务升级一步到位。但是在省内各城市比较中，广州业务部门的信息化建设始终处于第一梯队，比如人社、民政、卫健等业务部门的数字政府系统建设起步早，且在与居民需求的磨合过程中，已多次进行系统迭代升级。但省一级别的统建平台更强调各城市“同”的共性，广州诸多部门原有的业务功能被简化，导致省级统建系统并不能满足像广州这种起步早、要求高的“个性”城市发展需求。

从目前发展阶段看，省级统建对广州业务部门所造成的短期后果包括：一是经过长时期积累的数据库、数据标准被省建系统覆盖，原有数据丢失、数据不全，不能满足群众办理业务的需求；二是原有建立的系统由于缺乏经费支持维护开发而被迫放弃，在一定程度上造成前期投入资金的浪费；三是基层失去了在业务上的创新动力，直接对标省标甚至是国标成为业务部门或基层的无奈选择。

2. 体制内立项程序灵活性不足，无法与政策更新的速度相匹配

近年来，国家十分重视数字政府建设，国家层面也出台较多政策作为指引和支持。随之而来的是，省级和各地方政府也在不断进行政策调整，对数字化建设提出更高要求。但是更快、更新的政策要求与既有体制内数字化项目审批立项程序是相冲突的。据相关调研部门反映，一般来讲，一个项目得以落地必须经过前一年的计划、申报、立项、预算、招投标等一系列规范程序。完整的流程下来最快要半年，通常也要一年的时间。特别是 2020 年面对新冠肺炎疫情，上级对信息化建设的要求加码，有的要求甚至一夜之间下达并要在极短时间内实现完成。这些要求具有明显的即时性特征，但是按照现有体制内程序进行则是不可能完成的任务。这一现象突出地反映出目前的体制内立项程序无法满足政策更新变化的速度，进而导致业务部门较大的工作压力。此外，由于项目建设周期长、信息技术迭代快，有些项目在招投标结束后又有新政出台，不得不更改立项时的计划，业务执行部门只能按照新要求采取柔性手段，说服经常打交道的开发公司进行协调，实现系统升级等操作，但相关部门却要为此承担较高的违规风险。

（二）数据共享问题

前述调查反映出跨部门数据共享的需求较为突出，但由于不同业务部门具有较为独立的管制目标，并形成了相对独立、封闭的业务信息系统，所以实践中仍表现出数字共享不充分的问题。

1. 纵向政府间数据共享存在堵点

数据共享的前提首先是采集数据，从纵向来看，普遍的做法是在基层搜集数据，然后汇总至市一级，再逐层上报至全省乃至全国。出于行政要求，条线

内的数据层层上报共享并不存在困难。但是等到基层需要使用数据，申请数据返还时，由上至下的数据共享却非常困难。例如，在涉及广州高校毕业生数据的统计信息时，广州市政数部门只能获得由市教育局提供的广州市属大学本科毕业生数据，而广州市内的省属高校毕业生数据依规则要向广东省教育厅提出申请获取。但在实际操作中，向上级部门申请使用数据受到数据的使用权限和开放程度限制，严重的纵向壁垒导致数据获取等待时间长、基层获取数据困难等问题。总体而言，数据由国家到省级、省级到市级甚至市级再到基层向下的数据共享和返还难度大，基层数字化工作者的工作获得感非常低。

2. 横向部门间数据共享存在堵点

据调研座谈部门反映，部门与部门之间的数据共享壁垒还比较严重。因为政府信息系统建设是根据部门职能分工不同而采取多系统分散建设的模式，所以这在一定程度上衍生出部门职责分散、数据管理权责不清等问题，导致数据仍处于碎片化和休眠状态。虽然从目前的行政设置来说，由政数局负责统筹数字政府建设，并试图打破部门之间各自为政的状态，但是政数局与工商、税务、财政等部门权限平级，在其与相关部门沟通协调进行数据共享时也同样会遇到壁垒。此外，职能部门之间因公共服务事项需要跨部门合作时，数据不能共享的弊端越发明显。比如社会救助的对象认定需要医保部门、卫计部门提供医保重症的数据进行比对。但类似需要所涉部门共同提供数据时，仍有个别部门以数据不全、未做统计、不能共享、不归本职能部门管理等为由拒绝提供数据，这导致跨部门之间数据共享的难度加大，工作成本增加。

3. 业务部门内部数字化能力发展不平衡

一方面，在市区层级之间业务部门也一定程度地存在数字化能力发展不平衡的问题。比如基层单位数字化建设基础薄弱，信息化数据积累差，工作人员信息化素养低。这些问题的存在使基层在与市一级单位进行信息化业务对接时存在诸多障碍，比如基层提交的数据不全并影响市一级数据的汇总整合等。另一方面，业务系统内部仍存在多套系统整合难的问题。由于历史遗留问题，部门内部不同系统建设时间有先后，数据标准不同，覆盖对象不同，将多套系统整合在一起比较有难度。

（三）配套措施问题

1. 资金投入不足

在资金方面，数字政府建设由于涉及系统开发、维护等一系列工作，需要长期大量的经费投入。在系统建设阶段，因为采取了立项的规范操作程序，所以配套资金基本能够保证。但一旦进入后期系统维护阶段，对原有功能的维护、系统升级以及附加项目开发等所需经费则难以保障。这一方面是由于现有体制对经费的用途范围有严苛的规定，不同预算科目的资金有明确用途，不可挪作他用；另一方面是由于新政往往只提出具体业务要求，但不提供资金配套，这给具体对接的业务部门造成了较大困难。尤其在省级统建的过程中，开发公司以省级要求为依据设计系统，地方缺乏资金支持也只能放弃个性化要求。

2. 复合型人才缺乏

在人才方面，数字政府建设越来越需要既懂业务又懂技术的复合型人才。在前述调查中该问题已经有所显现，一方面懂业务的人员需要配合业务梳理，将线下业务放置线上，使提交材料事项、业务流程等业务优化；另一方面只有懂技术的人才能够从用户角度出发，依据程序设计的体验感提出改良的具体要求。但目前此类人才是较为缺乏的。

3. 配套法律支撑不足

在法律支撑方面，广州于2019年7月1日起实施《广州市政府信息共享管理规定》，但有关数据共享的法律法规需要上位法的支持，而目前全国性的可操作化技术标准较为缺乏，或与部门规章相冲突，导致在数据共享过程中出现部门权责不清、问责不足等问题。与此同时，由上至下的数据安全法律法规缺乏，数据窃取、篡改、伪造、滥用、隐私泄露等问题不断出现，国家、企业和个人的数据及信息安全问题备受关注。

4. 监督考核指标不合理

目前数字政府绩效考核指标设计没有跳出硬指标完成率的窠臼，绩效指标设计仍以投入和产出为主，很少涉及结果和影响。比如新系统上线后，强制要求在短时间内完成登记注册、平台迁移、数据录入等硬性指标。从国家、省等角度看，他们在短期内使数字化建设达到了一个很高的水平。但是对部门的考核却缺乏从用户角度进行的评价，缺乏了解群众和企业的真实感受。调研中，各职能部门工作以民众需求为出发点的意识非常强，但目前的考核指标除了硬性指标外，缺乏软性的用户评价指标，且硬性指标也存在目标僵化、目标设定不符合实际业务开展等情况。

三　广州数字政府高质量发展的着力点

针对上述对广州数字政府建设的评价结果以及访谈中发现数字政府建设面临的主要问题，建议从以下几方面着力推动广州数字政府高质量发展。

（一）着力处理好省级统筹和市区两级业务部门数字化能力不均衡问题

一方面要针对省级统建中出现的地区发展不平衡问题，按照“平台上移，业务下移”的原则将平台和业务两项职能剥离。所谓“平台上移”，是指数字政府建设的层级越高，数据获取的需求就越高，但对业务处理的需求则会减弱。所以国家或省级统建应侧重打造相对开放包容、可对接的信息平台，留有充分的数据接口，为后期大量数据的汇集打好硬件设施基础。“业务下移”是指由市一级具体负责业务系统运作，主要是对接民众需求，以直接面向基层的优势不断优化和迭代系统。

另一方面要着力解决同一部门内部市区两级业务部门数字化能力发展不均衡的问题。重视基层部门数字化程度不高、基础数据存在欠账的问题，逐步将原有的人工记录资料转化成数字化记录，在适当时机可下派业务指导员，帮助基层解决培训不足、记录低效、历史数据不全、数据难以共享等问题。同时还要适时地将同一部门内部不同的数据记录系统逐渐整合归一，提高系统使用效率，降低系统维护成本。

（二）着力强调信息资源的外溢效应，推动数据共享由被动变主动

“信息孤岛”“信息烟囱”等现象存在严重危害，必须让各个部门认识到数据信息不是私有产品，脱敏的政府数据只有在使用和分享中才能不断释放数

据所蕴含的外溢价值。数据共享要完成从被动向主动的转变，首先，有法律的保护，明确数据归属权、使用权和衍生权力。在国家层面要出台保护政府数据安全和隐私的相关法律法规，明确数据使用的权、责、利，明确任何部门都只是数据的管理者而不是所有者的基本原则，在法无禁止的情况下必须实现数据共享，突破数据共享中的法律障碍以及部门规章障碍；其次，明确数据生成、存储和应用的整个生命周期的工作内容和工作流程，从而形成统一的管理组织体系；再次，各委、办、局按照数据目录将梳理好的数据汇集到数据资源中心，进一步进行清洗、整合提高数据质量，并定期汇总部门合理需求进行数据目录的更新；最后，除了要加强相关领导的重视之外，还要赋予统筹协调部门较高的权力，以便推进工作。

（三）着力提供平台建设配套资源，努力提高机制灵活性

发达国家的数字政府建设经历了从强调硬件设施建设向软件环境支持水平提高转变的过程。我们首先必须认识到数字政府建设越来越强调系统性、整体性、协同性推进原则，政府要在宏观层面上进行战略谋划，将战略目标、战略重点、主攻方向、工作机制、推进方式、政策标准等进行整体设计，从而使分散治理过渡到集中治理。其次，数字政府建设对法治化要求程度越来越高，既强调法律政策制定的完整性，又强调其对环境变化的适应性以及对现实需求的满足。对此需尽快出台数据标准、质量、流程以及组织管理和数据安全方面的规定。再次，可借鉴发达国家经验，设立数据治理组织体系。明确决策领导部门、推进执行部门、专业性数据管理机构（数据标准、数据安全及存储、数据开放等）、协调沟通和评估监督专门性机构的职责权限，提高数据管理的专业化程度。最后，要始终坚持包容、开放、创新的新发展理念，与时俱进地吸收新技术应用于数字政府建设。

此外，针对职责与资源错位问题，建议在下达系统升级或附加项目开发等政策的同时，提供资金、技术、人才等配套保障。由省或市统一规划设立配套资金的好处在于，能够保证在不违反既有立项程序、经费使用程序的前提下，相关执行部门减少违规风险、提高工作积极性、确保如期完成系统改造任务。此外，统一提供技术和资金保障还可以省却单个部门与技术公司谈判的行政成本、沟通成本。但也需谨防企业“跑马圈地”现象，因为目前的政府与企业

合作开展的数字政府建设主要被百度、腾讯、阿里巴巴、华为等互联网巨头企业垄断，在现有的政绩评价体系中，各地方城市乃至省级政府之间仍然呈现竞争多于合作的状态，这可能对未来实现国家层级的数据统建造成壁垒。

（四）着力坚持人民需求导向，增强数字政府服务社会治理的价值

坚持以人民为中心的发展理念始终是数字政府建设必须坚持的思维导向。一方面可以依靠政府网络平台追踪民众迅速变化与高度个性化的需求，实时与民众需求对接，通过建立社情民意反馈机制提高用户体验度、满意度。另一方面可以按照标准化、便捷化、精准化和智能化的不同层次对数字政府建设制定不同阶段的发展目标，进行公共服务事项的流程再造，使老百姓只需“进一次门就能办成一件事”。同时，遵从数字化升级改变服务流程的业务逻辑，坚持问题导向，从交通、健康、教育、医疗、就业、社保、公共安全等应用领域中，挖掘设计颗粒度更细致的应用情景，拓宽数字政府服务的覆盖面，深度开发便民应用，将“一网通办”“最多跑一次”等服务事项更加精细化。

目前，群众的数字化素养还不算高，对于数字政府服务不了解、不会用的人群占比还比较高。对此要采取多策略的政策宣贯方式，如采用网上智能指导、电话咨询、手机 App 程序等推介方式。同时有针对性地对数字技术使用的弱势群体，包括老年人、受教育程度比较低的农民工、低技能劳动者等进行社区“一对一”宣讲，缩小数字鸿沟，让便利的数字化服务能够进入百姓家庭。

（五）着力吸纳市场、社会等多元力量加入，形成共建共治共享的数字治理格局

在数字政府建设中，要处理好政府与市场和社会之间的关系。首先，政府与市场之间存在既竞争又合作的关系，由于政府信息具有正外部性，因此可采取分类治理方式，对于非涉密或保密程度比较低的数据，在政府部门之间、政府与企业之间通过签署协议和合作等方式开展非营利性数据开放共享。对于互联网企业、数据交易平台等明码标价的数据可以进行数据交易。同时，政府应作为数据市场监管主体，通过制定监管规则对数据侵权、垄断等行为进行有效

治理，解决监管职能缺位、错位、不到位等问题。其次，政府与社会之间存在一定的合作关系，在数据逐步开放、有序共享的前提下，社会组织和公众都能依托网络参与社会治理，体现信息化社会大规模、实时、自发和社会化协作的特点。政府与市场、社会力量可以在投资、建设、运营等方面探索采取 PPP（政府和社会资本合作）、BOT（建设－经营－移交）、BT（建设－移交）、TOT（移交－经营－移交）、TBT（TOT－BOT 组合，以 BOT 为主）等模式，形成共建共治共享的数字治理格局。

（审稿人：付舒）

B.17

企业视角下广州数字政务服务质量评价研究

朱泯静　朱 蕾*

摘　要：数字政务建设作为“数字政府”建设的有机组成部分，其目的在于高质量服务企业与居民，提高其服务使用获得感。本文聚焦企业视角，构建数字政务服务质量指标体系，评估广州数字政务服务质量。结果显示，企业认为广州数字政务服务质量处于“良好水平”，硬环境优势明显。企业对数字政务系统稳定性、安全性、信息质量的认可度较高，认为数字政务平台具备提供高质量信息、界面友好、导航清晰等优点。同时，企业也对广州数字政务提出了五点期待：提高软服务实力、拓宽服务内容、提高平台易用性、增强平台互动性、强化安全性。

关键词：数字政务　服务质量　企业视角　评估

一　研究背景与文献回顾

自2017年以来，广州大力推进“数字政府”改革建设，积极落实《国务院关于加快全国一体化在线政务服务平台建设的指导意见》关于“推广移动

* 朱泯静，博士，广州市社会科学院社会研究所副所长，副研究员，研究方向为社会政策、企业创新、复杂网络等；朱蕾，博士，广东财经大学讲师，研究方向为企业管理、人力资源管理、计量经济学。

政务，积极利用第三方互联网平台不断拓展政务服务渠道，提升政务服务便利化水平”的要求，着力推进数字政务建设以满足需求侧对办理政务服务高效率、短时间、高质量、低成本的要求。企业作为需求侧的重要主体之一，从企业需求侧视角评估广州数字政务建设成效，符合建设人民满意的服务型政府的政策指向和时代要求，具有重要实践意义。

这一研究有三方面需要考虑的问题：一是如何衡量数字政务建设成效。就现有研究来看，需求侧视角下衡量建设成效多数从满意度、获得感等主观感受直接评价，也有部分研究从服务业服务质量概念框架下评价，研究内涵丰富，更具系统性、全面性、可测量性的特点。因此，本文借鉴服务质量概念衡量数字政务建设成效。

二是数字政务服务质量包括哪些内涵。遵循服务质量研究思路，从国外文献来看，Parasuraman et al.（1988）从可靠性、响应性、移情性等五个维度评估纯服务业服务质量。克里斯蒂·格鲁诺斯（1998）从易用性、信息质量、互动环境等七个维度分析政府门户网站服务质量。Cronin et al.（2010）从可靠性、服务沟通、安全性、理解性等十个维度分析顾客感知的服务质量。从国内文献来看，刘渊等（2008）从可靠性、响应性、公平性、安全性四个维度评价公共信息服务质量。周毅（2014）从情感价值、社会价值、技术价值等六个维度研究移动政务价值服务质量。综上所述，尽管现有研究从不同维度构建服务质量评价模型，但整体上都涵盖了满意度、信息质量、系统稳定性、易用性、风险性、自我效能感、响应性七个维度，这也是本文数字政务服务质量所涵盖的内涵。

三是从哪一需求侧视角分析数字政务建设成效。目前，数字政务的需求侧包括居民和企业两大类。居民视角下评估数字政务建设成效的研究较为丰富。而现有研究从企业视角评价数字政务建设成效的较为少见。鉴于此，作为需求侧重要构成部分的企业如何评价广州数字政务建设成效的研究更具学术性和实践性价值，其评价结果也是广州数字政务优化完善的参考指标之一。

综上所述，本文聚焦于从企业视角下定量评价广州数字政务服务质量，一方面是对现有研究的有益补充，另一方面为指导广州高质量建设数字政务实践提供数据支撑。

二　企业视角下数字政务服务质量模型的构建

数字政务服务质量是指数字政务的服务质量与效果。从企业视角来看，数字政务服务质量评价包含企业对数字政务的满意度、数字政务信息质量、系统稳定性、易用性、风险性、自我效能感、响应性等七方面内容，概念模型如图1所示。其中，企业对数字政务的满意度是指企业使用数字政务时体验感；数字政务信息质量是指数字政务平台提供相应消息的及时性、准确性、完备性；系统稳定性是指数字政务平台系统的稳健性、安全性等；易用性是指企业使用数字政务的易操作性、便利性等；风险性是指企业使用数字政务办理相关业务时信息安全性；自我效能感是指企业使用数字政务的独立操作、快速易学的能力；响应性是指数字政务及时、快速回应企业咨询、答疑的能力。

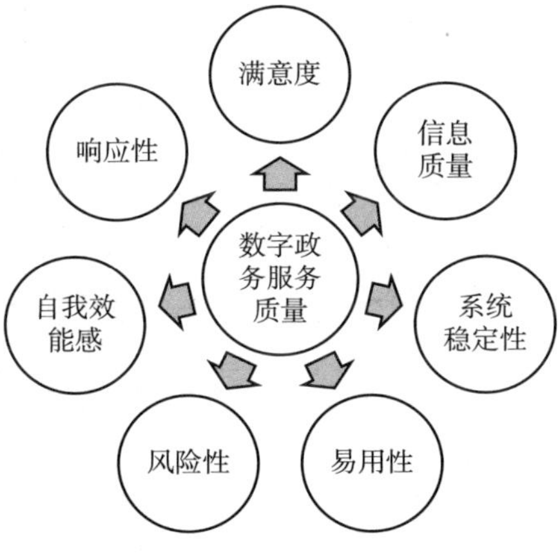

图1　数字政务服务质量概念模型

本文基于数字政务服务质量概念模型与理论内涵，并借鉴现有研究成果，分别从企业使用数字政务的主观感受与行为模式出发构建数字政务服务质量指标体系，包括7个一级指标，28个二级指标。鉴于各指标重要性较为相似，权重采用均分方式设置（见表1）。

表1　数字政务服务质量评价指标体系

序号	一级指标	权重	二级指标	权重
1	满意度	1/7	总体上,贵企业对当前广州数字政务平台建设的满意度	1/21
2			与心中期望相较,贵企业对当前广州数字政务平台建设的满意度	1/21
3			与最好的数字政务平台建设效果相较,贵企业对当前广州数字政务平台建设满意度	1/21
4	信息质量	1/7	数字政务平台为企业办理相关业务提供信息的精准程度	1/28
5			数字政务平台为企业办理相关业务提供信息的完备程度	1/28
6			数字政务平台为企业办理相关业务提供信息的及时有效程度	1/28
7			数字政务平台为企业办理相关业务提供信息的高质量程度	1/28
8	系统稳定性	1/7	数字政务平台系统用户界面友好程度	1/21
9			数字政务平台系统有用程度	1/21
10			数字政务平台系统高质量程度	1/21
11	易用性	1/7	数字政务平台系统导航设置清晰明了程度	1/28
12			数字政务平台系统服务分类设置简单直接程度	1/28
13			数字政务平台系统的使用说明和帮助文件有用程度	1/28
14			数字政务平台系统搜索功能的易用程度	1/28
15	风险性	1/7	数字政务平台系统出错程度	1/49
16			企业在数字政务平台系统中发表个人建议意见的风险程度	1/49
17			企业使用数字政务平台泄露企业隐私的风险程度	1/49
18			企业对数字政务平台的信赖程度	1/49
19			企业对数字政务平台保护隐私的认可程度	1/49
20			企业对数字政务平台安全保护设置的认可程度	1/49
21			企业认为使用数字政务平台办理相关业务的安全程度	1/49
22	自我效能感	1/7	数字政务平台能够让使用者快速上手的程度	1/28
23			数字政务平台能够被使用者轻松熟练操作的程度	1/28
24			数字政务平台能够被使用者独立操作的程度	1/28
25			数字政务平台使用受限于软件或硬件缺乏的程度	1/28

续表

序号	一级指标	权重	二级指标	权重
26	响应性	1/7	企业使用数字政务平台办理相关业务咨询信息的及时回复程度	1/21
27			企业使用数字政务平台咨询业务，获得解决问题时限的程度	1/21
28			企业随时在数字政务平台咨询业务的程度	1/21

三　企业视角下广州数字政务服务质量评价实证分析

本文采用问卷调查方式获取企业数据以评价广州数字政务服务质量。企业对每一个二级指标的认同度和满意度进行打分，最低分为 1 分，表示非常不认同（非常不满意），最高分为 5 分，表示非常认同（非常满意）。笔者于 2020 年 9 月在广州市范围内共计发放回收 100 份企业调查问卷，通过与《广州统计年鉴 2020》公布的企业区域分布、行业分布、性质分布三个维度比对检验回收问卷的代表性，结果显示，回收的问卷在上述三个维度上均与《广州统计年鉴 2020》企业分布相吻合。由此推断，回收的企业问卷具有较好的代表性。

在数字政务服务质量指标框架下，基于调查问卷数据，测算结果如下。

（一）企业视角下广州数字政务服务质量处于“良好水平”，硬环境优势明显，软服务有待提升

经过测算，企业视角下广州数字政务服务质量得分为 3.67 分，按照数字政务服务质量评判标准（见表 2），广州数字政务服务质量处于“良好水平”。

表 2　数字政务服务质量评判标准

项目	得分	等级
数字政务服务质量得分	得分 < 3	不及格
	3 ≤ 得分 < 4	良好
	4 ≤ 得分 ≤ 5	优秀

进一步从7个维度得分排名情况来看，广州数字政务服务质量每一个维度得分均大于3.600分小于4分，都处于“良好”水平。排名前三位的分别是系统稳定性、安全性、信息质量，得分分别为3.77分、3.74分、3.67分。第四位是自我效能感，得分为3.64分。排名后三位的分别是响应性、满意度、易用性，得分分别为3.63分、3.62分、3.62分（见图2）。上述结果说明，企业视角下广州数字政务服务质量的硬环境得分较高，如系统稳定性、安全性、信息质量三个维度。而软服务的得分排名相对靠后，如响应性、满意度、易用性三个维度。由此可知，广州数字政务服务质量提升的着力点应强化软服务的改善，增强互动性、便利性，以期提升企业使用数字政务过程中的体验感和满意度。

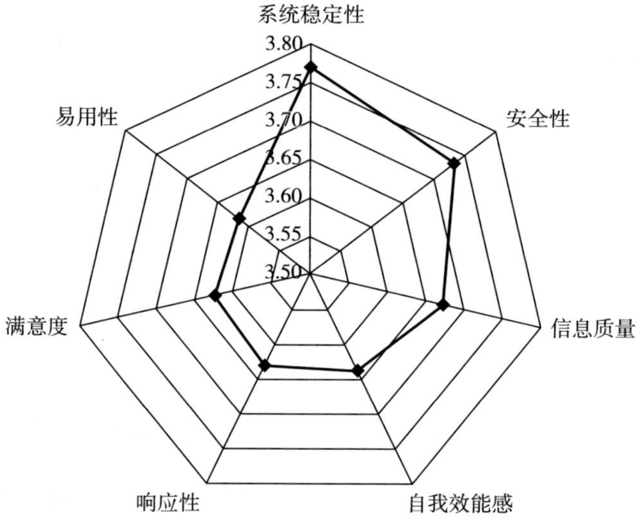

图2 广州数字政务服务质量七维度得分情况

（二）企业对广州数字政务满意度较高，但与心中期望、最优水平相比仍有差距

调查结果显示，70%的企业对广州数字政务是满意的，仅有5%的企业表示不满意，另有25%的企业认为一般（见图3）。

与心中期望、最优水平相比，企业对广州数字政务的满意度有所下降。与心中期望相比，62%的企业对广州数字政务是满意的；与最好数字政务建设效果

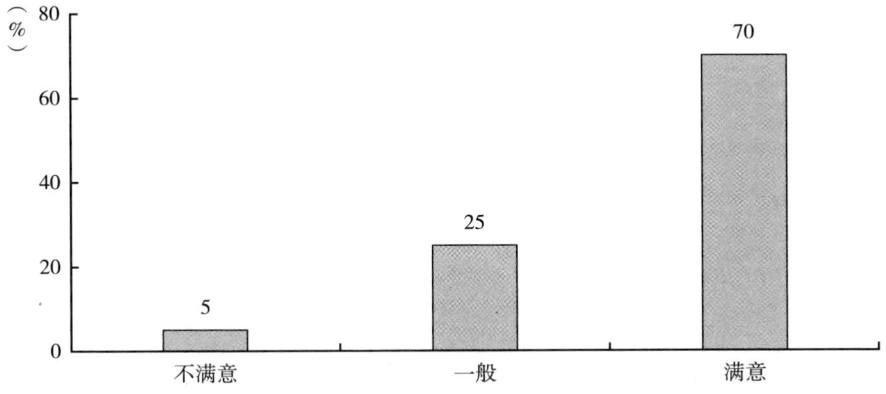

图3　企业对广州数字政务的满意度

相比，61%的企业对广州数字政务是满意的。这说明，整体上，企业对广州数字政务具有较高满意度，但是与心中期望、最优水平相比仍有差距（见图4、图5）。

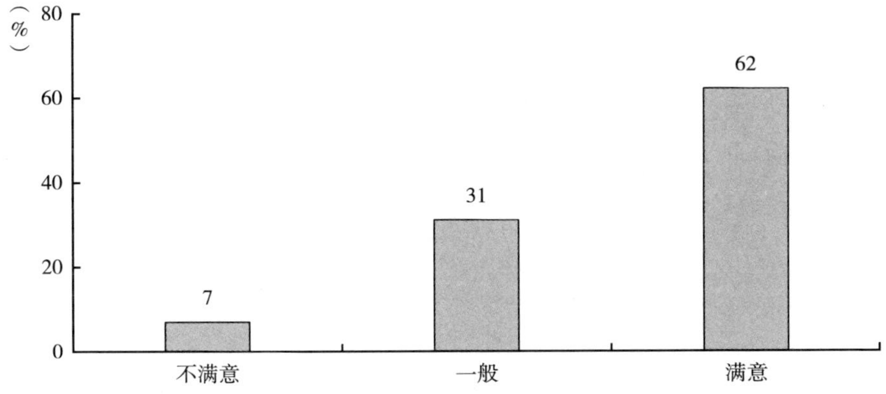

图4　与心中期望相比，企业对广州数字政务的满意度

（三）企业对广州数字政务服务的办事结果认可度高，认为数字政务平台功能需进一步拓展

数字政务服务效果评价涵盖了办事速度、办事结果、平台功能完备性，企业对这三方面进行满意度评价。结果显示，企业对数字政务平台业务办理结果满意度最高，平均分为3.77分，71%的企业表示满意。排名第二位的是办事

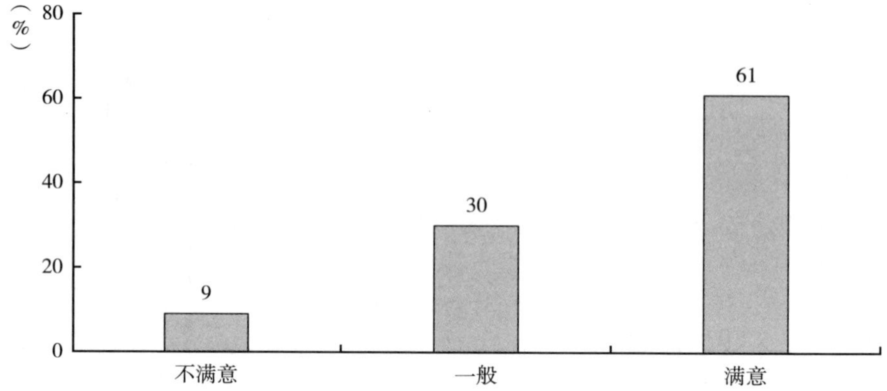

图5　与最好的数字政务建设效果相比，企业对广州数字政务满意度

速度，满意度平均分为3.63分，62%的企业表示满意。排名末位的是平台功能完备性，满意度平均分为3.55分，59%的企业表示满意。上述结果说明，企业对广州数字政务的办理结果和速度满意度相对较高，而对数字政务平台功能完备性满意度较低，有待进一步完善，以提高企业满意度水平（见表3、图6）。

表3　企业对广州数字政务服务效果三方面满意度平均分

单位：分

指　标	平均分
办事速度	3.63
办理结果	3.77
平台功能完备性	3.55

（四）广州数字政务能够向企业提供高质量及时精准的信息，但在信息全面性上有待提升

从信息质量维度来看，广州数字政务平台提供的信息包括精准性、完备性、及时性、高质量性四个特征。调查显示，企业认为广州数字政务平台提供信息的效果中，得分最高的是高质量性，为3.80分；其次是及时性和精准性，得分分别为3.70分、3.69分；而完备性得分最低，仅为3.50分，与高质量性、及时性、精准性具有明显距离。这意味着广州数字政务平台提供了高质量、及时更新、精准的信息，但在提供更为足够的信息方面要继续发力（见表4）。

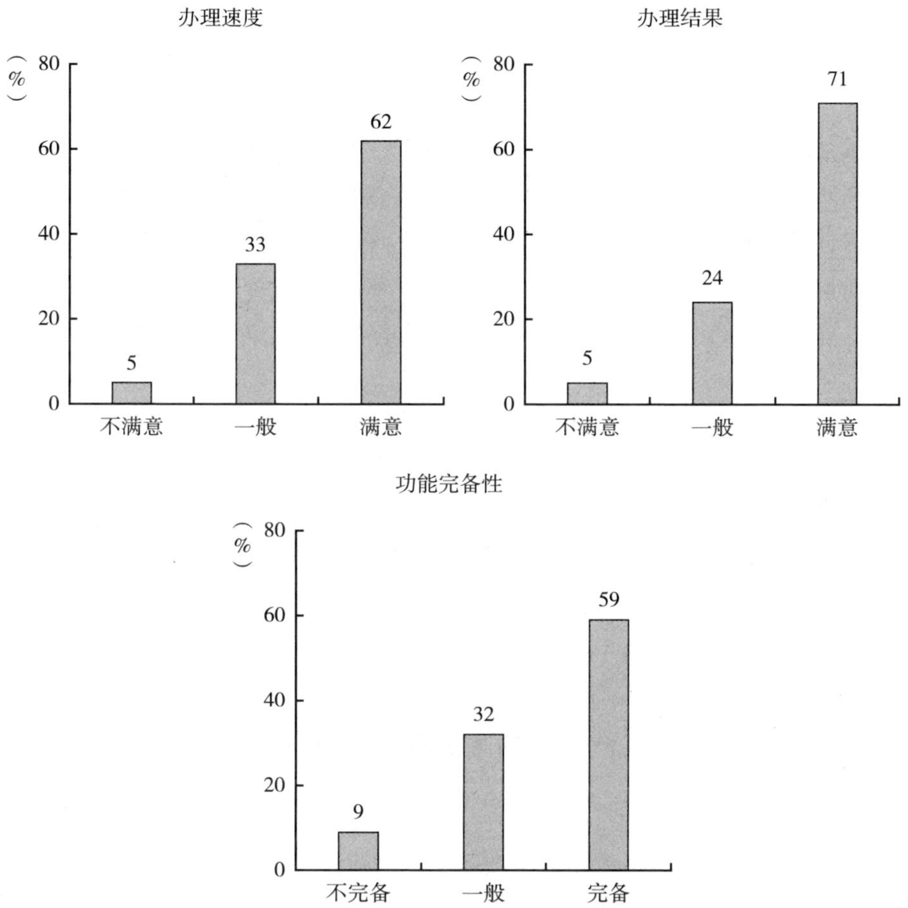

图 6　企业对广州数字政务服务效果三方面满意度

表 4　企业对广州数字政务服务质量的信息质量维度不同指标评价情况

单位：分

类别	指　　标	得分
信息质量	数字政务平台为企业办理相关业务提供信息的精准性	3. 69
	数字政务平台为企业办理相关业务提供信息的完备性	3. 50
	数字政务平台为企业办理相关业务提供信息的及时性	3. 70
	数字政务平台为企业办理相关业务提供信息的高质量性	3. 80
	均　　值	3. 67

（五）数字政务平台系统界面友好、应用性强，但高质量可持续完善

从系统稳定性维度来看，广州数字政务平台系统具有界面友好性、有用性、高质量性三个属性。调查显示，企业认为广州数字政务平台系统的表现中，得分最高的是界面友好性，为3.86分；其次是有用性，得分为3.75分；而高质量性得分较低，为3.70分。整体上广州数字政务平台系统稳定性表现最优，界面友好性、有用性表现优异，高质量可持续完善（见表5）。

表5　企业对广州数字政务服务质量的系统稳定性维度不同指标评价情况

单位：分

类别	指　　标	得分
系统稳定性	数字政务平台系统用户界面友好性	3.86
	数字政务平台系统有用性	3.75
	数字政务平台系统高质量性	3.70
	均　　值	3.77

（六）数字政务平台具有清晰导航和使用说明，但是易用性、简单直接性表现不足

从易用性维度来看，广州数字政务平台易用性评价涵盖清晰导航、分类设置简单直接、帮助文件有用性、易用性四个指标。调查显示，企业认为广州数字政务平台具有清晰导航、使用说明和帮助文件有用性两个特点得分较高，分别为3.69分、3.63分。而分类设置简单直接和易用性两个特点得分相对偏低，分别为3.56分、3.58分。对比其他维度，广州数字政务平台易用性表现整体较差，在简单直接服务分类和便捷化操作上亟须改善（见表6）。

表6　企业对广州数字政务服务质量的易用性维度不同指标评价情况

单位：分

类别	指　　标	得分
易用性	数字政务平台系统导航设置清晰明了性	3.69
	数字政务平台系统服务分类设置简单直接性	3.56

续表

类别	指　　标	得分
易用性	数字政务平台系统的使用说明和帮助文件有用性	3. 63
	数字政务平台系统搜索功能的易用性	3. 58
	均　　值	3. 62

（七）数字政务平台办理业务安全性优势突出，而平台信赖感有待提升

从风险性维度来看，企业认为广州数字政务平台在办理业务上出错少、保护隐私性、具有足够安全保护措施三方面表现排名前三，得分分别为3. 82分、3. 81分、3. 78分。担心泄露企业隐私、担心泄露企业信息和担心发表意见存在风险这三个方面得分分别为3. 75分、3. 72分、3. 68分。而平台值得信赖方面得分最低为3. 59分。数字政务平台风险性指标整体表现较好，具体表现在办理业务出错少、安全措施足等方面。但平台整体信赖感还有待进一步提升，企业对自身隐私信息泄露方面存在担忧（见表7）。

表7　企业对广州数字政务服务质量的风险性维度不同指标评价情况

单位：分

类别	指　　标	得分
安全性	数字政务平台系统出错程度	3. 82
	企业在数字政务平台系统中发表个人建议意见的风险程度	3. 68
	企业使用数字政务平台泄露企业隐私的风险程度	3. 75
	企业对数字政务平台的信赖程度	3. 59
	企业对数字政务平台保护隐私的认可程度	3. 81
	企业对数字政务平台安全保护设置的认可程度	3. 78
	企业认为使用数字政务平台办理相关业务的安全程度	3. 72
	均　　值	3. 74

（八）数字政务平台的易学易用性表现居中

从自我效能感来看，数字政务平台具备可快速学会、熟练使用、独自操作

等方面性能。调查显示，企业认为广州数字政务平台在快速学会性能上表现最佳，得分为3.83分；随后是熟练使用、独自操作、软硬件配套使用，得分分别为3.61分、3.60分、3.51分。整体而言，数字政务平台的自我效能感表现居中，应强化数字化公共平台的使用引导（见表8）。

表8 企业对广州数字政务服务质量的自我效能感维度不同指标评价情况

单位：分

类别	指　　标	得分
自我效能感	数字政务平台能够让使用者快速上手的程度	3.83
	数字政务平台能够被使用者轻松熟练操作的程度	3.61
	数字政务平台能够被使用者独立操作的程度	3.60
	数字政务平台使用受限于软件或硬件缺乏的程度	3.51
	均　　值	3.64

（九）数字政务平台互动性较好，但在解决企业疑问时限上有待优化

从响应性维度来看，广州数字政务平台具备及时回答企业问题、解决问题给出明确时间、随时互动三大特征。调查结果指出，企业认为数字政务平台在及时回答企业问题、随时互动两方面表现较好，得分分别为3.70分、3.69分。而在解决问题的时限上表现较差，得分为3.50分。因此，未来广州数字政务平台应设定解决问题的时间范围，给予企业更多可控性，提升企业使用数字政务平台的好感度（见表9）。

表9 企业对广州数字政务服务质量的响应性维度不同指标评价情况

单位：分

类别	指　　标	得分
响应性	企业使用数字政务平台办理相关业务咨询信息的及时回复程度	3.70
	企业使用数字政务平台咨询业务，获得解决问题时限的程度	3.50
	企业随时在数字政务平台咨询业务的程度	3.69
	均　　值	3.63

四　企业对数字政务的需求与诉求

笔者基于数字政务服务质量指标体系，定量评估企业数字政务服务质量状况，发现广州企业对数字政务的需求呈现如下特点与趋势。

（一）期待有效提升数字政务平台软服务实力

2017 年以来，随着广州“数字政府”建设向纵深推进，作为“数字政府”建设重要维度的广州数字政务建设成效明显，推出了“穗好办”App、“穗智管”等数字政务服务平台。调查结果显示，企业对广州数字政务建设的硬件设施环境认可度普遍较高，如企业对数字政务平台的系统稳定性、安全性、信息质量等方面评分较高，分别位居数字政务服务质量七个维度的前三位。值得关注的是，企业对数字政务平台建设的响应性、整体满意度、易用性等维度的评分较低，分别位居数字政务服务质量七维度的后三位。这说明企业普遍期待广州数字政务建设在软服务层面能够进一步优化提升，注重提高服务水平，尤其是在及时响应、好用易用等方面全方位改善，推动广州数字政务服务质量再升级，有效提高企业对数字政务建设的满意度。

（二）期待有效提高广州数字政务的易用性和便捷性

影响企业高质量使用数字政务的关键之一在于系统的易用性和便捷性。调查显示，企业对广州数字政务服务质量七维度评价中，易用性评价得分最低，仅为 3.62 分，比排名第一位的系统稳定性（3.77 分）少了 0.15 分。从易用性维度来看，虽然企业认为广州数字政务平台具有清晰导航、使用说明和帮助文件有用性较好，得分分别为 3.69 分、3.63 分，但是企业认为数字政务平台在分类设置简单直接和易用性两个维度上表现不佳，得分分别仅为 3.56 分、3.58 分，当前数字政务平台存在找不到办理业务对应的入口，也存在重复上传相关材料等问题。同时，从自我效能感维度来看，企业认为广州数字政务平台能够让操作者快速学会各种功能（得分为 3.83 分），但是在熟练使用、独自操作、软硬件配套使用上得分较低，分别为 3.61 分、3.60 分、3.51 分。总的来说，企业期待广州数字政务平台在操作便捷性、易用性上持续提高，尤其是信息服务分类简单直接、办理业务板块设置更为清晰、软硬件配套使用更为流畅、互动性更强，进一步提升平台操作简单明了的友好性。

（三）期待有效增强广州数字政务平台响应性和互动性

相较于传统的面对面政务办理，数字政务具有节省时间、获取信息便捷等优势，但也存在响应性和互动性稍显不足的缺点。调查显示，企业对广州数字政务服务质量七维度评价中，响应性评价得分为3.63分，排名第五位，排名较为靠后。2020年广州全面优化营商环境改革，涉企业务办理相关政策有所变动，企业人员办理涉企业务时多有疑问，需要在数字政务平台上咨询，平台的响应性和互动性将显著影响企业的体验感和满意度。具体来看，企业认为数字政务平台在及时回答企业问题、随时互动两方面表现较好，得分分别为3.70分、3.69分，而在解决问题的时限上表现较差，得分为3.50分。这表明，企业期待广州数字政务平台能够增强数字化公共服务平台互动性，尤其是在解决企业疑问时能够设置时限，给予企业更多可控性，提高互动质量，提升企业使用数字政务平台的好感度。

（四）期待有效拓展广州数字政务服务内容与功能

调查结果显示，企业对广州数字政务服务效果的评价中，对办理结果、办理速度的满意度较高，得分分别为3.77分、3.63分，分别有71%、62%的企业表示满意。然而，企业对数字政务平台功能完备性的满意度是较低的，得分仅为3.55分，明显低于对办理结果、办理速度的评价。这意味着，企业期待广州数字政务服务功能更为完备，有重点、有层次地拓展数字政务服务内容。具体而言，重点拓展“执行合同”等数字政务服务。目前，广州数字政务平台线上功能建设以高频业务为主，如税务登记、工商、企业注册办理等。随着数字化政务服务的浪潮来袭，未来涉企服务将逐渐互联网化，企业期待数字政务平台内容能够拓展更多与企业经营息息相关、办理程序较为复杂的非高频数字政务业务，提升企业对数字政务建设成效的获得感。

（五）期待有效强化广州数字政务服务安全性

泛数据时代下，数据政务享受互联网带来的极大便利，同时也面临随之而来的信息安全威胁。政务数据由于其特殊性，具有政治价值、社会价值、经济价值等属性，是黑客窃取的重要数据之一。调查显示，目前企业对广州数字政务整体安全性认可度较高，尤其是数字政务平台在办理业务上出错少、保护隐私、具有足够安全保护措施三方面，得分分别为3.82分、3.81分、3.78分。但是值得注意的是，企业对数字政务平台的信赖感的得分较低，仅为3.59分。企业担忧：由于数字政务平台遭到黑客攻击、政府部门使用政务数据不规范等原因，企业经营隐私信息泄露、信息丢失，企业期待数字政务服务安全性进一步提升。

五　优化完善提高广州数字政务服务质量的对策建议

为高质量推进广州“数字政府”建设，全面优化广州营商环境，更好地服务企业，针对企业对数字政务服务的需求，提出如下优化对策建议。

（一）以企业需求为导向，全面提升数字政务服务效能

重塑以企业需求为导向的政务服务，整合数字政务服务内容、服务方式、服务流程，提高数字政务办理效率与响应性，为企业提供“五星级”服务体验。一是应用大数据等技术，提升企业需求识别能力，精准预测企业数字政务需求，推出个性化、差异化数字政务服务。建立健全企业需求表达机制，定期与企业开展数字政务服务评价、意见获取、监督约束等交流。二是匹配企业所需，以系统性思维，整合零散的政务业务，推进链条式业务管理，借助O2O模式，畅通线上线下政务服务无缝衔接，有效缩减企业办理业务流程、时间和降低制度性交易成本，全面提升数字政务服务效能。

（二）提高数字政务平台建设水平，满足企业所需

一方面，注重数字政务平台内容的可读性，高效利用精练文字、精美图片或是视频等方式解读各项政策与涉企业务办理流程。另一方面，按照涉企业务的流程设置简单明了的导航和板块，开展涉企业务板块培训，提高数字政务平台易用性。强化不同业务板块间数据共享共用功能，减少资料重复上传，提高平台使用便捷性，满足企业所需。

（三）建立健全数字政务互动机制，提高服务体验

一是以企业需求为基石，建立健全数字政务互动机制，增强数字政务平台响应性和互动性，设置解决涉企业务问题时限，及时、高效地与企业线上互动，设置高频问题解析专栏等。二是强化数字政务监管，提高监管能力。建立多维度数字政务评价模型体系，加大数字政务互动性维度权重，实现快速反馈。此外，定期总结发布高频问题解答指南，并根据企业反馈的意见调整数字政务业务流程，提高企业体验感。

（四）扩大和优化数字政务服务范围和供给方式，提高政务效率

数字政务作为综合性政务服务的新形式，应向企业在线提供多元化、多样化服务。利用数字技术、数字思维，扩大和优化数字政务服务范围和供给方式，助推数字政务服务流程协同性、系统性提升。一是及时在线公开涉企相关业务服务事项、指南、政策，做到政务服务公开、透明、规范。二是拓宽涉企服务范围，应利用大数据分析线上线下涉企业务使用频率，挖掘企业用户线下高频业务需求并及时开设线上服务，丰富办理业务类型，主动服务，便企利企，提高企业获得感。

（五）构建政务数据安全体系，确保企业信赖感

一是建立健全数字政务数据使用规章制度。客观评估数字政务数据安全风险，建立严格全方位的风险管控制度，包括数字政务数据管理人员职责、管理规范、监管技术等，确保数字政务的安全可靠运行。二是对工作失误造成的数字政务数据泄露、丢失等行为进行严惩。形成定期对数据管理人员开展培训的模式，规范数据管理人员行为，保障数字政务平台的高效运行。三是完善网络安全技术，定期升级数字政务平台，构筑安全性高的防火墙。此外，建立异地政务数据备份机制，提高政务数据存储安全等级，确保数据安全，提高企业信赖感。

参考文献

邹凯、包明林：《政务微信服务公众满意度指数模型及实证研究》，《湘潭大学学报》

（哲学社会科学版）2016 年第 1 期。

张晓娟、刘亚茹、邓福成：《基于用户满意度的政务微信服务质量评价模型及其实证研究》，《图书与情报》2017 年第 2 期。

李洁、郭雨晖、韩啸：《“互联网 + 政务服务”何以提升公众采纳行为？——一项整合模型研究》，《电子政务》2019 年第 8 期。

丁艺、刘彬芳、刘越男：《我国电子政务在线服务发展现状评估》，《情报杂志》2017 年第 1 期。

李志刚、徐婷：《电子政务信息服务质量公众满意度模型及实证研究》，《电子政务》2017 年第 7 期。

廖敏慧、严中华、廖敏珍：《政府网站公众接受度影响因素的实证研究》，《电子政务》2015 年第 3 期。

杨金龙、刘千里、吴震：《中国省级政府网站电子政务建设成效评价研究》，《图书情报研究》2019 年第 4 期。

Parasuraman，A.，Zeithaml，V.，Berry，L.，Servqual：A Multiple-item Scale for Measuring Consumer Perceptions of Service Quality. *Journal of Retailing*，1988，64（1）.

Cronin，J. J.，Taylor，S. A.，Measuring Service Quality：A Reexamination and Extension. *Journal of Marketing*，2010，56（3）.

〔美〕克里斯蒂·格鲁诺斯：《服务市场营销管理》，吴晓云、冯伟雄译，复旦大学出版社，1998。

刘渊、邓红军、金献幸：《政府门户网站服务质量与内外部用户再使用意愿研究——以杭州市政府门户网站为例》，《情报学报》2008 年第 6 期。

周毅：《公共信息服务质量问题研究——基于建立政府与公民信任关系的目标》，《情报理论与实践》2014 年第 1 期。

（审稿人：付舒）

B.18
广州数字化公共服务的居民评价分析

简荣　梁柏*

摘　要： 调查广州居民的数字化公共服务满意度，帮助政府部门更好地了解居民的需求偏好和行为模式，对提升数字化公共服务质量有重要意义。本报告从用户需求的角度出发，构建满意度指标体系，利用问卷调查搜集数据，对广州居民的数字化公共服务满意度进行分析。结果表明，广州居民的数字化公共服务满意度较高，但数字化公共服务质量和平台建设两方面评价都存在区域和群体差异，服务效率和服务平台功能设置是制约用户体验的主要因素，服务平台的简易性、安全性和反馈效率还有待进一步提高。因此，本报告提出了加强数字化公共服务的法制环境建设、加强基础设施建设等对策建议。

关键词： 居民满意度　公共服务　数字化

当前，利用数字信息技术发展公共服务以提高公共部门的服务效率和服务水平已经成为各国政府的共识。党的十九届四中全会明确提出“推进数字政府建设”，就是着眼于践行国家治理现代化的时代诉求、遵循政府治理范式变迁及发展规律、回应公众对公共服务的新需求及新期待的战略选择。近年来，广州市数字政府建设取得显著成效，政务服务从单一的窗口审批服务拓展为集窗口服务、网上办事、政府网站、政府服务热线、公共资源交易管理、政务数

* 简荣，硕士，广州市社会科学院社会研究所助理研究员，研究方向为公共服务、社会治理；梁柏，硕士，华南农业大学高等教育助理研究员，研究方向为教育治理。

据管理于一体的全方位政务服务，成为深化“放管服”改革、优化营商环境和实现城市治理体系和治理能力现代化的重要推动力①。

数字化公共服务是数字信息技术在服务型政府建设中的创新运用，应坚持尊重人性和以用户思维为导向的核心理念，在准确把脉用户的需求、体验和感受的基础上提升用户的满意度，这与我国的“以人民为中心”的发展思想是相契合的。因此，有必要从用户需求的角度出发，对广州居民的数字化公共服务满意度、需求和行为模式开展调查，帮助政府等公共服务供给部门更好地了解居民的需求偏好和评价服务效果，对提升政府等公共部门的公共服务质量、改善社会治理绩效、推进广州数字政府建设无疑具有重要意义。

一　满意度评价指标体系的构建和调查结果分析

（一）评价指标体系构建

数字化公共服务的居民满意度包括两个部分，分别是数字化公共服务质量的满意度和数字化公共服务平台的满意度。

在数字化公共服务质量的满意度测量中，本报告从实效性、办事快速、办事便利、流程简捷、功能完善和总体满意度等6个指标对服务质量进行测量。

在对数字化公共服务平台的满意度测量中，本报告参考了Parasuraman、Zeithaml和Berry等学者提出的服务品质模型并以其为基本框架，同时考虑中国数字政府建设和广州数字化公共服务的情况，结合现有的研究文献，构建了数字化公共服务平台的评价体系，包括系统质量、信息质量、易用性、自我效能感、安全性、可靠性、响应性等7个维度。其中，系统质量是指公众对数字化公共服务平台系统的质量的评价，包括稳定性、简便性、总体质量3个指标。信息质量是指数字化公共服务平台提供的信息服务质量，包括信息的及时性、获取难度、全面性、有序性、高质量等5个指标。易用性是指公众对使用数字化公共服务平台的简易程度的评价，包括疑难解答的清晰度、导航设置的

① 《广州数字政府建设成效显著》，广州日报大洋网，https：//baijiahao. baidu. com/s? id = 1691176123774603058&wfr = spider&for = pc。

清晰度、进度查询简易性、帮助说明的清晰度、服务分类的简单直接等7个指标。自我效能感是指公众使用数字化公共服务平台的能力，该指标包括易学易用性较强，具备便于掌握和理解的宣传教程，便于独自操作，无差别的服务覆盖等4个指标。安全性是指公众对使用数字化公共服务平台的安全程度的评价，包括信赖感、隐私保护性、安全保护措施的足够性、业务办理的安全性等4个指标。可靠性是指公众对使用数字化公共服务平台的可靠程度的评价，包括登记可靠性、解决问题的积极性、功能项目正常性、意外出现频率是否低等4个指标。响应性是指公众对数字化公共服务平台的咨询投诉、互动交流有效程度的评价，包括咨询投诉是否有回复、回复的及时性、咨询投诉是否得到解决、解决满意度、互动交流是否有回应等5个指标。

总的评价指标体系构建如表1所示。

表1　数字化公共服务居民满意度指标体系

序号	维度	指　　标
1	服务质量满意度	总体而言，我满意在数字化公共服务平台上办事
2		在广州的数字化公共服务平台办事十分快速
3		在广州的数字化公共服务平台办事十分便利
4		在广州的数字化公共服务平台办事十分简捷
5		广州的数字化公共服务平台功能十分完善
6		数字化公共服务平台的各种服务创新是有便民实效的
7	系统质量	我每次都能正常使用数字化公共服务平台
8		数字化公共服务平台各项功能操作起来很方便
9		数字化公共服务平台的整体质量很高
10	信息质量	数字化公共服务平台总有新的政府部门公告或新闻
11		我能在数字化公共服务平台中快速找到所需的信息或服务
12		数字化公共服务平台提供的信息内容一般能满足我的咨询需求
13		数字化公共服务平台提供的信息都是经过整理的，不会杂乱无章
14		数字化公共服务平台提供了高质量的信息
15	易用性	从数字化公共服务平台能清楚看到常见问题栏目，为我的疑惑提供解答
16		数字化公共服务平台有清楚的导航设置
17		数字化公共服务平台能在我要求的情况下同时完成不同部门的相关业务
18		从数字化公共服务平台能查询到事项办理或审批进度情况
19		数字化公共服务平台提供了足够的帮助信息和使用说明
20		数字化公共服务平台的服务分类简单直接
21		数字化公共服务平台简单易用

续表

序号	维度	指标
22	自我效能感	我觉得我能快速掌握使用数字化公共服务平台办理相关事务
23		数字化公共服务平台里有足够的宣传或教程,告诉我如何办理各项事务
24		不用别人指导,我就能使用数字化公共服务平台
25		我认为我和别人一样,有同样的机会使用公共服务平台
26	安全性	数字化公共服务平台的设计能让我放心地输入个人资料
27		我在数字化公共服务平台上办理事务不会担心个人资料被窃取
28		我相信数字化公共服务平台有足够的信息安全保护措施
29		使用数字化公共服务平台办理业务是安全的
30	可靠性	在数字化公共服务平台上办事,不用担心相关部门没有收到我的登记
31		我在使用数字化公共服务平台时遇到问题,相关政府部门工作人员会积极帮我解决
32		我在使用数字化公共服务平台时,所有功能或服务项目能正常操作
33		我认为数字化公共服务平台十分稳定,不会或很少出现网络掉线等意外
34	响应性	我在数字化公共服务平台咨询、投诉都会得到回复
35		这些回复是快速、及时的
36		我在数字化公共服务平台咨询、投诉都会得到解决
37		我对咨询和投诉的解决结果感到满意
38		在数字化公共服务平台参与互动交流,可以得到及时的回应

（二）问卷调查的基本情况

本次调查通过五级量表，以上述指标语句为题项，询问用户的同意程度。利用网络社区和手机客户端，采用分层抽样方法，在 18～70 岁的广州居民中开展抽样调查。调查地域范围包括广州 11 个行政区。调查在 2020 年 8 月实施完成。经过对答卷完整度、认真度的检测和筛选，最终获得有效问卷 1200 份，有效回收率达 89.7%。

最后，本报告从性别、年龄、区域和城乡分布等四个维度来检验样本的代表性。结果表明，样本分布基本与《2015 年广州市 1% 人口抽样调查资料》的结果相接近，调查结果具有一定代表性。

（三）总体评价

利用调查数据计算，广州数字化公共服务的居民满意度得分为 3.95 分。按照表 2 评判依据，居民对广州数字化公共服务质量评价为“良好水平”。

表 2　广州数字化公共服务质量评判依据

指标	得分	等级
数字化公共服务质量得分	得分 < 3	不及格
	3 ≤ 得分 < 4	良好
	4 ≤ 得分 ≤ 5	优秀

（四）数字化公共服务质量的居民满意度分析

1. 数字化公共服务质量的居民满意度较高

本次调查，居民对广州数字化公共服务质量的总体满意度为 4.01 分，表示广州数字化公共服务质量的居民满意度较高，达到了“优秀”等级。

2. 办事效率和功能配置是制约服务体验的主要因素

调查结果反映，居民认为办事效率和系统功能尚需进一步提升。以 5 分制衡量排序，便民实效性得分最高，为 4.06 分，79.1% 的被访居民认为政府在数字化公共服务方面的改革创新是便民实效的。其次是便利性，得分为 4.05 分，79.2% 的被访居民认为在广州数字化公共服务平台办理事务是便利的。简捷性的得分为 4.01 分，也达到了“比较满意”程度，76.5% 的被访居民认为在广州数字化公共服务平台办理事务是简单快捷的。得分未达 4.00 分（未到“比较满意”程度）的有办事速度（3.98 分）和服务平台功能完善性（3.93 分）（见表 3）。这些现象表明，提高数字化公共服务的效率和完善服务平台功能，有助于进一步提升居民对数字化公共服务质量的满意度水平。

表 3　广州数字化公共服务质量的不同指标得分

单位：分，%

指　标	得分	被访居民满意占比
便民实效性	4.06	79.1
便利性	4.05	79.2
简捷性	4.01	76.5
办事速度	3.98	74.8
服务平台功能完善性	3.93	71.8

3. 区域不均衡和群体差异影响着整体服务质量的提升

分行政区划看，越秀区和荔湾区的数字化公共服务质量得分分别为 4.14 分和4.10分，达到了“优秀水平”。第三位的是海珠区，得分为3.99分。得分后三位的行政区划为番禺区（3.88分）、南沙区（3.85分）、从化区（3.79分），但也都达到了“良好”水平（见图1）。各区之间的得分差异通过显著性检验（F=2.952，P=0.001），即从居民的感知来说，各区的数字化公共服务发展水平有明显差异，“老三区”（越秀区、荔湾区、海珠区）的数字化公共服务发展相对较好，广州数字化公共服务发展存在明显的区域不平衡。

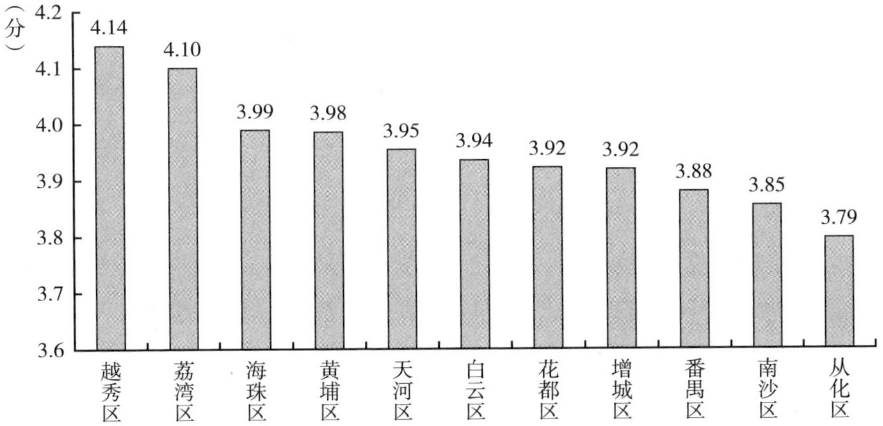

图1　各区居民的数字化公共服务满意度

从不同年龄段的居民群体来看，18～30岁、31～50岁的居民对数字化公共服务体验最好，质量评价得分较高，分别达4.04分和4.09分，均达到了“优秀”等级。而51～69岁的居民对数字化公共服务的体验最差，质量评价得分仅为3.52分，只达到了“良好”等级。各年龄段的得分差异即为显著（F=131.306，P=0.000）（见表4）。

表4　不同年龄段居民的数字化公共服务质量评价

单位：件，分

年龄	个案数	平均值	标准差
18～30岁	419	4.04	0.395
31～50岁	530	4.09	0.444
51～69岁	251	3.52	0.656
F=131.30，P=0.000			

从本地和外地居民比较来看，本地居民对数字化公共服务体验较好，质量评价得分为4.06分，达到了“优秀”等级。外来人口对数字化公共服务的质量评价得分仅为3.77分，为“良好”水平。两者间的差异通过了显著性检验（F=94.022，P=0.000）（见表5）。

表5　不同地域居民的数字化公共服务质量评价

单位：件，分

来源地	个案数	平均值	标准差
本地	749	4.06	0.467
外地	451	3.77	0.578
F=94.022，P=0.000			

从不同居住地的居民群体来看，城市居民对数字化公共服务质量评价较高，得分为4.01分，达到了“优秀”等级。农村人口对数字化公共服务的质量评价得分仅为3.62分，为“良好”水平。两者间的差异通过了显著性检验（F=78.351，P=0.000）（见表6）。

表6　不同地域居民的数字化公共服务质量评价

单位：件，分

地域	个案数	平均值	标准差
城市	1040	4.01	0.499
农村	160	3.62	0.607
F=78.351，P=0.000			

（五）数字化公共服务平台的居民满意度分析

1. 数字化公共服务平台的居民满意度较高，但数字化公共服务平台的简易性、安全性和反馈效率还有待进一步提高

本次调查结果显示，广州数字化公共服务平台的居民满意度得分为3.93分，为“良好水平”。其中，系统质量得分为4.05分、信息质量得分为4.03分、易用性得分为4.00分、自我效能感得分为4.04分、安全性得分为3.59分、可靠性得分为3.98分、响应性得分为3.92分。这表明，数字化公共服务

平台的简易性、安全性和反馈效率还有待进一步提高。

2. 使用服务平台的居民满意度呈现区域和群体差异

在服务平台评价方面，同样存在区域不平衡和年龄群体差异化评价的问题。区域差异方面，越秀区和荔湾区的居民评价高于其他行政区的居民评价，其中，越秀区数字化公共服务平台在信息质量、安全性、可靠性、响应性等维度的得分均居各区首位，其余维度的得分均居第2位；荔湾区在系统质量、易用性等维度的得分均居各区首位，其余维度的得分均居第2位，该两区表现明显强于其余行政区。南沙区数字化公共服务平台除响应性居第9位外，各维度的得分均居全市第10位；从化区除安全性居第5位外，各维度的得分均居全市末位。可见，南沙区和从化区的数字化公共服务平台建设落后于其余行政区。

群体差异方面，中老年（51～69岁）居民、外来人口对于数字化公共服务平台的各方面评价均明显低于中青年居民、本地居民。这预示着，广州的数字化公共服务平台的建设要更加注重中老年居民和外来人口对于数字服务工具的使用需求和使用习惯。

二　居民使用数字化公共服务的行为模式与需求分析

（一）广州居民使用数字化公共服务行为模式

1. "线上＋线下"是居民青睐的服务模式

本次调查数据显示，居民向公共部门申请或办理事情所青睐的前三种方式依次为使用"粤省事"或"穗好办"平台办理（两者合计占29.8%）、前往窗口办理（26.1%）、使用自助平台办理（24.5%）（见图2）。这说明随着服务渠道的多样化，虽然"窗口办理"模式仍是重要的公共服务方式，但是自助式和数字化的办理方式越来越得到居民青睐，占比合计超过了五成。

越年轻的居民越倾向于使用数字化公共服务平台。青年居民（18～30岁）使用网上平台办理业务，占比达40.3%，选择人工窗口办理的占比为25.5%；中年居民（31～50岁）选择使用网上平台办理业务的占比达37.4%，选择人工窗口办理的占比为23.2%；中老年居民（51～69岁）更倾向于人工窗口办理，占比为33.1%，使用网上平台办理业务的占比达29.9%（见图3）。这表明，越年轻的人群对数字化公共服务平台的接受度越高，与此同时，老年人群对数字化公共服务平台接受度也在提升。可以预见，在今后一段时期内，为满足不同人群的需求，人工和数字化的公共服务方式仍将并存较长一段时间。

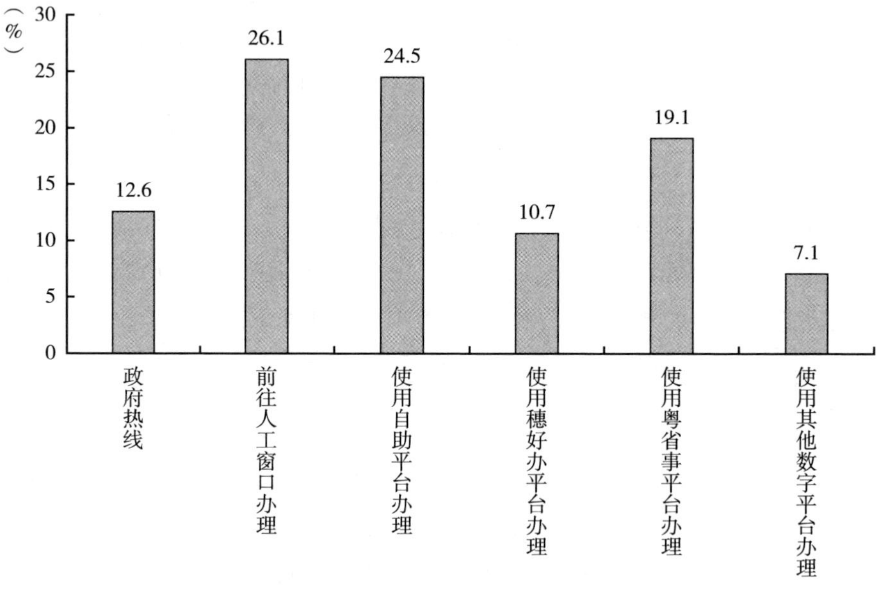

图2　居民申请或办理事情的方式偏好

2. 居民对数字化公共服务平台的使用意愿受到信息化认知水平的影响

本次调查结果显示，广州居民对使用数字化公共服务平台的意愿较高。愿意通过数字化公共服务平台进行信息的浏览或查询、咨询问题、办理业务的居民均达到了80%以上（见表7）。但群体间的差异性分析显示，农村居民对数字化公共服务平台的使用意愿要低于城市居民（见表8），中老年（51～69岁）居民使用数字化公共服务的意愿倾向低于中年（31～50岁）、青年（18～30岁）居民（见表9）。这说明了信息化的普及程度和认知水平影响和决定了居民对数字化公共服务平台的接受程度。

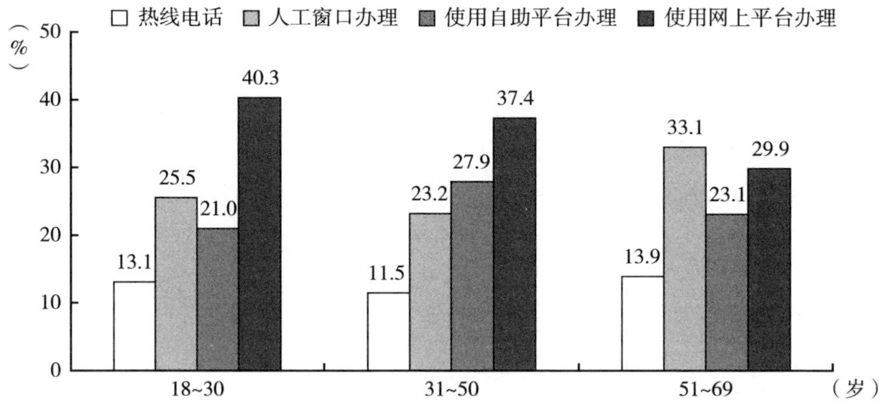

图 3　不同年龄段居民办理业务倾向的方式

表 7　居民对数字化公共服务平台的使用意愿

单位：%

类别	完全同意	比较同意	一般	不大同意	完全不同意
愿意使用数字化公共服务平台进行信息浏览或查询	39. 1	47. 2	12. 0	1. 7	0. 1
愿意使用数字化公共服务平台进行网上咨询问题	34. 9	47. 7	13. 9	3. 3	0. 2
愿意使用数字化公共服务平台进行办理业务	38. 3	43. 6	15. 2	2. 8	0. 2

表 8　城市、农村居民的数字化公共服务平台使用意愿得分

单位：分

类别	信息浏览或查询	网上咨询问题	办理公共事务
城市居民	4. 3	4. 2	4. 2
农村居民	4. 0	3. 7	3. 8

表 9　不同年龄段居民的数字化公共服务平台使用意愿得分

单位：分

类别	信息浏览或查询	网上咨询问题	办理公共事务
青年居民	4. 3	4. 3	4. 3
中年居民	4. 4	4. 3	4. 3
中老年居民	3. 8	3. 6	3. 7

3. 居民更倾向于使用“粤省事”办理事务

本次调查显示，61.4%的居民使用过“粤省事”，仅24.3%的居民使用过“穗好办”，其中，近五成居民在过去一个月里使用了1次粤省事，30.8%的居民使用了2次（见图4）。不同群体居民对“粤省事”和“穗好办”的偏好相一致，对于不同年龄段、来源地和居住地（城市或农村）的居民，使用过“粤省事”的居民占比均高于使用过“穗好办”的居民占比（见图5）。

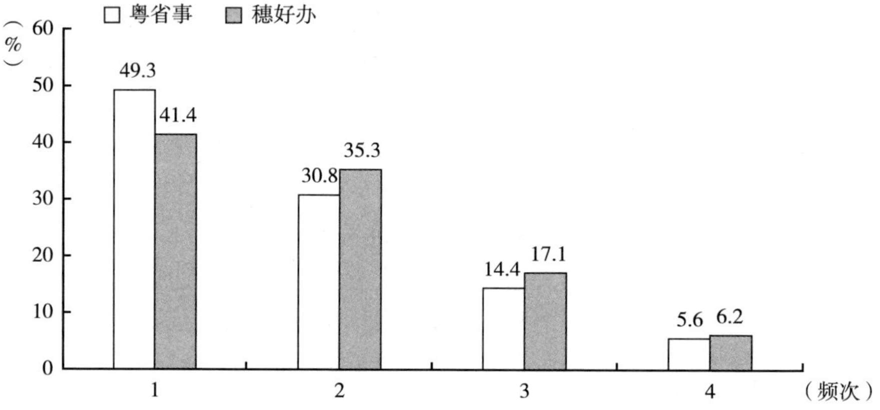

图4　居民过去一个月使用“粤省事”和“穗好办”的频次及比例

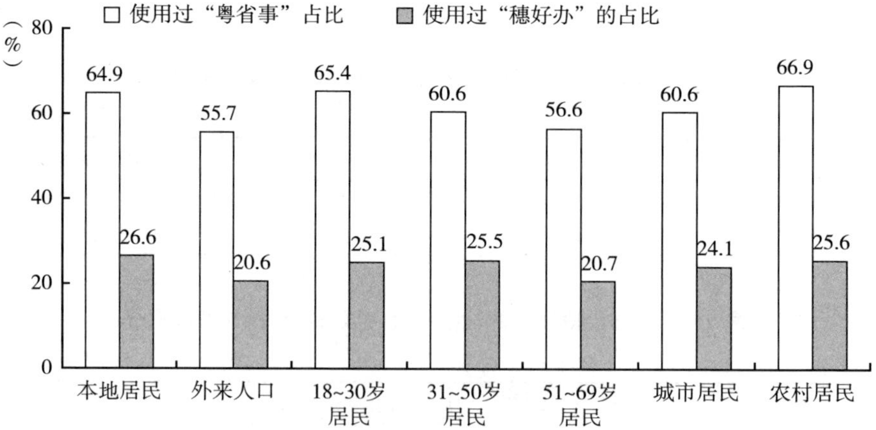

图5　不同群体居民的使用偏好

4. 办事效率是吸引居民使用数字化公共服务的首要因素

数字化公共服务区别于传统公共服务方式就在于不受时间和地域的限制。广州居民对于使用数字平台接受公共服务的功能优势的评价集中于时间和效率方面，费用和监督办理进度，并不是居民选择数字化公共服务的主要衡量因素，节省时间和提升效率最能吸引居民使用数字化公共服务平台（见图6）。这表明，数字化公共服务建设，重在服务部门的流程重塑和效率提升，如果只将窗口服务简单地在线化，并不能激发居民对数字化公共服务的使用需求。

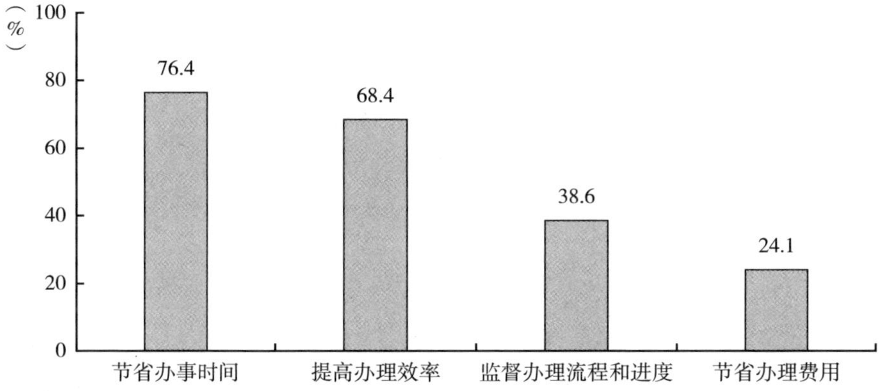

图6　居民认为数字化公共服务平台的优势

然而，居民却认为目前广州的数字化公共服务存在办事时间不灵活、线上服务范围有待扩展、部门间数据隔离等问题。2019 年，广州市大力推进政务信息化建设体制改革，创新“数字政府”建设运营模式，打造统一安全的政务服务云平台、数据资源整合和大数据平台、一体化网上政务服务平台，构建大平台共享、大数据慧治、大系统共治的顶层架构，形成市级统筹、市区联通、部门协同、规则一致、标准统一、整体联动、“一网通办”的“互联网 + 政务服务”体系①。大力推进“马上办、网上办、就近办、一次办”，力争依申请类政务服务事项网办率达 100%。但就本次调查而言，前往政务大厅人工窗口办理事项的居民依然占近三成，高于其他服务渠道，45.8% 的居民发现有

① 《广州市“数字政府”改革建设工作推进方案》，广州市人民政府，2019。

些政府服务相关事务不能线上办理，需要跑政务中心，这是最大的原因；42.8%的居民认为线上服务的办事时间不灵活，有些业务非工作日无法办理，这是第二位原因；40.4%的居民认为各政府部门内部的数据不互通，经常需要重复提交材料，这是第三位原因。此外，还有近四成的居民（37.8%）认为"最多跑一次"没有实现，许多事情还是要跑部门或服务窗口（见图7）。总体来看，充分发挥数字化公共服务打破时间和空间限制的优势，延长服务时间，扩大数字化公共服务平台的服务范围，打破数据孤岛，优化办事流程，加强在数字化公共服务平台办理业务的便利性、简捷性，切实缩短承诺时限是未来改进的方向。

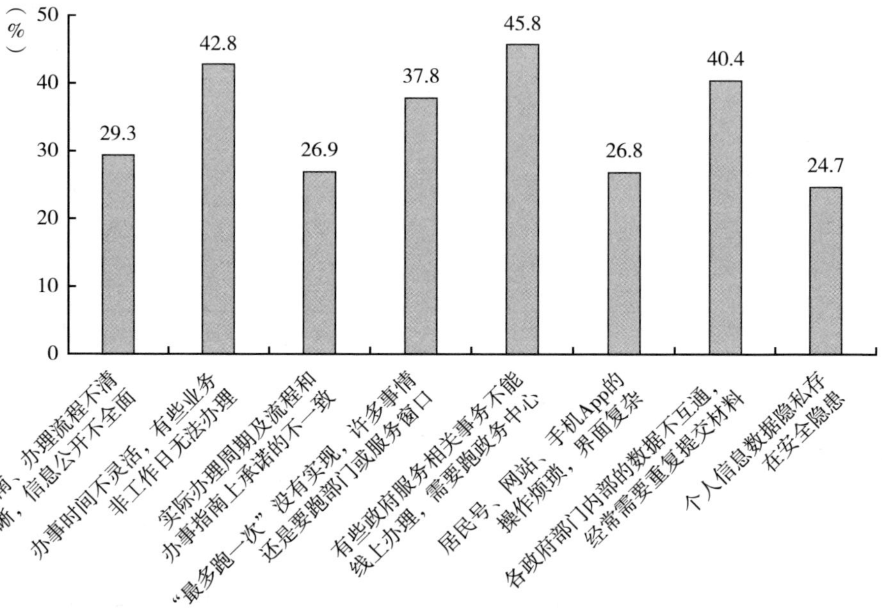

图7　居民反映广州数字化公共服务平台办理业务存在的问题

（二）居民对数字化公共服务的需求分析

1. 广州居民对数字化公共服务需求度较高

本次调查通过"公共部门提供不同项目数字化公共服务是十分重要的"

题目，测量居民对数字化公共服务的需求程度。调查结果显示，居民对数字化公共服务需求度较高（见表10），76.9%的居民认为对于所有群众需要办理的事项，政府应该通过网络渠道提供；甚至有超过80%的居民认为，对于日常公共服务（如社保、医疗、税务等）、政务数据公开、互动交流、监督投诉等，政府部门都应该提供数字化服务方式。

表10 居民对数字化公共服务项目的需求偏好

单位：%

类别	完全同意	比较同意	一般	不大同意	完全不同意
政府部门通过网络提供社保、预约挂号、交税等公共服务是必要的	37.5	45.2	13.8	3.1	0.4
政府部门通过网络公开各种数据资料是重要的	34.4	45.7	15.0	4.3	0.7
政府部门通过网络与群众进行互动交流是重要的	35.0	46.3	15.4	2.9	0.4
对于所有群众需要办理的事项，政府部门应该通过网络渠道提供	29.1	47.8	16.2	5.9	1.1
让群众通过网络对政府部门进行监督投诉是重要的	38.2	43.8	14.9	2.8	0.3
当政府部门有新出台的政策或服务时，我希望政府部门通过微信、手机短信等方式主动通知我	32.6	47.3	16.6	3.0	0.6

2. 社保业务是需求度最高的服务项目

调查显示，社保业务是需求度最高的业务，其次是驾驶、行驶，户政，住房公积金业务，还有居民认为需要开通线上的税务，护照、通行证，婚姻等相关业务（见图8）。从年龄来看，30.3%的中老年（51~69岁）居民认为社保是“最需要开通或加强的数字化公共服务”，其次才是户政和住房公积金业务。可见，随着年龄的增长，居民对户政、社保和住房公积金等与家庭关系较大的服务项目的需求增强，对税务等经济类的服务项目需求减弱（不足一成的中老年居民选择）（见表11）。外地居民对社保和税务的需求强于本地居民，这可能是因为外地居民对广州的社保和税务的缴纳与查询方式不熟悉。

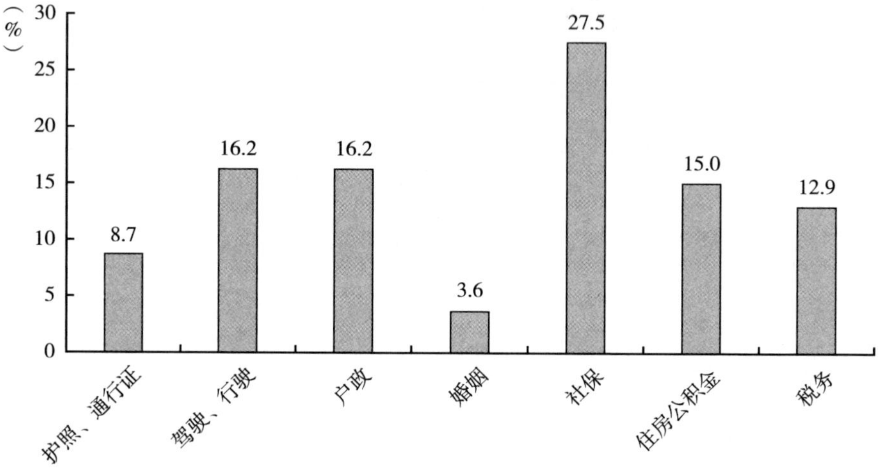

图8　居民认为需要扩展线上服务功能的业务

表11　不同群体居民的数字化公共服务项目需求差异

单位：%

类别	18～30岁	31～50岁	51～69岁	本地居民	外地居民
护　照	11.5	8.1	5.2	10.1	6.2
驾　驶	15.3	17.0	15.9	17.4	14.2
户　政	15.8	15.1	19.1	17.2	14.4
婚　姻	4.8	3.2	2.4	3.5	3.8
社　保	25.1	27.7	30.3	23.8	33.3
住房公积金	12.2	15.8	17.9	15.1	14.9
税　务	15.5	12.6	9.2	12.7	13.3
其　他	0.0	0.4	0.0	0.3	0.0

3. 居民认为服务宣传有待进一步加强

调查结果显示，居民认为广州数字化公共服务的宣传力度不强，效果一般。

不足四成（37.3%）的居民认为有关部门能及时公开、推送、宣传数字化公共服务的相关信息，42.8%的居民表示偶尔能看到相关信息，近两成（19.9%）的居民表示没有见过数字化公共服务的宣传和信息公开情况（见图9）。这表明，广州公共部门在推广数字化公共服务时，除要注重其内部的流程重塑、服务理念转变、系统开发、算法设计外，还需要注意加强宣传推广。本次调查显示，近八成的居民（79.6%）是在政务中心办理事项时，通过办理大厅宣传告示得知相应的事项可通过线上平台办理，近五成的居民（47.4%）是通过身边熟人介绍；而宣传面较广的宣传方式，如电视或广播、微信等新媒体，则分别只有12.0%和24.6%的居民接触到（见图10），这显示出广州对数字化公共服务的推广宣传渠道和手法相对狭隘，传统、新媒体等两种宣传渠道的投放都不足够。

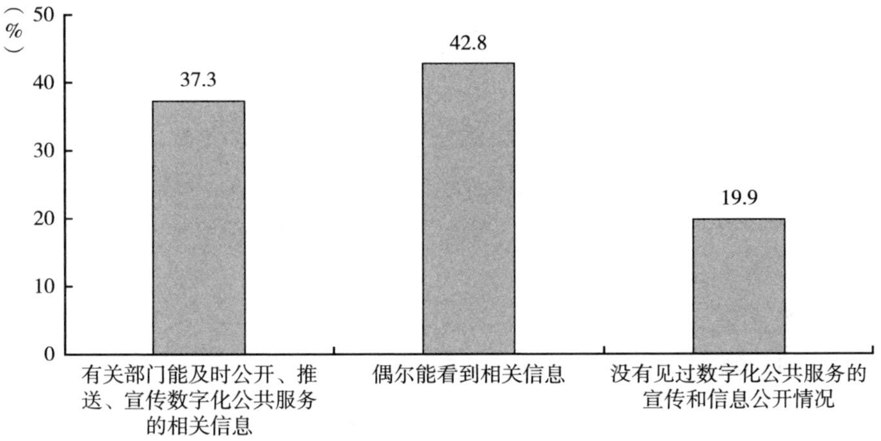

图9　居民对数字化公共服务平台的宣传效果评价

（三）广州居民对数字化公共服务的建议

1. 居民认为新媒体是最有效宣传广州数字化公共服务的方式

“数字政府”的建设和数字化公共服务的普及离不开有效的宣传，本次调查就居民认为最有效的广州数字化公共服务宣传方式进行了询问。结果显示，近四成（36.3%）的居民认为微信等新媒体是最有效的数字化公共服务宣传方式，20.7%的居民认为电视或广播等传统媒体是最有效的宣传方式，第三位

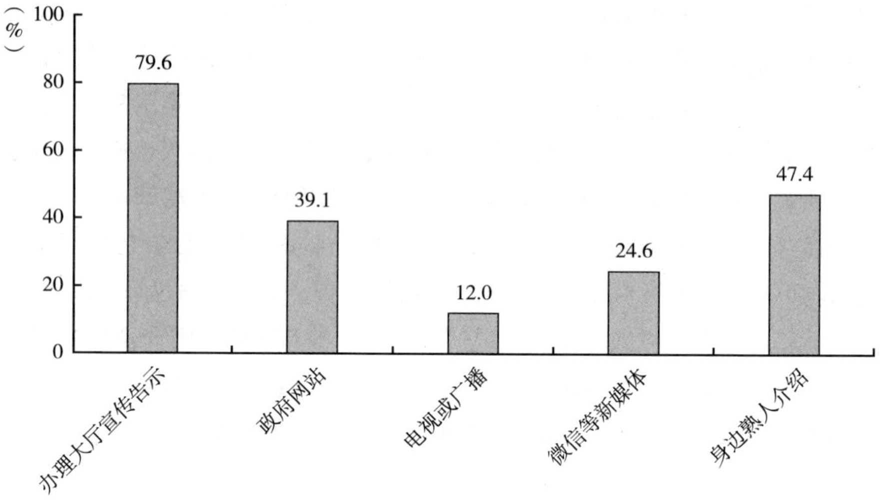

图10　居民通过何种渠道获取“数字化公共服务平台”相关信息

是通过手机App宣传，19.7%的居民认为其是最有效的宣传方式。选择办理大厅宣传和政府网站宣传的占比相对较少，分别只有13.3%和10.2%的居民认为其是最有效的宣传方式。总体来看，居民认为利用新媒体、传统媒体进行集中宣导“数字政府”和“数字化公共服务”最为可行有效（见图11）。因此，为适应居民对数字化公共服务的高需求，提升居民对数字化公共服务的认知，可加强新媒体在宣导公共政策方面的应用。

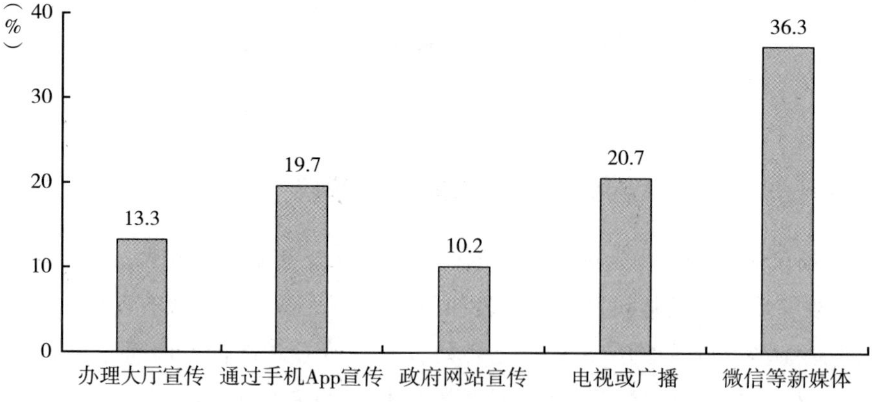

图11　居民认为最有效的数字化公共服务宣传方式

2. 居民认为数字化公共服务的改善重点是扩展服务范围、提升办事效率、加强数据公开

调查结果显示，对于广州的数字化公共服务改善重点，分别有超过六成的居民认为是让办事服务窗口走进社区，提高办事窗口服务能力和流转效率（61.6%）；继续丰富网上公共服务应用，提高服务办事效率（60.4%）；向市民开放部分政府数据，取之于民用之于民的居民接近五成（46.2%），另外，认为要多方位保障个人隐私安全、多增加一些自助服务终端的居民也不在少数，占比分别为39.5%和37.3%（见图12）。可见扩大服务范围、提升办事效率、进一步加强数据公开是广州数字化公共服务下一步的改进方向。

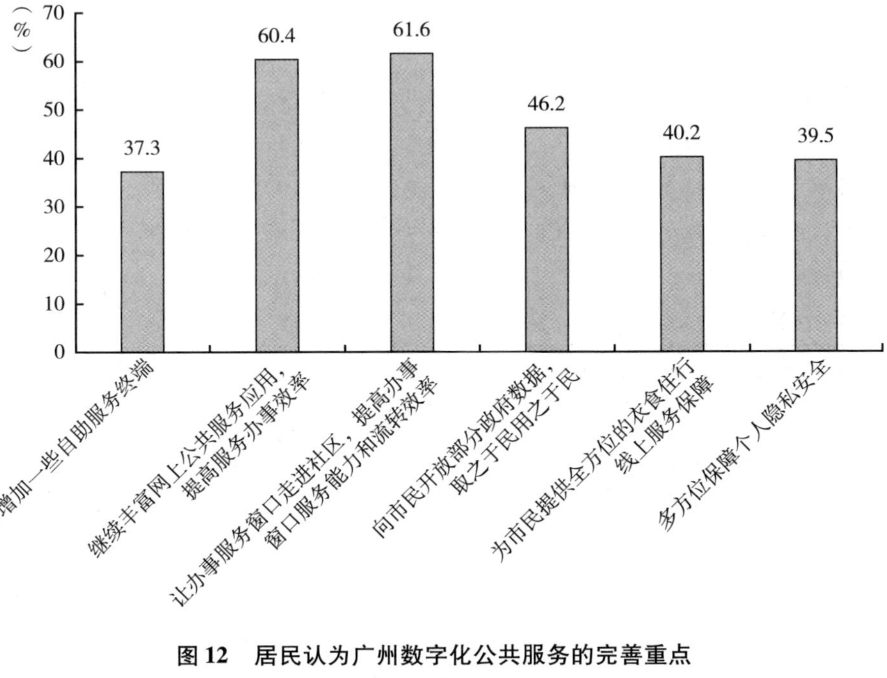

图12　居民认为广州数字化公共服务的完善重点

3. 部分区域的数字化公共服务平台还有待进一步建设和完善

从不同的行政区划来看，各区居民对“您认为广州的数字化公共服务的改善重点”的选择分布基本符合居民总体分布。值得注意的是，从化区、南

沙区居民认为“为市民提供全方位的衣食住行线上服务保障”也是数字化公共服务的改善重点，选择该项的居民分别占比 52.9% 和 51.6%。这或表明，从化区、南沙区现时自有的数字化公共服务平台未能完全满足居民对数字化公共服务的需求，亟须拓展更多的服务功能（见表 12）。

表 12　各区居民认为广州的数字化公共服务改善重点

单位：%

地区	1	2	3	4	5	6
越秀区	34.7	64.2	64.2	45.3	37.9	43.2
荔湾区	34.2	63.3	64.6	53.2	45.6	32.9
海珠区	40.7	60.7	63.7	44.4	35.6	43.0
天河区	37.1	57.9	65.0	37.1	37.1	44.3
白云区	40.4	61.0	60.1	48.6	33.5	38.5
黄埔区	35.6	57.8	68.9	45.6	42.2	38.9
番禺区	30.8	67.1	61.5	45.5	42.7	38.5
花都区	43.5	60.0	44.7	52.9	42.4	40.0
从化区	37.3	58.8	66.7	43.1	52.9	29.4
增城区	44.1	52.9	57.8	44.1	42.2	41.2
南沙区	25.8	56.5	61.3	53.2	51.6	35.5

说明：1. 多增加一些自助服务终端。
2. 继续丰富网上公共服务应用，提高服务办事效率。
3. 让办事服务窗口走进社区，提高办事窗口服务能力和流转效率。
4. 向市民开放部分政府数据，取之于民用之于民。
5. 为市民提供全方位的衣食住行线上服务保障。
6. 多方位保障个人隐私安全。

三　对策建议

（一）加强法制环境建设，完善数字化公共服务相关法律法规

公共服务建设离不开法制建设，在数字化公共服务建设过程中，必须注重

相关法律制度的建立和完善。在数字化公共服务流程方面，要完善政府信息和数据开放、居民参与、网上申请服务等相关的法律法规，完善政府信息和数据开放制度，健全信息和数据开放与获取的渠道和方式，提高信息和数据公开的准确性和及时性，减少居民获取相关信息和数据的成本。加强居民使用数字化公共服务的法治保障，建立健全数字化公共服务管理相关的条例条文。健全数字公共服务的信息安全与隐私保护机制，提升网络服务的安全性和可靠性，加强数字化公共服务安全和隐私保护的法制建设。还要注意修订现有的公共服务相关法律法规，适应数字化的发展要求。

（二）进一步加强数字化公共服务的基础设施建设

加强数字化公共服务的基础设施建设，不断完善数字化公共服务平台，一方面要提高服务平台和系统的稳定性和可靠性，另一方面要不断提升居民的用户体验，提升服务平台和系统的易用性和反馈效率。深入研究广州数字化公共服务用户的类型、行为模式和需求，全面梳理公共服务事项，持续改善平台的服务和功能设置，进一步优化在线服务的操作流程，提高“一站式”服务水平。不断降低获取数字化公共服务的资格和技能要求，缩小不同群体之间的数字鸿沟，尤其要进行服务平台的“适老化”改造，保障数字化公共服务的均等化。提高数字化公共服务人员的服务素养和专业水平，加强服务平台与居民之间的互动性，保障在线服务的效果。

（三）加强数字化公共服务的信息安全建设

加强数字化公共服务硬件设施的安全性建设，着力提升数字化公共服务平台的安全性，保障居民个人的隐私权和信息安全，不断提升居民使用数字化公共服务平台的安全感。加强信息安全保障的法制建设，使信息安全保障成为公共部门的重要责任，建立数字化公共服务的安全标准和法律法规。建立职业化、专业化的数字化公共服务安全保障人才队伍，对数字化公共服务的安全问题进行专业化管理。

（四）多渠道面向群众进行宣传，着重针对特殊人群缩小“数字鸿沟”

本次调查发现，无论是数字化公共服务质量还是数字化公共服务平台的居民满意度都呈现区域和群体的差异，这表明区域间和群体间存在数字鸿沟，对此要采取多形式的数字化公共服务宣传方式，如 AI 人工智能指导、电话咨询、手机短信或 App 程序推介等方式。同时针对信息技术使用的弱势群体，通过社会组织或社区组织为老年人、文化程度比较低的农民工、低技能劳动者等进行宣传，缩小群体间的数字鸿沟，提升数字化公共服务的均等化。

（审稿人：付舒）

Abstract

Guangzhou Social Development Report (2021) is one of the series of "Guangzhou Blue Book" compiled by Guangzhou Academy of Social Sciences. It focuses on social livelihood, social governance and the practice of digital public services in Guangzhou in recent years. Digital public service is one of the key tasks that the Guangzhou Government has attached great importance to in recent years, and it is an important support for the high-quality social development in Guangzhou. Through questionnaire surveys, statistical analyses, data constructions, social field surveys, and other social science empirical research methods, the book analyzes the current situation of social construction and development in Guangzhou, as well as the problems, challenges, and risks it faces, and puts forward corresponding countermeasures and suggestions. The book consists of five parts.

The first part is the general report. This part reviews Guangzhou's achievements in social development during the 13th Five-Year Plan period: steady economic growth, a significant increase in urban and rural residents' income, and continuous improvement in people's livelihood; the employment structure has been continuously optimized, the high-quality and balanced development of education has been achieved, the construction of a healthy Guangzhou has been successfully built, the level of social security has been continuously improved, and social governance has been innovated. During the 14th Five-Year Plan period and in 2021, Guangzhou should be based on a new stage of development, carry out new development concept, meet the growing needs of the people for a better life, promote social development in the new era with high quality, and construct the socialist modernization city of the hub, innovation, wisdom, high quality in an all-around way, and build a beautiful, livable and happy Guangzhou.

The second part is about people's livelihood. In this part, the current situation and problems of people's livelihood in Guangzhou are discussed in many aspects, including the impact of COVID – 19 on employment in Guangzhou, the development of public welfare and charity in Guangzhou, the socialized support of care services for infants under 3 years old, the policy changes of long-term care insurance, and the employment support for persons with disabilities. Furthermore, the paper puts forward some specific countermeasures and suggestions, such as promoting the hierarchical development of the employed population, creating the charitable atmosphere and construct the charitable ecology, accelerating the formulation of a technical standard system of the care service for infants under 3 years old, establishing a sustainable and affordable independent financing mechanism, and improving the supportive employment policy for the disabled.

The third part is social governance. This part focuses on the practical exploration and innovation of social governance in Guangzhou. It analyzes the transformation of urban social governance, the development of social organizations, the innovation of emergency management systems and mechanisms, collective prevention and co-governance, and emergency management. It introduces "Guangzhou Neighborhood" cases of collective prevention and co-governance, cases of grassroots participation in prevention and control and emergency management during COVID – 19. It also analyzes the advantages and shortcomings of Guangzhou's social governance and emergency management practices, and then proposes countermeasures , such as accelerating the modernization of Guangzhou's social governance and optimizing emergency management.

The fourth part is the social survey. Based on the social mentality survey of residents in Guangzhou in 2020, the degree of identity survey of young people in Guangzhou, Hong Kong and Macao participating in the construction of the Guangdong-Hong Kong-Macao Greater Bay Area, the employment and labor relations status survey of platform economy employees in Guangzhou in 2020, the 10000 – Household Survey Network in Guangzhou in 2020, this part analyzes of social mentality characteristic of Guangzhou residents, the degree of identity of young people in Guangzhou, Hong Kong and Macao, employment forms and labor protection status of Guangzhou platform economy practitioners, public opinion of promoting urban renewal and reconstruction, and citizens' opinions of using the digital technology to improve the quality of life. What is more, this part puts forward systematic, scientific and targeted countermeasures and suggestions aiming at the problems and challenges in Guangzhou.

The fifth part is a special report: digital public service. This part focuses on the development of digital government in Guangzhou. Starting from the perspectives of government, enterprises and residents, through the network survey, it is found that the overall level of digital government construction in Guangzhou is high, enterprises have a high degree of recognition for the stability, security and information quality of digital government system, and residents are satisfied with these services. But at the same time, digital government construction is faced with the following problems. On the government level, the system and mechanism are not perfect, data sharing has conflict, supporting measures are insufficient. On the enterprise side, users put forward five expectations, such as improving the soft service strength, broadening the service content, improving the platform's ease of use, enhancing the platform's interactivity, and strengthening the security. In terms of residents, residents' satisfactions have regional and group differences. Service efficiency and platform function settings are the main factors restricting user experience, and the simplicity, security and feedback efficiency of the service platform need to be further improved. In view of these problems, this part puts forward countermeasures and suggestions to optimize the digital public service in Guangzhou.

Keywords: Social Development; Social Livelihood; Social Governance; Social Investigation; Digital Public Service

Contents

I General Report

Abstract: The year 2020 is a key year to connect the past and the future, and the closing year to achieve the goals of the 13th Five-Year Plan. In 2020, Guangzhou actively responded to the triple test of major epidemics, complex domestic and international situations, and economic shifts. Guangzhou also achieved "double victory" in plague prevention and economic development. During the 13th Five-Year Plan period, Guangzhou's economy grew steadily, urban and rural residents' income increased significantly, and people's livelihood improved continuously. The employment structure has been continuously optimized, the high-quality and balanced development of education has been achieved, the construction of a healthy Guangzhou has been successfully built, the level of social security has been continuously improved, and social governance has been innovated. During the 14th Five-Year Plan period and in 2021, Guangzhou should be based on a new stage of development, carry out new development concept, meet the growing needs of the people for a better life, promote social development in the new era with high quality, and construct the socialist modernization city of the hub, innovation, wisdom, high quality in an all-around way, and build a beautiful, livable and happy Guangzhou.

Keywords: Social Development; Public Service; Social Governance; Socialist Modernization

Ⅱ Social Livelihood

Abstract: In 2020, Guangzhou actively responded to the impact of the COVID – 19 epidemic and the pressure of the economy downward, strengthened the efforts of "Six Stability" and "Six Protection", and took precise measures in key areas such as the disadvantaged groups, new employment, unemployment and reemployment. The employment situation of the whole city gradually stabilizes, but it also faces general and structural contradictions. Based on the current economic and social development reality of Guangzhou, this report puts forward three suggestions: First, excavate the new connotation of employment and promote the hierarchical development of the employed population. Second, meet the new needs of enterprises and improve the precision of market players' assistance. Third, guard against new market risks and deal with complicated labor relations.

Keywords: Employment; Employment Quality; Stability Employment

Abstract: To evaluate the development achievements of the public charity in the new era, fully summarize the project results, and extract the development experience for public charity to participate in the construction of the new social governance pattern of "co-construction, co-governance, and sharing", it is necessary to use professional evaluation tools and develop a refined and targeted evaluation. The public welfare and charity in Guangzhou show a prosperous trend. Guangzhou developed the first local charity evaluation system—the Regional Charity Index System, and this paper uses this system to evaluate the overall development of Guangzhou charity in 2019, to fully grasp the existing problems of Guangzhou charity, and further put forward targeted suggestions.

Keywords: The Regional Charity Index System; Public Welfare; Public Charity

Abstract: In recent years, Guangzhou has issued several policies to build a care service system for infants under 3 years old, and continuously meet the needs of residents for infant care services. To further grasp the development status of the infant care service industry in Guangzhou and find ways to promote the development of infant care service, this report carries out a questionnaire survey on the basis of sorting out the relevant policies of the state and Guangzhou. The results show that the socialized support of Guangzhou childcare institutions is insufficient, which is manifested as the government support is not strong, the hardware facilities cannot meet the needs of customers, the industry lacks the corresponding service standards, and the shortage of professional skills and talents. To this end, this report puts forward ten countermeasures and suggestions, such as ensuring the implementation effect of industrial policies, speeding up the development of the technical standard system of services, and strengthening the construction of skilled personnel in infant care services.

Keywords: Infant Care; Socialized Support; Nursery Institutions

B.5 Policy Changes of Long-term Care Insurance in Guangzhou from the Perspective of Multiple-Streams Theory

Chen Yongjie, Hou Miaozhen and Ma Xiaolan / 111

Abstract: This paper uses the Multiple-Streams Theory to analyze the process of long-term care insurance policy changes in Guangzhou, which helps us to understand the different factors that promote the development of long-term care insurance. Since 2016, long-term care insurance can be divided into three stages: budding, comprehensive development and policy adjustment. The main changes of the overall policy change path are reflected in administrative departments, insured objects, financing models, assessment categories and disability assessment standards, treatment coverage, service types and service items. From the perspective of the Multiple-Streams Theory, the Problem Streams in the first stage are population aging and lack of long-term care services, the Policy Streams are advocated by the academic community and some cities are the first to try out, and the Political Streams are the concept of long-term care insurance proposed in the policy document of the central government. The Policy Window is a pilot proposed by the Ministry of Human Resources and Social Security in 2016. The Problem Streams of the second and third stages are the problems of the pilot in the first stage about insurance applicants, financing, quality of service, supervisions and so on, the Policy Streams are pilot cities experience on elderly care services advocated by the academic community, and the Political Streams are the guidance to expand the pilots issued by health bureau in 2020, related proposals of deputy to National People's Congress, and people's recognition. The Policy Window is that the policy expiry date is approaching. Through the multiple-streams analysis of the three stages of development, this paper puts forward the reform ideas and development directions of Guangzhou's long-term insurance in the future.

Keywords: Multiple-Streams Theory; Long-term Care Insurance; Policy Change

B.6 Research on the Employment Status and Policy Development of the Disabled in Guangzhou during the 13th Five-Year Plan Period

Liao Huiqing, Zhang Yuanyi and Huang Yinsen / 132

Abstract: During the "13th Five-Year Plan" period, the employment situation of the disabled in Guangzhou has been greatly improved, and employment promotion policies have also made great progress, which is mainly manifested in diversified employment modes, wider coverage of employment services, and more adequate employment support. Through an in-depth investigation of the employment situation of the disabled in Guangzhou, we find that there are still some deficiencies, such as low enthusiasm of employing the disabled by employers, insufficient auxiliary employment support, lack of systematic connection between employment training and posts, and low rate of employment service. In addition, there are still challenges in the development of employment policies for persons with disabilities in Guangzhou: proportional job incentives and support are insufficient, supportive employment service coverage and benefit groups are relatively limited, auxiliary support and employment personnel ratio remains to be perfect, channels and forms of support for individual employment and entrepreneurship are few, employment counselor team needs further development, career-oriented social enterprises lack policy support, etc. Combining with disabilities development in the "14th Five-Year Plan" request, the author suggests expanding employment incentives in proportion, tap potential of social organizations to support employment, support new employment centralized form of exploration, strengthen the auxiliary function of employment, multivariately promote individual employment entrepreneurship, strengthen employment counselor team construction and promote the development of personalized vocational training system.

Keywords: The Disabled; Employment Status; Employment Support for the Disabled

Ⅲ Social Governance

Abstract: This topic studies the two indicators of improving the level of risk prevention and control and serving people in the deployment of the pilot work of social governance modernization in the central city, and points out the orientation of diversification, intelligence, legalization, and institutionalization of social governance in Guangzhou. Suggestions are put forward to guide and support professional forces, improve new technical measures, strengthen law enforcement, expand the role of social work organizations, and improve Party building to lead social governance.

Keywords: Urban Social Governance; Risk Prevention and Control; Serving the Masses

Abstract: Guangzhou has formed a wealth of experience in the practice of exploring the "development path of social organizations with Chinese characteristics", which provides an important reference sample for the development of social organizations in the new era. Guangzhou implements the Party leading, improves the legal system safeguard and the organization mechanism, sets up the demand guidance, focuses on culture and other measures to promote the development of social organizations. And social organizations play an important role in the construction of the people's livelihood, the business environment construction, the social governance, poverty alleviation works, the Greater Bay Area of Guangdong construction. To further promote the healthy and orderly development of social organizations in Guangzhou, this study puts forward countermeasures and suggestions from three aspects. First, we will strengthen comprehensive law enforcement and management. Second, establish and improve the professional personnel training system for social organizations, and strengthen the Party's political leadership over the professional personnel team for social organizations. Third, we should enhance the autonomous capacity of social organizations and improve the quality of their development.

Keywords: Social Organization Development; Social Organization; Social Governance

B.9 Guangzhou Emergency Management System Mechanism Innovation Practice and Optimization Countermeasures

Emergency Management Blue Book Research Group / 183

Abstract: The Fifth Plenary Session of the 19th Central Committee of the Communist Party of China pointed out that "security development should run through all areas and the whole process of national development". Guangzhou innovates the emergency management system and mechanism, establishes and improves the three-dimensional collaborative network led by the Ministry of Emergency Management, and comprehensively optimizes the operation mechanism of the emergency management process. At the same time, this paper also analyzes the emergency management challenges faced by Guangzhou and the corresponding optimization countermeasures.

Keywords: Emergency Management; Emergency Management Command Platform; Emergency Preparedness; Emergency Response

B.10 "Guangzhou Neighborhood" Collective Prevention and Co-governance Practice Research

Wang Shouyan, Peng Tao / 194

Abstract: The Fifth Plenary Session of the 19th Central Committee of the

Communist Party of China pointed out to improve the social governance system of co-construction, sharing and co-governance. Innovation in social governance cannot be achieved without social collaboration and public participation. Under the overall leadership of the Party, Guangzhou carried forward the spirit of "Fengqiao Experience" in the new era, and explored and launched the "Guangzhou Neighborhood" collective prevention and co-governance platform. This paper focuses on the analysis of the outstanding characteristics in the innovative practice of "Guangzhou Neighborhood" collective prevention and co-governance, that is, using Internet technology to mobilize the most extensive mass volunteer forces to participate in social co-governance, and puts forward suggestions for optimizing the next step of "Guangzhou Neighborhood" collective prevention and co-governance.

Keywords: Collective Prevention; Joint Governance; Multiple Governance; Voluntary Service

Ⅳ Social Survey

Abstract: In general, the social mentality of Guangzhou in 2020 presents a positive trend, and the influence of COVID - 19 on the social mentality is limited. This is reflected in several aspects: compared with 2018, the happiness of Guangzhou residents has been improved slightly; the overall sense of security in all aspects has been improved, with food safety being the biggest improvement; three aspects of the sense of gain improved, the medical service quality of the sense of gain improved the largest range; social anxiety decreased overall, with the greatest decline in anxiety related to "social security". The epidemic has a certain impact on some aspects of social mentality, which is mainly reflected in the decrease of the sense of gain in "income situation" and "quality of life", and the increase of anxiety related to "price rise" and other aspects. Personal privacy and information security scored the lowest in all categories of security. In terms of social trust, the trust in official media has been greatly improved, and the trust in information transmitted by acquaintances has declined the most, while the trust among ordinary social members is not high.

Keywords: Social Mentality; COVID -19; Social Impact

B.12 Research on the Degree of Identity of Young People in Guangzhou, Hong Kong and Macao Participating in the Construction of the Guangdong-Hong Kong-Macao Greater Bay Area

Guo Tianwu, Yan Yeming and Wu Xiaojie / 224

Abstract: This paper focuses on exploring the intention of attracting young people from Hong Kong and Macao to integrate into the nine mainland cities in the Greater Bay Area and promoting the development of the Greater Bay Area since the release and implementation of the Outline of the Development Plan for the Greater Bay Area. Based on a questionnaire survey and case interview, this paper analyzes the degree of identity and existing needs of young people in Hong Kong and Macao on the construction and planning of the Greater Bay Area, urban governance, business environment and residential life, and points out the macro and micro factors that hinder the improvement of the degree of identity. Finally, the paper puts forward some suggestions to enhance the identity of young people in Hong Kong and Macao to participate in the construction of the Greater Bay Area from the aspects of strengthening the awareness of a community with a shared future in the Greater Bay Area, constantly creating a social environment to support the development of young people in Hong Kong and Macao, and vigorously expanding the channels for them to participate in social management.

Keywords: Hong Kong and Macao Youth; Greater Bay Area Construction; Degree of Identity

Abstract: The booming platform economy has created a large number of jobs, but labor relations are also facing new problems and challenges. Through a questionnaire survey of platform economy practitioners in Guangzhou, we find that most of them are male in rural areas. Their education level is not low, but their professional skills are generally not high. Most of them do part-time jobs, and increasing their income is the main reason for them to choose the platform for employment. There are many problems , such as low rate of signing labor contract, long working hours, lack of protection of labor standard, high occupational risks (such as accident and personal safety, absence of social insurance and other prominent protection of labor rights and interests). Platform economy practitioners not only agree with the employment dividend brought by technological progress, but also worry about technical unemployment. In this paper, it is suggested to strengthen the publicity and supervision, accurately identify the types of labor relations, improve employment services, strengthen the construction of labor unions and other dimensions to do a good job in the protection of platform economy practitioners.

Keywords: Platform Economy; Platform Employment; New Forms of Employment; Labor Relations; Rights and Interests Protection

Abstract: In recent years, with the boom of the digital economy, people's living needs has been constantly broadened and better met. Under the tide of digital information, people's lives are more connected to new technologies and cloud computing. Digitalization and intelligent upgrading of the real economy supported by technological innovation has become an inevitable prerequisite for leveling up people's sense of happiness, security and fulfillment and creating a high-quality life. To better understand the public' views and expectations on improving the quality of life by using digital technology, we have conducted a household survey among 5000 permanent residents aged 18 -65 living in 200 communities in 41 administrative sub-districts in 11 districts of the city through the 10000 - Household Survey Network in August 2020. The survey shows that the public has experienced the "cloud" lifestyle, among which "mobile payment" and "online shopping" are the most popular. Nearly 90% of the citizens said they would adapt to the lifestyle change from offline to "cloud". Over 90% of the interviewed citizens recognized the effectiveness of Guangzhou's digital information construction. And more than 90% of the citizens had a good expectation of improving people's life quality by using digital information technology in Guangzhou. "Strengthening the introduction and cultivation of talents" is the most requested among citizens for further improving people's living qualities through the use of digital information technology.

Keywords: The Quality of Life; Digital Technology; Social Survey

B.15 Investigation on Residents' Opinions About Urban Renewal and Upgrade of Guangzhou

Lu Jiehui / 273

Abstract: The urban renewal process of Guangzhou has been undergoing for over a decade since 2009. It has achieved fruitful results, gained practical experience, and is still constantly exploring and improving, promoting the city to a better place. This paper investigates the satisfaction degree and experience evaluation of Guangzhou residents on the urban renewal and upgrade work in recent years, analyzes the demand of the residents, with the hope to provide enlightenment for future improvement. Through the survey, we found that the achievements of urban renewal and upgrade of Guangzhou in recent years have been fully approved, and the residents have deep feeling and high satisfaction towards the improvement of the overall appearance of the city, especially in the aspect of ecological environment protection. Residents expect that in the future, urban renewal and upgrade work will make more efforts in optimizing transportation, increasing parking space, enhancing and promoting traditional culture, and revitalizing idle lands.

Keywords: Urban Renewal; Satisfaction; Willingness; Social Survey

V Special Topics: Digital Public Services

B.16 The Focal Point of High-Quality Development of Guangzhou Digital Government Construction

Abstract: In order to understand the current situation of the construction of Guangzhou digital government, the research group of Guangzhou Academy of Social Sciences carried out a special survey on the internet. According to the survey, we found that the evaluation of digital government construction is high, especially on the hardware facilities construction evaluation, government officers' digital work literacy is great, the needs of cross-departmental data sharing are prominent, the construction of digital government has achieved remarkable results in improving work efficiency and optimizing service process, eliminating sectoral protectionism and expanding information sharing are the outstanding difficulties, there is still space for improvement in the content richness and platform intensification of online government services, digital public services have improved significantly in terms of making it easier for people to see a doctor, attend school, and provide social security services. At the same time, the construction of Guangzhou digital government is still faced with the problems of system and mechanism, data sharing and insufficient supporting measures. In this regard, Guangzhou's digital government needs to seize five focal points for high-quality development. We have to focus on addressing the imbalance between the digital capabilities of business departments at the provincial and urban levels. Emphasis on the spillover effect of information resources to promote data sharing from passive to active. Efforts will be made to provide supporting resources for platform construction and improve the flexibility of the mechanism. We have to adhere to user-oriented thinking and enhance the value of digital government in serving social governance. We will encourage the market and society to join us and form a digital governance pattern featuring joint contribution, joint governance and shared benefits.

Keywords: Digital Government; Current Situation Evaluation; High-Quality Development; Policy Focus

Abstract: The construction of digital government affairs is an organic part of the construction of digital government. The purpose of digital government is to provide high-quality services to enterprises and residents and improve their sense of gain. In this paper, an index system of digital government service quality is constructed from the perspective of enterprises to evaluate the quality of digital government service in Guangzhou. The results show that enterprises think the quality of digital government services in Guangzhou is at a "good level", and the advantages of a hard environment are obvious. In particular, enterprises have a high degree of recognition for the stability, security and information quality of digital government systems. The digital government affairs platform has the advantages of providing high-quality information, a friendly interface and clear navigation. At the same time, enterprises have put forward four expectations for Guangzhou's digital government, which are to improve the soft service strength, broaden the service content, improve the platform's ease of use, and enhance the platform's interactivity.

Keywords: Digital Government; Service Quality; Enterprise Perspective; Evaluation

Abstract: In order to improve the quality of digital public service, it is very important to carry out a residents' satisfaction survey to help Guangzhou government departments to understand residents' demand and behavior patterns better. From the perspective of user needs, this report builds a satisfaction index system, collects data from questionnaires, and analyzes the satisfaction of digital public services of residents in Guangzhou. The results show that the satisfaction of Guangzhou residents is relatively high, but there are regional and group differences in the evaluation of digital public service quality and service platform. Service efficiency and service platform function settings are the main reasons those limits the improvement of user satisfaction, and the simplicity, security and feedback efficiency of the platform need to be further improved. Therefore, this report proposed to strengthen the legal environment construction of digital public service, strengthen infrastructure construction and other countermeasures and suggestions.

Keywords: Residents' Satisfaction; Public Service; Digitalization

皮 书

智库报告的主要形式
同一主题智库报告的聚合

❖ 皮书定义 ❖

皮书是对中国与世界发展状况和热点问题进行年度监测，以专业的角度、专家的视野和实证研究方法，针对某一领域或区域现状与发展态势展开分析和预测，具备前沿性、原创性、实证性、连续性、时效性等特点的公开出版物，由一系列权威研究报告组成。

❖ 皮书作者 ❖

皮书系列报告作者以国内外一流研究机构、知名高校等重点智库的研究人员为主，多为相关领域一流专家学者，他们的观点代表了当下学界对中国与世界的现实和未来最高水平的解读与分析。截至 2021 年，皮书研创机构有近千家，报告作者累计超过 7 万人。

❖ 皮书荣誉 ❖

皮书系列已成为社会科学文献出版社的著名图书品牌和中国社会科学院的知名学术品牌。2016 年皮书系列正式列入“十三五”国家重点出版规划项目；2013~2021 年，重点皮书列入中国社会科学院承担的国家哲学社会科学创新工程项目。

中国皮书网

（网址：www.pishu.cn）

发布皮书研创资讯，传播皮书精彩内容
引领皮书出版潮流，打造皮书服务平台

栏目设置

◆ 关于皮书
何谓皮书、皮书分类、皮书大事记、
皮书荣誉、皮书出版第一人、皮书编辑部

◆ 最新资讯
通知公告、新闻动态、媒体聚焦、
网站专题、视频直播、下载专区

◆ 皮书研创
皮书规范、皮书选题、皮书出版、
皮书研究、研创团队

◆ 皮书评奖评价
指标体系、皮书评价、皮书评奖

◆ 皮书研究院理事会
理事会章程、理事单位、个人理事、高级
研究员、理事会秘书处、入会指南

◆ 互动专区
皮书说、社科数托邦、皮书微博、留言板

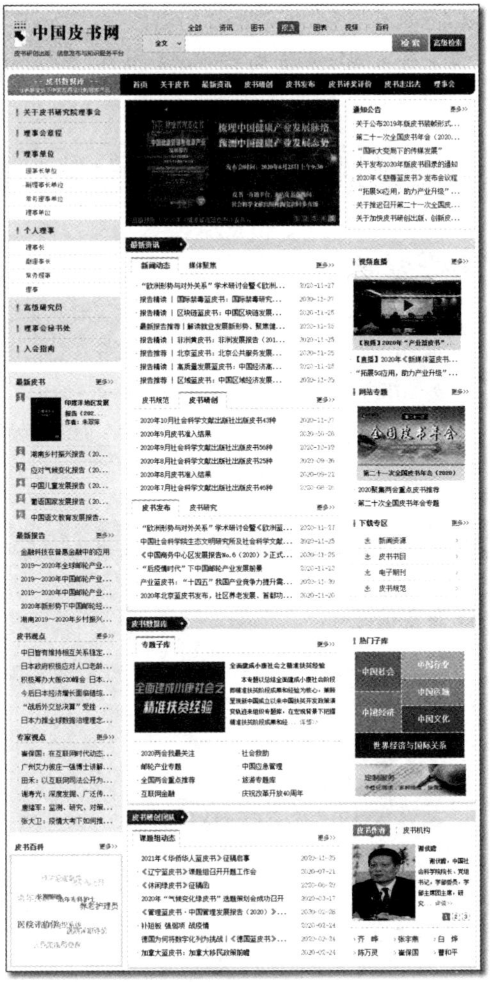

所获荣誉

◆ 2008 年、2011 年、2014 年，中国皮书网均在全国新闻出版业网站荣誉评选中获得“最具商业价值网站”称号；

◆ 2012 年，获得“出版业网站百强”称号。

网库合一

2014年，中国皮书网与皮书数据库端口合一，实现资源共享。

中国皮书网

S 基本子库
UB DATABASE

中国社会发展数据库（下设 12 个子库）

整合国内外中国社会发展研究成果，汇聚独家统计数据、深度分析报告，涉及社会、人口、政治、教育、法律等 12 个领域，为了解中国社会发展动态、跟踪社会核心热点、分析社会发展趋势提供一站式资源搜索和数据服务。

中国经济发展数据库（下设 12 个子库）

围绕国内外中国经济发展主题研究报告、学术资讯、基础数据等资料构建，内容涵盖宏观经济、农业经济、工业经济、产业经济等 12 个重点经济领域，为实时掌控经济运行态势、把握经济发展规律、洞察经济形势、进行经济决策提供参考和依据。

中国行业发展数据库（下设 17 个子库）

以中国国民经济行业分类为依据，覆盖金融业、旅游、医疗卫生、交通运输、能源矿产等 100 多个行业，跟踪分析国民经济相关行业市场运行状况和政策导向，汇集行业发展前沿资讯，为投资、从业及各种经济决策提供理论基础和实践指导。

中国区域发展数据库（下设 6 个子库）

对中国特定区域内的经济、社会、文化等领域现状与发展情况进行深度分析和预测，研究层级至县及县以下行政区，涉及省份、区域经济体、城市、农村等不同维度，为地方经济社会宏观态势研究、发展经验研究、案例分析提供数据服务。

中国文化传媒数据库（下设 18 个子库）

汇聚文化传媒领域专家观点、热点资讯，梳理国内外中国文化发展相关学术研究成果、一手统计数据，涵盖文化产业、新闻传播、电影娱乐、文学艺术、群众文化等 18 个重点研究领域。为文化传媒研究提供相关数据、研究报告和综合分析服务。

世界经济与国际关系数据库（下设 6 个子库）

立足“皮书系列”世界经济、国际关系相关学术资源，整合世界经济、国际政治、世界文化与科技、全球性问题、国际组织与国际法、区域研究 6 大领域研究成果，为世界经济与国际关系研究提供全方位数据分析，为决策和形势研判提供参考。

法律声明

“皮书系列”（含蓝皮书、绿皮书、黄皮书）之品牌由社会科学文献出版社最早使用并持续至今，现已被中国图书市场所熟知。“皮书系列”的相关商标已在中华人民共和国国家工商行政管理总局商标局注册，如LOGO（）、皮书、Pishu、经济蓝皮书、社会蓝皮书等。“皮书系列”图书的注册商标专用权及封面设计、版式设计的著作权均为社会科学文献出版社所有。未经社会科学文献出版社书面授权许可，任何使用与“皮书系列”图书注册商标、封面设计、版式设计相同或者近似的文字、图形或其组合的行为均系侵权行为。

经作者授权，本书的专有出版权及信息网络传播权等为社会科学文献出版社享有。未经社会科学文献出版社书面授权许可，任何就本书内容的复制、发行或以数字形式进行网络传播的行为均系侵权行为。

社会科学文献出版社将通过法律途径追究上述侵权行为的法律责任，维护自身合法权益。

欢迎社会各界人士对侵犯社会科学文献出版社上述权利的侵权行为进行举报。电话：010-59367121，电子邮箱：fawubu@ssap.cn。

社会科学文献出版社